"十三五"国家重点出版物出版规划项目
国家自然科学基金重大项目

应对老龄社会的基础科学问题研究丛书
主编 彭希哲

中国老龄社会的特征、规律与前景研究

翟振武 陈 卫 张文娟 等/著

科学出版社
龙门书局
北 京

内容简介

从 2000 年开始，中国开始步入老龄化社会。本书从人口学的视角出发，全面研究了中国老龄社会的特征、规律和前景。基于大量数据和深入分析，本书首先系统地描述了当前中国老龄社会的特征，包括人口学特征、婚姻家庭状况、经济与社会特征、健康与自理特征等，对老年定义与标准这一老龄社会的元问题做出严谨的论证。其次，对中国老龄社会演进变化的规律和各种老龄现象发生、出现的机制进行深入地探索，全面考察由老年人口自身及其所处家庭、社会等提供的各个层次的养老支持的前景。最后，探讨了如何从政策制定、制度设计和社会环境构建等方面积极应对老龄化挑战。

本书是一本全面研究中国老龄社会的专著，适合所有社会科学研究者和有关政府决策者阅读。

图书在版编目（CIP）数据

中国老龄社会的特征、规律与前景研究/翟振武等著. —北京：龙门书局，2021.8

（应对老龄社会的基础科学问题研究丛书 / 彭希哲主编）

"十三五"国家重点出版物出版规划项目　国家出版基金项目　国家自然科学基金重大项目

ISBN 978-7-5088-5882-1

Ⅰ. ①中⋯　Ⅱ. ①翟⋯　Ⅲ. ①人口老龄化-研究-中国　Ⅳ. ①C924.24

中国版本图书馆 CIP 数据核字（2020）第 232778 号

责任编辑：魏如萍　方小丽 / 责任校对：贾娜娜
责任印制：霍　兵 / 封面设计：无极书装

科 学 出 版 社　出版
龙 门 书 局
北京东黄城根北街 16 号
邮政编码：100717
http://www.sciencep.com

三河市春园印刷有限公司　印刷
科学出版社发行　各地新华书店经销

*

2021 年 8 月第 一 版　　开本：720×1000　1/16
2021 年 8 月第一次印刷　　印张：22 3/4
字数：500 000

定价：228.00 元
（如有印装质量问题，我社负责调换）

丛书编委会

主　编：彭希哲

副主编：（以姓氏笔画为序）

　　　　左学金　　何文炯　　曾　毅　　翟振武

编　委：（以姓氏笔画为序）

　　　　于景元　　左学金　　李树茁　　李善同

　　　　杨　泽　　吴开亚　　何文炯　　汪寿阳

　　　　胡　湛　　彭希哲　　辜胜阻　　曾　毅

　　　　翟振武

"应对老龄社会的基础科学问题研究丛书"序

人口老龄化是一个世界性议题,它是人口再生产模式从传统型向现代型转变的必然结果,也是当今社会经济发展和社会现代化的一个重要趋势,并已成为中国社会的常态。在目前的社会经济制度安排下,我们仍对这种前所未有的人口学变化及其所带来的影响缺乏必要和及时的反应、适应和调整,中国人口老龄化的特殊进程亦使得这种挑战更显严峻。

人口老龄化首先表现为人口问题,我们不仅要对人口进行更深入的研究与调控,更要考虑到社会、经济、环境等多元要素对老龄化进程的制约。老龄化的影响已经逐渐渗透到中国社会的各个方面,并与各种历史的、当前的和未来的社会发展要素不断地相互影响,形成一个超复杂的经济社会系统问题。因此,应对老龄社会需要统筹中国社会的各种资源以形成合力,对整个社会的组织和运行进行改革和再设计,以使中国社会在老龄化的背景下继续健康、协调地运行和发展。

为此,国家自然科学基金委员会经过两年的论证,于2014年启动了重大项目"应对老龄社会的基础科学问题研究"(71490730)的招标工作。其主要目标有两方面。

其一,立足中国经济、社会和环境的现实,针对中国老龄社会的自身特征,在全球化、市场化、信息化的时代背景下,充分考虑中国人口转变和社会转型的进程,响应城乡统筹、代际和谐发展的时代要求,深入研究面向社会整合和可持续发展的应对中国老龄社会的重大基础科学问题,进行理论创新和前瞻性研究,提出符合中国实践的新理论和新方法。

其二,根据我国转变经济发展方式、保障和改善民生的重大需求,针对老龄化的发生发展规律、现在及未来老年人群体的新特征、老龄社会的社会支持系统与经济形态,以及相关制度安排和政策重构等科学问题展开系统研究,支撑国家宏观决策和治理实践需求,并造就一支在国内外有影响的跨学科研究队伍。

最终,经过选拔和评审,以复旦大学作为牵头单位并联合中国人民大学、北京大学、浙江大学、上海社会科学院所组成的跨学科研究团队承担了这一重大项目,首席科学家为复旦大学的彭希哲教授,经费量1800万元,执行期自2015年起至2019年止。项目涵括5个相互独立却又紧密关联的专项课题:

课题一"特征、规律与前景——老龄社会的人口学基础研究"（71490731）由中国人民大学承担，负责人为翟振武教授；课题二"健康老龄化——老年人口健康影响因素及有效干预的基础科学问题研究"（71490732）由北京大学承担，负责人为曾毅教授；课题三"代际均衡与多元共治——老龄社会的社会支持体系研究"（71490733）由浙江大学承担，负责人为何文炯教授；课题四"公平、活力与可持续——老龄社会的经济特征及支持体系研究"（71490734）由上海社会科学院承担，负责人为左学金研究员；课题五"整体性治理——应对老龄社会的公共政策和公共管理体系重构研究"（71490735）由复旦大学承担，负责人为彭希哲教授。整个项目的核心团队成员超过50人，聚集了一批人口学、管理学、经济学、社会学、心理学、医学、生物学、数学、环境科学、信息科学、政治学等领域的一流专家学者，其中不乏教育部长江学者、新世纪百千万人才工程专家等顶尖人才。经过团队成员五年多的鼎力合作，产生了一大批高质量的科研成果，在《中国社会科学》、*The Lancet*、*Demography*、*Governance* 等国内外重要学术期刊发表论文近 400 篇，由其形成的决策咨询报告多次得到国家领导人批示，获得第八届中华人口奖、第七届高等学校科学研究优秀成果奖（人文社会科学）、第八届高等学校科学研究优秀成果奖（人文社会科学）、第七届中国人口科学优秀成果奖、第三届中国老年学奖、第七届钱学森城市学金奖等各类国家及省部级奖项近 60 种，并参与资助了两项大型老龄社会追踪调查：CLASS（China Longitudinal Aging Social Survey，中国老年社会追踪调查）和 CLHLS（Chinese Longitudinal Healthy Longevity Survey，中国老年健康影响因素跟踪调查）。

为了推动这些成果在更大的范围内共享，促进相关学科领域的发展和高水平研究队伍的建设，为老龄社会相关的制度、政策与法规的设计、制定和运行提供理论指导与方法支撑，项目组和科学出版社合作，论证设计了"应对老龄社会的基础科学问题研究丛书"出版计划，并于 2018 年入选"十三五"国家重点出版物出版规划项目，2020 年获得国家出版基金支持。丛书计划持续出版系列老龄科学研究领域的学术专著，并于 2021~2022 年推出第一批 17 部。

作为国家自然科学基金重大项目"应对老龄社会的基础科学问题研究"的重要研究成果集群，本丛书的出版是多方通力合作、协同努力的结果。我们首先衷心感谢国家自然科学基金委员会的大力支持，感谢吴启迪、何鸣鸿、李一军、高自友、杨列勋、刘作仪等基金委时任领导的鼓励与指导，感谢于景元、辜胜阻、汪寿阳、李善同、李树茁、杨泽等学术领导小组专家的指点与建议，感谢吴刚、霍红、方德斌、卢启程、杜少甫、张江华等基金委工作人员的细致工作和周到服务，感谢原新、丁金宏、李娟、林义、黄鲁成、凌

六、冯帅章等专家学者的帮助，感谢复旦大学、中国人民大学、北京大学、浙江大学、上海社会科学院的支持及在管理上提供的便利，感谢复旦大学公共管理与公共政策研究国家哲学社会科学创新基地、复旦大学人口与发展政策研究中心、中国人民大学人口与发展研究中心、北京大学国家发展研究院、浙江大学老龄和健康研究中心、上海社会科学院经济研究所的团队支持，感谢全国老龄工作委员会、中国老龄协会、国家卫生健康委员会、民政部、人力资源和社会保障部、国家统计局及各级政府部门的帮助，感谢兄弟院校和合作科研机构及团队的帮助，感谢项目组全体成员和参与项目工作的博士后及研究生们的辛勤劳动。此外还要感谢科学出版社的认可及支持，尤其是马跃和魏如萍老师对于我们申报"十三五"国家重点出版物出版规划项目和国家出版基金的鼎力协助。我们将再接再厉，为推动建设一个"不分年龄人人共建共治共享"的社会而奋斗。

"应对老龄社会的基础科学问题研究"项目组

2020 年 12 月

目　录

- 第一章　老龄化：新时代最为突出的人口特征 ··· 1
  - 第一节　诞生于中国经济社会发展进程中的人口老龄化 ······················· 1
  - 第二节　为积极应对老龄化而研究老龄社会的人口基础 ······················· 4
  - 第三节　中国老年人口性别年龄特征 ·· 5
  - 第四节　中国老年人口空间分布特征 ·· 11
- 第二章　当代中国老年人的教育状况 ·· 20
  - 第一节　老年人的受教育程度：现状与趋势 ··· 20
  - 第二节　活到老、学到老：老年人终身学习状况分析 ·························· 27
  - 第三节　教育对健康老龄化的意义及机制分析 ····································· 37
- 第三章　中国老年人的婚姻家庭状况及发展趋势 ······································ 41
  - 第一节　中国老年人的婚姻状况及影响因素 ··· 41
  - 第二节　老年人的代际关系：基于代际情感评价的实证分析 ··············· 56
  - 第三节　中国独居老人状况与形成机制：基于家庭户变化的视角 ······· 70
- 第四章　当代中国老年人的经济状况 ·· 82
  - 第一节　退而不休：老年人的就业状况及影响因素 ······························ 82
  - 第二节　老年人的经济状况及变化趋势 ··· 96
  - 第三节　老年人的财富状况和理财行为 ··· 106
- 第五章　中国老年人口的健康与自理能力 ·· 112
  - 第一节　中国老年人口的预期寿命及其变化趋势 ································ 112
  - 第二节　老年人生理健康状态的评价指标体系 ····································· 116
  - 第三节　中国老年人的自理能力及其自理预期寿命的变化趋势 ··········· 131
  - 第四节　老年人的认知与失智 ··· 144
- 第六章　重新定义老年标准 ·· 154
  - 第一节　老年定义：从历史到现实 ·· 154
  - 第二节　定义老年：从"年轻"到"健康"再到"自理" ······················ 159
  - 第三节　新时代　新社会　新政策 ·· 162
- 第七章　老龄中国的未来演进规律 ·· 165
  - 第一节　不可逆转的老龄化 ··· 165
  - 第二节　老龄化波浪式发展 ··· 174
  - 第三节　日益突出的高龄化 ··· 177

第四节　不断增强的异质性 …………………………………… 180
第八章　未来老龄化的人口学机制 ……………………………… 189
第一节　数据质量评估与调整 ………………………………… 189
第二节　中国未来人口老龄化发展态势 ……………………… 194
第三节　老龄化的人口学机制 ………………………………… 204

第九章　未来老年人口的自我支持养老能力 …………………… 215
第一节　人口高龄化趋势下的新挑战 ………………………… 215
第二节　未来的老龄健康图景 ………………………………… 221
第三节　健康、积极、成功的老龄化 ………………………… 227

第十章　以社会支持强化家庭养老能力 ………………………… 239
第一节　未来老年家庭图景 …………………………………… 239
第二节　老年宜居环境与健康老龄化 ………………………… 243
第三节　家庭养老支持政策与家庭照料资源改善 …………… 249

第十一章　农村老年人群和养老支持 …………………………… 256
第一节　农村老年人家庭 ……………………………………… 256
第二节　人口迁移和流动对农村老年人的影响 ……………… 260
第三节　农村的社区和家庭养老资源 ………………………… 268

第十二章　以房养老：影响因素、经验与政策建议 …………… 278
第一节　以房养老意愿及影响因素 …………………………… 278
第二节　国内外以房养老的经验和启示 ……………………… 286
第三节　以房养老实施的必要性和可行性 …………………… 294
第四节　政策建议 ……………………………………………… 299

第十三章　未来老龄政策体系和社会环境构建 ………………… 302
第一节　医养融合与长期照护 ………………………………… 302
第二节　健康老龄化与全生命周期老龄政策体系 …………… 310
第三节　建设不分年龄、人人共享的老龄社会 ……………… 319

第十四章　从人口特征出发积极应对老龄化 …………………… 323
第一节　立足老年人口发展的大趋势 ………………………… 323
第二节　把握老龄时代科技和经济发展的新动向 …………… 331
第三节　扎根文化环境完善养老布局 ………………………… 335

参考文献 ……………………………………………………………… 337
后记 …………………………………………………………………… 354

第一章　老龄化：新时代最为突出的人口特征

第一节　诞生于中国经济社会发展进程中的人口老龄化

21世纪是人口老龄化的世纪，世界上许多国家的人口都呈现出持续而普遍的老龄化，不少发达国家已经长期处于老龄化阶段，而大多数发展中国家也逐渐开始了老龄化进程，并且其老龄化速度相较发达国家更快，其所面临的老龄化带来的挑战更加严峻。事实上，人口老龄化是人类在发展过程中不断战胜各类疾病及伤害的成果之一，是不断推进公共卫生和医疗技术进步、实现社会经济发展取得重大胜利的表现。

新中国成立以来，特别是改革开放以来，随着中国经济社会的快速发展，人民生活水平、营养条件的改善，医疗服务水平的提高，人口的健康水平得到大幅度的提升，这些因素结合20世纪70年代以来为了遏制人口规模过快增长而实行的计划生育政策，促使中国在短时间内开启并完成了人口转变，也促使中国加速迎来了人口老龄化的时代。

一、快速的人口转变迎来加速的人口老龄化

在现代人类社会，人口年龄结构老化最主要的动因来自人口转变，特别是转变过程中生育水平的下降。人口转变所描绘的人口从高生育率、高死亡率的常态逐渐转变为低生育率、低死亡率的新常态的过程，使得在现象层面，高生育水平人口中老年人口的比例往往较低，而低生育水平的人口中老年人口占比往往较高。这是因为，随着社会经济的发展、公共卫生水平的提升、流行病及传染病等得到控制，当生育水平还维持在较高水平的时候，婴幼儿死亡率率先下降，这使得能够存活下来的新出生队列规模相对扩大，导致了人口中低龄人口比例的相对上升，老年人口的比例相对下降，从年龄结构上看，人口更加年轻。而当生育水平开始下降，并且成年人口，特别是老年人口的死亡率随着营养水平的提升和医疗技术水平的进步也开始下降的时候，人口就开始了逐渐老化的过程。

自 20 世纪 70 年代以来,发达国家生育水平在跌至更替水平[①]之后的持续下降,使得之后出生的队列的人口规模逐渐缩减,促使了其人口年龄结构中的老年人口占比提升。相比发达国家,发展中国家在社会经济发展和医疗卫生水平方面得益于后发优势,同时避孕技术、生育观念受到全球化及现代化的影响,因而其生育水平下降得更加迅速,完成人口转变的速度更快,时间更短,而这一切预示着发展中国家人口将经历相较于发达国家更加快速的老龄化过程。65 岁及以上老年人口占总人口的比例从 7% 上升到 14%,法国经过了 115 年的时间,澳大利亚经历了从 1938 年开始的 73 年,英国经历了 1930 年至 1975 年 45 年的时间,而根据联合国《2019 年世界人口展望》的人口预测结果,预计中国仅需要 25 年,越南可能在 20 年的时间内实现。

同世界上其他国家一样,中国的生育水平下降和人口转变以社会经济发展、现代化进程为基础。同时,20 世纪 70 年代开始施行的计划生育政策加速了生育水平的下降和中国人口转变的进程,也加快了人口老龄化速度。我国妇女总和生育率从 1970 年的 6 以上降到 20 世纪 90 年代的更替水平仅用了 20 年左右的时间,此后生育水平进一步下降并维持在 1.6 左右的较低水平。中国人口的年龄中位数和老年人口比例从 20 世纪 80 年代开始逐渐上升,中国于 2000 年开始步入老龄化社会。从人口预测结果来看,直至 21 世纪 50 年代末,我国 65 岁及以上老年人口规模将一直呈现增长的态势。尽管近几年来我国的生育政策逐渐放松,但人口老龄化是人口转变的必然结果,在低生育水平将持续的情况下,生育水平的短期波动对于中国老龄化的进程微不足道,21 世纪后期,中国人口将处于稳定和超高的老龄化状态。

二、社会经济快速发展下的人口老龄化

中国人口正在经历的高速老龄化、高龄化,其一部分原因在于中国在过去几十年经历的快速的人口转变,不同出生队列人口数量存在较大差异,另一部分原因则在于卫生条件的改善以及生活水平的提高带来的人口寿命的延长。在人口转变前期,婴幼儿死亡率以及孕产妇死亡率的下降是出生时的人口平均预期寿命延长的主要原因;而当婴幼儿死亡率和孕产妇死亡率下降到较低水平时,老年人口死亡率的下降成为老年人口数量增长的主要因素。由于中国的人口转变过程在较短的时间内完成,因此,不同年龄段的死亡率的下降在一段时间内共同作用于人口结构的变化。

在过去的几十年间,特别是改革开放以来,中国的社会经济实现了飞跃式的

---

① 通常将总和生育率等于 2.1 作为更替水平。

发展，人民生活、社会福祉不断提高，道德文明水平不断提升，综合国力不断增强，成为世界第二大经济体和商品消费第二大国。至2020年，全国居民人均可支配收入由改革开放初期的171元增加到了32 189元，常住人口的城镇化率从不到18%上升至超过60%。截至目前，脱贫攻坚战已经取得了全面胜利，现行标准下9899万农村贫困人口全部脱贫。

中国社会经济高速发展的同时，政府与个体在卫生方面的投入也迅速增长，人口的健康水平不断提高。在改革开放初期，中国卫生总费用约为110亿元，每万人拥有卫生技术人员26人，人口的平均预期寿命不到70岁（67.77岁），其中女性为69.27岁，男性为66.28岁。而2010年的全国卫生总费用接近2万亿元，每万人拥有卫生技术人员达到44人，2015年的卫生总费用超过4万亿元，2019年约为6.58万亿元，每万人拥有卫生技术人员增加至73人。根据2010年第六次全国人口普查以及2015年小普查的数据，国家统计局公布的中国人口平均预期寿命从2010年的74.83岁提高到了2015年的76.34岁。其中，女性的平均预期寿命增长速度要高于男性，从77.37岁提高到了79.43岁，5年间增加了2.06岁；而男性从2010年的72.38岁提高到了2015年的73.64岁，增加了1.26岁。

在社会经济水平和人口平均预期寿命不断提高的过程中，老年人口的比重也在不断提升。65岁及以上人口占总人口的比重从1982年的5%以下波动增长到1990年的5.57%，至2000年约为7%，进而增长到2010年的8.87%，到2019年快速提升至12.57%。从老年抚养比（65岁及以上人口与15岁至64岁人口数量的比值）的变化来看，1982年中国老年抚养比为8%，至1990年为8.3%，此后缓慢增长至2000年的10%。进入21世纪后，老年抚养比开始出现较快的增长，至2019年增长至17.8%（图1-1）。

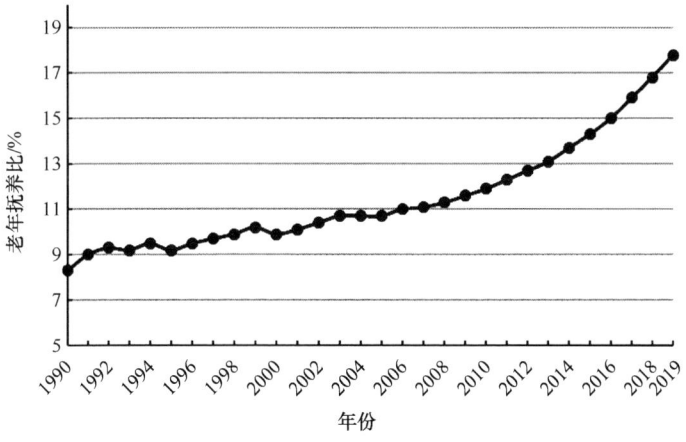

图1-1　1990年至2019年老年抚养比

第二节　为积极应对老龄化而研究老龄社会的人口基础

习近平总书记在党的十九大报告中指出，"保障和改善民生要抓住人民最关心最直接最现实的利益问题"，"积极应对人口老龄化，构建养老、孝老、敬老政策体系和社会环境，推进医养结合，加快老龄事业和产业发展"。[①]而此前国务院发布的《"十三五"国家老龄事业发展和养老体系建设规划》[②]全面提出了科学应对人口老龄化的制度性安排，体现了国家对"十三五"时期及未来一段时期老龄事业和养老体系发展的顶层设计。这些相关政策充分体现了党和国家对我国人口问题的高度重视，对解决和应对人口老龄化、实现我国人口长期均衡发展的深度关切。

2020年第七次全国人口普查数据显示，中国60岁及以上人口达到26 402万人，占总人口的18.70%，65岁及以上人口为19 064万人，占比为13.50%[③]。中国老年人口的数量已经超过大多数国家的人口总量，预计在2050年前后我国老年人口占总人口的比例将超过1/3，老年人数将会超过美国的总人口，并且老年人口群体内部也将急剧老化，80岁及以上的高龄老人规模将达到1亿人左右。与老年人口数量、老年人口高龄化水平上升相伴随的是劳动年龄人口规模在2012年达到峰值后不断缩减，2019年已跌破9亿人。同时，劳动年龄人口数量的缩减还伴随着结构的老化，目前我国劳动年龄人口的平均年龄已经达到39岁，与21世纪初相比上升了近4岁。老龄化显然形成了人口领域一场新的重大挑战，积极应对人口老龄化成为我国建设全面小康社会中的一项重大课题。因而，在中国低生育水平将长期持续，而人口老龄化程度不断加深的情况下，如何积极应对老龄化，是当前与今后中国人口发展战略研究的重要方面。

然而，人口问题具有复杂性、长期性和全局性，同时，相较于世界上其他国家，中国的人口发展与人口转变道路有着自身鲜明的规律和特征。因此，在人口转变过程中不同阶段所具有的阶段特征也在短时间内体现，中国人口发展过程中面临的阶段性问题也很明显，需要长期保持人口发展战略的敏锐度，对当前和未来将要面临的主要矛盾有清晰的判断。例如，20世纪70年代，我国总和生育率一度高达6以上，并且人口年龄结构年轻，80年代初期，中国人口达到10亿人，

---

① 习近平在中国共产党第十九次全国代表大会上的报告，http://cpc.people.com.cn/n1/2017/1028/c64094-29613660.html，2017-10-28.

② 国务院关于印发"十三五"国家老龄事业发展和养老体系建设规划的通知，http://www.gov.cn/zhengce/content/2017-03/06/content_5173930.htm，2017-02-28.

③ 第七次全国人口普查结果公布，http://tv.cctv.com/2021/05/11/ARTIK6w5Q4Gnn7YKxZf9gZ2g210511.shtml.

同时有一半的人口小于 21 岁，大约 2/3 的人口小于 30 岁，预示着未来大量的育龄人口将进一步加速总人口的增长，若不加以干预，国家现代化建设的步伐将被沉重的人口负担拖累，资源环境面临的压力也将更为沉重。当时我国最为重要和紧迫的人口发展目标是控制人口数量过快、过猛增长。为此，我国在 20 世纪 70 年代开始实施计划生育政策，并在 20 多年的时间里将我国的总和生育率降到了更替水平之下，从根本上扭转了人口数量过快、过猛增长的势头。目前我国人口在 14 亿人左右，控制人口数量过快增长的目标已经顺利实现。进入 21 世纪后，以人口老龄化为标志的人口结构问题逐渐凸显。延缓人口老龄化速度，优化人口结构成为新的重要人口发展目标。我国在 2013 年、2016 年和 2021 年相继实施"单独"二孩政策、全面两孩政策和三孩生育政策及配套支持措施，恰恰是基于对人口问题阶段性特征的认识，前瞻性地调整了计划生育政策，并开始逐步构建、完善、支持与家庭发展相关的政策体系。

中国人口老龄化诞生于中国经济社会发展进程中，与中国的经济发展、社会变迁、环境问题等相互交织、相互影响。尽管人口年龄结构老化是中国人口未来发展的确定性趋势，并且在整个 21 世纪都不会逆转，但通过研究老龄社会的人口基础，能够帮助社会和政策制定者准确地判断和清醒地认识老龄化可能带来的社会和经济发展冲击，从而制订更加全面、合理的应对战略和策略。因此，开展有关老龄社会的人口基础研究，探索中国人口发展规律、判断人口形势及其发展变化趋势，从而在宏观层面为制订人口发展战略以及中国长期发展的目标提供基础，在操作层面为解决中国目前面临的许多亟须解决的老龄问题（包括满足老年人的基本养老需求，促进社会和家庭代际和谐，推进医养结合，进一步缩小城乡和不同地区老年人保障和服务水平的差距）提供依据，是十分迫切和必要的。

第三节　中国老年人口性别年龄特征

一、全国老年人口的性别年龄结构

当前的人口年龄结构受到历史人口变动的影响，是长期人口结构变化的结果和体现，中国当前 60 岁及以上的老年人口大多出生在 20 世纪 60 年代及之前的年份。当时中国人口还未开始人口转变进程，因此，相对之后的出生队列，其人口规模较小。

图 1-2 展示了 2018 年中国（不包括香港、澳门、台湾地区）人口年龄性别结构。60 岁及以上老年人口占总人口的 17.88%，65 岁及以上的老年人口占总人口的 11.94%。就老年人口自身而言，其年龄结构呈典型的上小下大的金字塔形。

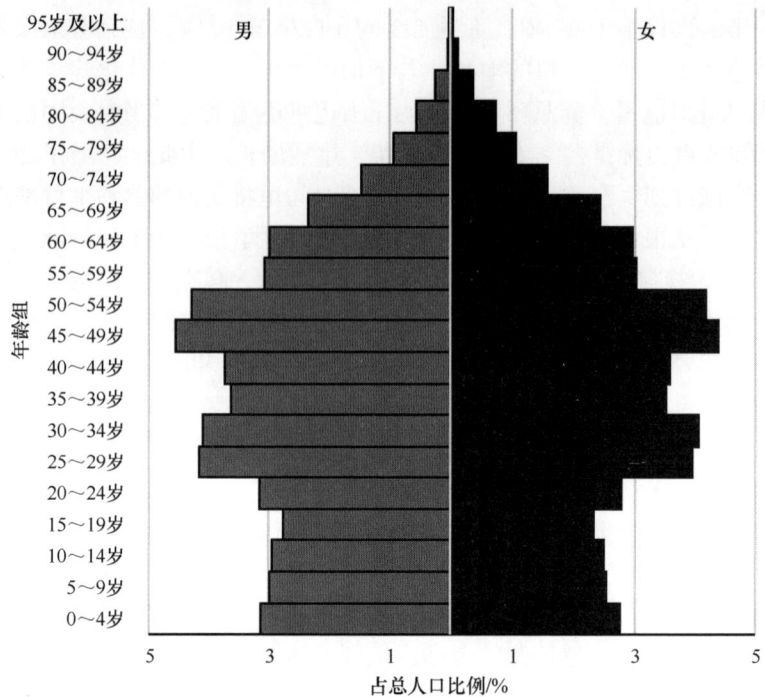

图 1-2　2018 年中国人口年龄性别结构金字塔

不包括香港、澳门、台湾地区

从截面数据上看,各个年龄组的人口规模的性别差异并不明显,特别是 80 岁以下的老年人口,其男性和女性占老年人口的比例差异不大。总的来看,老年人口中,女性占 51.72%,在各个年龄组,女性老年人口略多于男性老年人口(表 1-1)。

表 1-1　2018 年分年龄性别人口占 60 岁及以上老年人口的比例(单位:%)

年龄组	男性	女性
60~64 岁	16.66	16.58
65~69 岁	13.18	13.60
70~74 岁	8.26	8.75
75~79 岁	5.25	5.89
80~84 岁	3.15	4.10
85~89 岁	1.40	1.97
90~94 岁	0.32	0.67
95 岁及以上	0.06	0.16
总计	48.28	51.72

从同一队列在不同年龄组上的性别比（男性人口/女性人口×100）来看，随着年龄的增长，性别比逐渐下降，即女性人口相比男性人口随着年龄的上升而更多，这主要是男性老年人口的死亡率高于女性，其预期寿命低于女性所致。

使用2008年、2013年和2018年的抽样调查数据，图1-3依据不同的出生队列描绘了其进入老年后，性别比逐渐下降的情况。对于在1949年和1953年间出生的人，在2008年（55岁至59岁）的性别比为102.7，即男性多于女性，而到了2018年（65岁至69岁），同一个出生队列的性别比下降至96.94，即男性少于女性。随着年龄的增长，性别比下降的速度越来越快，在1924年至1928年间出生的人口，在2008年（80岁至84岁）时的性别比为80左右，至2018年（90岁至94岁）下降到了49左右，即男性人口数仅为女性人口数的一半。

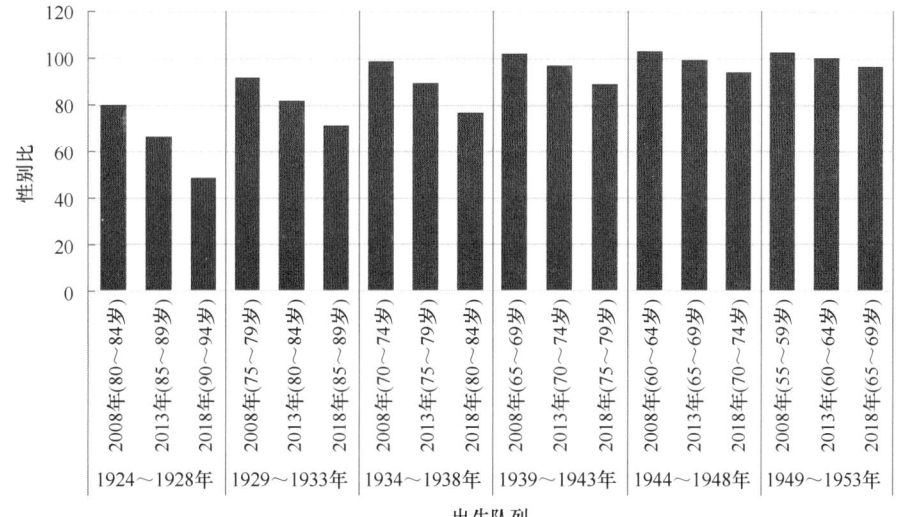

图1-3 2008年至2018年不同出生队列的性别比

二、不同地区老年人口的性别年龄结构

（一）东部地区

从老年人口内部的年龄结构来看，东部地区老年人口年龄结构老化得较为明显。图1-4比较了东部地区部分省份在2000年和2010年老年人口的年龄结构。可以看到，2000年各省份的老年人口较为年轻，65岁至69岁的老年人口比重接近40%，70岁至74岁的比重接近30%，而到了2010年，除了海南省70岁至74岁老年人口比重变化不大外，其他省份老年人口比重在这两个年龄组（65岁至69岁、70岁至74岁）均有明显下降。2010年80岁及以上老年人口的比重在浙江省、福建省、广东省和海南省均超过了20%。

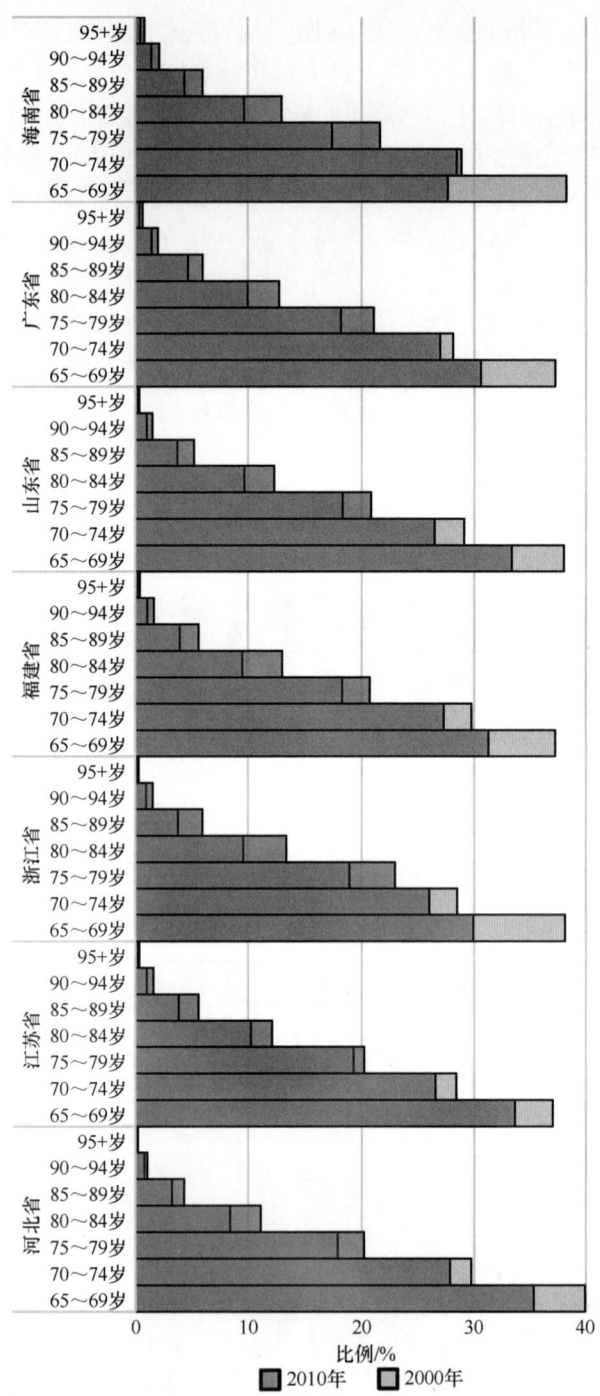

图 1-4 2000 年和 2010 年东部地区部分省份老年人口分年龄比例

2000年北京市65岁至69岁的老年人口占老年人口总数的43.37%,至2010年降到了30.22%,而70岁至74岁的比例接近30%,80岁及以上老年人口比例在2010年约为18%,这一比例在2000年则不到12%。上海市老年人口在不同年龄组上的分布相较其他东部省份要均匀一些,结构更加高龄化,2010年80岁及以上的人口占老年人口总数的25%以上,65岁至69岁、70岁至74岁和75岁至79岁年龄组的比重分别为28.54%、22.44%和23.81%。

从性别结构上看,东部地区的老年人口在各个年龄组上,女性的数量都要多于男性,这与中部、西部地区在65岁至69岁组男性人口数更多有所不同。2010年,东部地区65岁至69岁、70岁至74岁年龄组的性别比分别为98和90,而95岁及以上的性别比仅为33。

(二)中部地区

中部地区的老年人口内部的年龄结构呈现出与东部地区相同的特点,即年轻的年龄组的比例明显下降、老年人口逐渐高龄化,但是高龄化的速度慢于东部地区。中部省份2000年65~69岁老年人占65岁及以上老年人口总数的比重约为40%,到了2010年下降至35%左右;而90岁及以上老年人口比重在2000年不到1%,至2010年上升至1.47%(表1-2)。2000年黑龙江省65岁至69岁组的老年人口占所有老年人口的比重为44.50%。另外,山西省、吉林省和湖北省65岁至69岁老年人口的比重均超过40%。至2010年,依然有5个省份的65岁至69岁老年人口比重超过35%,比重最低的为湖南省(32.78%),其80岁及以上老年人口比重为17.58%。

表1-2 2000年和2010年中部省份老年人口分年龄性别比例(单位:%)

年龄组	2000年			2010年		
	男	女	小计	男	女	小计
65~69岁	20.36	19.62	39.98	17.89	17.42	35.31
70~74岁	14.24	14.85	29.09	14.05	14.06	28.11
75~79岁	8.18	10.06	18.24	9.46	10.42	19.88
80~84岁	3.44	5.34	8.78	4.78	5.97	10.75
85~89岁	1.03	2.01	3.04	1.74	2.75	4.49
90~94岁	0.21	0.49	0.70	0.38	0.78	1.16
95+岁	0.06	0.11	0.17	0.10	0.21	0.31
小计	—	—	100	—	—	100

从性别结构上看，中部省份年轻老年人口的男性要多于女性，这与东部省市不同。中部地区在 2000 年和 2010 年 65 岁至 69 岁的性别比分别为 104 和 103，70 岁至 74 岁下降为 96 和 100。特别是山西省、安徽省和湖南省，其老年人口在 65 岁至 69 岁年龄组的性别比分别为 104、109 和 109，甚至在 70 岁至 74 岁年龄组，性别比依然超过 100（即男性人数多于女性），分别为 102、106 和 104。在 65 岁至 69 岁年龄组，江西省和湖北省的男性老年人口数也多于女性，性别比均为 104。

（三）西部地区

与其他地区相似，西部省区市的老年人口在 2000 年和 2010 年之间也出现了老年人口年龄结构逐渐老化的现象（表 1-3）。2000 年 80 岁及以上的老年人口占所有 65 岁及以上老年人口比重为 13.20%，至 2010 年上升至 15.60%。从性别结构来看，65 岁至 69 岁组的男性老年人口要多于女性老年人口，但 75 岁至 79 岁及以上年龄组的老年人口均为女性多于男性。

表 1-3 2000 年和 2010 年西部省区市老年人口分年龄性别比例（单位：%）

年龄组	2000 年			2010 年		
	男	女	小计	男	女	小计
65～69 岁	20.84	19.84	40.68	18.63	18.34	36.97
70～74 岁	14.51	14.39	28.90	14.34	14.34	28.68
75～79 岁	8.13	9.10	17.23	9.04	9.71	18.75
80～84 岁	3.72	5.03	8.75	4.65	5.41	10.06
85～89 岁	1.25	2.08	3.33	1.68	2.35	4.03
90～94 岁	0.28	0.58	0.86	0.43	0.75	1.18
95+岁	0.09	0.17	0.26	0.11	0.22	0.33
小计	—	—	100	—	—	100

西部地区各省区市之间的老年人口年龄结构差异较大（表 1-4）。2010 年，老年人口结构较为年轻的西藏自治区、甘肃省、青海省、宁夏回族自治区和新疆维吾尔自治区，其 65 岁至 69 岁老年人口占其老年人口总数的比重在 40% 左右，而广西壮族自治区的比重仅为 33.06%，80 岁及以上老年人口的比重接近 20%。

表 1-4 2010年西部各省区市各年龄组老年人口占比（单位：%）

省区市	65~69岁	70~74岁	75~79岁	80~84岁	85~89岁	90~94岁	95+岁	小计
内蒙古自治区	35.54	31.60	19.94	8.93	3.17	0.66	0.16	100
广西壮族自治区	33.06	27.54	20.21	11.54	5.15	1.88	0.62	100
重庆市	37.47	26.95	18.62	10.99	4.38	1.28	0.31	100
四川省	37.42	27.35	18.04	10.93	4.54	1.35	0.37	100
贵州省	37.39	29.98	18.64	9.56	3.24	0.93	0.26	100
云南省	35.19	28.64	19.80	10.94	4.06	1.08	0.29	100
西藏自治区	39.53	28.17	17.32	9.80	3.81	0.99	0.38	100
陕西省	38.31	29.71	18.75	8.56	3.56	0.89	0.22	100
甘肃省	40.64	30.80	18.22	6.86	2.68	0.63	0.17	100
青海省	40.63	30.78	18.01	7.38	2.50	0.54	0.15	100
宁夏回族自治区	39.71	30.48	18.07	7.91	2.87	0.74	0.22	100
新疆维吾尔自治区	39.73	31.42	16.32	7.98	3.15	1.04	0.37	100

第四节 中国老年人口空间分布特征

一、老年人口规模分布的地区差异

老年人口规模分布的地区差异与全国人口分布的地区差异有所不同（图1-5），这是因为不同省区市人口年龄结构有所不同。根据2017年国家统计局的1‰人口抽样调查数据，地区老年人口占全国老年人口比例较高的省份为山东省（8.18%）、四川省（7.33%）和江苏省（7.06%），而地区人口占全国总人口比例较高的则是广东省（8.03%）、山东省（7.20%）和河南省（6.90%）。

根据第六次全国人口普查数据，老年人口的规模分布也呈现出明显的地区差异，其中，东部地区的老年人口数量最多，2010年为4934万人，中部地区和西部地区分别为3713万人和3245万人。从城镇地区的老年人口规模来看，东部地区的数量最多（2552万人），其次为中部地区（1500万人），西部地区为1174万人。

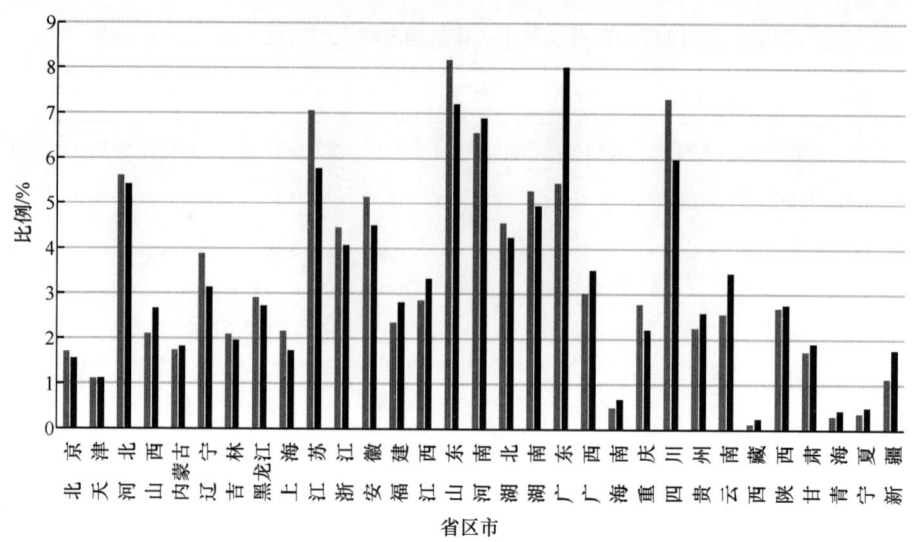

图 1-5 2017 年各省区市老年人口及地区人口占全国的比例

图 1-6 比较了 2000 年和 2010 年第五次与第六次全国人口普查期间，东中西部三大地区的城市、镇、乡村的 65 岁及以上老年人口规模的变化。乡村老年人口数量在三大地区都是最多的，不过在十年间增加的绝对规模和速度都不是最快的。在 2000 年至 2010 年间，东中西部三大地区的乡村老年人口分别增加了 159 万人、234 万人和 393 万人，2010 年相对 2000 年分别增长了 7.15%、11.83%和 23.44%。从城市来看，规模增长最快的是东部地区的城市，十年间增加了 597 万人，2010 年相对 2000 年增长了 54.91%；中部和西部地区的城市老年人口规模分别增加了 295 万人和 259 万人，十年间增长了 57.69%和 73.36%。就增长速度而言，三大地区镇的老年人口规模增长最快。东部地区镇的老年人口规模从 2000 年的 467 万人增长到 869 万人，增长了 86.08%；2010 年中部地区镇的老年人口规模（694 万人）是 2000 年（283 万人）的 2.45 倍；而 2010 年西部地区镇的老年人口规模（561 万人）也是 2000 年（246 万人）的 2 倍以上。

从不同省区市 65 岁及以上老年人口的规模上看，2010 年第六次全国人口普查期间，规模最大的三个省分别为山东省（943 万人）、四川省（881 万人）和江苏省（856 万人），分别占全国 65 岁及以上老年人口的 9.36%、8.74%和 8.50%。而 2000 年，65 岁及以上老年人口最多的三个省份为山东省（731 万人）、河南省（648 万人）和江苏省（646 万人），四川省的老年人口规模排第四位（623 万人），分别占 2000 年全国老年人口的 9.81%、8.70%、8.67%和 8.36%。

从城市地区老年人口规模的变化来看，2010 年城市地区老年人口数量最多的省份为广东省（255 万人）、江苏省（253 万人）、辽宁省（231 万人）和山东省

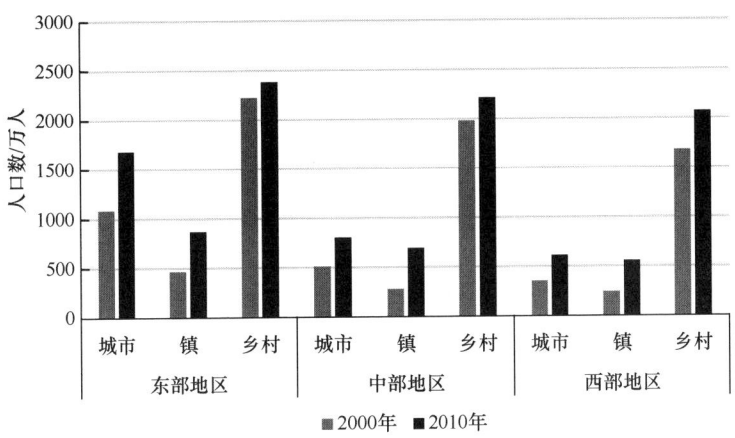

图 1-6 2000 年和 2010 年全国人口普查三大地区 65 岁及以上老年人口规模

（217 万人），相对 2000 年的排序与规模都有较大的变化。2000 年城市地区老年人口规模最大的 4 个省级行政区分别为辽宁省（152 万人）、广东省（149 万人）、上海市（148 万人）和山东省（145 万人）。数量增长最多的省份分别为江苏省和广东省，分别增加了 109 万人和 106 万人。表 1-5 比较了 2000 年和 2010 年城市地区老年人口规模较大的省市。

表 1-5 城市地区老年人口规模较大的省市

项目	2000 年	2010 年
城市地区老年人口规模超过 200 万人		广东省、江苏省、辽宁省、山东省
城市地区老年人口规模为 100 万～200 万人	辽宁省、广东省、上海市、山东省、江苏省	上海市、四川省、浙江省、湖北省、北京市、黑龙江省、河南省、河北省

从镇的老年人口规模的变化来看，2000 年各省区市没有老年人口规模超过 100 万人的镇，规模较大的为 88 万人（位于江苏省）、86 万人（位于广东省）和 82 万人（位于山东省）。而到了 2010 年，镇老年人口规模超过 100 万人的省份有 9 个，规模较大的包括江苏省（178 万人）、山东省（174 万人）、四川省（148 万人），湖南省、河南省和河北省镇的老年人口规模分别为 136 万人、128 万人和 125 万人，分别为 2000 年的 3.3 倍、2.8 倍和 3.9 倍。

就乡村地区而言，老年人口的规模略有增长，但变化不明显。2010 年乡村老年人口规模较大的 3 个省份分别为四川省（589 万人）、山东省（552 万人）和河南省（526 万人）；2000 年规模较大的也是这 3 个省份，分别为河南省（523 万人）、山东省（504 万人）和四川省（471 万人）。2000 年和 2010 年的十年间，乡村地区老年人口增长速度最快的为甘肃省，从 101 万人增加到了 143 万人，增长了 41.58%。

二、不同地区的老年人口比例变化

从三大地区的老年人口占地区总人口的比例来看(图 1-7),2010 年均为 9.0% 左右,差异不大。之后几年的老年人口比例均出现了明显的快速增长,2017 年东部和中部地区老年人口占地区总人口的比例分别为 11.7%和 11.5%,均高于西部地区的 10.9%。

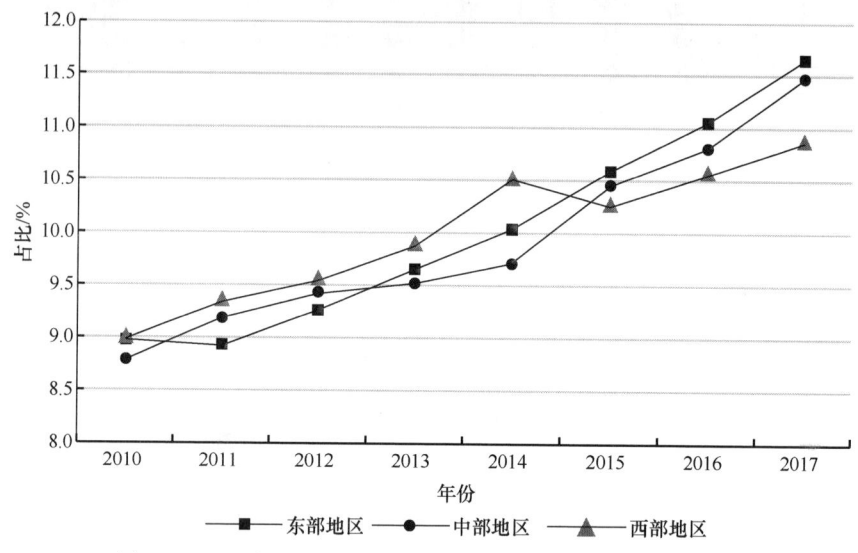

图 1-7　2010 年至 2017 年不同地区 65 岁及以上老年人口比例

东部省市中,2000 年 65 岁及以上老年人口比例最高的为上海市,达到 11.46%,其他省市的比例均小于 9%;而到了 2010 年,老年人口占当地总人口 10%以上的有江苏省(10.88%)、辽宁省(10.31%)和上海市(10.13%)。其中,比例上升最快的是辽宁省和江苏省,分别上升了 2.43 个百分点和 2.04 个百分点,而上海市的老年人口占比出现了下降,这主要是由于这 10 年间上海市总人口数量快速增长,特别是流入人口增多。根据 2017 年的抽样调查数据,东部地区除了福建省(9.53%)、广东省(7.75%)和海南省(8.19%)外,其他 8 个省市的老年人口占当地人口比例均超过 10%,较高的为上海市(14.26%)、辽宁省(14.08%)和江苏省(13.93%)。图 1-8 显示,除海南省外,东部地区各省市的乡村老年人口比例均高于城镇地区,而在北京市、天津市和上海市,城市地区的老年人口比例要高于镇的老年人口比例。

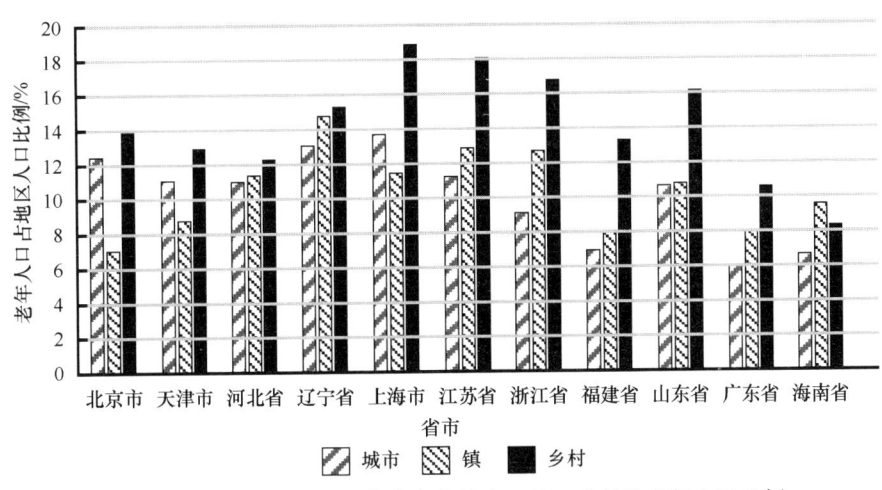

图 1-8 2017 年东部地区各省市分城市、镇、乡村的老年人口比例

在中部地区的 8 个省份中，2000 年的老年人口比例均低于 8%，而到了 2010 年，安徽省的老年人口比例超过 10%，达到 10.23%，湖北省和湖南省的比例分别为 9.09% 和 9.77%。至 2017 年，中部地区除了山西省、江西省和河南省的老年人口比例分别为 8.99%、9.76% 和 10.84% 以外，其他省份的老年人口比例均超过 12%。相比东部地区，中部地区各省份的城市、镇、乡村的老年人口比例差异小一些，不过相比城市、镇，乡村老年人口比例在各省份中依然最高。山西省的城市和镇的老年人口比例最低，分别为 6.98% 和 7.24%（图 1-9）。

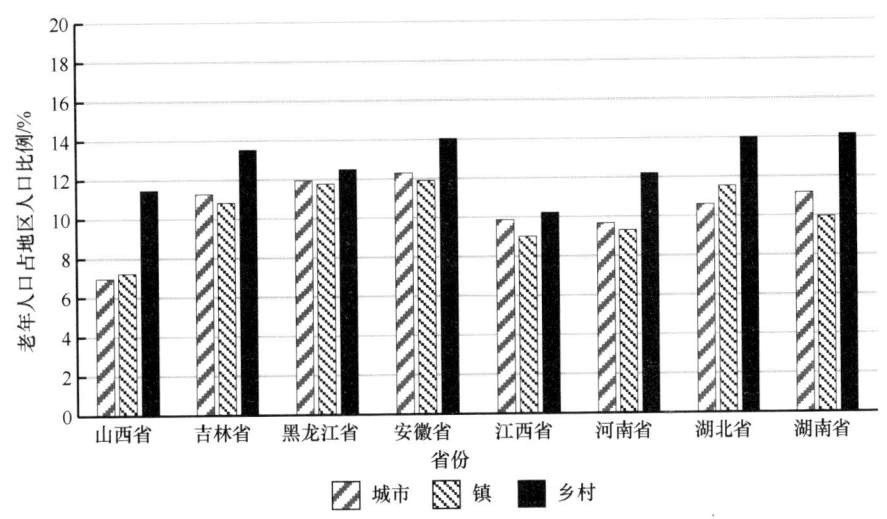

图 1-9 2017 年中部地区各省份分城市、镇、乡村的老年人口比例

依据 2000 年第五次全国人口普查数据，西部地区仅有重庆市的老年人口比例

超过 8%；而至 2010 年第六次全国人口普查，重庆市、四川省的老年人口比例超过 10%，分别为 11.72%、10.95%，广西壮族自治区的老年人口比例为 9.24%。根据 2017 年的抽样调查数据，西部地区有 5 个省级行政单位——重庆市、四川省、陕西省、内蒙古自治区和甘肃省——的老年人口比例超过 10%，分别为 14.28%、13.93%、11.10%、10.84% 和 10.33%。与东部和中部地区不同，西部地区有 5 个省级行政单位的城市地区老年人口比例要高于乡村，分别为云南省、西藏自治区、甘肃省、青海省和新疆维吾尔自治区（图 1-10）。并且，各省区市的乡村地区老年人口比例的差异也较大，重庆市乡村地区的老年人口占比达到 19.82%，而西藏自治区和新疆维吾尔自治区的乡村老年人口比例仅分别为 5.99% 和 5.95%。

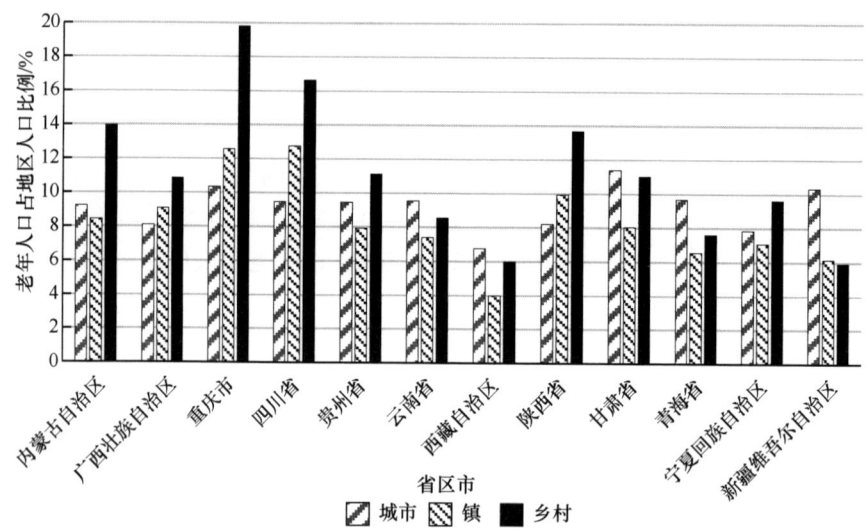

图 1-10　2017 年西部地区各省区市分城市、镇、乡村的老年人口比例

三、社会养老保险领取待遇人数增加

老年人口规模的增加对我国的社会养老能力提出了更高的要求。自 2012 年 8 月起，新型农村社会养老保险和城镇居民社会养老保险制度全覆盖工作全面启动，合并为城乡居民社会养老保险。2014 年 2 月，国务院发布《关于建立统一的城乡居民基本养老保险制度的意见》①，确定养老保险待遇领取条件为"参加城乡居民养老保险的个人，年满 60 周岁、累计缴费满 15 年，且未领取国家规定的基本养老保障待遇的，可以按月领取城乡居民养老保险待遇"。对于不满足这一条件的，

---

① 国务院关于建立统一的城乡居民基本养老保险制度的意见，http://www.gov.cn/zhengce/content/2014-02/26/content_8656.htm，2014-02-26。

"新农保或城居保制度实施时已年满60周岁,在本意见印发之日前未领取国家规定的基本养老保障待遇的,不用缴费,自本意见实施之月起,可以按月领取城乡居民养老保险基础养老金;距规定领取年龄不足15年的,应逐年缴费,也允许补缴,累计缴费不超过15年;距规定领取年龄超过15年的,应按年缴费,累计缴费不少于15年"。

2012年,全国城乡居民社会养老保险实际领取待遇人数为13 382.2万人,社会养老保险基金支出1149.7亿元。其中东部地区人数为5150万人,中部地区和西部地区分别为4508万人和3724万人。随着各地老年人口数量的增加,至2017年,全国城乡居民社会养老保险实际领取待遇人数增长至15 597.9万人,基金支出为2372.2亿元,是2012年的2倍多。2017年东部地区实际领取待遇人数6053万人,中部地区为5305万人,5年间分别增长了17.53%和17.68%;西部地区为4241万人,相比2012年增长了13.88%。

东部地区的各省市中,社会养老保险实际领取人数规模最大的是山东省、江苏省与河北省,也是东部地区65岁及以上老年人口规模最大的三个省,2017年的领取人数分别达到1476万人、1070万人和997万人。图1-11和表1-6显示,除了浙江省,其他省市的领取人数在这6年中均有所增加,不过各省市之间的规模差异较大,海南省2017年的领取人数不到80万人,低于北京市和天津市。但从2017年基金支出的规模上看,北京市和天津市超过230亿元,河北省、辽宁省和上海市分别支出170亿元、158亿元和121亿元,其他省份的支出均不到70亿元。

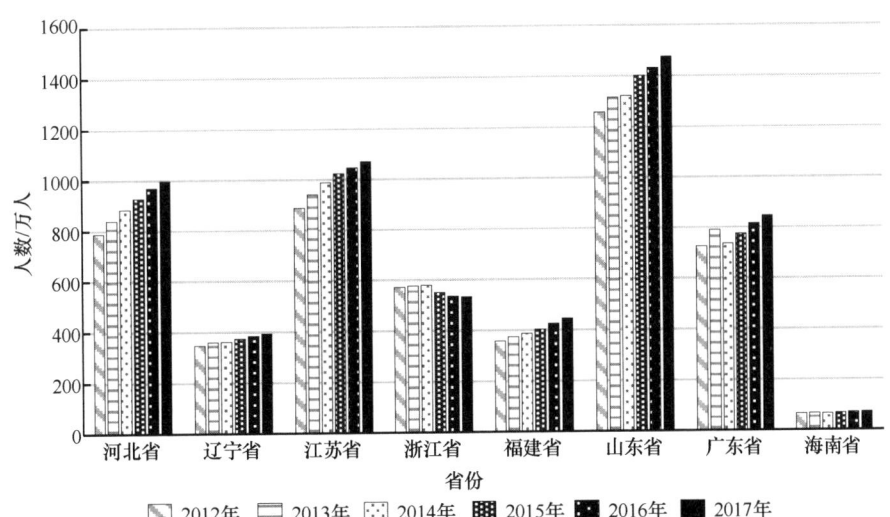

图1-11 2012年至2017年东部地区部分省份城乡居民社会养老保险实际领取待遇人数

表 1-6　2012 年至 2017 年东部地区直辖市城乡居民社会养老保险实际领取待遇人数（单位：万人）

直辖市	2012 年	2013 年	2014 年	2015 年	2016 年	2017 年
北京市	27.1	31.6	35.1	39.5	85.4	86.6
天津市	69.8	71.0	71.3	74.9	77.5	79.5
上海市	45.4	46.7	47.5	48.7	49.3	50.3

2017 年，中部地区各省份中实际领取待遇人数较多是河南省、湖南省和安徽省，分别达到 1364 万人、945.1 万人和 915 万人，其基金支出分别为 155.7 亿元、110.3 亿元和 96.5 亿元。图 1-12 显示，2012 年至 2017 年，各省份领取待遇人数增长速度最快的是黑龙江省，领取人数增长了近 40%，其次为吉林省，增长了 24.03%；而规模增长较大的是河南省（210.2 万人）、湖北省（116.9 万人）和安徽省（109.5 万人）。

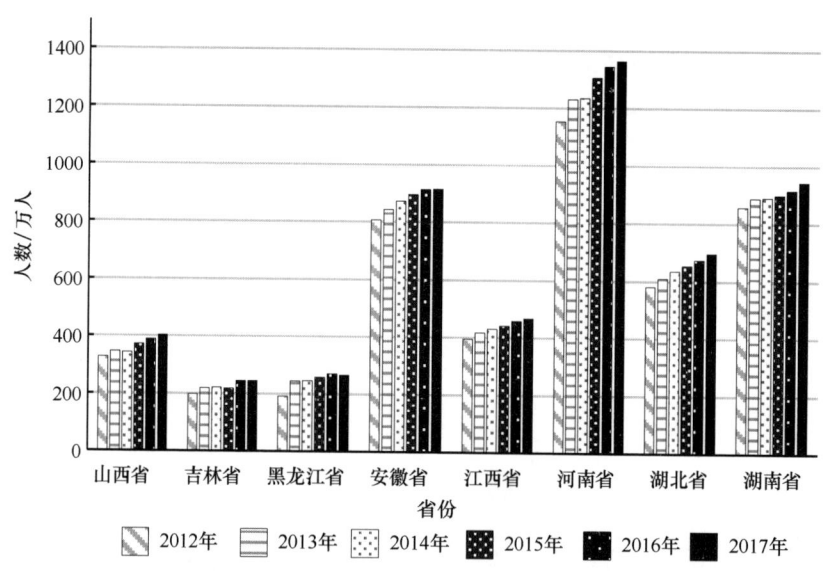

图 1-12　2012 年至 2017 年中部地区城乡居民社会养老保险实际领取待遇人数

西部省区市社会养老保险实际领取待遇人数的规模相对较小，2017 年仅有四川省为 1126.2 万人，其次为广西壮族自治区（570.2 万人）和云南省（516.6 万人），西藏自治区、宁夏回族自治区和青海省的领取人数均不到 500 万人，这一差异与西部省区市 65 岁及以上老年人口的规模差异相一致。根据图 1-13，从 2012 年至 2017 年的规模来看，重庆市实际领取待遇人数的规模略有减少，增加最多的是四川省（近 99 万人），增长了 9.61%，增长速度最快的三个省份分别为陕西省（24.95%）、云南省（23.09%）和甘肃省（22.31%）。

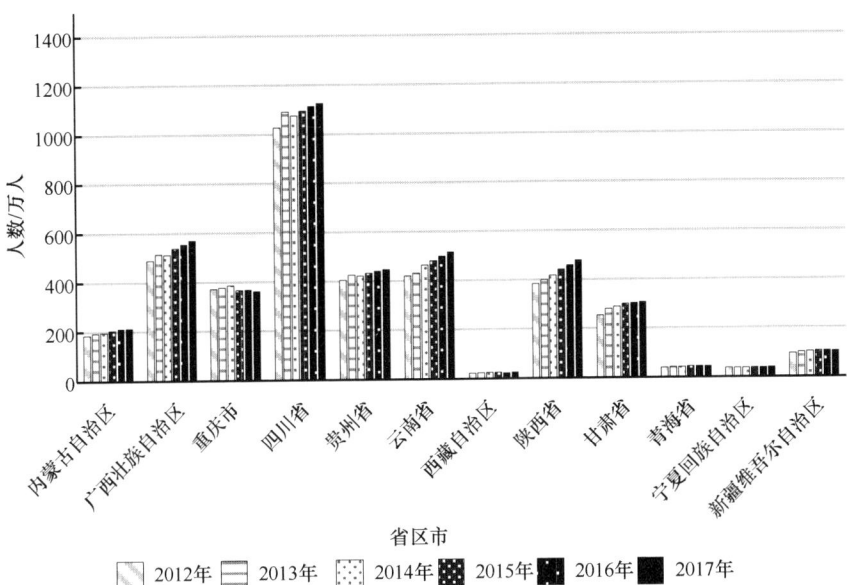

图1-13　2012年至2017年西部地区城乡居民社会养老保险实际领取待遇人数

第二章　当代中国老年人的教育状况

教育不仅仅是人类传承文明和知识、培养年轻一代的途径，更是一个社会创造美好生活的根本途径，因此，教育决定着人类的今天，也决定着人类的未来。反映到学术研究中，来自经济学、社会学等社会科学领域的研究者们始终对一个社会的教育状况特别是教育在人群中的差异表现出强烈的兴趣。比如，劳动经济学研究中，教育是个体参与劳动力市场和获取成功的强大解释因素（Card，1999；Hartog，2000；Jenkins and Siedler，2007）；健康研究中，教育也是不可忽略的重要决定因素（Groot and van den Brink，2000；Cutler and Lleras-Muney，2008；Eide and Showalter，2011；Lynch and von Hippel，2016）；人口学分析中，教育是考察一个人口的结构特征时几乎必定会考虑的维度之一。

鉴于其所具有的基础性、整体性和长远性价值，本章拟对当代中国老年人的教育状况进行分析。第一节考察老年人受教育状况，利用可得的数据，首先，呈现我国老年人受教育程度的现状，其次，基于队列之间的比较，讨论和分析老年人受教育程度的未来变动趋势。随着老龄化的加深，一方面人们活得时间越来越长，另一方面老年人所占比重越来越大。为了应对由此引发的挑战，积极老龄化、健康老龄化、成功老龄化等发展口号或战略应运而生。最近的研究指出，终身学习在促进心理健康和防止个体老化中认知能力下降方面扮演着重要角色（Field，2011；Schramek，2016）。本章第二节用中国的调查数据对老年人终身学习状况做了一个简要考察与分析。最后的第三节尝试就老年人教育与健康老龄化的意义及机制展开讨论。

第一节　老年人的受教育程度：现状与趋势

根据社会分层理论，受教育程度是个体后天获得的社会经济地位的反映。因此，对于老年人而言，其受教育程度在很大程度上会影响其晚年时的生活境遇和健康状况，乃至左右经济、社会和政治参与。基于现有研究发现的受教育程度与老年人的健康等诸多方面特征之间的正向关系，受教育程度在相当程度上很可能预示着老年人个体甚至一个社会所拥有的养老资源丰欠或养老负担的轻重。那么，考察和分析我国老年人受教育程度的现状及其变化趋势①，在一定程度上有助于对我国养老资源或养老负担状况的把握。

---

① 除非特别说明，本节中的老年人指的是 65 岁及以上的个体。

一、老年人受教育程度的现状

基于2010年全国人口普查数据资料(国务院人口普查办公室和国家统计局人口和就业统计司,2012),表2-1汇总得到了我国老年人群体的受教育程度构成情况。就全国而言,仍有大约30%的老年人未上过学。老年人中,上过高中的不到6%;有过大学经历的老年人更少,每100人中仅有不到4人(3.21%)。相比而言,日本早在2000年,上过高中的老年人就已经达到35%[1],2009年美国高中毕业老年人的比重已经上升至78.3%,同时21.7%的老年人拥有大学及以上学历[2]。显然,与美国和日本相比,中国老年人的受教育程度明显偏低。我国老年人口的文化素质仍有很大的提升空间。

表2-1 中国老年人(65+岁)的受教育程度构成(单位:%)

受教育程度	乡村			城镇			全国		
	男性	女性	合计	男性	女性	合计	男性	女性	合计
未上过学	20.09	48.35	34.75	8.98	29.31	19.54	15.21	39.98	28.06
小学	60.34	46.43	53.12	40.65	43.67	42.22	51.69	45.22	48.33
初中	16.25	4.71	10.26	26.95	15.99	21.26	20.95	9.67	15.09
高中	2.78	0.45	1.57	13.12	7.18	10.04	7.32	3.41	5.29
大学专科	0.47	0.05	0.25	5.50	2.15	3.76	2.67	0.98	1.79
大学本科	0.08	0.01	0.04	4.69	1.67	3.12	2.10	0.74	1.39
研究生	0.01	0.01	0.01	0.10	0.03	0.06	0.05	0.01	0.03

资料来源:根据《中国2010年人口普查资料》中提供的"全国分年龄、性别、受教育程度的6岁及以上人口"计算得到

除了整体水平偏低之外,我国老年人的受教育程度还存在明显的性别差异。表2-1最右侧栏中,呈现了男性和女性老年人合计的受教育程度构成。为了反映性别差异的程度,将男性不同受教育程度所占百分比除以女性的相应百分比,得到一个类似发生比之比的数值。显然,该比值大于1时,表明男性在该受教育程度上占优,值越大,男性优势越明显;小于1,表明女性占优,值越小,女性优

---

[1] 根据日本国家统计局网站数据计算:http://www.stat.go.jp/data/nenkan/back60/zuhyou/y0213000.xls。
[2] 参见:https://acl.gov/sites/default/files/Aging%20and%20Disability%20in%20America/2010profile.pdf。

势越明显；而等于 1，表明男性和女性相当。表 2-2 中给出了具体的结果。很明显，女性的优势集中体现在未上过学上，其未上过学的比重远高于男性，前者大约是后者的 3 倍（1/0.381≈3）。相反，男性则在不同学历层次上体现出全面的优势，其拥有不同学历水平的老年人所占比重均明显高于女性，而且随着学历层次提高，男性的优势呈现扩大趋势。比如，男性中拥有小学学历的比重为女性相应比重的 1.143 倍，随着学历提高，到研究生时上升至 3.292 倍。这是学者长期以来发现的教育性别差异在老年群体中的具体反映。这与老年人教育获得过程中存在显著的性别不平等密切相关。

表 2-2 中国老年人（65+岁）受教育程度的性别与城乡差异

受教育程度	性别差异			城乡差异
	乡村	城镇	全国	
未上过学	0.416	0.306	0.381	0.562
小学	1.299	0.931	1.143	0.795
初中	3.451	1.686	2.167	2.071
高中	6.239	1.827	2.148	6.403
大学专科	8.913	2.552	2.739	14.994
大学本科	7.100	2.815	2.845	74.693
研究生	1.056	3.863	3.292	11.667

资料来源：基于表 2-1 中的相关数据计算得到

随着城镇化发展和人口流动变得频繁，中国的城乡差距虽不断缩小但目前为止仍旧明显存在。长期以来的城乡二元结构也造成了我国老年人受教育程度呈现出重要的城乡分化。基于与考察性别差异时同样的逻辑，表 2-2 一并给出了城乡维度上反映受教育程度差异的数据结果。类似地，城镇地区的老年人在初中及更高学历上表现出相比于乡村老年人的优势，而且这种优势的幅度比性别维度上表现出来的更甚。

受教育程度与老年人健康以及经济、社会参与之间有正向关系，因此更好的受教育状况意味着健康更佳，经济、社会参与更良好，也就意味着养老资源更丰富，养老负担更小。就这里所看到的我国老年人受教育状况存在的明显性别和城乡差异而言，女性老人、农村老人似乎更应作为养老保障制度的目标群体，尤其是居住在农村的女性老人。因为农村地区受教育程度的性别差异更甚于城镇（表 2-2）。

二、老年人受教育程度的未来趋势

应该看到的是，目前处于老年阶段的人口中有相当多的人出生在1949年之前，完成教育的时间都在改革开放之前。我国的教育事业自改革开放以来获得了长足的发展，可以想象，未来中国老年人的受教育状况也将会明显改善。考虑到教育发展的效应主要体现为队列效应，因此，可以通过比较不同队列老年人的受教育程度来大体呈现老年人受教育程度的未来变动趋势[①]。

基于2010年全国人口普查数据资料（国务院人口普查办公室和国家统计局人口和就业统计司，2012），以10年作为跨度，表2-3汇总得到了我国1990年之前年份出生的各队列的受教育程度构成情况。考虑到上文所提及的受教育程度存在明显的性别差异，表中同时呈现了分性别的结果。

表2-3 中国不同队列人口的受教育程度构成（单位：%）

年龄	出生队列	两性合计						
		未上过学	小学	初中	高中	大学专科	大学本科	研究生
21~30岁	1980~1989年	0.68	7.99	50.22	18.89	12.01	9.21	1.00
31~40岁	1970~1979年	1.34	16.80	54.43	15.60	7.05	4.25	0.53
41~50岁	1960~1969年	2.32	24.31	50.72	15.52	4.40	2.47	0.26
51~60岁	1950~1959年	6.68	41.28	35.50	12.40	2.98	1.07	0.08
61~70岁	1940~1949年	14.61	52.03	22.92	6.93	2.27	1.21	0.03
71~80岁	1930~1939年	31.15	48.78	12.11	4.66	1.77	1.50	0.03
81+岁	1929年以前	48.73	39.55	7.36	2.66	0.82	0.84	0.03
年龄	出生队列	男性						
		未上过学	小学	初中	高中	大学专科	大学本科	研究生
21~30岁	1980~1989年	0.56	6.96	49.96	20.26	11.87	9.41	0.98
31~40岁	1970~1979年	0.92	13.65	55.67	16.97	7.44	4.72	0.63

---

① 考虑到1990年以后出生的人口有相当部分仍未完成学校教育，因此，下面的分析中略去这部分人口。严格来讲，1980~1989年出生队列中也一定数量的人尚未完成学校教育，但这部分人口所占比重应该小很多，可视为近乎完成。

续表

年龄	出生队列	男性						
		未上过学	小学	初中	高中	大学专科	大学本科	研究生
41~50岁	1960~1969年	1.25	18.78	53.82	17.45	5.16	3.17	0.37
51~60岁	1950~1959年	3.27	34.70	41.68	14.95	3.86	1.43	0.12
61~70岁	1940~1949年	7.56	50.06	28.86	8.71	3.10	1.67	0.05
71~80岁	1930~1939年	17.41	53.48	17.33	6.70	2.72	2.31	0.05
81+岁	1929年以前	28.61	50.63	12.99	4.67	1.50	1.55	0.05

年龄	出生队列	女性						
		未上过学	小学	初中	高中	大学专科	大学本科	研究生
21~30岁	1980~1989年	0.81	9.03	50.47	17.51	12.16	9.00	1.02
31~40岁	1970~1979年	1.79	20.09	53.13	14.17	6.64	3.75	0.43
41~50岁	1960~1969年	3.43	30.05	47.50	13.51	3.61	1.75	0.14
51~60岁	1950~1959年	10.21	48.09	29.11	9.77	2.08	0.70	0.04
61~70岁	1940~1949年	21.86	54.07	16.82	5.10	1.41	0.73	0.01
71~80岁	1930~1939年	43.97	44.39	7.23	2.76	0.88	0.74	0.02
81+岁	1929年以前	62.67	31.88	3.46	1.28	0.34	0.35	0.01

资料来源：根据《中国2010年人口普查资料》中提供的"全国分年龄、性别、受教育程度的6岁及以上人口"计算得到

总的来看，随着队列变得越来越年轻，老年人未上过学的比重迅速下降，比如从1929年以前队列到1980~1989年队列，未上过学的比重从接近50%急剧降至不到1%。类似地，低层次教育的老年人比重也随着队列变得更年轻而大幅度下降，1929年以前队列中，小学学历的占比近40%，而到1980~1989年队列降至不到10%。受初中层次教育的老年人比重随着队列变得更年轻而持续上升，并大体稳定在50%。受高中及更高层次教育的老年人比重则随着队列变得更年轻而持续上升，且幅度明显。可以预见，当21世纪中叶中国达到老龄化峰值时，老年人口的受教育程度相比于现在将会有一个长足的提升。

图2-1以图形方式更直观地展示了我国老年人口受教育程度持续改善的进程。

从图中可见，随着队列从年长到年轻，受低层次教育老年人口所占比重持续走低，而受高层次教育老年人口所占比重则持续攀升。该变化过程使得图 2-1 中反映队列教育构成的曲线出现两个变化：峰值往后移动，右端往上抬。

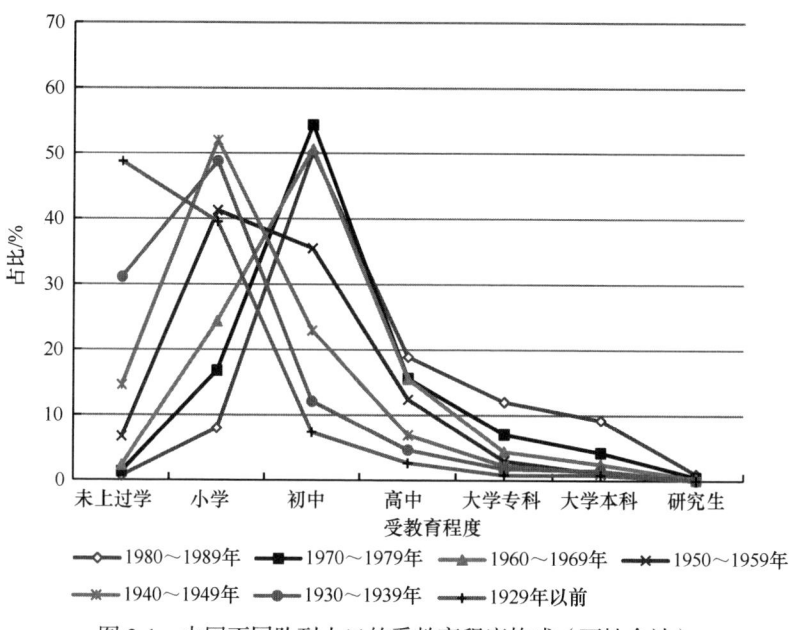

图 2-1　中国不同队列人口的受教育程度构成（两性合计）

资料来源：根据《中国 2010 年人口普查资料》中提供的"全国分年龄、性别、受教育程度的 6 岁及以上人口"计算得到

分性别看，男性和女性群体内部受教育程度构成随队列推移呈现的变化趋势与整体一致，即随着队列变得更年轻，低层次教育的老年人所占比重下降，而高层次教育的老年人所占比重上升，受教育程度持续改善。这一点结合表 2-4、图 2-2 和图 2-3 也可直观地观察到。不过，女性群体的变化幅度，无论是低层次教育上的比重下降，还是高层次教育上的比重上升，均大于男性群体。通过计算 1929 年以前队列所占比重减去 1980~1989 年队列相应比重，表 2-4 得到了男性和女性不同学历所占比重的变化量。可以看到，变化幅度差异最大的出现在"未上过学"，其次是"初中"。这种变化与我国推行的九年制义务教育制度明显改善女童的入学机会密切相关。

表 2-4　从 1929 年以前队列到 1980~1989 年队列不同层次学历所占比重的变化量（单位：%）

性别	未上过学	小学	初中	高中	大学专科	大学本科	研究生
男性	28.05	43.67	-36.97	-15.59	-10.37	-7.86	-0.93
女性	61.86	22.85	-47.01	-16.23	-11.82	-8.65	-1.01

资料来源：根据表 2-3 中相应结果计算得到

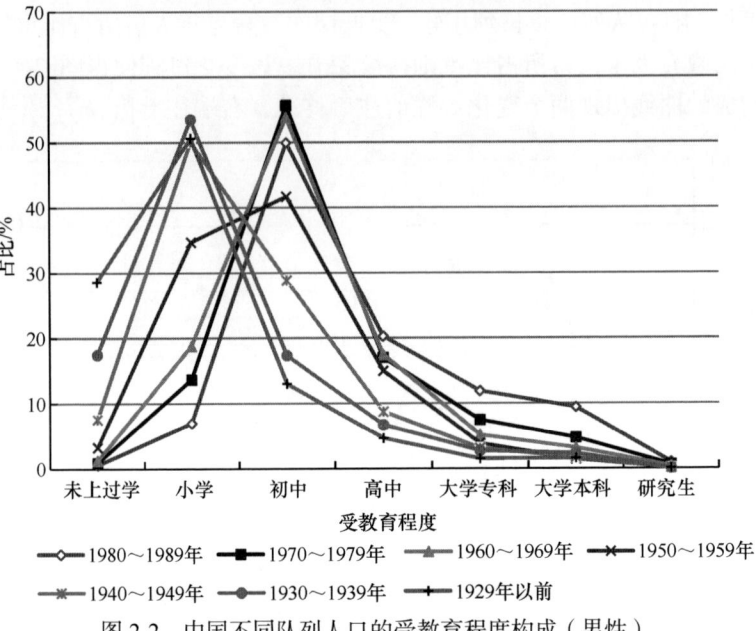

图 2-2　中国不同队列人口的受教育程度构成（男性）

资料来源：根据《中国2010年人口普查资料》中提供的"全国分年龄、性别、受教育程度的6岁及以上人口"计算得到

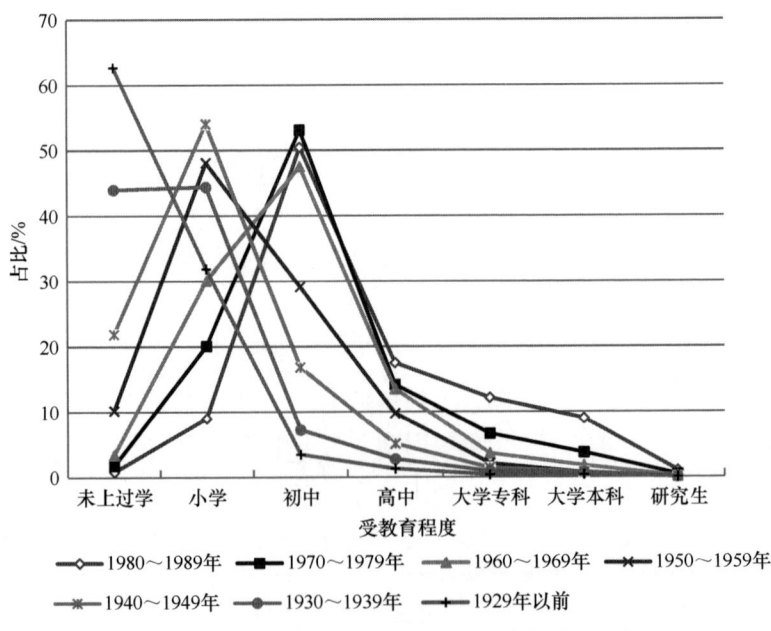

图 2-3　中国不同队列人口的受教育程度构成（女性）

资料来源：根据《中国2010年人口普查资料》中提供的"全国分年龄、性别、受教育程度的6岁及以上人口"计算得到

第二节　活到老、学到老：老年人终身学习状况分析

世界卫生组织于 2002 年提出并倡导积极老龄化。它至今已经影响了世界各国的老龄化政策和做法，并引起公众注意到全球老龄化给个人和社会带来的新机遇和新挑战。积极老龄化框架倡导优化"健康"、"参与"和"保障"的机会，它们是决定未来生活质量的三个关键因素。此框架同时还主张身体健康、心理健康和社会联系同等重要（World Health Organization，2002）。积极老龄化话语是政府为老龄人口提供社会保障和社会服务持续关切的产物，它反映了并可能促进对老年人的社会态度发生积极转变：通过保护和丰富心理认知资源以应对生活的挑战，让晚年生活不再成为"赤字"时期，而是成为能力和知识或机会和福祉增长的时期（Boudiny，2013；Bowling and Iliffe，2011）。

与此全球趋势相一致，中国已经开始着手制定积极的老龄化政策，鼓励各级政府通过改善适老的服务、项目和基础设施以建立对老年人友好的社区。然而，中国目前正处在老龄化加速的阶段，至 21 世纪中叶是人口老龄化增长最迅速的时期，届时几乎每 3 人中就有 1 名老年人（杜鹏等，2005）。与此同时，中国目前进入了一个新的加速转型期，人们现在普遍面对的事实是：社会快速、迅猛转型，在很短的时间里，每个人的生活都发生了翻天覆地的变化。这些事实表明：老年人的一项重要任务就是找到最优化福祉的方式，以应对慢性病、孤独、压力和其他挫折（Zarit，2009）。在这方面，学习是应对老龄化社会的积极措施，无论对国家、对社会还是对个体而言，都是如此。人口发展与社会转型的新特征、新形势使得终身学习变得极为必要。学习是改变命运的重要路径，终身学习是通往幸福之路。

当前关于积极老龄化政策的讨论中，老年人的终身学习值得更多关注。实际上，积极老龄化框架认识到，随着人们年龄增长，与正规教育一样，终身学习也是促进参与、健康和保障的一个重要因素。与不少欧美发达国家一样，中国也早就提出了"终身学习"的口号，党的十六大报告就已经把"形成全民学习、终身学习的学习型社会"作为全面建设小康社会的奋斗目标之一。终身学习，使老年人继续成长，是抵抗衰老的有效途径。

那么，我国老年人终身学习的现状如何？终身学习对于老年人而言意义何在？为什么学习对于老年人而言是重要的？针对前两个问题，本节将主要基于 CLASS 2018 所得数据来回答。在回答前两个经验层面问题基础上，结合有关的文献，从理论层面一般性地讨论终身学习对于老年人的重要性。

一、何谓老年人终身学习

终身学习已经成为人们耳熟能详的术语,其实践热潮也已经在全国各地掀起。作为一个概念,终身学习首次正式出现于 20 世纪 70 年代,具体见于 1976 年 11 月召开的联合国教育、科学及文化组织第 19 次全体会议上通过的《关于成人教育发展的报告》。此后,学者针对终身学习这一概念提出许多表述不一但内涵大致一样的定义和阐释(高志敏,2003;程巧玲,2009)。

对终身教育的较早地系统性界定可见于日本生涯教育学会 1992 年编撰的《生涯学习事典》中,"对学习者的要求给予必要的应答,并由学习者自主地选择合适的学习手段与方法,然后再通过其终身的生涯来进行,这即为终身学习。其基本思想,就是基于每个人自发的意愿而进行的活动"(高志敏,2003)。1994 年,首届世界终身学习会议在罗马举行,其所采纳的定义是"终身学习是 21 世纪的生存概念""是通过一个不断的支持过程来发挥人类的潜能,它激励并使人们有权利去获得他们终身所需要的全部知识、价值、技能与理解,并在任何任务、情况和环境中有信心、有创造性地愉快地应用它们"(程巧玲,2009)。可见,宽泛地讲,终身学习指的是"人在一生中所需要的知识、技术,包括学习态度等应该如何被开发和运用的全过程",它"强调的基本特征是'有意义的学习',而其学习场所也不限于家庭、学校、文化中心或企业等。能被个人或集团加以利用的一切教育设施及资源都应被包含在内"(吴遵民,1999)。

终身学习这一概念的核心和立足点是人在一生中自觉地利用学习条件,不断学习,以使自身的潜在能力不断转化为适应社会变化与发展的现实能力。正如俗语"活到老,学到老"所传递的理念那样,"学习是伴随人生而具有终身性的"(程巧玲,2009)。本章中,老年人终身学习具体指的是老年人所进行的持续且具有系统性的学习活动,目的在于促进其知识、态度、价值和技巧上的改变。与青少年和成年人的学习在很大程度上与就业具有内在关联不同,老年人的学习倾向与老年期生活质量和健康有关,同时更加以发展自身为目的,侧重从个体的兴趣、爱好出发,更具有明显的休闲性学习特征。

二、老年人终身学习的现状

随着我国人口老龄化,老年人口的规模与所占比重呈上升趋势,老年人终身学习也日益从理念变为日常实践。从现有资料来看,山东省率先在 1983 年创设老年大学,一些其他省份随后相继办起老年大学。2007 年,《国家教育事业发展"十一五"规划纲要》特别指出要"办好老年大学",这是我国政府部门首次在教育规划中明确提出老年教育。为了积极应对老龄化,教育部应国务院要求于 2014

年 8 月启动编制《老年教育发展规划（2016—2020 年）》。可见，国家正在大力推进老年教育事业的发展，以促进人口老龄化战略的实施和学习型城市的建设。了解老年人在终身教育方面的需求，把握老年人在终身学习方面的现状，是当前做好终身教育体系建设工作的重要前提，也能为国家应对人口老龄化发展趋势、推进老年教育事业提出政策建议。然而，现有研究涉及老年人终身学习的内容还很有限，主要仍停留在理念推动和新闻媒体宣传中。中国知网检索到的一项相关最新研究是介绍北京市老年人终身学习现状及特征的（安克艺等，2018）。该项研究基于北京开放大学终身教育研究基地对北京市民终身学习现状的调查，通过对其中 697 份老年人被调查者问卷进行分析，"从对终身教育、终身学习理念的认识，对市民终身学习方式、途径、资源和环境等现状，以及对北京市终身教育现状和发展的看法与建议等方面进行了了解，以反映出当前北京市中老年人终身学习的现状和对终身教育发展的期待"。然而，对于全国老年人终身学习现状，仍缺乏必要的经验研究。CLASS 2018 询问了被调查老年人过去一年中"上老年大学或者参加培训课程"的情况[①]，具体选项为"几乎每天"、"每周至少一次"、"每月至少一次"、"一年几次"以及"没有参加"[②]。基于该调查问题并结合问卷中涉及的其他人口与社会经济背景的信息，本节对我国老年人终身学习的现状进行考察。

基于本题的有效应答样本，表 2-5 呈现了被调查老年人终身学习参与情况的统计结果。可见，老年人调查前一年中学习参与的比例偏低，每 100 名老年人中仅有不到 5 人上过老年大学或者参加过培训课程。这反映出我国老年人学习参与水平还很低。不过，值得注意的是，那些表示参加学习的老年人中，有超过一半（59.4%）的表示每月至少参加一次学习或频率更高。这意味着，参与者的学习行为明显呈现出稳定特征，表明他们的学习具有系统性。

表 2-5 老年人终身学习参与情况

终身学习参与情况	频数	比例
没有参加	9348	0.976
参加	229	0.024
一年几次	93	0.406
每月至少一次	37	0.162
每周至少一次	79	0.345
几乎每天	20	0.087
合计	9577	1.000

资料来源：根据 CLASS 2018 计算

[①] 注意，根据该调查项目，作为调查对象的老年人是指那些年满 60 周岁的人。这与上一节略有不同。
[②] 2018 年的被调查对象有 11 418 名老年人。有关中国老年人追踪调查项目及数据的介绍，可参见杜鹏等（2016）。

值得注意的是，根据安克艺等（2018）对北京市老年人的研究，"老年人群体对终身学习理念普遍认可，对参与终身学习有着迫切的需求"。那么，结合本书阐述的老年人学习参与行为状况，不难发现：尽管老年人普遍认可终身学习理念，也对学习有迫切需求，但其真正落实到行为上却存在明显的差距。尽管他们态度很积极，但行为却很不乐观。换言之，老年人在终身学习方面也存在显著的意愿与行为的背离现象。这种背离所潜藏的意涵是什么非常值得探讨，因为它很可能事关老年人终身教育如何有效开展。

除了上述一般性特征之外，我们还不应该忽视，老年人是一个内部高度异质的群体，他们在人口学特征以及社会经济特征上都存在明显的差别。老年人的学习参与行为也存在大量差异。表 2-6 呈现了有关具体结果。

表 2-6　老年人终身学习参与在有关人口与社会经济特征上的分化

变量	取值类别	案例数	终身学习参与		卡方值	p 值
			否	是		
性别	男性	4 800	0.977	0.023	0.138	0.710
	女性	4 777	0.976	0.024		
年龄	60～64 岁	1 776	0.969	0.031	28.939	<0.001
	65～74 岁	5 009	0.971	0.029		
	75～84 岁	2 247	0.988	0.012		
	85+岁	545	0.994	0.006		
出生队列	1910～1945 年	3 536	0.987	0.013	35.089	<0.001
	1946～1949 年	1 873	0.977	0.023		
	1950～1954 年	2 966	0.966	0.034		
	1955～1958 年	1 202	0.968	0.032		
地区	东部	3 750	0.973	0.027	51.747	<0.001
	中部	3 420	0.990	0.010		
	西部	2 407	0.962	0.038		
居住地类型	农村	4 074	0.984	0.016	20.448	<0.001
	城镇	5 502	0.970	0.030		
户口属性	农业户口	5 482	0.983	0.017	25.135	<0.001
	非农业户口	4 095	0.967	0.033		

续表

变量	取值类别	案例数	终身学习参与 否	终身学习参与 是	卡方值	p 值
受教育程度	高中及以上	904	0.946	0.054	50.311	<0.001
	初中	2 236	0.975	0.025		
	小学	3 529	0.986	0.014		
	未上过学	2 908	0.975	0.025		
个人年收入	<1 000	1 430	0.980	0.020	28.134	<0.001
	[1 000, 2 800)	1 908	0.982	0.018		
	[2 800, 5 200)	1 670	0.985	0.015		
	[5 200, 13 000)	1 675	0.961	0.039		
	≥13 000	1 390	0.978	0.022		

资料来源：根据 CLASS 2018 计算

注：由于居住地类型、个人年收入变量有缺失值，即各变量缺失值程度、情况不同，造成了它们的样本量未必相同

首先，我们注意到，就表 2-6 中涉及的老年人特征而言，老年人学习参与行为仅在性别维度上不存在显著的差异。表 2-6 中结果显示，男性和女性老年人参与学习的比例非常接近，分别仅为 2.3%和 2.4%，都非常低；相应地，绝大部分男性和女性老年人在过去一年均未上过老年大学或者参加过培训课程。

其次，不同年龄和不同出身队列老年人在学习参与行为上均存在明显分化。表现为老年人越年轻、出生越晚，参与学习的比例就越高。比如，85 岁或更年长老年人中参与学习的不到 1%（具体为 0.6%），而刚进入老年期的 60~64 岁的老年人中有 3.1%的人表示过去一年有学习参与。类似地，出生于 1910~1945 年的老年人中仅有 1.3%的人参与过学习，而出生最晚（1955~1958 年）的老年人中参与过学习的占比为 3.2%，比重明显更高。考虑到这里的学习参与指的是上老年大学或培训课程，存在很强的系统性，也与老年人已有文化层次密切相关。所以，这种分化模式的背后很可能意味着老年人学习参与随年龄和队列而出现的分化与差异是他们健康和受教育程度差异的反映。

再次，老年人的学习参与存在明显的地区差异，一方面反映在东部、中部和西部之间存在分化，另一方面反映在城乡之间也存在分化。就前者而言，表 2-6 中结果表明，西部地区老年人有学习参与行为的比重最高，为 3.8%；东部地区老年人次之，为 2.7%；而中部地区最低，仅为 1.0%。就后者而言，城镇地区老年人中参与学习的比重为 3.0%，明显高于农村地区（1.6%）。这种地区差异模式在

一定程度上能够为经济和社会发展程度以及教育资源分布的区域差异与城乡差异所解释,但并非完全与此有关。因为我们注意到,西部地区的老年人学习参与比重比东部地区更高。

最后,老年人终身学习参与行为也存在显著的社会经济地位分化。在我国社会背景下,表 2-6 中的户口属性、受教育程度与个人年收入都是反映老年人社会经济地位的重要指标。我们看到,非农业户口老年人的学习参与比重高于农业户口,受教育程度更高的老年人学习参与比重高于受教育程度更低的老年人;而老年人收入状况与终身学习参与之间似乎呈现出"U"形曲线关系,即收入处于中等老年人的学习参与比重更低。

基于 CLASS 2018 数据的分析表明,虽然已有研究发现老年人在意愿上表现得非常积极,但我国老年人学习参与的现状整体而言并不乐观。在推动老年人学习参与方面,还有很长的路要走。为此,就学术研究而言,一个值得研究的问题是:如何提升老年人终身学习的积极性?换言之,如何促使老年人将强烈的终身学习意愿尽可能地转换为真实的学习行为?

三、老年人终身学习的收益

当前关于积极老龄化政策的讨论中,老年人的终身学习值得更多关注。然而,直接考察晚年学习对老年人影响的研究还非常少见。现有关于成年人学习的研究通常更为关注学习的"转换效应"(transforming effects)(比如,个人变化、社群活动)而非"保存效应"(conserving effects)(比如,自我维持、社会组织),即"教育可以防止衰败或崩溃,或者固定一种积极的社会稳定状态"(Schuller et al.,2004)。不过,目前已经有极少一些研究者开始讨论晚年学习与心理健康之间的关系,并且发现晚年学习参与有助于老年人长期保持健康(Narushima et al.,2018;Jenkins and Mostafa,2015;Jenkins,2011;Leung and Liu,2011;Narushima,2008)。借鉴 Narushima 等(2018)的分析框架,本节拟采用 CLASS 2018 来考察我国老年人学习参与对其心理健康的影响。

(一)理论框架

通过将老年期脆弱性框架(Schröder-Butterfill and Marianti,2006)与终身学习的获益联系在一起,Narushima 等(2018)提出了一个分析终身学习对晚年生活的福祉、健康和脆弱性影响的理论框架,具体如图 2-4 所示。

该框架在老年期脆弱性框架的基础上纳入了"潜在威胁"与"结果",从而建立了老年期"风险因素与状况"、"弥补策略"和"应对能力"之间的关联,并将它们分别操作化为"脆弱性程度"、"终身学习参与"与"作为具有维护潜力的心理健康"。基于此,下面我们以 CLASS 2018 提供的数据来检验我国老年人终身学习参与对其心理健康的维护效应,即老年人学习参与对心理健康具有正向影响。

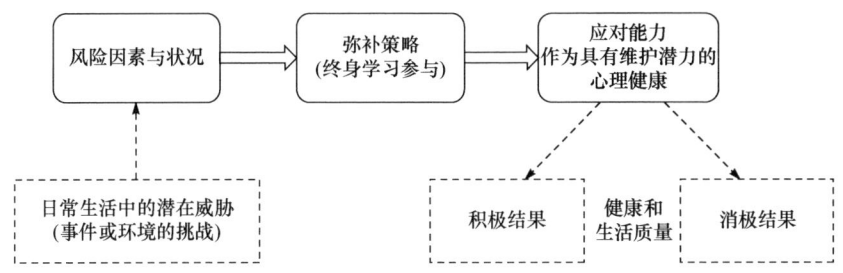

图 2-4　终身学习对晚年生活的福祉、健康和脆弱性的影响
资料来源:Narushima 等(2018),图 1,略有改动

（二）研究设计

CLASS 2018 项目设计了一组 12 个题项来测度老年人的"最近一周的心情",具体见表 2-7,本书以此得到心理健康的测度。具体地,将除第 1、4 和 9 题之外的其他 9 道题进行了反向编码,最终把被访老年人在相应题目中的选择对应的数字（即 1、2 或 3）相加[①],得到反映老年人心理健康的总得分,而且得分越高表明老年人心理健康状况越好。

表 2-7　简化版的心理健康量表

题项	没有	有时	经常	无法回答
1. 过去一周您觉得自己心情很好吗?	1	2	3	9
2. 过去一周您觉得孤单吗?	1	2	3	9
3. 过去一周您觉得心里很难过吗?	1	2	3	9
4. 过去一周您觉得自己的日子过得很不错吗?	1	2	3	9
5. 过去一周您觉得不想吃东西吗?	1	2	3	9
6. 过去一周您睡眠不好吗?	1	2	3	9
7. 过去一周您觉得自己不中用了吗?	1	2	3	9
8. 过去一周您觉得自己没事可做吗?	1	2	3	9
9. 过去一周您觉得生活中有很多乐趣（有意思的事情）吗?	1	2	3	9

---

① 注意,"无法回答"被作为缺失值处理。

续表

题项	没有	有时	经常	无法回答
10. 过去一周您觉得自己没人陪伴吗？	1	2	3	9
11. 过去一周您觉得自己被别人忽略了吗？	1	2	3	9
12. 过去一周您觉得自己被别人孤立了吗？	1	2	3	9

资料来源：CLASS 2018 调查问卷

为了反映被调查老年人的脆弱性程度，根据 CLASS 2018 项目调查问卷中的信息构建了一个指数。该指数由健康状况、社会经济地位和社会支持等三方面的分指标构成，得分越高表明老年人的脆弱性水平越高。健康指标包括被调查者是否患有慢性病（比如高血压、关节炎等）[①]、日常生活活动（ability of daily living, ADL）上是否有困难。表 2-8 呈现了脆弱性程度指标具体是如何构建的，其中也包括每个指标的赋值规则。将各指标上的得分求和即可得到脆弱性程度指标的值。

表 2-8 脆弱性程度指标构成

指标类别	具体指标	赋值规则
健康状况指标	慢性病	≥3 项，赋值 3；2 项，赋值 2；1 项，赋值 1；0 项，赋值 0
	ADL 上有困难	≥3 项，赋值 3；2 项，赋值 2；1 项，赋值 1；0 项，赋值 0
社会经济地位指标	受教育程度	小学以下，赋值 3；小学，赋值 2；初中，赋值 1；高中及以上，赋值 0
	年收入（单位：元）	[0, 1 000)，赋值 4；[1 000, 2 800)，赋值 3；[2 800, 5 200)，赋值 2；[5 200, 13 000)，赋值 1；[13 000, +∞)，赋值 0
社会支持指标	婚姻状况	无配偶，赋值 1；有配偶，赋值 0
	知己数目（单位：个）	0 到 1 个，赋值 2；2 到 3 个，赋值 1；4 个或更多，赋值 0
	居住安排	独居，赋值 1；与他人同住，赋值 0
	其他社会活动参与	未参与，赋值 1；参与，赋值 0

除了脆弱性程度指数中包括的健康指标之外，本书还纳入了被调查老年人的健康自评指标，包括一般性的健康自评和相比于同龄人的健康自评。前者为"B1.

[①] CLASS 2018 调查问卷 B9 题，询问被调查的老年人，"您患有哪些慢性疾病？"具体种类有 23 种：高血压、心脏病、糖尿病或血糖升高、脑血管病、肝脏疾病、结核病、颈/腰椎病、关节炎或风湿病、乳腺疾病、生殖系统疾病、前列腺疾病、泌尿系统疾病、青光眼/白内障、癌症/恶性肿瘤、老年痴呆症、骨质疏松、慢性肺部疾病、神经系统疾病、胃肠炎和其他消化系统疾病、帕金森氏症、耳聋及其他慢性疾病。对于每一种慢性疾病，均询问有无该疾病。

您觉得您目前的身体健康状况怎么样？"，出于样本规模的考虑，这里根据老年人的情况具体合并为"健康"和"不健康"两个类别；后者为"B2. 跟同龄人相比，您觉得您的健康状况怎么样？"，这里根据老年人的回答合并为"更好"、"相当"和"更差"三个类别。

老年人是否参与终身学习是本书的焦点自变量。具体地，根据 CLASS 2018 调查问卷中"上老年大学或者参加培训课程"的情况来测度，区分为"几乎每天"、"每周至少一次"、"每月至少一次"、"一年几次"和"没有参加"。据此，将被调查老年人区分为"参与者"和"未参与者"，前者的参与情况包含从"几乎每天"到"一年几次"，后者则为明确表示"没有参加"的老年人。

此外，本书的分析中还控制了年龄、性别（以女性为参照）、出生队列（以 1910~1945 年队列为参照）、地区（以东部地区为参照）、城乡居住地（以乡村为参照）、户口性质（以农业户口为参照）等属性。

（三）分析结果

表 2-9 呈现了以老年人心理健康作为因变量的回归分析结果，其中包括三个模型[①]。模型 1 仅纳入了老年人是否参与终身学习一个自变量，模型 2 则纳入了人口学特征变量、健康自评以及各脆弱性程度指标（具体见表 2-8）等自变量，模型 3 为综合了模型 1 和模型 2 中所有自变量的结果。基于模型 2，可以看到前文提到的绝大部分脆弱性程度指标都表现出与老年人良好心理状况之间的负向联系，且日常活动有困难、受教育程度低、知己数更少和独自居住等脆弱性因素的回归系数都在 0.05 水平统计显著。

表 2-9　老年人心理健康状况的回归结果

自变量	模型 1			模型 2			模型 3		
	系数	标准误	t 值	系数	标准误	t 值	系数	标准误	t 值
截距项	25.122	0.056	446.30	42.749	9.773	4.37	43.176	9.769	4.42
参与终身学习	1.364	0.375	3.64				1.085	0.359	3.02
男性				−0.061	0.111	−0.55	−0.059	0.111	−0.53
年龄				−0.276	0.244	−1.13	−0.289	0.244	−1.18
年龄平方				0.001	0.002	0.89	0.001	0.002	0.95
出生队列：1946~1949 年				−0.270	0.231	−1.17	−0.280	0.231	−1.21
1950~1954 年				−0.364	0.359	−1.01	−0.390	0.359	−1.08
1955~1958 年				−0.562	0.555	−1.01	−0.589	0.555	−1.06

---

① 注意，此处回归分析的有效样本规模为 7926，是排除模型中任一变量上有缺失值之后的规模。

续表

自变量	模型 1			模型 2			模型 3		
	系数	标准误	t 值	系数	标准误	t 值	系数	标准误	t 值
地区：中部				−0.868	0.141	−6.16	−0.863	0.141	−6.13
西部				−2.183	0.154	−14.21	−2.205	0.154	−14.35
非农业户口				−0.018	0.155	−0.11	−0.033	0.155	−0.21
城镇地区				−0.139	0.150	−0.93	−0.146	0.150	−0.98
一般性健康自评差				−0.913	0.130	−7.04	−0.917	0.130	−7.07
相比同龄健康自评差				−1.036	0.102	−10.20	−1.037	0.102	−10.22
慢性病状况				−0.027	0.052	−0.51	−0.021	0.052	−0.41
ADL 上困难程度				−0.181	0.081	−2.22	−0.186	0.081	−2.28
受教育程度				−0.202	0.065	−3.11	−0.195	0.065	−3.01
收入状况				−0.031	0.049	−0.64	−0.029	0.049	−0.59
婚姻状况				−0.276	0.142	−1.95	−0.278	0.142	−1.96
知己数目				−0.368	0.093	−3.96	−0.373	0.093	−4.02
居住安排				−1.100	0.190	−5.78	−1.092	0.190	−5.74
其他社会活动参与				−0.091	0.130	−0.70	−0.053	0.130	−0.41
调整 R^2	0.0015			0.1066			0.1075		
F	13.27			48.29			46.48		
n	7926			7926			7926		

就本书的研究目的而言，回归结果的确表明老年人终身学习参与对维护其心理健康具有积极意义。模型 1 中，参与终身学习的老年人的心理健康在 0.01 水平上显著地优于未参与终身学习的老年人，模型 3 在纳入人口学特征、健康自评和脆弱性指标等混杂因素后，参与终身学习仍表现出对老年人心理健康具有统计上显著的积极意义。可见，老年人终身学习参与对其心理健康具有维护效应。

考虑本书分析所用数据取自截面研究设计以及推断终身学习对心理健康的因果效应所面临的一般性方法论挑战，我们仍无法确定两者之间的因果关系。为了更有效地探究终身学习对老年人心理健康乃至一般意义健康的因果效应，后续研究需要对可能存在的内生性、活动参与的选择性等方面的方法论问题进行恰当处理。同时，本书关注的仅是参加老年大学或教育培训，这属于正式的终身学习，那么目前的分析对终身学习形式的考虑仍是不充分的。

不过,这里我们基于具有全国代表性老年人调查数据进行了简单初步的分析，目前虽然具有明显局限，但的确让我们看到了老年人参与终身学习对其心理健康的促进效应。这与国外成人教育研究近十来年所得到的发现相一致。比如，来自英国和其他欧洲地区的大量调查研究都一致地支持成年人的终身学习参与同其心理健康和身体健康之间的正向联系（Feinstein and Hammond，2004；Field，2011；Dolan et al.，2012；Manninen et al.，2014；Narushima et al.，2018）。总之，终身学习的益处良多，心理健康和身体健康是其中的重要内容。

第三节　教育对健康老龄化的意义及机制分析

教育与健康之间的关系是理解教育对健康老龄化意义的基础，其中关键之处在于有关教育的健康效应。本节拟通过对现有研究中理论和经验两个层面有关文献的梳理与综述对此给出答案，从而回答教育对健康老龄化的意义，同时阐明其教育影响健康的机制。

一、教育的健康效应

人力资本理论中，教育和健康是个体的两项最重要的投资，它们的价值体现在对生产力的影响上。经验研究中常常发现，受过更多教育的个体更健康。对于不同年龄的成年人，学历越高或受教育年限越长其健康风险因素越少、发病率更低及死亡率也更低（Link and Phelan，1995；Mirowsky and Ross，2003），同时在健康自评上更可能认为自己"非常健康"和"很健康"而不是"一般"或"较差"（Bauldry，2014）。

研究者对教育与健康之间的关联给出了不同的解释。"健康的教育梯度"的流行说法意味着一个因果解释（causal account），即教育影响健康（Mirowsky and Ross，2003；Ross and Wu，1995）。然而，也有学者将这种关联描述为"教育的健康梯度"，意味着一个选择解释（selection account），即健康状况良好的个体更可能追求和完成更高层次的教育（Haas and Fosse，2008；Palloni，2006）。可是，这种关联还可能有一个混杂解释（confounding account），即教育和健康同时受诸如心理特征或家庭背景等先前优势的影响（Conti et al.，2010）。

麻烦的是，因果关系、选择效应和混杂效果这三种解释并不是互斥的。很可能是三者共同部分地解释了教育与健康之间的关联。也就是说，拥有先前优势的个体可能倾向于既受过更多教育又更健康（混杂效果）；然而，排除混杂效果后，健康的个体往往受教育程度更高（选择效应）；而排除混杂效果和选择效应后，更高的受教育程度往往会改善后来的健康状况。不过，因果关系、选择效应和混杂效果三者存在的可能性并不意味着它们同等重要。相反，应借助经验研究来考察和评估它们的相对重要性。

理解因果关系、选择效应和混杂效果这三种可能解释的相对重要性很有意义。首先，这些过程是理解分层的基础，有助于澄清健康是否依教育而分层、教育是否依健康而分层以及健康和教育是否依生命历程早期的先前优势而分层。其次，解释教育与健康之间的关系有助于评估旨在减少健康和教育机会不平等的政策的潜力。比如，若发现教育对健康有较大的因果影响，那么鼓励读完高中和大学的政策就可能改善人口健康状况和减少慢性病的成本（Cohen and Syme, 2013; House, 2015）。然而，控制混杂效果的情况下，如果教育对健康没有影响而健康对教育有影响，那么旨在改善贫困儿童健康的政策就可能显著改进学业表现（Campbell et al., 2014; Case et al., 2005）。

二、教育与健康之间关联的理论解释

（一）因果关系：健康的教育梯度

针对教育与健康之间关系的研究往往在探讨因果关系的理论驱动下展开，即认为更高的受教育程度有助于保持甚至改善健康。在社会学文献中，学者提及多个被认为教育会通过其对健康产生影响的因果机制（Mirowsky and Ross, 2003; Ross and Wu, 1995）。其一是经济机制，即更高的教育会保护个体免受低技能职业的健康风险和危险，并提供机会获得相对安全和主观满足度高的工作（Mirowsky and Ross, 2003）。其二是社会心理机制，即更高的教育会提升人们对社会支持的感知与体验，从而缓冲对健康的损害（Thoits, 1995）。此外，更高的教育会提升"习得的有效性"的心理优势，使得个体能够成功地应对潜在的健康挫折（Mirowsky and Ross, 2003）。其三是健康生活方式机制，即更高的受教育程度使得个体更可能拥有健康的行为（比如锻炼）而更不可能有不健康的行为（比如吸烟）（Ross and Wu, 1995）。理论上，教育对健康生活方式的影响部分地归因于个体自我控制的加强（Ross and Wu, 1995），部分地归因于教育让个体更好地了解自己的行为对健康的影响（Nayga, 2000）。

来自其他学科领域的学者也提出了不同的机制来解释教育对健康的因果影响。经济学家强调医疗系统的作用，认为受过更高层次教育的个体有更好的健康保险、更高质量的就医以及更多地使用先进医疗技术（Fiscella et al., 2000; Lleras-Muney and Lichtenberg, 2002）。受过更高层次教育的个体也可以通过增加收入和安享晚年的前景来增加对未来的信心，反过来，对未来有信心理论上会促使个体增加对长期健康的投资（Becker and Mulligan, 1997）。

为估计教育对健康的因果效应，一些研究使用横截面数据以个体健康结果对其受教育程度进行回归，并设定中介路径以估计受教育程度如何通过资源（比如收入、健康保险)、健康行为(比如吸烟、锻炼)或心理特征(比如自我控制感)来影响健康(Mirowsky and Ross, 2003)。混杂效果则通过在回归模型中纳入控制来处理(Kimbro et al., 2008; Mirowsky and Ross, 2003; Adler et al., 1994),也有的借助倾向值匹配来消除混杂效果(Schafer et al., 2013)。

此类研究设计有两方面的缺陷。首先,仅控制观测到的变量不足以控制未被观测到的混杂因素。解决此未观测到异质性的方法之一是采用双胞胎样本(Behrman et al., 2015)。其次,无法区分开选择效应和因果影响。采用横截面数据,即便使用双胞胎样本也无法避免这一点。

因果方向的模糊性是横截面研究常常面对的问题,此时,教育先于健康还是健康先于教育并不清楚。追踪研究有可能解决时序先后的问题,但前提是需要追溯到青春期或童年,然后才能完成教育。遗憾的是,许多追踪研究都始于个体完成教育后的中年或更晚时期(Lantz et al., 2001; Ross and Mirowsky, 1999)。这样一来,只能观测到健康的变化,而看不到教育的变化,故无法用来估计出教育对健康的影响。

寻找工具变量是估计教育对健康因果影响的另一种方法。然而,一方面,有效的工具变量不容易找到;另一方面,目前采用工具变量方法所做研究得到的发现并不一致。比如,以健康自评作为因变量的研究中,有的研究发现教育的效应很小且并不显著(Arendt, 2005),而有的研究则得到了较大且显著的效应估计值(Silles, 2009)。

(二)选择效应：教育的健康梯度

选择效应是教育与健康之间关联的另一种替代解释。追踪研究发现,更健康的个体会选择获取更高的教育,也就是说,在完成教育之前,个体在健康自评上就存在很大的差异(Haas, 2006, 2007; Conley and Bennett, 2000)。如果选择效应存在,那么,教育与健康之间关联至少在一定程度上是教育的健康梯度而非健康的教育梯度。

已有不同的机制被学者用来解释选择效应。一些学者给出了一种生物认知解释,即健康不良通过延迟认知发展来限制教育获得(Hack et al., 1995)。另一些学者则给出了一种社会解释,认为健康不良会导致同龄人与教师的负面互动、社会孤立和脱离学校(Haas and Fosse, 2008; Crosnoe, 2007; Mustillo et al., 2003)。

基于选择效应解释的研究往往从儿童或青少年开始,利用健康受损,以低出生体重和早产来预测受教育程度。这类研究一致地找到了选择效应的证据：健康的儿童和青少年更可能完成更高水平的教育(Jackson, 2009; Haas, 2006; Palloni, 2006; Case et al., 2005)。

（三）混杂效果

尽管选择效应的解释一直被认为是合理的，但是，健康预测教育获得的事实并不必然意味着健康会影响教育获得。相反，可能是健康与影响教育获得的其他优势存在相关。也就是说，教育与健康之间关联可能受到其他作为混杂因素的变量的干扰。

家庭社会经济地位是可能的混杂因素之一。既有更高社会经济地位的父母倾向于有健康的孩子，这些孩子有很强的认知和学业技能，并且能取得高的教育成就（Lynch，2011；Palloni，2006；Sirin，2005）。其他可能的混杂因素有心理特质，比如，未来取向（Conti et al.，2010）、智商（Gottfredson，2004）及人格特质等（Palermo and Dowd，2012）。在某种程度上，心理特质与家庭背景有关，但心理特质也可能有独立的影响，这有助于解释为什么有些孩子在父母的社会经济地位之上或之下（Roberts et al.，2007）。

三、今后研究展望

尽管有很多文献涉及因果关系、选择效应和混杂效果，但很少研究将这三者放在一起，以提供对教育与健康之间关联的全面理解。针对选择效应的研究常常局限于追踪研究，它们并未追踪到完成教育之外的个体，因此无法评价教育与健康之间关联在教育完成后是变弱、增强还是保持不变。相比而言，针对因果关系的研究通常为了分离出因果效应，而并非将因果效应与因选择效应或因果关系而产生的成分进行比较。

基于此，今后的研究应更多地基于追踪调查数据，以教育完成前后的自评健康作为结果变量来估计教育与健康之间的关联在多大程度上源于因果关系而多大程度上源于选择效应和混杂效果。从而在经验层面上更合理地揭示教育对健康老龄化的意义，以及教育与健康之间关联的产生机制。

第三章 中国老年人的婚姻家庭状况及发展趋势

老年人逐渐退出社会角色，家庭成为其生活的主要场所，是否有配偶、有无子女及与子女的关系如何、居住安排等婚姻家庭状况在很大程度上影响着老年人的身心健康和生活质量。本章对中国老年人的婚姻状况、代际关系和居住安排进行实证分析，探究群体内部差异性和形成机制，分析其变化过程，以期为政府和社会应对相关问题提供参考依据。

第一节 中国老年人的婚姻状况及其影响因素

婚姻状况对老年人的健康（Wong and Waite.，2015；Lim and Raymo，2016）、居住方式（焦开山，2013；王跃生，2014；Reher and Requena，2018）、主观幸福感（张伟等，2014）等方面具有重要影响，因此有必要关注中国老年人的婚姻状况及其影响因素。本节主要包括以下两部分内容：其一，利用1982~2015年全国人口普查和1%人口抽样调查汇总数据，对中国60岁及以上老年人的婚姻状况、人群差异及时期变化情况展开描述分析。其中在人群差异分析中，既将中国老年人作为一个整体与中国中年人以及日本、韩国的老年人进行比较，又分性别和城乡考察中国老年人内部的婚姻状况差异。其二，利用CLASS 2014、CLASS 2016、CLASS 2018三期微观数据对基于宏观数据的分析进行比较和补充；并且利用微观数据，探讨中国老年人婚姻状况的影响因素。

一、中国老年人的婚姻状况、人群差异及时期变化

我们利用国家统计局公布的全国人口普查和1%人口抽样调查的汇总数据对中国老年人的婚姻状况、人群差异及时期变化情况进行描述分析。

（一）老年人的婚姻状况整体情况及时期变化

根据2015年全国1%人口抽样调查（表3-1），60岁及以上老年人口中，有偶比例最高，为74.21%；丧偶比例为23.32%，未婚和离婚老年人比例很低，分别为1.49%和0.98%。

表 3-1 1982~2015 年中国老年人与中年人的婚姻构成情况（单位：%）

年份	年龄组	婚姻状态			
		未婚	有偶	丧偶	离婚
1982	中年	1.94	87.18	9.64	1.23
	老年	1.35	54.13	43.61	0.91
1990	中年	2.40	89.12	7.51	0.97
	老年	1.31	59.68	38.19	0.81
1995	中年	2.22	90.92	5.96	0.89
	老年	1.37	64.45	33.44	0.74
2000	中年	2.18	92.08	4.68	1.06
	老年	1.66	67.32	30.36	0.66
2005	中年	1.84	92.73	4.21	1.22
	老年	1.66	70.17	27.59	0.59
2010	中年	1.80	92.27	3.97	1.96
	老年	1.78	70.55	26.89	0.78
2015	中年	1.54	92.90	3.18	2.38
	老年	1.49	74.21	23.32	0.98

资料来源：1982 年、1990 年、2000 年、2010 年数据来自历次全国人口普查汇总数据；1995 年、2005 年、2015 年数据来自全国 1% 人口抽样调查汇总数据

注：表中"中年"指年龄为 45~59 岁的人口，"老年"指 60 岁及以上的人口

从时期变动来看，1982~2015 年，有偶老年人比例不断上升，从 1982 年的 54.13% 上升至 2015 年的 74.21%；丧偶老年人比例不断下降，从 1982 年的 43.61% 下降至 2015 年的 23.32%。这是中国老年人寿命延长、健康状况改善的积极结果（孙鹃娟和李婷，2018）。通过纵向比较还可以发现，1982~2015 年，我国未婚老年人的比例稳定在 2% 以内，比例最低的年份是 1990 年（1.31%），最高的年份是 2010 年（1.78%）；离婚老年人的比例均未超过 1%，反映了中国老年人婚姻较为普遍和稳定的特点。

（二）老年人与中年人的婚姻状况比较

老年期是中年期[①]的延续，通过与中年人口婚姻状况的比较，可以侧面反映老年人婚姻状况的一些特点及变化趋势。表 3-1 显示，与中年人相比，中国老年人

---

① 本节根据世界卫生组织对青年的年龄界定（15~44 岁人口），将中年的年龄划定为 45~59 岁。

的有偶比例更低、丧偶比例更高,这是人口健康状况随年龄增长的必然表现。时期比较而言,1982~2015年,中、老年人之间有偶、丧偶比例的差距均在缩小。结合中、老年人有配偶比例均上升、而丧偶比例均下降的趋势,两个人群间有偶和丧偶比例的差距缩小是因为老年人有偶比例上升和丧偶比例下降的幅度均大于中年人。

此外,与中年人相比,老年人的未婚比例和离婚比例均更低,这可能是由于队列差异的缘故,较晚出生队列人群的未婚比例和离婚比例均相对更高。纵向来看,1990年后,中、老年人口间未婚比例的差距在缩小:从1990年相差1.09个百分点到2015年仅相差0.05个百分点;1995年之后,两个人群间离婚比例的差距在变大,从1995年的相差0.15个百分点,增加到2015年的相差1.4个百分点(表3-1)。

(三)东亚三国老年人婚姻状况比较

中、日、韩三国同属儒家文化圈,其婚育文化具有共性,也有差异。表3-2是东亚三国65岁及以上老年人的婚姻状况及时期变化。由于数据所限,我们仅比较1995年和2005年的情况。可以发现,三国未婚老年人的比例都很低(不到4%),侧面反映了儒家普婚文化的影响;离婚老年人比例也较低(不到5%),表明三国老年人的婚姻都相对稳定。此外,男性老年人的有偶比例均高于女性,而丧偶比例均低于女性,反映了人口死亡率和寿命的性别差异。

表3-2 东亚三国老年人婚姻状况及时期变化(单位:%)

国家	调查年份	男性				女性			
		未婚	有偶	丧偶	离婚	未婚	有偶	丧偶	离婚
中国	1995	2.2	70.7	26.0	1.0	0.3	43.7	55.6	0.4
	2005	2.9	75.3	21.1	0.7	0.2	53.1	46.4	0.4
日本	1995	1.4	84.4	12.5	1.7	3.0	43.3	50.4	3.2
	2005	2.4	83.4	11.2	2.9	3.6	47.8	44.6	4.0
韩国	1995	0.2	82.3	17.2	0.4	0.2	26.0	73.4	0.4
	2005	0.4	85.0	13.3	1.3	0.5	35.9	62.5	1.0

资料来源:中国数据来自全国人口普查和1%人口抽样调查汇总数据;日本、韩国数据来自联合国《2012年世界婚姻数据》(Department of Economic and Social Affairs, Population Division, 2013)

注:因在《2012年世界婚姻数据》中日本和韩国老年人的起始年龄为65岁,因此本表为65岁及以上老年人的婚姻状况

相比较而言,中国男性老年人未婚比例是三个国家中最高的,其次是日本,韩国男性老年人未婚比例最低;而日本女性老年人的未婚比例在三个国家中最高,

其次是韩国,中国女性老年人未婚比例最低。日本男性和女性老年人的离婚比例在三个国家老年人中都是最高的,且在1995~2005年进一步升高;丧偶比例在三个国家中最低。在1995~2005年,中国男性老年人有偶比例上升、丧偶比例下降的幅度在三个国家中最大,因此10年间中国与日、韩男性老年人有偶比例和丧偶比例的差距在缩小(表3-2)。

(四)分性别老年人的婚姻状况及变化

从表3-2中可见,中、日、韩三国中老年人的婚姻状况均存在性别差异。这可能是死亡率、预期寿命以及婚配模式等差异的结果(孙鹃娟,2015),接下来我们比较中国老年人内部婚姻状况的性别差异及时期变化。

2015年数据显示(表3-3),男性老年人中未婚、有偶、丧偶及离婚的比例分别为2.86%、81.97%、14.05%和1.12%;女性老年人相应的比例分别为0.19%、66.88%、32.07%和0.86%。与男性老年人相比,女性老年人未婚、有偶和离婚的比例更低,丧偶比例更高。

表3-3 1982~2015年中国分性别老年人的婚姻状况及其变化(单位:%)

年份	性别	婚姻状态			
		未婚	有偶	丧偶	离婚
1982	男性	2.56	69.00	26.90	1.53
	女性	0.30	41.25	58.09	0.37
1990	男性	2.45	72.64	23.60	1.30
	女性	0.28	47.92	51.44	0.36
1995	男性	2.60	75.93	20.38	1.09
	女性	0.24	53.87	45.47	0.41
2000	男性	3.18	77.39	18.45	0.97
	女性	0.21	57.75	41.68	0.36
2005	男性	3.21	79.23	16.74	0.81
	女性	0.17	61.49	37.97	0.37
2010	男性	3.26	79.46	16.30	0.98
	女性	0.37	62.08	36.96	0.60
2015	男性	2.86	81.97	14.05	1.12
	女性	0.19	66.88	32.07	0.86

资料来源:同表3-1

时期变动而言,从 1982~2015 年,男女两性老年人的有偶比例均呈上升态势,且由于女性有偶比例上升的幅度大于男性,使得两性间有偶比例的差距随时期推移而缩小。与此同时,男女两性老年人的丧偶比例均呈下降态势,且女性老年人丧偶比例下降的幅度大于男性,使得两性间丧偶比例的差距也在缩小。此外,尽管女性老年人的离婚比例始终低于男性,但由于女性老年人的离婚比例随时期变化有所上升,两性差距趋于缩小,这可能是女性地位提高、社会经济独立性增强的结果。女性未婚老年人的比例始终很低,不到 0.5%,而男性未婚老年人的比例在 3%上下波动。

(五)分城乡老年人的婚姻状况及其变化

中国的社会经济发展水平仍存在较大的城乡差距,城乡老年人的健康状况和死亡水平也因此有所不同,有必要分城乡观察和比较老年人的婚姻状况及其变化。由于 1982~1995 年全国人口普查或 1%人口抽样调查对城乡划分的口径存在差异,且国家统计局未公布 2000 年全国人口普查分城乡人口的婚姻构成情况,因此本部分仅基于 2005 年、2010 年、2015 年数据对老年人婚姻状况的城乡差异进行分析。

2015 年数据显示(表 3-4),无论城乡,有偶老年人的比例都是最高的,超过 70%;未婚和离婚老年人的比例较低,两项不到 3%。城乡差异表现在:乡村老年人未婚比例和丧偶比例较高(分别为 2.03%和 25.29%);城市老年人有偶比例和离婚比例较高(分别为 77.76%和 1.68%);镇处在城市和乡村之间。乡村更高的未婚老年人比例可能与乡村更高的出生性别比、更严重的婚姻挤压等原因相关,需特别关注乡村未婚男性老人的养老照料需求。城市老年人相比镇和乡村更高的有偶比例和更低的丧偶比例可能与城市更高的社会经济发展水平(更好的生活条件、医疗条件等),进而拥有更长的预期寿命有关。城市老年人较高的离婚比例,可能与城市人具有更强的社会经济独立性、对婚姻观念更开放等因素有关。

表 3-4　2005~2015 年中国分城乡老年人的婚姻状况及其变化(单位:%)

婚姻状况	2005 年			2010 年			2015 年		
	城市	镇	乡村	城市	镇	乡村	城市	镇	乡村
未婚	0.71	1.44	2.15	0.67	1.45	2.37	0.59	1.41	2.03
有偶	75.18	71.34	67.59	75.24	71.37	68.21	77.76	74.59	72.02
丧偶	23.41	26.67	29.72	22.94	26.47	28.78	19.97	23.19	25.29
离婚	0.70	0.56	0.55	1.14	0.72	0.64	1.68	0.82	0.66
合计	100.00	100.00	100.00	100.00	100.00	100.00	100.00	100.00	100.00

资料来源:2010 年数据来自全国人口普查汇总数据;2005 年、2015 年数据来自全国 1%人口抽样调查汇总数据

时期变动来看,从 2005~2015 年,城乡老年人的有偶比例均有不同程度的上升,丧偶比例有不同程度的下降。在这个时期内,乡村老年人有偶比例的上升幅度最大,城市上升幅度最小,城乡老年人的比例差距缩小。十年间,乡村老年人丧偶比例下降幅度最大,城市下降幅度最小,城乡老年人的丧偶比例差距也在缩小。尽管城乡离婚老年人的比例均在上升,但城市上升幅度大于乡村,城乡老年人口的离婚比例差距进一步拉大。

(六)基于微观数据的补充观察:2014~2018 年老年人的婚姻状况

以上利用 1982~2015 年历次全国人口普查及 1%人口抽样调查数据对中国老年人的婚姻状况、人群差异及时期变动进行了分析。接下来我们利用 CLASS 2014、CLASS 2016、CLASS 2018 三期微观数据对以上基于宏观数据的分析做进一步补充,以便为下面的回归分析做铺垫。基于三期 CLASS 数据,得到 2014~2018 年中国老年人的婚姻状况与变动情况(表 3-5)。结果显示,在中国 60 岁及以上老年人中,有偶老年人比例最高;丧偶比例次之,约占 30%;离婚和未婚比例很低,两项合计约占 1%。与普查数据反映出的老年人的婚姻状况特点相似。2014~2018 年老年人的婚姻状况变化趋势较为平稳。

表 3-5 2014~2018 年中国老年人婚姻状况(单位:%)

婚姻状况	2014 年	2016 年	2018 年
未婚	0.14	0.05	0.05
有偶	65.60	71.92	69.89
丧偶	33.28	27.23	29.08
离婚	0.97	0.80	0.98

资料来源:2014 年、2016 年、2018 年 CLASS 数据

注:本表计算结果基于下文回归分析使用的经过变量处理的分析数据,与原始数据相比,结果差异较小

分性别和城乡老年人婚姻状况的人群差异(表 3-6)与前述基于宏观数据的结果(表 3-3 和表 3-4)基本一致。男女两性老年人的有偶比例存在明显差异,女性老年人的有偶比例更低(男性比例为 80.48%,女性为 57.39%),丧偶比例更高(男性比例为 18.36%,女性为 41.76%),这与两性平均预期寿命差距以及更为普遍的"男大女小"的婚配方式有关。与男性老年人相比,女性老年人的未婚和离婚比例均更低。城乡老年人的婚姻状况同样存在明显差异。城镇老年人有偶比例更高(城镇比例为 70.27%,乡村为 67.01%),离婚比例更高,未婚和丧偶比例更低。

表 3-6 基于 CLASS 数据的中国老年人婚姻状况的人群差异（单位：%）

项目		未婚	有偶	丧偶	离婚	合计
性别	男性	0.16	80.48	18.36	1.00	100.00
	女性	0.02	57.39	41.76	0.83	100.00
城乡	城镇	0.06	70.27	28.51	1.16	100.00
	乡村	0.13	67.01	32.31	0.55	100.00
年龄	60～69 岁	0.11	81.85	16.72	1.32	100.00
	70～79 岁	0.05	63.13	36.24	0.58	100.00
	80 岁及以上	0.08	37.68	61.93	0.31	100.00
受教育程度	小学以下	0.11	53.60	45.81	0.48	100.00
	小学	0.09	70.82	28.31	0.78	100.00
	初中	0.07	79.69	18.88	1.36	100.00
	高中及以上	0.06	79.58	18.89	1.47	100.00

资料来源：同表 3-5

注：同表 3-5 一致，本表计算结果同样基于下文回归分析使用的经过变量处理的分析数据

在国家统计局公布的历次全国人口普查及 1%人口抽样调查年龄别老年人婚姻状况汇总数据中，对老年人的年龄结构划分不统一且较笼统[①]，这也使得基于宏观数据难以比较老年人内部的婚姻状况，微观数据可以弥补这一不足。如表 3-6 所示，在老年人口内部，年龄越大，有偶老年人比例越低，丧偶比例越高，这是人口随年龄增长的必然结果。此外，与 80 岁及以上的高龄老年人相比，较低龄老年人的离婚比例更高。

我们还利用 CLASS 数据分析不同受教育程度老年人婚姻状况的差异，以对宏观数据结果进行补充。结果发现，受教育程度较高老年人的有偶比例较高、丧偶比例较低、离婚比例较高、未婚比例较低（表 3-6）。

二、老年人婚姻状况的影响因素分析

基于 CLASS 数据的分析发现，老年人的婚姻状况在性别、城乡、年龄、受教育程度等维度均有显著的差异（$p=0.000$）。接下来我们利用回归模型进一步分析哪些因素会影响老年人口的婚姻状况，重点关注社会经济因素、子女因素，以及性别、年龄等人口学因素对老年人婚姻状况的影响。

---

① 其中，1982 年普查汇总数据中将老年人分为 60～79 岁、80 岁及以上两组；1990 年数据未对 60 岁及以上老年人内部结构做具体划分；2000 年普查、1995 年与 2015 年的 1%抽样调查数据均将老年人口划分为 60～64 岁、65 岁及以上两组。

(一)文献回顾与研究假设

在既有的文献中,老年人的婚姻状况很少被作为因变量,对老年人婚姻状况影响因素的研究较为缺乏。对包括老年人在内的全年龄人口或在中青年人口婚姻状况的相关分析中,教育、收入、职业等社会经济因素,子女数量、性别等家庭因素,以及性别、年龄、城乡等人口学因素被认为对人口的婚姻状况具有重要影响。我们推测在老年人口中,这些因素的影响可能同样存在。

个人的社会经济因素会影响其婚姻状况(陈卫,2002)。对于老年人而言,社会经济因素的影响可能体现在两个方面。一方面,由前述分析可知,处于非在婚状态的老年人中,离婚和未婚老年人的比例均很低,丧偶老年人占绝大部分,即丧偶是老年人处于无偶状态的重要原因。许多经验研究显示,社会经济因素如教育、收入对个人健康有重要影响,可能的解释是社会经济条件越好,可用于健康投资的资源也就越多,个人健康水平也就越高(Zimmer and Kwong,2004;程令国等,2015;焦开山,2014;姜向群等,2015)。由于个人社会经济因素在家庭内配偶间可能实现共享,如夫妻收入共享(Hamplova and Le Bourdais,2009;Addo and Sassler,2010),因而个人的社会经济因素可能也会影响其配偶的健康状况进而影响个人的婚姻状况。为此提出研究假设1:社会经济条件较好的老年人,其配偶的健康状况也较好,老年人更可能处于在婚状态。

社会经济因素影响老年人婚姻状况的另一方面是,社会经济条件会影响老年人在丧偶或离婚后再次进入婚姻进而重归有偶状态的可能性。在经典的婚姻理论中,无论是婚姻交换理论还是婚姻寻找理论都认为社会经济因素是进入婚姻的重要因素(Becker,1973,1974;Oppenheimer,1988);大量的中西方经验研究表明,个人社会经济因素的这种影响不仅存在于初婚市场(MacDonald and Rindfuss,1981;刘利鸽等,2019;於嘉和谢宇,2013),也同样存在于再婚市场(Smith et al,1991;曾毅和王德明,1995;杨记,2007;Sweeney,2010;郭艳茹和张琳,2013;彭大松,2015)。尽管社会经济因素影响再婚的既有研究大多基于包括老年人在内的全年龄人口或仅限于中青年人口,缺乏专门针对老年人的实证证据,但一些基于质性访谈的分析显示,社会经济条件对老年人再婚具有重要作用(侯倩茹,2013)。由于样本数据中未能区分老年人再婚,本节对此问题不做假设验证。

社会经济因素对老年人是否再次进入婚姻使其重新处于有偶状态的影响还可能存在性别和城乡差异。性别方面,郭艳茹和张琳(2013)基于40~60岁人群再婚情况的分析显示,对于女性而言,低收入女性因资源获取需要更可能再婚,高收入女性经济更为独立,再婚动力小;对于男性而言,高收入男性再婚的可能性更高。在中年群体中社会经济因素影响再婚的城乡差异在老年群体中可能同样存在。由此可提出研究假设 2：社会经济因素对老年人婚姻状况的影响可能存在性别差异。城乡方面，有研究比较了城乡两代人对老年人再婚态度的差异，发现无论是中青年人还是老年人，相比农村，城市更赞成老年人再婚（杜鹏和殷波，2004）。在这种观念的城乡差异作用下，社会经济因素对老年人是否再婚的影响可能具有城乡差异，进而也可进一步提出研究假设 3：社会经济因素对老年人婚姻状况的影响存在城乡差异。

子女因素也可能会影响老年人的婚姻状况，其影响同样来自两个方面。一方面，子女所提供的家庭支持是影响老年人健康状况的重要因素。研究发现，子女数量、性别、是否迁移等均会影响老年人的健康（陈卫和杜夏，2002；宋璐等，2015；李建新和张浩，2017；舒玢玢和同钰莹，2017）。为此我们提出研究假设 4：子女因素对老年人个体健康状况的影响对老年人的配偶可能同样成立，这进而会影响老年人的婚姻状况。另一方面，许多既有的研究显示，子女的年龄、数量、性别等因素会对父母是否再婚具有显著影响（郭艳茹和张琳，2013；彭大松，2015）。子女因素对非在婚父母再婚的影响在老年群体中可能同样存在，进而会对老年人的婚姻状况产生影响。周建芳和黄兴（2017）对江苏 400 位农村丧偶老人再婚意愿研究发现，子女在农村丧偶老人的再婚意愿中扮演着举足轻重的角色，如果子女赞成，丧偶老人的再婚意愿更高；当子女持反对意见时，大部分老年人会选择放弃再婚。农村丧偶老人对子女的情感和经济的依赖被认为是影响其再婚意愿的重要原因。

除了个人社会经济和子女因素对老年人婚姻可能的影响，性别、年龄、城乡以及健康状况等人口因素也会对人口的婚姻状况产生影响，这些因素的影响在老年人口中可能同样存在。上文利用宏观和微观数据对老年人内部婚姻状况差异的分析也反映了这些因素的作用。因此，这些因素将作为控制变量被纳入模型分析中。

（二）变量操作化

本节使用 CLASS 2014、CLASS 2016、CLASS 2018 三期数据分析中国 60 岁及以上老年人婚姻状况的影响因素。在清理相关变量后，最终使用的分析数据样本量为 25 644 个，其中 2014 年、2016 年、2018 年样本量分别为 9041、7400、9203 个。

因变量为老年人的婚姻状况，按 CLASS 数据分为"已婚有配偶""丧偶""离婚""未婚"四类。样本中未婚和离婚老年人的比例很低，两类合计不足 1%，因此将未婚、离婚和丧偶老年人合并为"不在婚"，赋值为 0；将"已婚有配偶"处理为"在婚"，赋值为 1，使用二分类逻辑斯蒂回归模型进行分析。

将个人社会经济因素操作化为受教育程度、收入和拥有的房产数量 3 个变量。

根据 CLASS 调查所询问的受访者相关信息①，将受教育程度处理为 4 分类变量，分别是"小学以下"、"小学"、"初中"和"高中及以上"。收入变量为调查时受访者过去 12 个月的收入情况，对其取对数处理；由于调查涉及 3 个年份，在取对数前，统一将其根据居民消费价格指数调整至 2014 年水平②。房产信息来自受访者对"您和老伴一共有几套房子"这一问题的回答，并将其处理为 3 分类变量，分别为"无房""1 套房""2 套及以上"。子女因素为避免内生性问题，在考虑问卷信息的基础上，选择两个变量，分别是"健在子女数量"（连续变量）及"有无健在儿子"（虚拟变量，有健在儿子赋值为 1）。另外，考虑性别（虚拟变量，男性为 1）、城乡③（虚拟变量，城镇为 1）、年龄（处理成 3 分类变量，分别为 60~69 岁、70~79 岁和 80 岁及以上）、健康状况（取自受访者的自评健康状况，将"很健康""比较健康"合并为"健康"，赋值为 1）。在模型中，我们还纳入调查年份以了解老年人婚姻状况的时期差异。表 3-7 为主要变量描述。

表 3-7 主要变量描述（一）

主要变量	分类	三期混合数据		2014 年		2016 年		2018 年	
		样本量	均值/%	样本量	均值/%	样本量	均值/%	样本量	均值/%
受教育程度	小学以下	7 582	29.57	3 011	33.3	1 956	26.43	2 615	28.41
	小学	8 666	33.79	2 863	31.67	2 493	33.69	3 310	35.97
	初中	5 796	22.6	1 743	19.28	1 781	24.07	2 272	24.69
	高中及以上	3 600	14.04	1 424	15.75	1 170	15.81	1 006	10.93
个人年收入（2014 年水平）	连续变量	25 644	8.54	9 041	8.78	7 400	8.73	9 203	8.16
房产数量	无房	2 569	10.02	1 451	16.05	623	8.42	495	5.38
	1 套房	21 546	84.02	6 991	77.33	6 450	87.16	8 105	88.07
	2 套及以上	1 529	5.96	599	6.63	327	4.42	603	6.55
健在子女数量	连续变量	25 644	2.74	9 041	2.99	7 400	2.65	9 203	2.57

---

① 2014 年、2018 年调查询问了所有受访者的教育信息，2016 年调查只询问了 2016 年调查新增受访者的教育信息，未再次询问追访者的教育信息，本节根据受访者唯一 ID（数据中变量名为 pid）从 2014 年数据中进行了调取合并。

② 2014~2018 年居民消费价格指数数据来自国家统计局，详见 http：//data.stats.gov.cn/easyquery.htm?cn=C01。

③ 2014 年数据提供了清理好的城乡变量，2016 年和 2018 年数据中未提供清理好的城乡变量，考虑可比性，本节统一以"受访者居住的地区类型"区分城乡，其中将居住在"市/县城的中心城区""市/县城的边缘城区""市/县城的城乡接合部""市/县城以外的镇"合并为"城镇"，将居住在"农村"处理为"乡村"。

续表

主要变量	分类	三期混合数据		2014年		2016年		2018年	
		样本量	均值/%	样本量	均值/%	样本量	均值/%	样本量	均值/%
有无健在儿子	无	3 745	14.6	1 230	13.6	1 111	15.01	1 404	15.26
	有	21 899	85.4	7 811	86.4	6 289	84.99	7 799	84.74
性别	女性	12 788	49.87	4 644	51.37	3 594	48.57	4 550	49.44
	男性	12 856	50.13	4 397	48.63	3 806	51.43	4 653	50.56
城乡	乡村	10 241	39.94	3 593	39.74	2 947	39.82	3 701	40.22
	城镇	15 403	60.06	5 448	60.26	4 453	60.18	5 502	59.78
年龄	60~69岁	13 239	51.63	4 746	52.49	4 004	54.11	4 489	48.78
	70~79岁	8 546	33.33	2 905	32.13	2 407	32.53	3 234	35.14
	80岁及以上	3 859	15.05	1 390	15.37	989	13.36	1 480	16.08
健康状况	不健康	14 200	55.37	5 164	57.12	3 968	53.62	5 068	55.07
	健康	11 444	44.63	3 877	42.88	3 432	46.38	4 135	44.93
时期	2014年	9 041	35.26						
	2016年	7 400	28.86						
	2018年	9 203	35.89						

资料来源：同表3-5

（三）分析结果

分析结果如表3-8所示。模型1是基于三期混合数据的回归结果。首先，社会经济因素对老年人的婚姻状况具有显著影响：教育、收入及房产数量各变量的发生比均大于1，均在0.001水平上显著。具体来看，在控制其他因素的前提下，与受教育程度为小学以下的老年人相比，受过小学、初中和高中及以上教育的老年人处于在婚状态的发生比分别显著提高28.9%、66.7%和79.7%。老年人的个人年收入每提高一个单位，其处于在婚状态的发生比显著提高6.1%。拥有1套和2套及以上房子的老年人处于在婚状态的发生比分别约为没有房产老人的1.9倍和3.0倍。说明社会经济条件越好的老年人，其越有可能处于在婚状态。可能的解释是，老年人社会经济条件越好，其个人和其配偶所能获得的医疗资源越丰富，对其健康有正向影响；并且，社会经济条件越好的老年人越有可能在离婚或丧偶后重新进入婚姻，从而处于在婚状态。

表 3-8　老年人在婚状态影响因素的回归结果（OR 值）

变量	三期混合数据 模型 1	2014 年 模型 2	2016 年 模型 3	2018 年 模型 4
受教育程度（小学以下为参照）				
小学	1.289***	1.299***	1.329***	1.229***
初中	1.667***	1.697***	1.604***	1.670***
高中及以上	1.797***	1.974***	1.560***	1.890***
个人年收入（2014 年水平）	1.061***	1.038**	1.051***	1.137***
房产数量（无房为参照）				
1 套房	1.875***	2.169***	1.456***	1.882***
2 套及以上	2.992***	2.873***	2.176***	3.653***
健在子女数量	0.989	1.015	0.949*	1.008
有无健在儿子（无为参照）				
有	0.999	0.994	0.979	1.013
性别（女性为参照）				
男性	2.946***	3.085***	2.909***	2.878***
城乡（乡村为参照）				
城镇	0.926*	0.997	0.914	0.847**
年龄（60～69 岁为参照）				
70～79 岁	0.407***	0.339***	0.417***	0.476***
80 岁及以上	0.143***	0.112***	0.163***	0.161***
健康状况（不健康为参照）				
健康	1.055	0.961	1.083	1.138*
年份（2014 年为参照）				
2016 年	1.222***			
2018 年	1.214***			
样本量	25 644	9 041	7 400	9 203
LR Chi2	5 250.32	2 304.04	1 272.53	1 664.74
P	0.000 0	0.000 0	0.000 0	0.000 0
伪 R^2	0.165 3	0.198 0	0.144 8	0.147 8

资料来源：同表 3-5

*** $p<0.001$，** $p<0.01$，* $p<0.05$

子女因素（健在子女数量、是否有健在儿子）对老年人是否处于在婚状态没有显著影响。人口学因素方面,男性相比女性更可能处于在婚状态。随着年龄的增大,老年人处于在婚状态的可能性显著降低。相比乡村老年人,城镇老年人更可能处于不在婚状态。此外,时期变量的发生比均显著大于1,显示在控制其他因素后,与2014年相比,2016年和2018年老年人处于在婚状态的发生比分别显著提高22.2%和21.4%。

由于老年人在婚状态的时期差异显著,进一步分时期对老年人是否在婚的影响因素进行回归,以观察这些因素影响的时期差异(表3-8中模型2~模型4)。结果显示,社会经济因素3个变量的影响在分时期模型中同样高度正向显著。健在子女数量这一变量在2016年数据中发生比小于1,在0.05水平上显著,但在2014年和2018年数据中均不显著,且发生比大于1。城乡变量在2018年数据中(模型4)变得显著,且发生比小于1,在2014年和2016年数据中不显著。类似地,健康状况因素在2018年模型中变得显著且发生比大于1,即健康状况更好的老年人更可能处于在婚状态。

社会经济因素对老年人在婚状态的影响可能会存在性别和城乡差异,我们将交互项加入模型进行检验(表3-9)。在表3-9模型1~模型3中我们分别纳入受教育程度、个人年收入和房产数量与性别的交互项。结果显示,教育变量和收入变量的影响存在显著的性别差异,而房产变量的影响没有显著的性别差异。教育变量对在婚状态影响的性别差异只对高中及以上老年人显著,高中及以上男性老年人处于在婚状态的发生比大约是同等学历女性老年人的1.25倍;个人年收入高的男性老年人处于在婚状态的发生比大约是同等收入女性老年人的1.08倍。教育和收入的正向作用对男性老年人更强,可能是因为在传统婚配模型中,对男性社会经济条件的要求要高于女性,这一情况在老年婚姻中可能同样存在,社会经济条件越好的男性老年人越有可能在丧偶或离婚后再次进入婚姻。这与一些定性研究发现的经济条件好的男性老年人更容易再婚的结果相符(侯倩茹,2013)。

表3-9 社会经济因素对老年人在婚状态影响的性别与城乡差异(OR值)

变量	模型1	模型2	模型3	模型4	模型5	模型6
受教育程度(小学以下为参照)						
小学	1.238***	1.303***	1.288***	1.203***	1.289***	1.290***
初中	1.566***	1.683***	1.666***	1.454***	1.671***	1.670***
高中及以上	1.640***	1.801***	1.795***	1.480**	1.805***	1.798***
个人年收入(2014年水平)	1.061***	1.029**	1.061***	1.060***	1.068***	1.061***
房产数量(无房为参照)						
1套房	1.878***	1.874***	1.877***	1.867***	1.877***	1.955***

续表

变量	模型 1	模型 2	模型 3	模型 4	模型 5	模型 6
2 套及以上	2.999***	2.979***	3.205***	2.968***	2.998***	2.390***
健在子女数量	0.988	0.988	0.989	0.991	0.989	0.989
有无健在儿子（无为参照）						
有	0.996	0.995	0.999	1.003	0.998	0.999
性别（女性为参照）						
男性	2.660***	1.514**	2.974***	2.967***	2.946***	2.944***
城乡（乡村为参照）						
城镇	0.927*	0.919*	0.926*	0.833***	1.023	0.984
受教育程度×性别						
小学×男性	1.125					
初中×男性	1.179					
高中及以上×男性	1.249*					
个人年收入×性别						
个人年收入×男性		1.082***				
房产数量×男性						
1 套房×男性			0.997			
2 套及以上×男性			0.856			
受教育程度×城乡						
小学×城镇				1.163*		
初中×城镇				1.254*		
高中及以上×城镇				1.316		
个人年收入×城乡						
个人年收入×城镇					0.988	
房产数量×城乡						
1 套房×城镇						0.922
2 套及以上×城镇						1.291
年龄（60~69 岁为参照）						
70~79 岁	0.407***	0.408***	0.407***	0.406***	0.408***	0.407***
80 岁及以上	0.144***	0.143***	0.143***	0.143***	0.144***	0.143***
健康状况（不健康为参照）						
健康	1.055	1.053	1.055	1.057	1.055	1.055

续表

变量	模型1	模型2	模型3	模型4	模型5	模型6
年份（2014年为参照）						
2016年	1.227***	1.231***	1.222***	1.222***	1.221***	1.219***
2018年	1.220***	1.225***	1.214***	1.216***	1.212***	1.210***
样本量	25 644	25 644	25 644	25 644	25 644	25 644
LR Chi2	5 256.38	5 276.60	5 251.33	5 258.33	5 250.87	5 254.03
P	0.000 0	0.000 0	0.000 0	0.000 0	0.000 0	0.000 0
伪 R^2	0.165 5	0.166 1	0.165 3	0.165 5	0.165 3	0.165 4

资料来源：同表3-5

*** $p<0.001$，** $p<0.01$，* $p<0.05$

表3-9中模型4～模型6进一步剖析社会经济因素对老年人在婚状态的影响是否存在城乡差异。结果显示，收入和房产数量变量与城乡的交互项均不显著，教育变量中受教育程度为小学和初中与城乡的交互项显著，发生比大于1。说明具有小学和初中学历的城镇老年人相比同等学历的乡村老年人更可能处于在婚状态，显示教育对城镇老年人处于在婚状态的正向影响大于乡村老年人。

三、小结

本节关注中国老年人的婚姻状况及其影响因素。首先利用1982～2015年全国人口普查和1%人口抽样调查汇总数据分析了中国老年人的婚姻状况、人群差异及时期变动情况。

总体来看，在60岁及以上老年人中，有偶老年人占主体，未婚和离婚老年人比例很低；随着时期变化，有偶老年人比例上升，丧偶老年人比例下降。与中年人相比，中国老年人的有偶比例更低、丧偶比例更高；但随时间推移，中、老年人之间有偶和丧偶比例的差距在缩小。与日本和韩国老年人相比，中国男性老年人的有偶比例更低，丧偶比例更高，但这些差距随时期变化在缩小；中国女性老年人的有偶比例在三国老年人中最高，离婚比例最低。中国老年人婚姻状况的内部差异是：与男性老年人相比，女性老年人未婚、有偶以及离婚的比例更低，丧偶比例更高；随着时间推移，男性有偶比例上升的幅度与丧偶比例下降的幅度大于女性，使得两性间有偶、丧偶比例的差距随时间推移而缩小。城乡而言，乡村老年人未婚和丧偶比例最高；城市老年人有偶和离婚比例最高；镇的比例均在城市和乡村之间。随着时间推移，城乡老年人口有偶、丧偶比例的差距逐渐缩小，但城乡老年人的离婚比例差距进一步拉大。

在对宏观数据进行分析的基础上，本节还利用CLASS 2014、CLASS 2016、CLASS 2018年三期微观数据进行了补充分析，并试图揭示老年人在婚状态的影响因素。

分析发现，基于CLASS数据反映出的我国60岁及以上老年人的婚姻状况及人群差异情况与基于宏观数据的分析结果相似。2014~2018年，有偶老年人比例趋于上升，丧偶比例下降，未婚和离婚比例较稳定；分性别和城乡老年人的婚姻状况有显著差异，情况与宏观数据结果相一致。我们还观察了分年龄和受教育程度的老年人婚姻状况的差异，以对宏观数据进行补充。结果显示，年龄越大，老年人有偶比例越低，丧偶比例越高；受教育程度越高，老年人的有偶比例越高，丧偶比例越低。

利用三期CLASS数据分析结果显示，社会经济因素对老年人是否处于在婚状态具有显著的正向影响。具体而言，受教育程度越高、收入越高以及拥有的房产数量越多的老年人，其越有可能处于在婚状态。教育和收入的影响存在性别差异，对男性老年人的正向影响要大于女性；教育的影响还存在城乡差异，对城市老年人的正向影响要大于乡村。社会经济因素的正向影响既可能是因为社会经济资源越充足的老年人，其配偶的生活条件越好，越可能享受到更多的医疗资源，从而降低其丧偶的风险；也可能是因为社会经济条件更好的老年人更可能在丧偶或离婚后再次进入婚姻。子女变量（健在子女数量与有无健在儿子）的影响不显著，因数据无法区分处于在婚状态的老年人是初婚在婚还是再婚在婚，而子女的影响可能会有所区别，因此子女变量的影响还需后续研究的进一步探讨。性别、年龄、城乡等人口学因素均有显著影响：年轻的、城镇的、男性老年人更可能处于在婚状态。随着时间推移，老年人处于在婚状态的可能性显著提高，这是我国老年人整体健康状况提升、平均预期寿命延长等因素综合作用的结果。

老龄化程度的加深是中国和世界面临的共同的人口现象。老年人的婚姻状况不仅关乎老年人个人的幸福和健康，还与家庭的结构、关系和功能，以及社会的活力、养老压力等密切相关。关心老年人的婚姻状况，保障其幸福生活，是积极应对人口老龄化不可或缺的内容。

第二节　老年人的代际关系：基于代际情感评价的实证分析

中国人的代际关系与西方"接力式"不同，"养儿防老"的同时是父辈对子辈的全力投入和付出。伴随着家庭主义利益的下降和个体价值重要性的上升，代际关系何去何从成为学界关注的焦点（刘汶蓉，2013）。一些诸如"啃老"等代际关系下移现象的出现,似乎反映了家庭养老资源被挤占的现实。既有研究多从经济、照料维度出发关注老年人的代际关系,对情感维度的关注较为欠缺。代际情感本身的多维性、复杂性也是造成相关研究较少的主要原因。从主观测量来说,老年人如何看待与子女的情感关系?其中又受到哪些因素的影响?本节主要回答这两个问题。

本节包括两方面内容:第一,采用 CLASS 2014、CLASS 2016 和 CLASS 2018 三期数据,描述当前老年人的代际情感评价,并从城乡、性别等特点出发了解老年人的内部差异;第二,揭示老年人代际情感评价的影响因素,重点关注居住安排和代际支持的影响,以期在勾勒老年人代际情感评价的整体面貌的情形下,结合现实情境对其影响机制有进一步的认识。

一、文献回顾

代际关系通常包含经济支持、照料支持和情感慰藉三个维度。情感慰藉作为代际关系中的一个维度,在以往研究中被学者们采用不同的术语进行表达,这些术语包括"情感联络""代际情感交流""代际情感"等(杨菊华和李路路,2009;宋健和范文婷,2016;张红,2017);对代际情感一般从客观和主观两个维度进行测量。客观方面的测量主要包括方式(见面和聊天等)、强度(是否同住、见面和通信工具联络等)、内容(日常家务、照看/教育孩子、工作/学习、购买大宗物品/购房等重大问题、情感/婚姻问题、健康/安全等)和流向(子女主动问询、父母主动问询或双方均主动问询等)四个维度(宋健和范文婷,2016);主观测量主要涵盖积极情感和消极情感两方面(张红,2017)。

正是由于情感维度难以测量,关于这一维度的研究仍有待补充。既有研究中,Bengtson 和 Roberts(1991)所提出的代际团结模型将代际团结设计为一个综合指标,包含了联系(见面与通信)、情感(成员关系的积极感受与反馈)、功能(互助与资源交换)、规范(对家庭规范和义务的认同)、同感(家庭成员间价值观、态度和信仰的一致程度)和结构(家庭成员的数量、类型及地理距离等)六个方面,情感被作为代际团结的指标之一进行考察。专门针对代际情感的实证研究中,多基于代际情感的某一或某些维度进行研究,且主要依据中国社会的现实情境关注诸如独生子女与非独生子女、儿子与女儿的代际情感差异。如宋健和黄菲(2011)发现,独生子女与非独生子女之间的代际联系不存在显著差异;其后的研究更细化了研究结论,发现独生子女与父母的代际情感交流更密切,但交流方式与强度受到居住距离和流动特征的影响;就业、婚育事件虽会降低青年与父母同住的可能性,但也会增加见面和通信频率,同时父母的资源和需求等特征对代际情感交流有显著影响(宋健和范文婷,2016)。丁志宏等(2019a)发现,独生子女老年父母感到子女亲近的比例高于多子女老年父母，且在独生子女内部，独生子和独生女之间在精神支持方面并不存在显著差异。就子女性别而言，张航空（2012）发现儿子和女儿在代际支持的过程中存在分工效应和替代效应；儿子更多与父母见面，女儿因为"从夫居"的缘故，更可能通过电话联络父母。张红（2017）基于CLASS 2012试调查数据发现，女儿对父母的情感效用高于儿子；与此同时，代际支持（经济支持和家务支持）能显著增加父母的积极情感，降低消极情感和矛盾意向；进一步的交互项分析结果表明，儿子和女儿给父母提供代际支持带来的情感效用不同，女儿提供代际支持带给父母的情感效用大于儿子。

除了上述关注点之外，居住安排和代际支持也是代际关系研究在情感层面的重要变量。就居住安排而言，靳小怡等（2015）研究了不同居住安排下的代际团结差异，其研究中具体到情感维度的测量采用"从各方面考虑，您觉得和这个孩子（感情上）亲近吗"、"总的来讲，您觉得自己和这个孩子相处得好吗"以及"当您想跟这个孩子讲心事或困难时，您觉得他愿意听吗"这三个问题进行加总得分，研究发现：农村随迁父母与外出务工子女同住增强了农村流动家庭的代际团结，女儿在家庭代际关系中扮演更加积极的角色，家庭养老的传统性别分工有所弱化。其他对于居住安排与代际情感的关注也主要集中在对人口流动背景下的"老漂族"这一群体的研究上，有学者认为老年人随子女迁移到其所在的城市，存在代际矛盾心境，是一种正面情感和负面情感同时存在的情形（鲁兴虎和兰青，2019）。另外，就代际支持而言，熊波和石人炳（2016）从老年人的视角出发，将代际关系操作化为情感性关系、联系性关系、一致性关系、规范性关系和结构性关系这几个维度，发现代际关系对代际支持给予行为和代际支持获得行为有直接的积极影响；代际支持给予和代际支持获得二者之间也产生相互作用，在代际关系的影响下分别产生积极的中介效应。这一研究将代际情感作为代际关系的维度之一分析其对行为上的代际支持的影响，体现了在代际支持研究中对情感变量的重视。除此之外的许多研究也都验证了情感变量在代际支持行为中的作用（刘洋洋，2016；丁志宏等，2017；聂建亮，2018）。但这些研究更多的是从代际支持的影响因素角度出发，分析情感关系在其中的作用，而对于代际支持以及不同类型的代际支持反过来又会如何影响代际情感则论述相对较少。

综上所述，尽管既有研究已经关注到居住安排，尤其是人口流动背景下居住安排对于代际关系的影响，但实证研究仍相对较少，且研究主要从代际团结的视角出发。须知，代际团结本身就是一个包含多维测量的概念，如居住安排通常被作为结构性团结的测量指标之一，代际情感被作为情感性团结的维度进行测量。综合性指标可以从多维的角度了解代际关系，但是也在某种程度上或许会忽视不同维度之间的不一致性和因果联系，厘清代际团结的不同维度之间的相互关系仍有必要性。

二、研究设计

（一）理论与研究假设

本节通过借鉴代际交换理论，关注代际关系的冲突层面，来构建分析框架。

在老年父母与子女的代际关系研究中，以往学者既关注到了情感关系的积极层面，也关注到了其消极层面，当前主要存在三种理论范式对其进行阐释。20世纪70年代，团结（solidarity）范式被提出，认为代际关系是团结、合作的，强调尽管伴随着现代化进程，团结和凝聚力仍是现代家庭关系的特征，且由于其后所发展的代际团结模型，使得这一理论一度成为研究家庭代际关系的主导理论（Bengtson et al.，2002）。但由于这一范式忽视了代际关系中冲突的层面，其后学者继续对其修改，引入了代际冲突（intergenerational conflict）范式和团结-冲突模型（solidarity-conflict model），关注到了代际关系的消极面及其存在的合理性（Lowenstein，2007）。尽管团结-冲突模型试图对代际关系的不同层面进行整合，其本质还是将团结和冲突置于二元对立的层面，因此其后有学者又借鉴心理学中"矛盾"（ambivalence）这一术语，基于后现代社会学的视角引入"代际矛盾"（intergenerational ambivalence）范式来重新审视代际关系，认为代际关系并不是处于团结、冲突两个极端，而通常是矛盾、爱恨交织的（Luescher and Pillemer，1998；Luescher，2002）。该理论不仅关注到了现实生活中矛盾性的情感意向，同时从社会结构和个人心理层面对这种复杂的现象做出阐释。尽管这三种理论范式揭示了代际关系的不同层面，但其相互之间的关系并非竞争性而是相互补充的，因为不管是"团结"、"冲突"还是"矛盾"，都不可能单独存在，比如，没有"团结"，矛盾情绪和冲突也就不可能存在，因而，这三种范式实质都各有侧重地反映了代际关系的特征（Bengtson et al.，2002）。

那么，代际关系中冲突、矛盾的层面究竟缘何产生呢？现有的主要理论解释来自代际交换理论。该理论认为，个体在交往中总是试图实现付出最小化、回报最大化，即对他人的付出总是伴随着对于回报的期望，一旦代际关系中的互利互惠无法形成，冲突也就因之产生（Suitor and Pillemer，1988）。因此，根据代际交换理论，在与子女产生相互支持行为时，获得支持会提升老年人对于代际情感的积极评价，而给予支持则可能降低积极评价。由此提出假设1和假设2。研究假设1：老年人获得代际支持与其代际情感评价之间存在正向关系，即获得代际支持更可能提升积极情感评价。研究假设2：老年人给予代际支持与其代际情感评价之间存在负向关系，即给予代际支持更可能降低其积极情感评价。更进一步地，代际支持存在类型的差异，经济支持和照料支持是两类不同的支持，在不同居住安排的情况下，可能产生不同的情感效用。以往的实证研究已发现，尽管老年父母与子女不同住,但并不会因此消减他们之间的代际支持,反而还可能会基于未同住的补偿从子女处获得更多的支持和帮助(靳小怡等,2015)。基于非同住家庭中经济支持的易获得性通常高于照料支持,同时同住家庭中老年人对经济支持和照料支持的需求和期待可能也存在差异,本书提出研究假设 3:经济支持和照料支持在不同居住安排的家庭中的代际情感效用不一致。

(二)数据

本节采用 CLASS 2014、CLASS 2016、CLASS 2018 三期数据进行分析。CLASS 数据是全国性、连续性的大型社会调查项目,分别于 2011 年和 2012 年进行了两次试调查,2014 年开展第一次全国范围的基线调查,以后每两年追踪一次。由于每年问卷中每个家庭只访问一位老年人,又由于同时询问该名老年人多名子女的情况,因而数据中实际包含了一名老年人对应多名子女信息的情况。我们主要关心子女与父母之间的代际关系,因此将每一年数据中的每个子女的信息都与老人的信息进行重新匹配、叠加,得到新的数据库,随后将三年数据进行合并,各变量删除缺失值之后,最终用于统计分析的个体层次的样本规模为 56 798 个,家庭层次的样本规模为 15 888 个。

(三)变量及其操作化与分析方法

因变量为老年人的代际情感评价。依据问卷中"从各方面考虑,您觉得和这个子女感情上亲近吗"这个指向积极情感的问题,以及"过去 12 个月,您有没有觉得这个子女向您要求了过多的帮助和支持"和"您是否觉得这个子女对您不够关心"这两个指向消极情感的问题,由于三个问题的变量的分布都主要偏向于"亲近"或"从未"这两类表达强烈积极情感的选项,即评价普遍较好,我们将三个问题都同时选择强烈积极选项("亲近"或"从未")的赋值为 1,其余所有选择赋值为 0。

关注的第一个主要自变量为居住安排。根据"这个子女和哪些人住在一起"中的"父母"选项进行判断,将其处理为虚拟变量,即与父母住在一起赋值为 1,不与父母住在一起赋值为 0。

关注的第二个主要自变量为代际支持。对代际支持的测量包含两个方面:一是经济支持,二是照料支持。经济支持既包括老年人经济支持获得,也包括老年人经济支持给予。老年人的经济支持获得依据问卷中的问题"过去 12 个月,这个子女有没有给过您(或与您同住的、仍健在的配偶)钱、食品或礼物,这些财物共值多少钱?"进行判断,考虑该变量的样本分布,对"没有"赋值为 0,"有"赋值为 1。老年人的经济支持给予依据"过去 12 个月,您(或与您同住的、仍健在的配偶)有没有给过这个子女家钱、食品或礼物,这些财物共值多少钱"进行判断,对"没有"赋值为 0,"有"赋值为 1。照料支持包括老年人家务支持给予和家务支持获得。具体的测量题目为"过去12个月,这个子女多久帮您做一次家务?"(①几乎天天;②每周至少一次;③每月至少一次;④一年几次;⑤几乎没有)和"过去12个月,您多久帮这个子女做一次家务?"(①几乎天天;②每周至少一次;③每月至少一次;④一年几次;⑤几乎没有),以及"过去12个月,您照看这些(外)孙子女所花的时间是:①每天从早到晚;②每天有段时间(但不是全天);③每周至少一次;④每月几次;⑤大约每月一次;⑥很少或者没有",根据变量的样本分布,家务支持给予和家务支持获得变量处理成虚拟变量(几乎没有=0,有=1)。

此外,根据已有文献研究结果,老年人特征诸如老年人性别(男=1,女=0)、年龄(60~69岁=0,70~79岁=1,80岁及以上=2)、婚姻状况(未婚、离婚、丧偶合并为"不在婚",赋值为0,已婚有配偶处理为"在婚",赋值为1)、居住地(将居住在"市/县城的中心城区""市/县城的边缘城区""市/县城的城乡接合部""市/县城以外的镇"合并为"城镇",赋值为1,将居住在"农村"处理为"乡村",赋值为0)、收入(对老年人上一年个人总收入加1取对数)、受教育程度(根据样本分布将小学以下受教育水平合并为"小学以下",赋值为0,"小学"赋值为1,初中及以上合并赋值为2)、城乡健康状况自评(将"很健康""比较健康"合并为"健康",赋值为2,"一般"赋值为1,"比较不健康""很不健康"合并为"不健康",赋值为0),子女特征诸如子女性别(男=1,女=0)、年龄(其分布较符合正态分布,将其处理为连续变量)、婚姻状况("已婚与配偶同住"=1,其余选项合并为"没有配偶或分居",赋值为0)、工作状况(现在有工作=1,现在没有工作=0)、经济状况评价("非常宽裕""比较宽裕"合并为"宽裕",赋值为2,"基本够用"赋值为1,"比较困难""非常困难"合并为"困难",赋值为0)、受教育程度(初中及以下=0,初中以上=1)均被作为控制变量纳入考虑。具体的变量描述如表3-10所示。

表3-10 主要变量描述(二)

变量	分类	混合数据		2014年		2016年		2018年	
		样本量	均值/%	样本量	均值/%	样本量	均值/%	样本量	均值/%
代际情感评价	低	17 617	31.02	5 786	24.3	4 229	38.53	7 602	34.54
	高	39 181	68.98	18 023	75.7	6 748	61.47	14 410	65.46
与子代同住	不同住	48 609	85.58	19 821	83.25	9 443	86.03	19 345	87.88
	同住	8 189	14.42	3 988	16.75	1 534	13.97	2 667	12.12
经济支持获得	没有	9 296	16.37	4 604	19.34	1 654	15.07	3 038	13.8
	有	47 502	83.63	19 205	80.66	9 323	84.93	18 974	86.2
经济支持给予	没有	40 222	70.82	17 119	71.9	8 065	73.47	15 038	68.32
	有	16 576	29.18	6 690	28.1	2 912	26.53	6 974	31.68

续表

变量	分类	混合数据		2014 年		2016 年		2018 年	
		样本量	均值/%	样本量	均值/%	样本量	均值/%	样本量	均值/%
照料支持获得	没有	19 329	34.03	9 601	40.33	3 350	30.52	6 378	28.98
	有	37 469	65.97	14 208	59.67	7 627	69.48	15 634	71.02
照料支持给予	没有	42 321	74.51	18 623	78.22	8 164	74.37	15 534	70.57
	有	14 477	25.49	5 186	21.78	2 813	25.63	6 478	29.43
性别	女	29 278	51.55	12 704	53.36	5 532	50.4	11 042	50.16
	男	27 520	48.45	11 105	46.64	5 445	49.6	10 970	49.84
年龄	60~69 岁	24 030	42.31	10 508	44.13	4 443	40.48	9 079	41.25
	70~79 岁	21 702	38.21	8 839	37.12	4 372	39.83	8 491	38.57
	80 岁及以上	11 066	19.48	4 462	18.74	2 162	19.7	4 442	20.18
婚姻状态	不在婚	20 033	35.27	9 053	38.02	3 712	33.82	7 268	33.02
	在婚	36 765	64.73	14 756	61.98	7 265	66.18	14 744	66.98
居住地	乡村	26 272	46.26	10 985	46.14	5 230	47.65	10 057	45.69
	城镇	30 526	53.74	12 824	53.86	5 747	52.35	11 955	54.31
上一年个人年收入对数	连续变量	56 798	8.35	23 809	8.54	10 977	8.44	22 012	8.11
受教育程度	小学以下	20 279	35.7	9 385	39.42	3 677	33.5	7 217	32.79
	小学	20 024	35.25	7 777	32.66	4 060	36.99	8 187	37.19
	初中及以上	16 495	29.04	6 647	27.92	3 240	29.52	6 608	30.02
健康自评	不健康	13 426	23.64	7 282	30.59	2 427	22.11	3 717	16.89
	一般	19 286	33.96	6 543	27.48	3 976	36.22	8 767	39.83
	健康	24 086	42.41	9 984	41.93	4 574	41.67	9 528	43.29
健在子女数量	连续变量	56 798	3.46	23 809	3.63	10 977	3.66	22 012	3.17
子女性别	女	27 256	47.99	11 480	48.22	5 389	49.09	10 387	47.19
	男	29 542	52.01	12 329	51.78	5 588	50.91	11 625	52.81
子女年龄	连续变量	56 798	44.50	23 809	43.96	10 977	44.05	22 012	45.30
子女婚姻状况	没有配偶或分居	3 520	6.2	2 112	8.87	520	4.74	888	4.03
	已婚与配偶同住	53 278	93.8	21 697	91.13	10 457	95.26	21 124	95.97
子女工作状况	没有	16 290	28.68	4 880	20.5	3 652	33.27	7 758	35.24
	有	40 508	71.32	18 929	79.5	7 325	66.73	14 254	64.76

续表

变量	分类	混合数据		2014年		2016年		2018年	
		样本量	均值/%	样本量	均值/%	样本量	均值/%	样本量	均值/%
老年人评价子女经济状况	困难	6 833	12.03	4 095	17.2	1 148	10.46	1 590	7.22
	基本够用	35 159	61.9	13 434	56.42	7 267	66.2	14 458	65.68
	宽裕	14 806	26.07	6 280	26.38	2 562	23.34	5 964	27.09
子女受教育程度	初中及以下	37 029	65.19	15 390	64.64	7 292	66.43	14 347	65.18
	初中以上	19 769	34.81	8 419	35.36	3 685	33.57	7 665	34.82

资料来源：2014年、2016年、2018年CLASS数据，混合数据样本量为56 798个，2014年数据样本量为23 809个，2016年数据样本量为10 977个，2018年数据样本量为22 012个

研究方法方面，由于样本中同时涵盖一个家庭中的多个子女，而一个家庭中子女的代际情感评价具有相似性，即存在群组效应，违背了独立性假定，又由于因变量代际情感评价为二分类变量，因此采用两层Logit回归模型进行估计。

三、主要分析结果

（一）老年人代际情感评价的人群差异

老年人代际情感评价在不同人群间存在差异，城镇老年人评价略高于乡村老年人；女性老年人评价略高于男性老年人；中龄老年人（70~79岁）评价高于低龄（60~69岁）和高龄（80岁及以上）的老年人，具体情况如表3-11所示，卡方检验均显示在统计上具有显著性（$p<0.05$）。

表3-11 老年人代际情感评价的人群差异（单位：%）

老年人对子女的情感评价	城乡		性别		年龄		
	乡村	城镇	女	男	60~69岁	70~79岁	80岁及以上
低	32.14	30.05	30.64	31.41	31.63	29.80	32.06
高	67.86	69.95	69.36	68.59	68.37	70.20	67.94
合计	100.00	100.00	100.00	100.00	100.00	100.00	100.00
	Pearson chi2（1）=28.65		Pearson chi2（1）=3.92		Pearson chi2（2）=24.8188		
	Pr =0.000		Pr =0.048		Pr =0.000		

注：资料来源同表3-10的2014年、2016年、2018年混合数据

产生这种人群差异可能的原因在于：人口流动化进程下农村留守老年人的增多可能会降低其对代际情感的整体评价，女性老年人由于受到传统文化观念的影

响对于子女更有包容心，更倾向于对代际关系给予积极的评价，而不同年龄的老年人由于处于不同的生命周期和历程，其需求和情感也存在差异。

（二）老年人代际情感评价的影响因素：居住安排与代际支持

在无条件平均模型中（表3-12模型1），家庭之间的变异值达到3.153，数十倍于其标准误（0.05），且卡方检验非常显著，说明不同老年人之间的代际情感评价存在较大差异，因此有必要采用多层模型进行分析。

表3-12 老年人代际情感评价的两层Logit模型分析结果

变量	模型1	模型2	模型3	模型4	模型5	模型6
居住安排（不与子女同住=0）						
与子女同住		−0.142**	0.111*			0.418***
经济支持获得（没有=0）						
有				0.809***	0.656***	0.689***
经济支持给予（没有=0）						
有				−0.788***	−0.852***	−0.847***
照料支持获得（几乎没有=0）						
有				0.416***	0.412***	0.366***
照料支持给予（几乎没有=0）						
有				−0.880***	−0.832***	−0.937***
年份（2014年=0）						
2016年		−1.189***	−1.303***	−1.311***	−1.412***	−1.400***
2018年		−0.780***	−0.934***	−0.857***	−0.983***	−0.958***
老年人性别（女性=0）						
男性			−0.079		−0.097	−0.098
老年人年龄（60~69岁=0）						
70~79岁			0.156**		0.118*	0.110
80岁及以上			0.015		−0.023	−0.043
老年人婚姻状态（不在婚=0）						
在婚			0.061		0.123*	0.150*
城乡（乡村=0）						
城镇			0.078		0.115	0.108
老年人上一年年收入对数			−0.054***		−0.026*	−0.028*

续表

变量	模型1	模型2	模型3	模型4	模型5	模型6
受教育程度（小学以下=0）						
小学			0.016		0.048	0.045
初中及以上			0.083		0.162*	0.165*
老年人健康自评（不健康=0）						
一般			0.128*		0.209***	0.206***
健康			0.516***		0.616***	0.614***
子女性别（女=0）						
男			−0.366***		−0.218***	−0.274***
子女年龄			0.003		−0.004	−0.003
子女婚姻状况（没有配偶或分居=0）						
已婚与配偶同住			0.281***		0.104	0.179**
子女工作状况（没有=0）						
有			−0.109**		−0.166***	−0.163***
老年人对子女经济状况的评价（困难=0）						
基本够用			0.724***		0.588***	0.605***
宽裕			1.073***		0.936***	0.964***
子女受教育程度（初中及以下=0）						
初中以上			0.185***		0.206***	0.207***
健在子女数量			0.138***		0.083***	0.089***
常数项	1.762***	2.310***	1.067***	1.921***	1.187***	0.996***
家庭截距误差项	3.153***	3.120***	3.093***	3.077***	3.041***	3.043***
家庭样本量	15 888	15 888	15 888	15 888	15 888	15 888
个人样本量	56 798	56 798	56 798	56 798	56 798	56 798
对数似然值	−27 960.74	−27 577.81	−27 201.41	−26 975.85	−26 688.57	−26 653.06

资料来源：同表 3-10 的 2014 年、2016 年、2018 年混合数据

*** $p<0.001$，** $p<0.01$，* $p<0.05$

在检验居住安排对老年人代际情感评价影响的模型分析结果中，加入控制变量之后，居住安排对代际情感评价表现出显著的正向影响，即与子女同住的老年人更倾向于对同住子女给予积极的代际情感评价（表 3-12 模型 3）。

在检验代际支持对老年人代际情感评价影响的模型分析结果中（表 3-12 模型

4 和模型 5），不论是否加入控制变量，经济支持获得和照料支持获得都使老年人对该子女表现出显著的更高发生比的积极情感评价，而经济支持给予和照料支持给予则会使老年人对该子女表现出显著的更低发生比的积极情感评价。

在加入所有变量之后，居住安排、经济支持获得和照料支持获得的显著正向影响不变，经济支持给予和照料支持给予的显著负向影响也不变（表 3-12 模型 6）。由此，研究假设 1 和研究假设 2 均得到验证。

为了进一步了解代际支持对居住安排与老年人代际情感评价关系的调节效应，表 3-13 加入了居住安排与代际支持各变量的交互项。不论是单独加入（表 3-13 模型 7～模型 10）还是全部加入（表 3-13 模型 11），交互项均表现出统计上的显著性。经济支持获得和经济支持给予均会削弱与子女同住的正向影响（表 3-13 模型 7、模型 8、模型 11）。具体而言，在模型 11 中，就经济支持获得而言，相比参照组（不同住且没有获得经济支持），同住且没有获得经济支持的老年人的代际情感评价较高的发生比增加 45.35%（$e^{[0.374]}-1$），不同住但获得经济支持的老年人的代际情感评价较高的发生比增加 113.83%（$e^{[0.760]}-1$），同住且获得经济支持的老年人的代际情感评价较高的发生比增加 124.57%（$e^{[0.374+0.760-0.325]}-1$），即不管老年人是否与子女同住，只要获得经济支持，其代际情感评价都会相对较高，且其发生比差别很小。就经济支持给予而言，相比参照组（不同住且没有给予经济支持），同住且没有给予经济支持的老年人的代际情感评价较高的发生比增加 45.35%（$e^{[0.374]}-1$），不同住但给予经济支持的老年人的代际情感评价较高的发生比减少 54.93%（$e^{[-0.797]}-1$），同住且给予经济支持的老年人的代际情感评价较高的发生比减少 50.39%（$e^{[0.374-0.797-0.278]}-1$），即不管老年人是否与子女同住，只要老年人给予子女经济支持，其代际情感评价都会相对较低，且这两者的发生比差别较小。

另外，照料支持获得和照料支持给予则会显著增强与子女同住的正向影响，其交互项均显著为正（表 3-13 模型 9、模型 10、模型 11）。由此，研究假设 3 得到验证。

表 3-13　加入调节效应的老年人代际情感评价的两层 Logit 模型分析结果

变量	模型 7	模型 8	模型 9	模型 10	模型 11
居住安排（不与子女同住=0）					
与子女同住	0.652***	0.503***	0.145	0.315***	0.374**
经济支持获得（没有=0）					
有	0.754***	0.689***	0.689***	0.690***	0.760***
经济支持给予（没有=0）					

续表

变量	模型7	模型8	模型9	模型10	模型11
有	−0.849***	−0.803***	−0.847***	−0.844***	−0.797***
照料支持获得（几乎没有=0）					
有	0.362***	0.361***	0.327***	0.370***	0.320***
照料支持给予（几乎没有=0）					
有	−0.936***	−0.937***	−0.939***	−0.986***	−0.987***
居住安排×经济支持获得（不与子女同住×无经济支持=0）					
与子女同住×有经济支持	−0.300**				−0.325**
居住安排×经济支持给予（不与子女同住×无经济支持=0）					
与子女同住×有经济支持		−0.256**			−0.278**
居住安排×照料支持获得（不与子女同住×无照料支持=0）					
与子女同住×有照料支持			0.345**		0.363**
居住安排×照料支持给予（不与子女同住×无照料支持=0）					
与子女同住×有照料支持				0.203*	0.202*
年份（2014年=0）					
2016年	−1.401***	−1.399***	−1.401***	−1.396***	−1.399***
2018年	−0.959***	−0.958***	−0.959***	−0.955***	−0.958***
老年人性别（女性=0）					
男性	−0.098 0	−0.099 6	−0.097 5	−0.097 6	−0.097
老年人年龄（60～69岁=0）					
70～79岁	0.110	0.110	0.108	0.111	0.110
80岁及以上	−0.041 3	−0.041 9	−0.044 4	−0.041 0	−0.038
老年人婚姻状态（不在婚=0）					
在婚	0.149*	0.150*	0.153*	0.150*	0.153*
城乡（乡村=0）					
城镇	0.108	0.110	0.110	0.108	0.111
老年人上一年年收入对数	−0.028 4*	−0.027 7*	−0.027 5*	−0.027 9*	−0.028*
受教育程度（小学以下=0）					
小学	0.045 8	0.046 3	0.044 5	0.043 3	0.044

续表

变量	模型 7	模型 8	模型 9	模型 10	模型 11
初中及以上	0.165*	0.165*	0.165*	0.163*	0.164*
健康自评（不健康=0）					
一般	0.204***	0.207***	0.207***	0.207***	0.206***
健康	0.613***	0.616***	0.613***	0.613***	0.611***
子女性别（女=0）					
男	−0.273***	−0.277***	−0.276***	−0.274***	−0.277***
子女年龄	−0.003	−0.002 77	−0.002 71	−0.002 65	−0.003
子女婚姻状况（没有配偶或分居=0）					
已婚与配偶同住	0.195**	0.175*	0.172*	0.182**	0.189**
子女工作状况（没有=0）					
有	−0.158***	−0.165***	−0.164***	−0.162***	−0.161***
老年人对子女经济状况的评价（困难=0）					
基本够用	0.610***	0.605***	0.605***	0.604***	0.610***
宽裕	0.970***	0.963***	0.963***	0.964***	0.968***
子女受教育程度（初中及以下=0）					
初中以上	0.207***	0.209***	0.207***	0.207***	0.208***
健在子女数量	0.089***	0.089***	0.089***	0.089***	0.089***
常数项	0.921***	0.990***	1.027***	0.995***	0.941***
家庭截距的误差项	3.041***	3.043***	3.043***	3.042***	3.042***
家庭样本量	15 888	15 888	15 888	15 888	15 888
个人样本量	56 798	56 798	56 798	56 798	56 798
对数似然值	−26 649.06	−26 649.35	−26 648.18	−26 650.78	−26 637.27

资料来源：同表 3-10 的 2014 年、2016 年、2018 年混合数据

*** $p<0.001$，** $p<0.01$，* $p<0.05$

四、小结

在现代化进程冲击传统家庭关系、经济支持和照料支持都呈现代际下移现象的背景下，中国老年人与其子女的情感关系究竟如何，尤其是老年人如何评价与子女的情感关系，是本节重点关注的问题。通过对 CLASS 2014、CLASS 2016、CLASS 2018 三期混合数据的描述分析及多层非线性回归模型的影响因素分析，得到了以下主要结论。

老年人对代际情感评价整体较好，但也表现出一定的人群差异。在描述分析的结果中所展现出来的代际情感高评价（混合数据中代际情感高评价占比68.98%）反映了中国家庭较好的代际情感关系，进一步说明"代际团结"理论范式在中国社会的适用性，某种程度上这与中国社会"家和万事兴"的家庭文化传统有关。在老年人的城乡、性别、年龄的人群差异上所体现出来的差别又反映了代际情感在中国社会的结构性特征，表现出整体上城镇老年人积极评价多于乡村老年人、女性老年人积极评价多于男性老年人以及70～79岁老年人积极评价最多的特征。进一步地，多层回归分析结果也部分地体现了人群的差异，且这种差异不仅体现在老年人自身特征上，也体现在子女特征上。具体而言，老年人的婚姻状况、收入、受教育程度和健康自评均会影响其代际情感评价，子女的性别、婚姻状况、工作状况、经济状况、受教育程度以及兄弟姐妹数量也均会影响其父母对其的代际情感评价。

代际支持获得和给予对代际情感评价的影响遵循交换理论。尽管在对代际关系的解释中还存在责任内化论、利他主义等其他理论观点，但在本节的实证研究结论中，代际交换理论无疑最能解释我们所得到的获得支持提升积极情感、给予支持降低积极情感的研究结论。在以往的研究中，不论是代际支持获得还是代际支持给予，都被同样作为代际团结或代际凝聚力的反映，如在对代际凝聚力的操作化中，居住模式、情感联络、代际支持体现了代际凝聚力的三个中心维度（杨菊华和李路路，2009），但本节的研究结果所反映的这三个维度的不一致性，说明尤其在情感维度，家庭支持功能方向的差异性所带来的情感效用的差异值得进一步关注。

经济支持与照料支持在不同的居住安排下会产生不同的情感效用。模型分析结果还表明，经济支持（不论方向如何）会显著削弱与子女同住的代际情感效用，照料支持（不论方向如何）会显著增强与子女同住的代际情感效用，体现了不同类型的代际支持在不同居住安排的情感效用差异。可能的原因在于，一方面，经济支持在不与子女同住的情况下也具有易获得性，其带来的情感效用抵消了不与子女同住所带来的负面情感；另一方面，对于与子女同住的老年人而言，对于两种支持的期待和需求会与不同住家庭老人存在差异，同住的情形可能更容易由经济问题带来摩擦和矛盾，中国人所常言道的"谈钱伤感情"或许可以作为这种现象的生动注解。

除此之外，基于模型分析中时期变量的显著性（2016年代际情感最低，其次是2018年，2014年最高，详见表3-12、表3-13），本节还进一步分时期进行代际情感评价的影响因素分析，其变量的方向和显著性略有差异，基于2年时间较短难以区分此种差异是来源于数据的样本分布本身还是客观事实变动，笔者在此不进行详细讨论。更为精确的研究应当是对基期调查的同一批人进行纵向数据分析,观察这 4 年中所发生的事件给其代际情感变化带来的影响,在未来的研究中将继续进行这一部分的分析。

第三节 中国独居老人状况与形成机制:基于家庭户变化的视角

中国独居老人的数量在不断增加。2015 年全国 1%人口抽样调查数据显示,我国 8000 万左右的单人户中,65 岁及以上的老年单人户占 30.48%,独居老人规模不容忽视。独居老人在身体状况和经济基础等方面,无论与其他老年人相比,还是与其他独居群体相比,都处于弱势地位。在生育率持续走低、人口老龄化加速、迁移流动常态化的背景下,老年独居家庭这类非传统家庭的数量可能继续呈增长趋势,其弱势地位隐含着多重风险。本节分析中国独居老人的状况和形成机制,主要包括两部分内容:首先,利用历年全国人口普查数据和 1%人口抽样调查数据,从单人户的角度对中国独居老人的规模和结构进行描述分析;其次,利用中国健康与养老追踪调查(China Health and Retirement Longitudinal Study,CHARLS)微观数据对独居老人的形成机制展开探讨。

一、文献回顾与问题的提出

(一)文献回顾

居住作为人类生活的一个重要方面,与老年人的福祉密不可分(焦开山,2013)。居住在何种家庭中、与谁居住对老年人的身心健康和生活质量等各方面都存在影响(孙鹃娟,2013)。受传统文化的影响和社会养老体系尚不完善,与子女同住一直是中国老年人最主要的居住方式,家庭养老也是中国老年人最主要的养老方式(焦开山,2013)。与子女居住可获得来自子女的精神慰藉和经济支持,正所谓"老有所养,老有所依"。但随着城镇化、现代化的不断推进,我国家庭规模和结构也出现了新的趋势,表现为家庭规模微型化、家庭结构核心化(张翼,2012)。

从历年的调查数据看,我国老年人的居住方式以与子女或其他亲属居住为主(孙鹃娟,2013;胡湛和彭希哲,2014)。2010 年我国与子女或其他亲属居住的 60 岁及以上老年人所在家庭户比例无论在全国层面,还是分城镇、乡考察,基本维持在 60%左右,且乡村地区的比例要高于城镇地区(孙鹃娟,2013)。随着年龄增加,老年人与子女或其他亲属居住的比例有所上升,2010 年 65 岁及以上老年人与子女或其他亲属居住的比例为 58.3%,80 岁及以上老年人的这一比例则增加到了 65.7%(胡湛和彭希哲,2014)。

虽然我国居住方式仍以三代及以上户为主，但夫妇户规模呈上升趋势，空巢化现象明显（杜鹏，1999；曲嘉瑶和孙陆军，2011；孙鹃娟，2013），独居家庭不断增多。普查数据显示，65 岁及以上单人户比例从 2000 年的 9.6%增长为 2010 年的 12.5%，仅有老年夫妇且有 65 岁及以上老年人的空巢户比例从 2000 年的 23.9%增长为 2010 年的 29.2%。

以上分析表明，与子女等亲属同住仍是我国老年人主要的居住方式，但随着社会的发展，老年人空巢和独居的现象也越来越普遍。虽然我国老年人独居的比例在不断升高，但遗憾的是学界的相关研究还比较欠缺。现有研究一般把独居作为居住方式的一种分类进行分析（孙鹃娟，2013；姜向群和郑研辉，2014；王跃生，2014；靳永爱等，2017），或是在研究单人户时把老年单人户作为其中一部分进行分析（郭志刚，1990；王跃生，2008a），鲜有单独针对独居老人的研究。在针对老年独居群体的少数研究中，主要聚焦小区域范围内的独居老人（彭亮和王裔艳，2010；陈瑜，2017）。有学者利用 2000 年和 2010 年两次普查数据考察了独居老人的情况（王磊，2017），但时间跨度较短。

（二）问题提出与分析策略

考虑到独居老人的脆弱性和潜在风险，掌握这类人群的规模、特征和形成机制具有十分重要的意义。数据问题是需要克服的主要障碍。目前我国已有的老年人抽样调查数据，只能提供老年独居者的比例，难以准确估计其规模。全国人口普查数据统计的是家庭户，只能得到单人户数据。单人户中只有一个家庭成员，能否利用单人户信息估计独居老人规模呢？

为检验用单人户数据来估计并分析独居老人的可能性，笔者将 2010 年普查的单人户主年龄分布与 2011 年 CHARLS 独居人群的年龄分布进行对比（图 3-1），发现两者差异并不大，可见在缺乏更准确数据的条件下，使用人口普查数据进行独居老人的分析具备一定的可行性。由于 2010 年普查距今已有 11 年，其间中国老年人口的状况发生了变化，为使分析更贴近现实，本节还加入对 2015 年 1%人口抽样调查中独居老人的分析。但国家统计局公布的 2015 年 1%人口抽样调查汇总数据可用信息有限，为保证分析的完整性，部分分析将使用 2015 年 CHARLS 微观数据加以补充。

基于现有研究和数据，本节将基于家庭户变化的视角，利用 1982～2010 年四次全国人口普查与 2015 年 1%人口抽样调查的统计数据以及 2015 年 CHARLS 微观数据，对我国独居老年人进行分析，探究其规模和特征，并利用 CHARLS 微观数据分析老年人独居的形成机制，旨在为政府和社会应对独居老人问题提供参考依据。

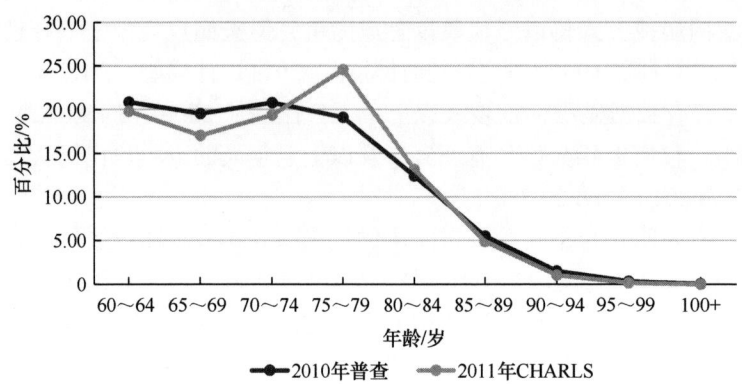

图 3-1　老年单人户主与独居老年人的年龄分布：2010 年普查和 2011 年 CHARLS

二、中国独居老人的分布特征

使用家庭户数据进行分析时，在其他家庭类型中，户主和户内成员需要分开研究，但对于单人户而言，单人户和单人户主的概念虽存在差别，但数量上相等，分析普查数据公布的单人户数据等同于分析单人户主数据（王跃生，2008a），因此本节的分析中也将老年单人户数据等同于老年单人户主数据，即独居老人数据。

2015 年 1% 人口抽样调查数据显示，我国 65 岁及以上的独居人口规模为 2500 万人左右，占全部独居人口的比例为 30.48%，占 65 岁及以上老年人口的比例为 11.42%，这意味着每 100 名 65 岁及以上老年人中就有 11 个是独居老人。相比较 2010 年 65 岁及以上独居人口规模 1443.97 万人，仅 5 年时间就增长了 73%，增长速度十分迅速。本节主要从年龄、性别、婚姻状况和独居的持续时间四个方面，讨论独居老人的分布特征。

（一）独居老人的年龄分布

独居老人的年龄分布呈现随年龄增加，比例先升高后降低的态势（图 3-2）。各时期 85 岁以下的独居老人所占比例基本都超过 90%，但随着时期的推移这一比例不断减少，从 1982 年的 96.00%，逐渐减少为 1990 年的 94.49% 和 2000 年的 94.22%，到 2015 年降为 92.38%，反映了独居老人高龄化的趋势。

1982 年、1990 年和 2000 年三次全国人口普查中独居老人的年龄分布差异不大，但 2010 年普查数据显示，相对于前几次普查而言，低龄段的独居老人占比减少了，同时 75 岁及以上的独居老人占比出现了增加的情况；2015 年的 CHARLS 数据也呈现了类似的特征。虽然自 1990 年以来，每次普查相较于上一次普查而言，高龄独居老人的比例都有所增加，但 2010 年的变化更为明显，且独居老人的年龄分布峰值也发生了改变，往后推移了一个年龄组。独居老年人口高龄化的趋势不仅与年龄结构相关,也与平均预期寿命延长有关。

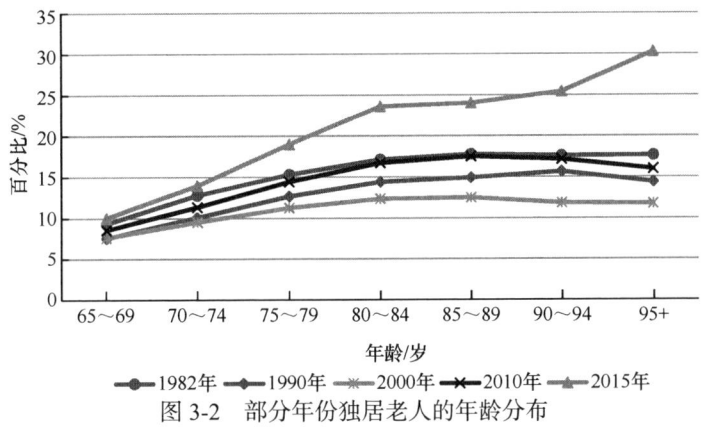

图 3-2 部分年份独居老人的年龄分布

资料来源:1982~2010 年数据来源于对应年份普查数据,2015 年数据来源于 2015 年 CHARLS 数据

独居老人在全部老年人口中的分布如何?我们用各年龄独居老人数与该年龄老年人总数相比较发现,从总体上看,65 岁及以上独居老人占老年人总数的比例呈现先下降后波动上升的态势,从 1982 年的 12.35%下降为 1990 年的 9.81%,继而在 2000 年降为 8.88%,2010 年上升为 12.14%,2015 年为 11.42%。分年龄的趋势与此基本相同(图 3-3)。五个时期独居老人占老年人口比例的年龄分布相似,65~69 岁组比例最低,为 7.71%~10.16%,之后随年龄增加,比例不断升高,说明随着年龄增加老年人独自生活的比例也在上升。四次普查数据中 85~90 岁之后出现了比例下降的趋势,这主要是由于高龄老年人已不适宜单独居住。也有学者认为,在改革开放前很多老年单身人口被纳入"五保"①系统,这些单独立户的"五

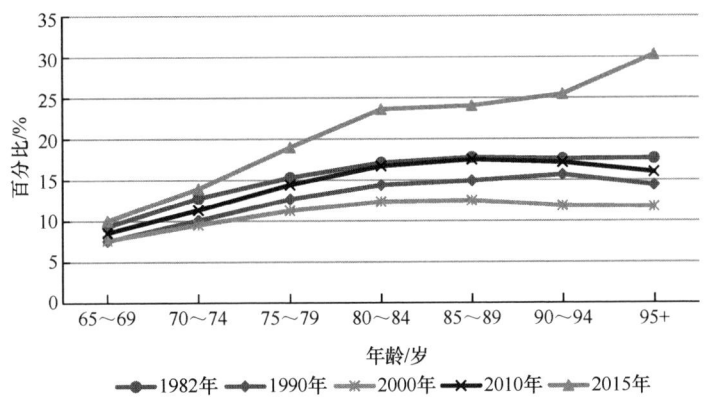

图 3-3 部分年份 65 岁及以上老人中独居老人的分布

资料来源:1982~2010 年数据来源于对应年份普查数据,2015 年数据来源于 2015 年 CHARLS 数据

---

① "五保"指保吃、保穿、保医、保住、保葬。

保户"在集体经济组织解体后多在政府经营的敬老院中集体养老,转为了集体户成员,这是导致家庭户中高龄老年人独居比例下降的原因(王跃生,2008a)。2015年CHARLS数据中各年龄独居老人比例与普查数据存在一定的差异,老人独居现象在CHARLS数据中表现得更为明显。

65岁及以上独居老人比例随时间推移呈现先降后升的态势,其主要是由老年独居人口规模和老年人口规模增长不一致导致的。在1982~1990年,老年人口增长率高达32.89%,而独居老人增长率只有5.93%,分母的增长率高于分子导致了1990年的独居老人比例低于1982年,而之后独居老人规模快速增加,特别是2000~2010年增长率高达84.29%,2010~2015这5年间增长了77.34%,老年人口增长率却一直维持在30%左右,无太大变化,进而导致了2010年以后65岁及以上老年人独居比例很高。独居老人规模的增长变动,主要与社会转型和家庭规模缩小有关。

(二)独居老人的性别构成

由于死亡率性别差异的缘故,老年人中女性老年人比例更高,那么独居老人的性别构成如何?数据显示,1982~2015年65岁及以上独居老人中,女性比例均高于男性,分别是1982年的61.17%、1990年的59.87%、2000年的58.69%、2010年的57.64%和2015年的58.94%。可见随着时间发展,女性独居老人的比例有下降的趋势。

分年龄组来看,各年龄组的独居老人都以女性为主,且随年龄增加女性比例也在增加;不过随着时间推移,各年龄组的性别比均有所升高,显示出男性死亡率下降的作用(表3-14)。

表3-14 1982~2010年65岁及以上独居老人分年龄性别比(女性=100)

年龄组	1982年	1990年	2000年	2010年
65~69岁	75.1	84.7	91.0	107.9
70~74岁	66.1	67.9	66.6	73.2
75~79岁	56.4	60.4	62.2	62.9
80~84岁	49.8	51.3	55.0	59.6
85~89岁	41.5	44.8	58.4	56.3
90~94岁	27.2	30.6	55.7	52.5
95+岁	46.7	26.6	20.0	51.3

资料来源:1982~2010年数据来源于对应年份普查数据

（三）独居老人的婚姻状态

有学者在考察单人户的婚姻状态时发现，男女两性单人户主在年龄和性别方面存在的差异很大程度上与其婚姻状态有关：男性单人户主未婚比例高，而女性单人户主丧偶比例高（王跃生，2008a），那独居老人的婚姻状态如何？由于缺少2010年的数据，本节仅根据1982~2000年三期人口普查数据和2015年CHARLS数据分析独居老人的婚姻状态。

从表3-15来看，无论是男性还是女性独居老人，其婚姻状态更可能为丧偶，这与人类的生命历程相关。比较两性的差别，四个时期女性丧偶的比例都要高于男性。如2000年女性独居老人中丧偶的比例为86.74%，而男性只有56.97%；男性独居老人在其他婚姻状态的比例要高于女性，特别是未婚状态，男性独居老人处于未婚状态的比例在各时期都高于10%，2000年甚至高达21.77%；女性独居老人中未婚比例基本维持在1%左右，远低于男性。比较结果显示，男性独居老人的婚姻状态相对于女性来说更为多元，女性独居老人基本处于丧偶状态。

表3-15　1982~2015年65岁及以上独居老人婚姻状况分布（单位：%）

性别	年份	未婚	有配偶	丧偶	离婚
女性	1982	1.11	6.14	91.82	0.92
	1990	1.00	5.26	92.68	1.06
	2000	0.89	11.20	86.74	1.17
	2015	0.35	5.20	92.72	1.73
男性	1982	16.06	11.99	63.72	8.23
	1990	16.74	10.67	64.55	8.05
	2000	21.77	15.81	56.97	5.45
	2015	12.78	21.11	60.83	5.28
合计	1982	7.25	8.54	80.29	3.92
	1990	7.71	7.56	80.69	4.04
	2000	10.13	13.24	73.56	3.06
	2015	5.12	11.31	80.47	3.09

资料来源：1982~2000年数据来源于对应年份普查数据，2015年数据来源于2015年CHARLS数据

普查数据显示，独居老人中处于各婚姻状态的比例随着时间的推移呈现波动变化，离婚比例变化不大，丧偶比例在1990~2000年有所下降。2015年CHARLS呈现的趋势与普查数据存在一定差异，可能与普查数据和微观数据对独居老人定义存在差异相关，但总体上可见，随着社会的不断转型，无论是男性还是女性独居老人的婚姻状态都存在多元化的趋势。

（四）老年人独居的持续时间

老年人的独居状态会持续多久？现有调查中并未提供直接的数据来源，但这一信息对于深入了解独居老人的状态极有必要。为此，我们将独居老人占全部老年人口的比例和生命表技术相结合，通过计算老人独居预期寿命，反映其在平均预期寿命中处于独居状态的预期寿命，即预期在独居状态下度过的年数。2015年由于1%人口抽样调查数据中未提供年龄别的单人户数据，因此2015年的独居预期时长依据2015年1%人口抽样调查死亡数据及2015年CHARLS年龄别独居人口数据计算而来。表3-16展示了2000年、2010年、2015年分性别65岁及以上各年龄组老年人的独居预期时长。

表3-16　2000年、2010年和2015年分性别65岁及以上各年龄组老年人独居预期时长（单位：年）

年龄组	2000年		2010年		2015年	
	男	女	男	女	男	女
65～69岁	1.22	1.84	1.81	2.75	3.11	6.02
70～74岁	1.03	1.59	1.57	2.46	2.65	5.26
75～79岁	0.88	1.27	1.36	2.08	2.38	4.49
80～84岁	0.71	0.94	1.13	1.61	1.84	3.27
85～89岁	0.62	0.65	0.93	1.17	1.41	2.01
90岁及以上	0.51	0.45	0.74	0.83	1.05	1.03

资料来源：2000年和2010年数据来源于对应年份普查数据，2015年数据来源于2015年CHARLS数据及2015年1%人口抽样调查数据

2000年65～69岁男性独居预期时长和女性独居预期时长分别为1.22年和1.84年；2010年平均独居预期时间男性增长了48.36%，女性增长了49.46%；2015年65～69岁男性独居预期时长比2010年增长了71.82%，女性比2010年增长了118.91%，可见我国老年人口的独居状态出现了长期化趋势，另外，2010~2015年的大幅度增长与这一期间人口平均预期寿命的增长及独居比例的上升密切相关。同期女性独居预期时长超出男性，说明女性进入独居状态后持续的时间要比男性长，这与女性寿命高于男性有关，但年龄越高，两性差距越小，在高龄阶段甚至出现了男性独居预期时长超过女性的现象，这可能与存活至高龄的人口更具选择性相关。

老年人进入独居状态后的持续时间在其预期寿命中占多大比例？通过表3-17可观察到，在相同的年份里，低龄组女性独居预期时长占其预期寿命比例要高于

男性，但随着年龄增加，两者差距会缩小甚至可能出现反转，这可能与男性独居比例在高龄阶段随年龄增加而女性独居比例随年龄降低有关。在2000年无论是男性还是女性其平均独居预期时长占其预期寿命的比例并不高，各年龄组基本都低于14%，但由于我国人口的平均独居预期时长的增长速度要大大快于平均预期寿命的增长速度，因此平均独居预期时长占老年人口的平均预期寿命比例在2010～2015年大幅度上升，这与前文分析的独居规模增长快于老年人口规模增长存在关系。

表3-17　65岁及以上老年人中平均独居预期时长占平均预期寿命的比例（单位：%）

年龄组	2000年		2010年		2015年	
	男	女	男	女	男	女
65～69岁	8.79	11.09	11.15	14.55	17.21	28.91
70～74岁	9.55	12.29	12.35	16.44	18.37	31.59
75～79岁	10.71	12.87	13.81	17.93	21.46	35.06
80～84岁	11.78	12.91	15.32	18.52	22.47	34.67
85～89岁	13.33	11.98	16.53	18.04	24.02	30.70
90岁及以上	13.70	11.28	16.83	17.17	30.00	27.66

资料来源：2000年和2010年数据来源于对应年份普查数据，2015年数据来源于2015年CHARLS数据及2015年1%人口抽样调查数据

三、独居老人的形成机制

（一）数据选取与变量描述

上文分析了我国独居老人的规模和结构，接下来我们探索独居老人的形成机制。虽然针对老年人口独居状态及其影响因素的相关研究较少，但学界有大量针对老年人居住安排影响机制的分析，特别是针对是否与子女同居的状况分析。从已有研究看，解释老年居住安排的影响因素主要为父辈特征与子辈特征（刘欢，2017）。父辈特征包括生活自理能力、受教育程度、居住地类型、经济状况、婚姻状况等因素，子辈特征包括子女数量、子女经济状况、子女婚姻状况、子女照料支持需求等因素（杨恩艳等，2012；张丽萍，2012；张莉；2016；陈皆明和陈奇，2016；何兰萍和杨林青，2017；李明锋等，2019）。本节基于既往研究中影响老年人居住安排的因素，分析老年人独居状态的影响因素。

数据源于2015年CHARLS，研究对象是65岁及以上老年人，研究目的是分析65岁及以上老年人独居状态的影响因素。调查中65岁及以上老年人独自居住

的样本为 937 个，占全部老年人的比例为 22.16%。解释变量包括老年人的特征及子女特征。老年人的特征为年龄、性别、生活自理能力、是否有养老金、受教育程度、是否丧偶、居住地类型；子女特征为存活子女数量、子女是否都在婚、子女是否都有房产、是否需要照顾孙子女（过去一年是否照料了孙子女）。主要变量描述如表 3-18 所示。

表 3-18 主要变量描述（三）

变量	项目	样本量	百分比/%
独居	否	3292	77.84
	是	937	22.16
年龄		4068	72.84
性别	男	2241	52.99
	女	1988	47.01
生活自理能力	至少一项缺失	2926	69.19
	完好	1303	30.81
是否有养老金	否	126	2.99
	是	4082	97.01
受教育程度	高中以下	3380	92.65
	高中及以上	268	7.35
是否丧偶	否	2576	60.91
	是	1653	39.09
居住地类型	农村	3019	71.71
	城市	1191	28.29
存活子女数量	0	216	5.11
	1	213	5.04
	2	739	17.47
	3 及以上	3061	72.38
子女是否都在婚	否	970	25.03
	是	2906	74.97
子女是否都有房产	否	1900	47.81
	是	2074	52.19
过去一年是否照料了孙子女	否	2305	64.31
	是	1279	35.69

(二)实证结果

使用二分类 logistic 回归模型对 65 岁及以上老年人是否独居的影响因素进行分析。结果发现（表 3-19），年龄显著影响老年人口的独居状态，在控制其他因素的情况下，年龄越大，老年人越不可能处于独居状态，这与年龄越大老年人身体状况越不适宜独自居住相关。性别对独居状态无显著影响，杨恩艳等（2012）对中国农村老年人居住安排影响因素的研究中也有类似发现。丧偶与否对老年人的独居状态有明显影响，丧偶后的老年人更容易独居。受教育程度和养老金也对老年人独居具有显著的正向影响，受教育程度为高中及以上的老年人比受教育程度为高中以下的老年人更可能成为独居人口，有养老金的老年人则比没有养老金的老年人更容易独居，这两者都属于社会经济地位因素，说明老年人的经济状况越好，他们独立居住的可能性越大。身体状况在过去的研究中被证明会影响老年人的居住安排，但在本模型中并无显著影响。

表 3-19　65 岁及以上老年人独居与否影响因素的 logistic 模型分析结果

变量	比值比
年龄	0.97***
性别（女=0）	0.94
丧偶（否=0）	18.29***
受教育程度（高中以下=0）	1.73**
生活自理能力（至少一项缺失=0）	1.09
养老金（否=0）	2.10**
居住地类型（农村=0）	0.61***
存活子女数量（0 个=0）	
1 个	0.6
2 个	0.47*
3 个及以上	0.69
子女都在婚（否=0）	1.39**
过去一年是否照料了孙子女（否=0）	0.44***
常数项	0.45
样本量	2857
伪 R^2	0.26

*** $p<0.01$，** $p<0.05$，* $p<0.1$

模型结果还显示，在控制其他影响因素的情况下，农村老人比城市老人更可能处于独居状态。过去也有研究在分析丧偶老年人的居住方式时发现，城市丧偶老年人独居可能性更小，作者将其归结于城市地区住房资源相对不足，缺乏独居的客观条件（李明锋等，2019）。笔者认为除了住房资源的影响外，农村大量劳动力外出务工也对老年人独居存在一定的影响。对于规模较大的家庭而言，成员流动对家庭类型的影响并不显著，但如果家庭规模较小，可能就会因为家庭成员的外出而形成单人户（王跃生，2008a）。在家庭变迁的大背景下，农村家庭规模随着时间推移不断缩小，同时农村人口流动处于加剧状态，进而造成农村独居老年人口规模扩大。

从子女特征上看，存活子女数量对老年人独居状态存在一定的影响，存活子女数为2个的老人比存活子女数为0的老人更不容易进入独居状态，子女数越多代表子女的可及性越高（杨恩艳等，2012），老年人更可能与子女同居而非独自居住。子女的婚姻状态对老年人的独居也有显著影响，因为婚姻意味着一个新的家庭产生，已婚子女更可能离开父母独自生活，若子女都处于已婚状态，老年人独居概率也会上升。有学者指出住房对代际同住有显著影响，住房短缺是大家庭得以维系的一个重要原因（许琪，2013），本模型中也发现若子女都有自己的住房，老年人越可能独自居住。在现代社会中，照料支持和子女与父母同住密切相关，不仅老人可以通过与子女同住获得日常照料，子女也可以通过与父母同住获取父母对孙子女的照料，特别在女性劳动参与率不断提高的今天，父母对孙子女的照料支持越发显得重要。在本模型中也发现，不需要照料孙子女的老年人比需要照顾孙子女的老人处于独居状态的概率更高。

四、小结

本节基于1982～2010年四次全国人口普查数据、2015年1%人口抽样调查数据及2015年CHARLS数据，对我国独居老人的状况及其形成机制进行了分析，得出了以下结论。

改革开放以来，我国独居老人规模不断增加，2010～2015年5年的时间内就增长了77.34%，增长十分迅速。独居老人的年龄分布集中于80岁以下，但近年来出现了高龄化趋势。独居老人在全部老年人口中的比例随时间发展，呈现先降后升的态势，年龄别考察结果相似：独居老人在同龄老年人口中的分布呈倒"U"形，即65～69岁组比例最低，之后随年龄增加比例不断升高，说明随着年龄增加，老年人独居生活的比例提高，85～90岁之后才出现下降趋势，这主要是由于老年人年龄越大，越不适宜单独居住，原来的独居人口或与其他亲属居住，或进入养老院。独居老人中女性比例更高，但随着时间发展，男性比例不断上升。年龄越大，男性独居老人的比例越低，这与两性预期寿命的差异有关；65岁及以上老人独居生活的比例也是女性高于男性。就婚姻状态而言，独居老人主要为丧偶，且女性丧偶比例高于男性，男性未婚、有配偶、离婚等比例高于女性；两性未婚、有配偶的比例随着时间推移不断上升，可见随着社会的转型，无论是男性还是女性独居老人的婚姻状态都呈现多元化的趋势。

本节还利用多状态生命表，计算了老人独居的持续时间，发现我国老年人口的独居状态出现了长期化趋势。同期女性老年人的独居持续时间要比男性长，这与女性预期寿命高于男性有关。平均独居预期时间占平均预期寿命的比例也在增加。利用回归模型对老年人独居状态影响机制的分析发现，老年人自身特征和子女特征都会影响其独居状态的形成。年龄较低、丧偶、受教育程度较高、有养老金、农村的老年人更容易独居；子女数量越少、已婚子女数量多、不需要照顾孙子女的老年人也更容易独居。

综上可见，我国独居老年群体出现了规模扩大化、年龄结构高龄化、婚姻状态多元化、独居状态长期化等多个特征。值得注意的是，独居老人规模在近几十年间不断增加，但独居老人占老年人口总数的比例却并非持续增加，而是先降后升。这主要是由老年独居人口规模和老年人口规模增长不一致导致的，在1982~1990年，老年人口增长率很高而独居老人规模增长率较低，导致1990年的老年独居比例低于1982年；而后独居老人规模快速增加，但老年人口增长率却无太大变化，进而导致了2010年65岁及以上老年人在单人户中生活的比例很高。1982年高老年独居比例的出现主要是由于当时老龄化程度不高，老年人规模相对当下来说较小，而由于改革开放时期农村分田到户，有些家庭为了多分配田地，可能会出现老年人单独立户情况，进而导致独居老人数量增加，并使得老年独居比例较高；21世纪以来出现的老年独居比例增加，更多与城市化、人口流动、家庭微型化等社会经济转型相联系，两个时期独居老人的形成机制存在差异，前者更可能与制度相关，其中老年人单独立户但独居的可能性相对要小一些，后者更可能与经济社会发展相关，老年人单独立户且独居的可能性更高，这些老年人的照料问题也更为突出，对社会养老系统的发展提出了更严峻的挑战。

第四章 当代中国老年人的经济状况

经济状况直接影响着老年人的生活质量和幸福水平,也是考察老年人社会参与和生活状况的重要因素。自我国进入老龄化社会以来,养老问题日益突出,家庭的养老负担不断加重但养老功能却在逐渐弱化,老年人口规模迅速扩大与养老资源滞后增长之间的矛盾使得传统的家庭养老模式已经不足以满足老年人日益增长的美好生活需要。在此背景之下,老年人的经济状况除与家庭直接经济支持密切相关以外,与老年劳动收入、社会养老保障及早期财富积累与投资理财行为之间的联系也越来越紧密,老年人的经济来源向着多元化转变。

为探究新形势下老年人经济状况的基本特征与变动趋势,本章将结合现有文献和数据研究成果,围绕老年人的就业、收入及财富理财状况三个方面展开介绍,同时也将对老年人的经济状况在不同性别、城乡和不同地区等之间存在的差异及其影响因素进行深入的探讨,从而发现其中存在的问题,为相关养老政策制度的制定提供参考。

第一节 退而不休:老年人的就业状况及影响因素

当下我国人口结构正在发生转变,老龄化呈现出规模大、速度快的特征。根据2015年全国1%人口抽样调查数据,我国60岁及以上人口已占总人口的16.15%,与2010年相比,老龄人口比重上升2.89个百分点[①]。与此同时,随着教育年限的延长、人口健康水平的改善与平均预期寿命的增加,老年人群体从能力与意愿层面看存在较大的劳动供给潜力,老年人就业也成为一个越来越普遍的社会现象(张文娟,2010)。

在这种情况下,探讨老年人就业状况具有较强的现实和社会意义。一方面,老年人就业体现了积极老龄化的内涵要求,能够使老年人老有所为,在晚年发挥余热实现自我价值;另一方面,老年人就业能使老年人力资源得到开发和利用,从而缓解我国的养老保障压力,降低劳动力结构转变带来的经济压力。从个人和社会的双重视角来看,老年人就业对于老年人生活和社会政策都具有重要的影响。

---

① 数据来源于2015年全国1%人口抽样调查主要数据公报。

了解老年人口的就业状况和基本特征，有利于为出台老龄政策提供参考，为老龄工作规划提供依据。

那么，我国究竟有多少老年人仍在工作？城市和农村、男性和女性老年人就业状况是否存在差异？他们的行业分布和职业特征又是怎样的？在业老年人的工资情况如何？本章将基于全国调查数据及以往文献尝试对以上问题做出较为全面、科学的回答。

一、老年人就业的数量、比例及变化趋势

我国老年人口就业数量近年来呈现增速快的特征，老年人力资源储量丰富。但老年人口就业率近年来却呈现出下降趋势，老年就业人口增速滞后于老年人口总增速。分年龄来看老年人就业状况，发现老年人就业受年龄影响较大，与年龄呈负相关关系，低龄老年人群体将具备较高的就业能力，是未来老年人力资源开发的主要人群。

（一）老年就业人口数量增速快、规模大，人力资源储量丰富

老年就业人口是指从事一定社会劳动并取得劳动报酬或经营收入的老年人口（邬沧萍和杜鹏，2006）。本节关于老年就业人口的数量、比例及变化趋势分析，主要使用 1990 年以来的人口普查数据和 2015 年全国 1% 人口抽样调查数据。

从表 4-1 可以看出，1990 年第四次全国人口普查时期，中国 60 岁及以上老年就业人口数是 2768.4 万人，而在 2000 年第五次全国人口普查时，我国 60 岁及以上老年就业人口数增加到 4290.8 万人，到了 2010 年第六次全国人口普查及 2015 年全国 1% 抽样调查时期，老年就业人口数分别增长到 5372.6 万人和 9232.5 万人。从 1990 年到 2015 年，60 岁及以上老年就业人口增加了 6464.1 万人，增长幅度高达 233.5%；65 岁及以上老年就业人口增加了 2830.2 万人，增幅达 233.2%。

表 4-1 中国老年人就业数量与比例

年份	年龄	老年人数/万人	就业人数/万人	老年人口就业比例/%
2015	60 岁及以上	34 358.6	9 232.5	26.87
	60~64 岁	12 090.2	5 188.7	42.92
	65 岁及以上	22 268.4	4 043.8	18.16
2010	60 岁及以上	17 759.4	5 372.6	30.25
	60~64 岁	5 865.3	2 882.4	49.14
	65 岁及以上	11 894.1	2 490.2	20.94

续表

年份	年龄	老年人数/万人	就业人数/万人	老年人口就业比例/%
2000	60 岁及以上	12 997.8	4 290.8	33.01
	60～64 岁	4 170.4	2 083.8	49.97
	65 岁及以上	8 827.4	2 207	25.00
1990	60 岁及以上	9 697.0	2 768.4	28.55
	60～64 岁	3 397.6	1 554.8	45.76
	65 岁及以上	6 299.3	1 213.6	19.27

资料来源：1990 年、2000 年、2010 年的数据转引自姜向群和郑研辉（2013）主编的《中国人口老龄化和老龄事业发展报告》；2015 年的老年人口数和就业数据来自 2015 年全国 1%人口抽样调查数据乘以 100 得出的约数

与 2010 年相比，2015 年 60 岁及以上老年就业人口、65 岁及以上老年就业人口分别增加了 3859.9 万人、1553.6 万人，分别增长了约 71.8%和 62.4%。60～64 岁老年就业人口增加了 2306.3 万人，增长了约 80%。

由此可以看出，我国 60 岁及以上老年就业人口增速快且规模逐渐庞大，尤其是低龄组老年人，成为老年就业人口增长的主力军。

（二）老年人口就业率总体呈下降趋势

就业率的计算公式是：该年龄段就业人口数/该年龄人口数×100%。由图 4-1 可知，2015 年中国 60 岁及以上老年人口就业率为 26.87%，相比 1990 年下降了 1.68 个百分点，相比 2000 年下降了 6.14 个百分点，相比 2010 年下降了 3.38 个百分点，老年人口就业率总体呈下降趋势。

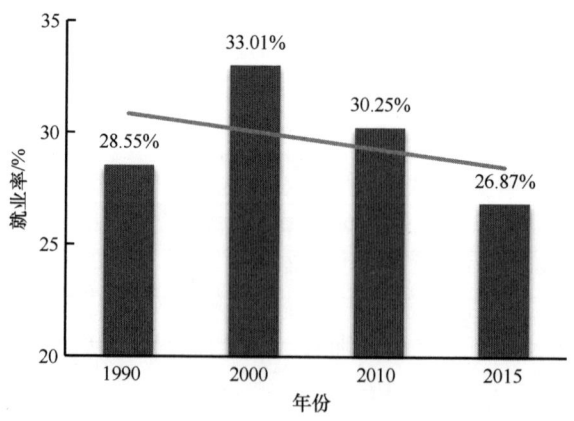

图 4-1 中国 60 岁及以上老年人口就业率的变化

资料来源：1990 年、2000 年、2010 年的数据转引自姜向群和郑研辉（2013）主编的《中国人口老龄化和老龄事业发展报告》；2015 年的老年人口数和就业数据来自 2015 年全国 1%人口抽样调查数据乘以 100 得出的约数

这一结果说明虽然我国人口老龄化在加速发展，老年人口在逐年增多，但老年人口的就业比例并没有随之而升高，即老年就业人口增速滞后于老年人口总增速。这从侧面说明我国老年人群体整体的就业环境并不乐观，老年人就业仍然面临很多现实和制度挑战。

（三）老年人口就业与年龄呈负相关关系

以往相关研究发现，老年人就业人数和就业比率都随着年龄上升而逐渐降低，60~64 岁老年人实际上占老年人就业总人口的大部分（姜向群和杨菊华，2009）。有学者通过计算 2015 年全国分年龄性别人口就业率发现，60~64 岁老年人占老年就业总人口的 42.83%（彭青云，2018）。

由此可见，老年人就业受年龄影响较大，与年龄呈负相关关系。一些学者指出这是由于年龄与老年人身体状况紧密相关，身体健康状况是老年人劳动参与的重要影响因素之一（钱鑫和姜向群，2006）。随着我国人口预期寿命的延长及人口健康水平的提升，可以预见，低龄老年人群体将具备较高的就业能力，是未来老年人力资源开发的主要人群。

二、老年人就业的性别差异及城乡差异

老年人就业存在性别差异和城乡差异，老年男性就业率远远高于老年女性，这种差异在低龄老年人年龄组中最为明显。尽管老年人就业存在性别差异，但普查数据显示这种差异在逐渐缩小，老年女性人口在劳动力市场上越来越活跃，就业率总体上在慢慢升高。分城乡来看可以发现，农村老年人口就业率高于城市，但农村老年人口就业率随年龄增长呈断崖式下降，说明农村老年人就业受健康状况影响更大。

（一）老年人就业存在性别差异，老年男性就业率远远高于老年女性

从 2015 年全国 40 岁及以上分年龄性别人口就业率可以看到男性在各个年龄段的就业率都远远高于女性，对于 60 岁及以上的老年人口来说，就业的性别差异仍然存在，但是会随着年龄的升高逐渐缩小。从图 4-2 中可以看到，老年男性与女性就业率差异在低龄老年人群体中最显著，对于 65 岁及以上的老年人来说，就业率差异迅速缩小，这可能是由于随着年龄增长，健康状况逐渐成为老年人就业的主要影响因素。

事实上，多项研究结论都表明我国男性老年人就业率高于女性老年人，这背后受到工作能力、就业主观意愿和劳动参与的客观环境等多方面因素的影响。

首先，劳动能力是影响老年人就业性别差异的重要因素。女性的职业生涯常

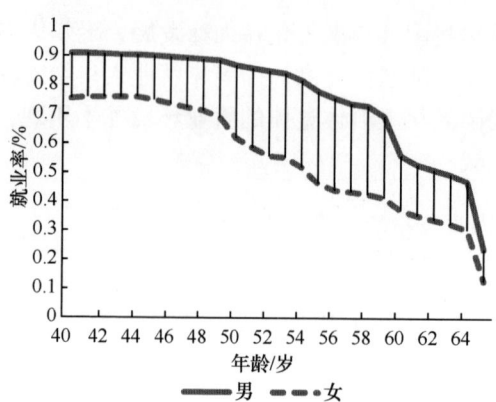

图 4-2　2015 年中国 40 岁及以上分年龄性别人口就业率的变化

资料来源：2015 年全国 1%人口抽样调查数据

常被养育子女和照料老人打断，因此老年女性在其生命历程中工作参与的完整度往往不如男性，且多数女性的受教育程度低于男性，这决定了女性老年人口的劳动能力总体上低于男性，因此她们在退休后回归劳动力市场的可能性相对较小（钱鑫和姜向群，2006）。

其次，传统性别分工观念在一定程度上影响着老年人的劳动参与。邢占军和周慧（2019）通过研究老年人的时间利用分配，发现女性老年人相比于男性老年人的工作时间要短，揭示"男主外、女主内"的角色分工观念在老年阶段依然具有较强的影响力。老年女性在退出劳动力市场后往往要承担起照料孙子女的责任，这使得她们分配到再就业上的时间被大大压缩。在传统性别分工观念的引导下，老年女性往往会选择回归家庭，承担更多照顾家庭的责任；而老年男性在最初退休的阶段往往会产生工作突然空闲的空虚感，在这种心理不适应的驱使下他们通常会走出家庭，主动寻找一份新的工作，在新的工作状态中对性别分工赋予的角色期待进行二次定位。

最后，家庭对老年人生活保障的性别差异也是导致老年男性就业率高于老年女性的可能影响因素。张文娟（2010）认为由于母亲与子女之间保持更加紧密的关系，母亲更容易获得家庭成员的供养帮助，相比于父亲，家庭中母亲再就业以补贴养老的压力会更小，因此就业意愿也较低。姜向群和杨菊华（2009）运用 2005 年全国 1%抽样调查数据分析也发现，老年女性对于家庭成员的经济依赖程度与她们较低的就业率存在关联。

以上从个体层面对老年人口就业性别差异的原因进行了文献梳理，事实上，我国现行退休制度和就业环境也深刻影响着老年人口的就业行为。在现行退休制度下，女性老年人比男性更早退出劳动力市场[①]，女性老年人就业的机会较工作年限更长的男性来说更少，这在一定程度上也造成了男性老年人就业率高于女性老

---

① 根据我国退休制度的规定，男性满 60 岁退休，女干部满 55 周岁退休，女工人满 50 周岁退休。

年人就业率的现象。除此之外，随着全面二孩政策（目前已实施三孩生育政策及配套支持措施）的放开以及隔代照料现象的日益普遍，老年女性对孙子女的照料责任可能会进一步加大，在家庭与工作的冲突下，她们的就业意愿会进一步降低（邹红等，2018）。除此之外，由于我国目前针对老年人口的就业劳动法并不健全，老年人就业面临较大的阻碍（赵大千，2016），对于本身在劳动力市场处于弱势地位的老年女性来说，就业制度的不健全实际上给她们造成了一种双重弱势，使得她们就业的可能性远低于男性。

（二）老年人口就业性别差异逐渐缩小，女性老年人口就业率在提高

从普查数据来看，1990 年男性老年人口的就业率为 21.06%，女性老年人口的就业率为 7.49%，二者相差近 14 个百分点；2000 年男性老年人口的就业率为 20.85%，女性老年人口的就业率为 12.17%，二者差值约为 8.7 个百分点；2010 年男性老年人口的就业率为 18.44%，女性老年人口的就业率为 11.87%，二者相差约 6.6 个百分点；而到了 2015 年，男性老年人口就业率为 16.46%，女性老年人口就业率为 10.36%，二者之间相差 6.1 个百分点，其差距相比 1990 年缩小了一半以上，说明随着时间的推移，男性老年人口和女性老年人口的就业率差距在显著缩小。

从图 4-3 可以清楚看到，1990～2015 年，男性老年人口的就业率在逐渐降低，而女性老年人口在劳动力市场上越来越活跃，就业率总体上在慢慢升高。这也表明女性老年人口实际上是有能力也有意愿参与就业的。

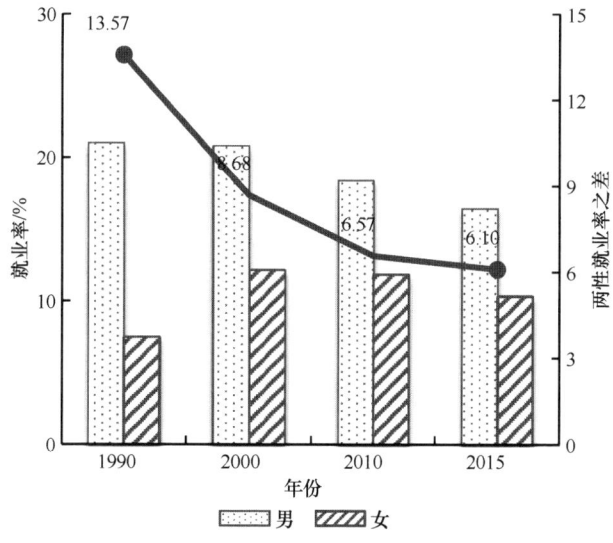

图 4-3　中国 60 岁及以上分性别人口就业率变化

资料来源：1990 年、2000 年、2010 年的数据转引自姜向群和郑研辉（2013）主编的《中国人口老龄化和老龄事业发展报告》；2015 年的老年人口数和就业数据来自 2015 年全国 1%人口抽样调查数据乘以 100 得出的约数

（三）老年就业人口城乡差异大，农村老年人口就业率高于城市

从图 4-4 可以看到，各个年龄段农村人口的就业率都高于城市人口，尤其对于 60～64 岁的低龄老年人群体，就业率差异十分显著，随着年龄的升高，二者就业率的差异逐渐缩小。

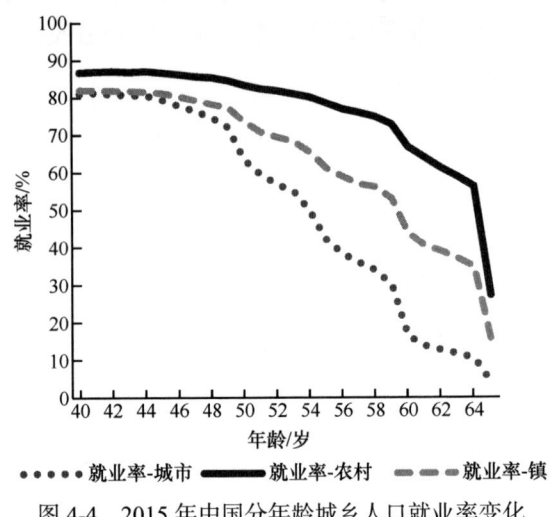

图 4-4　2015 年中国分年龄城乡人口就业率变化

资料来源：2015 年全国 1%人口抽样调查数据

纵观以往文献，很多学者对老年就业的城乡差异进行了描述性分析和影响因素探讨。赖妙华（2017）利用第六次全国人口普查数据测算发现，在业老年人口中超过 80%为农村老年人口，城镇人口在业比例在 50～60 岁明显下降，而农村人口在业比例下降则发生在 60 岁以后。基于此，他认为老年就业状况的城乡差异在很大程度上取决于退休制度的城乡分割。由于农村地区并没有实行严格的退休制度，劳动收入仍然是农村老年人的主要收入来源，一部分农村老年人迫于生计必须要继续就业；而城市老年人一方面受退休制度影响，大部分在法定退休年龄后不再就业，另一方面由于退休金能够为他们的生活提供保障，因此 60 岁及以上的城镇老年人就业率明显下降。

Benjamin 等（2003）利用 20 世纪 90 年代中国农村老年人和年轻人混合样本发现中国农村存在老年人"无休止劳动"现象，即随着年龄的升高，农村老年人并没有停止务农，而是继续从事劳动生产活动。一些学者进一步探讨了农村老年人继续就业的影响因素，发现年龄、健康状况、性别、土地、养老金水平等因素都会影响农村老年人就业，其中农村养老金保障制度不健全是农村老年人就业的重要影响因素，也是城乡老年人就业率存在显著差异的原因之一（刘欢和向运华，2017；庞丽华等，2003）。

除此之外，农村年轻劳动力外流也在一定程度上加剧了城乡老年人的就业差异（宁泽逵，2012）。家中年轻劳动力外出务工使得家庭务农的重担转移到了老年人身上，部分农村老年人不得不继续参与农业劳动以维持土地生产力。农村年轻人口外流不仅使得留守老人需要承担更多农业生产的责任，而且留守老人还需要承担起照顾家中留守儿童的责任，尽管外出务工的家庭成员会给予他们生活费用，但是照顾孙子女的压力也会驱使老人们继续劳动以补贴家用。可以看到，农村较高的老年人口就业率与农村空巢化的现象紧密相关。

（四）农村老年人口就业率随年龄增长呈断崖式下降

图 4-4 不仅反映了老年人口就业率存在城乡差异，分年龄段看城乡人口就业率的变化可以发现，农村人口就业率在高龄老年人群体中急剧下降，相比于该年龄阶段的城市人口就业率，农村老年人口就业率的变化明显更陡峭。

这一现象说明年龄和健康状况对于农村老年人口就业的影响比对城市老年人口的影响要大。农村老年人大多从事农业生产活动，对于体能要求较高，而随着年龄的升高，他们的健康状况随之变差，很大一部分老年人被迫退出劳动力市场。而对于城市老年就业人口来说，他们多从事非农工作，这些工作对于体能要求并不高，他们退出劳动力市场的原因与农村老年人有很大不同，因此该年龄阶段就业率的变化也相对更加平稳。

三、老年人就业的行业分布及职业特征

我国老年人大部分从事第一产业，说明目前我国老年人就业的主力军是农村老年人，老年人就业的形式较为单一。但近年来随着产业结构的转型升级，从事第二产业的老年人比例逐渐上升。老年人口的职业分布情况与行业分布特征类似，绝大部分老年人从事农业生产经营活动。分性别来看，女性老年人口从事农业的比例远远高于男性老年人口，而在制造业及服务业的就业比例远低于男性老年人口。

（一）老年人就业形式较为单一，绝大部分老年人从事第一产业

在 2000 年第五次全国人口普查和 2010 年第六次全国人口普查时期，一些学者利用普查数据测算发现农业是我国老年人就业的主要行业，而到了 2015 年，这一现象依然存在。从表 4-2 可以看到，2015 年我国 60 岁及以上的老年就业人口中有 86.20% 的人从事农、林、牧、渔业，从事第二产业的老年人口仅占 7.53%，从事文娱服务等第三产业的老年就业人口占比最低。

表 4-2　2015 年中国 60 岁及以上老年就业人口行业类别分布（单位：%）

行业	合计	男	女
农、林、牧、渔业	86.20	81.90	92.20
采矿业	0.18	0.29	0.03
制造业	3.80	4.55	2.75
电力、热力、燃气及水生产和供应业	0.09	0.14	0.01
建筑业	3.46	5.59	0.43
批发和零售业	2.29	2.54	1.93
交通运输、仓储和邮政业	0.49	0.79	0.08
住宿和餐饮业	0.51	0.47	0.57
信息传输、软件和信息技术服务业	0.01	0.02	0.00
金融业	0.02	0.03	1.00
房地产业	0.15	0.21	0.07
租赁和商务服务业	0.18	0.28	0.05
科学研究和技术服务业	0.04	0.06	0.01
水利、环境和公共设施管理业	0.37	0.41	0.30
居民服务、修理和其他服务业	0.71	0.70	0.71
教育	0.28	0.38	0.14
卫生和社会工作	0.35	0.46	0.20
文化、体育和娱乐业	0.05	0.06	0.03
公共管理、社会保障和社会组织	0.85	1.08	0.51
国际组织	0.00	0.00	0.00

资料来源：根据 2015 年全国 1%人口抽样调查数据计算得出

这一数据结果与农村老年人就业率高的现象互相印证，说明 2015 年我国老年人就业的主力军是农村老年人，老年人就业的形式较为单一，主要以农业生产经营活动为主。老年就业人口集中于第一产业，一方面是由于农村老年人就业率较高（赖妙华，2017），另一方面也与我国老年人总体受教育程度不高有关系。受教育程度已被许多学者证实是影响老年人就业的重要因素，甚至会决定老年人就业的职业类别（张翼，1999），由于目前我国老年人群体整体的受教育水平不高，老年人再就业的行业类别集中于对体力要求较高的第一产业，而非对技术和学历要求较高的第二、三产业。

此外，从表 4-2 中还可以看到，就业于第三产业的老年人主要分布在批发和零售业、住宿和餐饮业、居民服务、修理和其他服务业等行业。对这些行业的老年人进行现实画像,他们可能在经营家中的小卖部,也可能在餐厅、旅馆做清洁工人,或者在居住小区做社区公共服务等。事实上,这些行业对于劳动者的技能要求并不高,从老年就业人口的行业分布可以看出我国老年人力资源的开发利用尚且处于初级阶段,老年人力资源利用程度较低。

分性别来看,虽然男女两性老年劳动力的职业结构大致相同,均以农业生产为主,但是老年女性就业人口中有 92.20% 的人从事农业生产活动,而对于老年男性来说,仅有 81.90% 的男性老年就业人口在第一产业。说明老年女性的就业渠道比男性更狭窄,提示政府应当优化老年女性再就业的条件,对老年女性群体的就业给予更多关注。

老年人口的职业分布情况与行业分布特征类似,绝大部分老年人从事农业生产经营活动。从表 4-3 可以看到,2015 年,我国老年在业人口中排第一位的是农、林、牧、渔业生产及辅助人员,占 80.62%,排第二位的是社会生产服务和生活服务人员,占 9.08%,排第三位的是生产制造及有关人员,占 6.66%,排第四位的是专业技术人员,占 1.63%,排第五位的是办事人员和有关人员,占 1.36%,还有 0.58% 的劳动者是党的机关、国家机关、群众团体和社会组织、企事业单位负责人。

表 4-3 2015 年中国 60 岁及以上老年人口职业类别分布(单位:%)

职业类别	合计	男	女
农、林、牧、渔业生产及辅助人员	80.62	76.25	87.57
社会生产服务和生活服务人员	9.08	10.02	7.59
生产制造及有关人员	6.66	8.70	3.41
专业技术人员	1.63	2.13	0.84
办事人员和有关人员	1.36	2.00	0.35
党的机关、国家机关、群众团体和社会组织、企事业单位负责人	0.58	0.83	0.19
不便分类的其他从业人员	0.07	0.08	0.05

资料来源:根据 2015 年全国 1% 人口抽样调查数据计算得出

分性别来看,老年人的职业分布存在显著的性别差异。在农、林、牧、渔业生产及辅助人员中,女性老年人口就业比例高于男性老年人口 11.32 个百分点,而从事其他职业的女性老年劳动者,包括党的机关、国家机关、群众团体和社会组织、企事业单位负责人,专业技术人员,社会生产服务和生活服务人员,生产制造及有关人员等,其比例都远低于男性老年人口。这说明老年女性在劳动力市场中确实处于相对弱势地位。

（二）老年人从事第一产业的比例下降，从事第二产业的比例上升

随着我国经济发展和产业结构的升级，2000~2015年老年人口从事第一产业的比例随着时间推移在逐渐下降，从2000年的91.10%下降到2015年的86.16%，下降了4.94个百分点。而从事第二产业的比例有所上升，从图4-5可以看到，从事第二产业的老年人比例从2000年的3.06%上升到2015年的7.14%，上升了约4个百分点。对于第三产业来说，尽管就业比例总体而言是上升的，但上升幅度较小，尤其是从2010年到2015还略有下降。

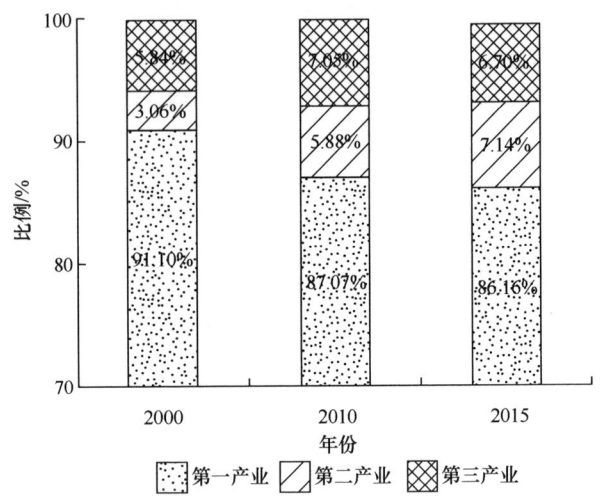

图4-5　2000~2015年老年人就业产业结构变化

资料来源：2000年、2010年的数据转引自姜向群和郑研辉（2013）主编的《中国人口老龄化和老龄事业发展报告》；2015年的老年人口数和就业数据来自 2015年全国1%人口抽样调查数据乘以100得出的约数

四、老年人的就业工资状况

总体来看，我国老年人劳动收入较低，但是近年来呈现出上升趋势；分性别来看，老年男性的就业工资远高于老年女性，但老年女性的年均就业工资上涨幅度远高于老年男性，这说明老年女性具备较大的再就业潜力，随着社会经济的发展，这种潜力逐渐展现出来。此外，分地区来看，城市地区老年人的收入总体高于农村；东、中、西部老年人的人均劳动收入水平依次下降。

（一）老年人劳动收入总体相对较低，近年来劳动收入呈上升趋势

相关研究表明，老年人的经济收入主要有三个来源：子女或亲属供养、老年人的劳动收入及离退休金收入。据2015年全国1%抽样调查计算可得，我国60岁及以上的老年人中约23.4%的人主要的生活来源是劳动收入，可见我国仍有近

1/4 的老年人主要依靠劳动收入维持日常生活。

利用 2012 年至 2015 年中国综合社会调查数据计算可得，2011 年 60 岁及以上老年人年平均劳动收入为 2689 元，2012 年为 2533 元，而到了 2014 年，老年人年平均劳动收入上涨到 6135 元。从这些数字可以看到，老年人总体的劳动收入较低，大部分老年人只能依靠就业获得微薄的生活补贴。然而，即使考虑通货膨胀因素，老年人依靠职业获得的收入在近几年内仍然呈现出明显的上升趋势。从 2011 年到 2014 年，年平均劳动收入上涨了 1 倍多，这也从侧面说明我国老年人具有较大的人力资源开发潜力。

（二）老年人劳动收入存在性别差异，老年男性就业工资远高于女性

从图 4-6 可以看到，从 2011 年到 2014 年，60 岁及以上的老年男性年平均就业工资从 3896 元上升到 7762 元，上升了近 1 倍；老年女性的年平均就业工资从 1235 元上升到 4621 元，上升了约 2.7 倍。这说明老年人劳动收入的确存在性别差异，老年男性就业工资远高于女性，老年女性在劳动力市场中处于一个相对弱势的地位。尽管如此，从发展趋势来看，老年女性的年平均劳动收入上涨幅度远高于老年男性，这说明老年女性具备较大的再就业潜力，随着社会经济的发展，这种潜力逐渐展现出来。

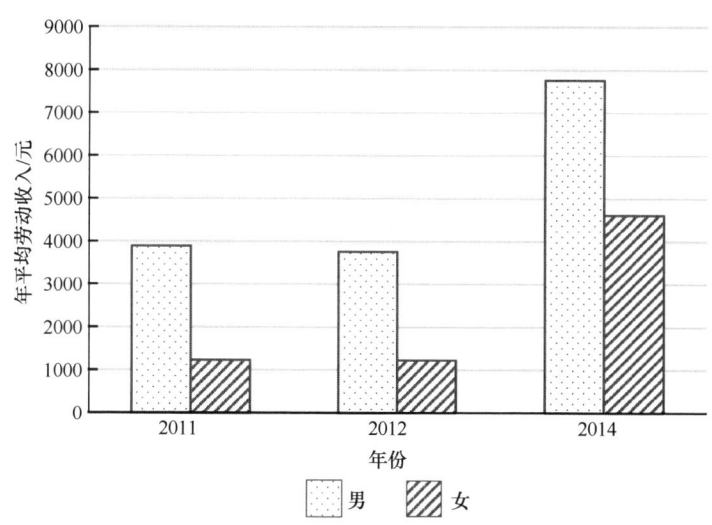

图 4-6　2011~2014 年分性别老年人口年平均劳动收入变化
资料来源：根据中国综合社会调查数据计算得来

（三）老年人劳动收入存在地区及城乡差异

老年人的劳动收入不仅存在性别差异，根据中国综合社会调查数据计算发现，

不同地区的老年人劳动收入也存在较大差异。

2011 年农村老年人年平均劳动收入为 2318 元,而城市老年人年平均劳动收入为 3153 元,2014 年农村老年人年平均劳动收入为 4674 元,而城市老年人年平均劳动收入为 7658 元。从 2011 年到 2014 年,农村地区老年人年平均劳动收入涨幅较小,而城市地区老年人的年平均劳动收入涨幅较大,并且在 2014 年时远远高于农村地区老年人的年平均劳动收入。根据 2015 年全国 1%人口抽样调查数据发现,城市老年人的劳动收入高于农村地区的老年人,并且东、中、西部老年人的人均劳动收入水平依次下降。这说明老年人的就业状况存在较大的城乡差异和地区差异,由于不同地区社会经济发展水平不同,老年人的劳动收入也存在地区不平等的现象。

五、新时期营造老年人友好、有利于老年人就业的环境的相关政策建议

随着老年人就业成为越来越普遍的社会现象,国家应该不断完善老年人权益保障法,为老年人就业营造良好的法律环境;政府也应该采取相关措施,逐渐拓宽老年人的就业渠道,开展职业教育,提升老年人的人力资本,为身体健康且有就业意愿的老年人增加就业机会。

(一)完善老年人权益保障法,为老年人就业营造良好的法律环境

2018 年我国修正了《中华人民共和国老年人权益保障法》,明确规定国家和社会应当重视、珍惜老年人的知识、技能、经验和优良品德,发挥老年人的专长和作用,保障老年人参与经济、政治、文化和社会生活。此外,第七十条规定"老年人参加劳动的合法收入受法律保护。任何单位和个人不得安排老年人从事危害其身心健康的劳动或者危险作业"。这在法律层面上肯定了老年人的劳动权利。

尽管如此,一些学者指出老年人就业仍然面临法律规定模糊的障碍。赵大千(2016)指出,《中华人民共和国劳动合同法》规定,劳动者开始依法享有基本养老保险待遇的,劳动合同终止。理论上,劳动者达到退休年龄被视为退出就业领域的法定条件,被排除在"劳动法"主体之外。在现实生活中,年满 60 周岁的老年人并不意味着劳动能力的丧失,也没有全部退出有偿社会劳动领域。现行法律"老年人劳动法主体资格"认定模糊,成为老年人就业、实现劳动权的最大障碍。

鉴于此,国家出台了相关法律条文以规范老年人就业的劳动关系。2011 年最高人民法院出台《最高人民法院关于审理劳动争议案件适用法律若干问题的解释(一)》第三十二条首次明确了已经享有养老保险待遇或领取退休金的退休人员进行再就业,他们与用人单位之间形成的用工关系属于劳务关系,而非劳动关系。虽然这一条例明确了老年就业者与用人单位的关系,但是由于我国养老保障制度

较为复杂,一些老年人即使达到了法定退休年龄也无法享受养老保险待遇,那么这些老年就业者与用人单位之间的关系该如何定性?此外,一些学者认为这一条例在某种程度上承认了社保制度与劳动制度之间存在冲突(郑远航,2018),即若享有社会保险,则须放弃一部分劳动权利。这一规定使得退休再就业存在很多法律上的模糊地带,如老年人就业工伤问题、是否适用最低工资标准问题、如何解决养老保险问题等。

随着老年人就业现象越来越普遍,国家应该首先从法律层面对老年再就业群体的劳动权益进行保护,进一步明确老年人的劳动主体资格,不断完善退休制度、社保制度与劳动制度,解决这三项制度在实际应用于退休再就业问题上的矛盾冲突,减少老年人再就业的障碍。

(二)拓宽老年人就业渠道,增加老年人就业机会

目前我国老年人缺乏正式的就业渠道,除退休返聘外,一般是靠朋友或者熟人介绍等方式进行二次就业。此外,从本节分析来看,我国老年人就业主要集中于第一产业,即从事农业生产经营活动,这也从侧面说明我国老年人就业渠道较为单一。

针对这种情况,我国已经采取了相关措施拓宽老年人的就业渠道。如自2003年起,全国老龄工作委员会倡导并组织以东部地区为主的全国大中城市离退休老年知识分子以各种形式向西部地区或经济欠发达地区开展智力援助行动。援助行动可以在全国范围内开展,也可以在一个省(自治区、直辖市)内进行。鉴于老年知识分子大多已"华发如银",该行动简称"银龄行动"(姜向群和杜鹏,2009)。

也有一些学者主张学习日本的经验,在社区建立老年人才服务中心,将身体健康又有工作意愿的老年人登记入册,根据其技能和工作时间为其提供工作机会(王磊和郝静,2020)。

目前国内的就业渠道主要针对中青年劳动力,专门针对老年人就业的渠道少之又少,这主要是由于大多数企业仍不愿雇用老年劳动力。在这种情况下,政府可以鼓励企业开放相关岗位给老年人,对聘用老年人的企业给予一定奖励,增加老年人的就业机会。

(三)开展职业教育,提升老年人人力资本

尽管老年人群存在较大的人力资源开发潜力,但是老年人也需要不断提高自身技能才能满足劳动力市场的多样化需求。政府可以组织社区为身体健康又有就业意愿的老年人开展退休后职业教育再培训,提高老年人的劳动技能。社区在此过程中可以与非营利组织合作,为老年人就业再培训引进工作人员。

老年人就业促进部门可以委托或购买当地的社会办学力量,购买老年人就业

培训课程，协助提升老年人的业务技能。此外，老年人也可以自发建立互助培训组织，在社区内选拔出有从业经验或职业技术水平较高的老年人对文化水平较低的老年人进行协助培训，从而提升老年人的人力资本，及时获取工作机会。

第二节　老年人的经济状况及变化趋势

21世纪以来，随着我国新型城镇化、现代化进程的加速推进，社会经济结构产生了巨大的变化，国民经济水平以及社会养老保障水平不断提高，与此同时，老年人的生活、劳动以及养老观念也都出现了很大的转变。在此背景之下，老年人的收入状况越来越受到社会的广泛关注，研究老年人收入与收入来源情况不仅有利于深入了解老年人的生活现状和养老模式，对于制定真正为老年人谋福祉的政策、实现老有所养的目标而言也具有重要的参考意义。

那么，老年人的收入究竟具有怎样的变化？出现了哪些新的特征？老年人主要生活来源的结构又是如何转变的？老年人的自养水平是否有所提升？本节将通过现有文献及数据分析从收入的角度来探讨我国老年人收入状况及收入来源的变化趋势。

一、老年人收入状况及变化趋势

老年人的经济收入是保障老年人基本生活的基础，也是其生存发展的物质来源。21世纪以来，随着国民经济水平的不断提高，老年人的平均年收入保持大幅上涨的趋势，但与全国居民的平均水平相比仍较低。老年人仍是经济层面上的弱势群体，针对老年人的扶贫工作需进一步加强。

（一）老年人收入持续上涨，且具有较大涨幅

老年人的收入包括离退休金、劳动收入、各种财产性收入、政府或其他组织提供的补助救济、接受他人（包括子女）赠予和继承遗产等。CLASS和中国综合社会调查为考察我国老年人的收入状况提供了很好的数据基础与支持。孙鹃娟（2017）根据2014年CLASS基线调查数据计算得出，我国老年人平均年收入为18 057元，与当年全国居民人均可支配收入20 167元（数据来自2015年《中国统计年鉴》）相比低2110元。根据中国综合社会调查数据，2004年和2009年我国老年人平均年收入分别为6039元和12 209元。综合以上数据可以看出，2004年到2014年我国老年人收入不断上涨，十年间涨幅近200%。

由此可见，我国老年人收入水平与国民经济水平的发展趋势保持一致，均呈

上涨趋势。经济收入作为老年人的资金类养老资本，能为老年人提供直接的养老支持，所以收入的上涨意味着我国老年人的生活水平以及抵御养老风险的能力有所提高。但由于老年人的劳动参与率显著低于劳动年龄人口，劳动收入的缺失极大地影响了未就业老年人的收入。且近年来，虽然老年人的社会保障水平不断提高，政府针对老年人的救助、补贴等制度也更为规范，但老年人的劳动参与率不断下降，因此，老年人的平均年收入仍落后于全国居民的平均水平。

（二）2011～2015年：老年人贫困发生率呈上升趋势，高龄老人是贫困高危群体

贫困发生率是考察群体收入状况的另一个重要指标。我国老年贫困人口规模庞大，早在2000年便已有数以千万计的老年贫困人口（王德文和张恺悌，2005；乔晓春等，2005）。根据2000年的中国城乡老年人口状况一次性抽样调查，王德文和张恺悌（2005）、乔晓春等（2005）分别测算出我国老年人的贫困发生率为7.1%～9.0%和17.5%，老年贫困问题不容忽视。自2000年起，老年人的贫困发生率保持上升趋势。李萌等（2019）利用CHARLS的数据，根据国家2011年的绝对贫困标准[2300元/(年/人)]计算得出老年人的贫困发生率由2011年的37.7%上升至2015年的45.4%，根据世界银行2011年的一般贫困标准[3.1美元/(天/人)]计算的结果则显示由48.4%上升至53.7%（表4-4）。不管采取何种标准，老年人贫困发生率均保持不断上升的趋势，且与21世纪初的贫困发生率相比有大幅上升，越来越多的老年人处于收入贫困的境地。

表4-4　2011～2015年我国老年人贫困发生率变化（单位：%）

贫困标准[①]	2011年	2013年	2015年
标准1	37.7	41.5	45.4
标准2	48.4	51.7	53.7

资料来源：数据均引自李萌，陆蒙华，张力. 2019. 老年贫困特征及政策含义——基于CHARLS数据的分析. 人口与经济（3）：108

此外，老年人贫困发生率还会随着年龄的增长不断攀升。朱晓和范文婷（2017）利用2014年CLASS数据计算得出，80岁及以上高龄老年人的贫困率为30.09%～49.72%，分别比60～69岁低龄老年人和70～79岁中龄老年人高出10.26～11.54个百分点和3.26～5.95个百分点。高龄老年人由于身体健康状况下降、参与劳动的比例大大降低等原因，更难获取稳定的收入，贫困率远高于其他年龄的老年人。

根据以上分析可知，老年人依然是经济层面上的弱势群体，具有较低的收入

---

① 标准1为国家2011年的贫困标准[2300元/(年/人)]，标准2为世界银行2011年订立的一般贫困标准[3.1美元/(天/人)]，国际贫困线标准经过购买力平价换算。

以及较高的贫困发生率。随着人口老龄化的加剧,老年人的贫困问题将会对我国的经济、社会产生更为突出的影响,"未富先老"的弊端将会逐步显现。国家统计局数据显示,经过大面积、大范围的脱贫攻坚工作,我国贫困状况大幅改善,2018年末农村贫困发生率已降低至1.7%。而在这样的背景下,老年人贫困率仍较高,如果对未陷入贫困的老年人无法做好充足的个人、家庭及社会养老准备,也无法为已陷入贫困的老年人开辟出新的收入来源,那么老年人极易陷入长期贫困的处境,高龄老年人的贫困发生率也会越来越高(王德文和张恺悌,2005),可见在贫困治理工作中针对老年人尤其是高龄老年人进行精准扶贫必不可少。

二、老年人收入的性别、城乡及地区差异

收入差距不仅存在于老年人与其他群体之间,群体内部不同性别、城乡、地区之间的老年人也存在着较大的收入差异。在我国,男性老年人收入远高于女性老年人。城乡老年人收入均保持平稳上涨的状态,尽管农村老年人的平均年收入与城镇老年人相比有着更快的增长速度,但仍远低于城镇老年人的收入水平,且与城镇老年人平均年收入之间的绝对差距不断扩大。分地区来看,东部地区老年人的收入状况明显优于中西部地区老年人,中部地区存在同时出现老龄化程度过高、城镇老年人收入过低情况的风险。

(一)老年人收入存在明显的性别差异,老年男性收入远高于老年女性

2014年CLASS数据显示,男性和女性老年人的平均年收入分别为21 950元和15 337元,男性老年人年均收入比女性老年人高出约43%。

已有研究表明,两性老年人间的收入差距主要源自经济依赖差异。如第一节所述,女性老年人的就业率远低于男性,相应地,有劳动收入的女性老年人比例也更低。因此与男性老年人相比,女性老年人的自我经济供养能力较弱,无工作的女性老年人需更多地依赖于家庭成员的经济帮助(熊必俊,2005),一旦丧偶或失去其他家庭成员的供养,其收入来源就仅剩下社会保障收入。而对于处于劳动力市场的老年人来说,女性老年人获得的劳动收入通常受到家庭照料负担、市场的性别歧视、职业隔离、行业隔离等的影响而低于男性老年人的劳动收入。当老年人退出劳动力市场后,离退休金则会成为重要的经济来源。研究显示,女性老年人享受离退休金制度待遇的比例远不及男性(朱旭红,2011),且由于男性更有可能担任干部以及在我国特殊的退休机制下男性工作年限更长等原因,男性老年人往往能够获得更高的退休金收入(吴玉韶,2014)。所以综合以上原因,男性老年人的收入状况要优于女性老年人。

（二）城乡老年人收入均平稳上涨，但城乡间老年人收入差距不断扩大

城镇老年人平均年收入始终高于农村老年人。如图4-7所示，2014年，我国城镇老年人平均年收入为23 930元，是农村老年人平均年收入（7621元）的3.14倍，与2000年相比，城乡老年人的平均年收入分别增长了224%和362%。2000年至2014年期间，城乡老年人收入均保持较为平稳且略有增大的涨幅，虽然农村老年人的平均年收入有着更高的增长速度，但仍远低于城镇老年人的收入水平，且与城镇老年人平均年收入之间的绝对差距不断扩大。

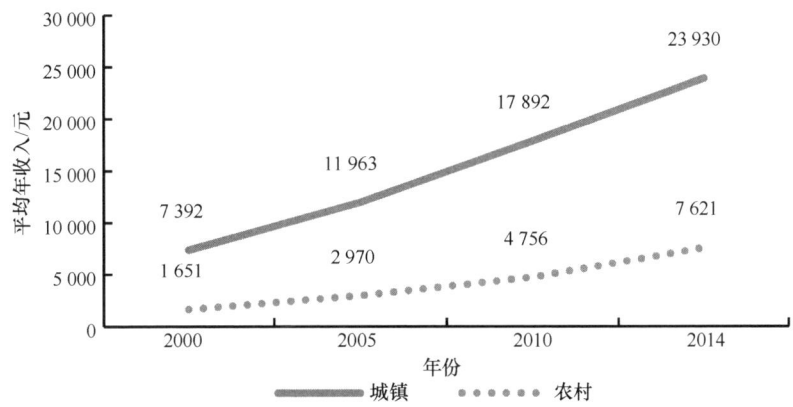

图4-7　2000～2014年我国分城乡老年人平均年收入变化

资料来源：①2000年、2005年和2010年城乡老年人平均年收入数据引自《中国城乡老年人生活状况（2000-2010）抽样调查数据（一）》；②2014年城乡老年人平均年收入数据引自中国老龄科学研究中心与社会科学文献出版社共同发布的《老龄蓝皮书：中国城乡老年人生活状况调查报告（2018）》

城乡老年人的收入差距不仅与城乡之间客观的经济发展水平密切相关，也与城乡老年人之间收入来源结构的差异紧密联系。一方面，城乡未退出劳动力市场的老年人之间参与劳动的性质有较大差异，农村老年人以农业生产为主，而城镇老年人进入中高收入职业群体的可能性高于农村老年人；另一方面，对已退出劳动力市场的老年人而言，城镇老年人通过各类退休金、养老金等社会保障获取收入的比例也要远远高于农村老年人。此外，已有研究表明，独居老人更易陷入贫困（王瑜和汪三贵，2014）。随着城镇化速度不断加快，大量青壮年劳动力涌入城镇，农村出现大面积的"空巢"老人和独居老人，减缓了老年人整体的收入增长速度。

（三）老年人收入的地区差异较大，东部地区老年人收入领先

2014年，我国东部地区老年人平均年收入最高，为27 950元，中部和西部地区老年人平均年收入分别为12 118元和12 000元（表4-5），均不足东部地区的1/2。由于东部地区具有较高的经济发展水平、较好的就业机会及较完善的社会保

障制度，老年人能够获取更高的劳动收入和社会保障收入，因而无论是在城镇还是农村，东部地区老年人收入均高于其他地区老年人。农村老年人群体中，平均年收入最低的为居住在西部地区的老年人，而在城镇老年人群体中，中部地区老年人平均年收入却低于西部地区老年人。曾毅和王正联（2010）通过多区域多维家庭人口预测新方法得出，在中部地区大量年轻人迁往东部地区且人口生育率较低的情况下，我国人口老龄化的"重灾区"将会出现在中部地区。因此，为避免中部地区同时出现老龄化程度过高、城镇老年人收入过低的严重后果，需重点缓解中部地区的老龄化问题。

表4-5　2014年我国分城乡、地区老年人平均年收入状况（单位：元）

区域	城镇	农村	合计
东部地区	34 819	9 132	27 950
中部地区	21 694	6 488	12 118
西部地区	23 453	5 686	12 000

资料来源：①分城乡数据直接引自孙鹃娟. 2017. 中国城乡老年人的经济收入及代际经济支持. 人口研究（1）：34-45. ②合计数据根据前述资料计算得出

三、老年人生活来源状况及变化趋势

通常来说，老年人的收入有三类主要获取途径：个人、家庭和社会，收入来源在很大程度上反映着老年人养老模式与养老策略的选择。我国的养老模式始终以家庭养老为主，因此家庭其他成员的供养一直是老年人最主要的生活来源。但同时，老年人的自养能力也有所提高，离退休金养老金逐渐赶超劳动收入成为老年人的第二大生活来源。老年人的生活来源状况具有较大的年龄、性别和城乡差异，与低龄、男性、城镇老年人相比较，高龄、女性、农村老年人对家庭供养的依赖性更高。城乡老年人收入的差异很大一部分来自家庭供养、离退休金养老金的城乡差异，总的来看，城镇子女为老年人提供的财物价值更高，且城镇老年人离退休金养老金领取比例和领取金额均远高于农村老年人，农村养老保障有待进一步加强。

（一）老年人自养能力有所提高，但家庭供养仍是最主要的生活来源

2015年全国1%人口抽样调查数据显示，我国老年人主要依靠家庭其他成员的供养生活，有36.68%的老年人以家庭其他成员供养为主要生活来源。从表4-6可以看出，2000~2015年，家庭其他成员供养、离退休金养老金、劳动收入一直是老年人生活的三大支柱，以这三者为主要生活来源的老年人比例超过90%。其中，主要依靠家庭其他成员供养生活的老年人比例一直保持最高但近年来呈不断

下降的趋势,以劳动收入为主要生活来源的老年人比例在2000年时仅次于依靠家庭其他成员供养的老年人,但自2000年起,主要依靠劳动收入生活的老年人比例不断下降,而主要依靠离退休金养老金的老年人比例则出现了大幅上升,到2015年时,离退休金养老金已经赶超劳动收入成为老年人第二大生活来源,有与家庭其他成员供养齐平甚至赶超的趋势。依靠最低生活保障金生活的老年人比例也在不断上升,由2000年的1.59%提高到了5.05%,但始终较低。

表4-6　2000年至2015年我国老年人主要生活来源状况变化（单位：%）

生活来源类型	2000年	2010年	2015年
劳动收入	32.99	29.07	23.47
家庭其他成员供养	43.83	40.72	36.68
离退休金养老金	19.61	24.12	30.21
最低生活保障金	1.59	3.89	5.05
财产性收入及其他	1.98	2.20	4.59

资料来源：①2000年数据引自杜鹏. 2003. 中国老年人主要生活来源的现状与变化. 人口研究（6）：37-43；②2010年数据引自姜向群,郑研辉.2013. 中国老年人的主要生活来源及其经济保障问题分析. 人口学刊（2）：42-48；③2015年数据根据2015年全国1%人口抽样调查数据计算得出；④2000年主要生活来源类型相比另外两年中多出一项"失业保险金",表格中将其归入"财产性收入及其他"中

可以看出家庭养老在我国养老模式结构中依然占据着主要地位。我国老年人对家庭的经济依赖性比较强,家庭成员的供养是老年人最主要的生活来源。此外,尽管通过参与劳动获取收入的老年人比例不断下降,但越来越多的老年人能够以离退休金养老金为主要生活来源,且经过一生的劳动、储蓄与投资,老年人往往有了一定的资本积累,这类资本产生的财产性收入近年来也成为老年人越来越重要的生活来源,老年人整体的自养能力有所提升,这意味着未来家庭成员承担的养老负担能够有所减轻。

（二）老年人对家庭供养的依赖程度随着年龄的提高而不断增强

从图4-8来看,2015年我国不同年龄老年人的主要生活来源存在较大的差别。与高龄老年人相比,低龄老年人依靠劳动收入生活的比例明显较高,经济独立性较强。随着年龄的增长,老年人以劳动收入为主要生活来源的比例大幅下降,75岁时已降至10%以下；而以家庭其他成员供养为主要生活来源的比例则恰恰与之相反,从60岁约20%起不断上升,85岁以上的老年人中近六成均需要依靠家庭其他成员供养生活；以离退休金养老金为主要生活来源的老年人比例随年龄的变化较小,始终维持在30%上下。65岁时,分别以三大支柱为主要生活来源的老年人比例十分接近,各占30%左右。依靠最低生活保障金生活的老年人比例随着年

龄的增长也呈不断上升的趋势，但比例一直较低，在10%以内。

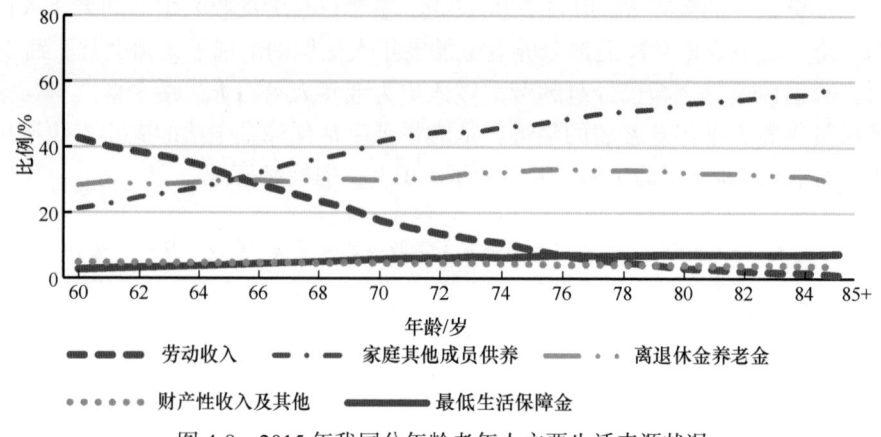

图4-8　2015年我国分年龄老年人主要生活来源状况

资料来源：2015年全国1%人口抽样调查数据

老年人主要生活来源的年龄差异主要源于不同年龄队列间老年人的就业经历、文化程度等存在的差别（姜向群和郑研辉，2013）。另外，随着年龄的增长，老年人健康状况可能会出现较大变化，参与劳动的能力会减弱（丁志宏等，2019a），这也是老年人依靠自身劳动收入生活的比例不断降低而对家庭和社会保障的依赖性逐渐增强的重要原因。

（三）老年人生活来源的性别差异明显，老年女性家庭依赖性高于男性

我国老年人的主要生活来源存在着较大的性别差异。从表4-7中可以看出，2015年，男性老年人以离退休金养老金为主要生活来源的比例最高，为32.91%，其次是以劳动收入为主的男性老年人，占30.11%，这两种主要生活来源均为自我经济供养方式。而女性老年人中有45.89%的人是以家庭其他成员的供养为主要生活来源，比男性老年人高出近20个百分点；以离退休金养老金和劳动收入为主要生活来源的女性老年人占比分别为27.65%和17.19%，与男性老年人相比则均较低。可见男性老年人的经济独立性远远高于女性老年人。

表4-7　2015年我国分性别老年人主要生活来源状况（单位：%）

性别	劳动收入	家庭其他成员供养	离退休金养老金	最低生活保障金	财产性收入及其他
男性	30.11	26.94	32.91	5.33	4.71
女性	17.19	45.89	27.65	4.78	4.49

资料来源：2015年全国1%人口抽样调查数据

分年龄来看，上述性别差异更为显著。不同年龄男性老年人以劳动收入和离退休金养老金为主要生活来源的比例均远远高于女性老年人。值得注意的是，女性老年人随着年龄的上升，以离退休金养老金为主的比例先是波动较小，从75岁开始出现较为明显的下降趋势，而男性老年人该比例则随着年龄的上升而不断上升，因此女性老年人对家庭供养的依赖随着年龄上升而增加的幅度要显著大于男性老年人，85岁及以上的老年人中，女性老年人以家庭供养为主的比例高达66.09%，几乎为以离退休金养老金为主的比例（23.90%）的3倍，男性老年人依靠家庭和依靠自身离退休金养老金两种主要方式的比例则十分接近。具体如图4-9所示。

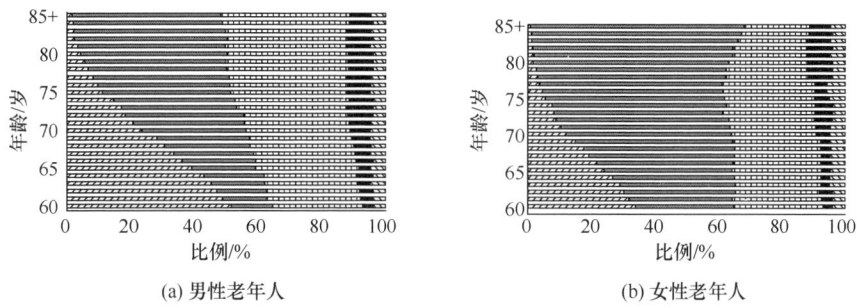

(a) 男性老年人　　　　　　　　　　(b) 女性老年人

▨ 劳动收入　▇ 家庭其他成员供养　▥ 离退休金养老金　■ 最低生活保障金　▨ 财产性收入及其他

图 4-9　2015 年我国分性别、年龄老年人主要生活来源状况

资料来源：2015 年全国 1% 人口抽样调查数据

（四）老年人生活来源的城乡差异较大，城镇老年人自养能力高于农村

如表4-8所示，2015年，我国城镇老年人以劳动收入为主要生活来源的比例为12.48%，约为农村该比例（34.36%）的1/3。超过半数的城镇老年人均以离退休金养老金为主要生活来源，而农村老年人由于从事劳动性质的特殊性，往往没有离退休金，另外，农村的社会保障覆盖率和社会保障水平也远远不及城镇，农村老年人的养老金水平较低，不足以负担农村老年人开销，因而仅有很小一部分（7.48%）的农村老年人主要依靠养老金生活。所以虽然农村老年人从事劳动的比例较高，但整体而言主要依靠自身收入养老的城镇老年人比例还是远远高于农村老年人。46.40%的农村老年人仍需要以家庭其他成员的供养为主要生活来源，与城镇老年人相比，该比例高出约 20%。6.81%的农村老年人由于经济独立性不足而转向依靠最低生活保障金生活，该比例约为城镇老年人的2倍。

可见我国城镇地区的社会养老水平远远高于农村，城镇老年人自我经济供养能力较强，其生活已经完全改变了中国传统的以家庭供养为主的养老方式。农村地区仍需进一步推进社会保障制度的完善和执行，提高养老保障水平，拓展老年人的生活来源渠道以降低最低生活保障金在老年人生活来源中的占比（尹吉东，

2019），增强老年人的自养能力，从而减轻农村家庭的养老负担。

表4-8 2015年我国分城乡老年人主要生活来源状况（单位：%）

地区	劳动收入	家庭其他成员供养	离退休金养老金	最低生活保障金	财产性收入及其他
城镇	12.48	26.88	53.13	3.27	4.24
农村	34.36	46.40	7.48	6.81	4.95

资料来源：2015年全国1%人口抽样调查数据

（五）近八成子女给老年父母提供过经济支持，城镇子女提供价值更高

根据本节分析可知，家庭养老仍是我国老年人最主要的养老模式，而老年人从家庭中获取的经济支持则主要来源于子女。孙鹃娟（2017）根据2014年CLASS数据计算得出，我国77.8%的子女给老年父母提供了经济支持，平均价值为4098元。分城乡来看，78.6%的城镇子女给老年父母提供过经济支持，财物平均价值共计4840元；77.4%的农村老年人子女给过老年父母经济支持，财物平均价值共计3357元。城乡间子女给老年父母提供经济支持的比例差距较小，但城镇子女提供的财物平均价值比农村子女高出近50%。

子女为父母提供经济支持与否以及提供经济支持数量具有复杂的作用机制，其中一个很关键的因素就是子女的社会经济条件。城乡间子女经济支持力度的差异很大程度上来源于城乡子女自身收入水平的差异。尽管目前越来越多的农村青壮年通过外出务工来改善自身的收入状况，但已有研究表明农村劳动力外出务工并不能显著改善留守老人的经济状况（叶敬忠和贺聪志，2009），因此城镇子女提供的财物价值仍远远高于农村子女。

（六）城乡离退休金养老金标准差异较大，农村养老保障有待加强

2014年，我国大部分老年人都能够享受离退休金养老金待遇。杜鹏等（2016）利用2014年CLASS数据计算得出，老年人养老金领取比例高达85.90%。分城乡来看，91.25%的城镇老年人领取过离退休金养老金，以离退休金养老金为最主要生活来源的城镇老年人比例为71.93%；70.79%的农村老年人领取过离退休金养老金，但以离退休金养老金为最主要生活来源的农村老年人比例仅为17.22%。

可见，农村地区老年人虽然也有较高的养老金领取比例，但是大部分领取后并不能支撑老年人的生活，这主要是由于城乡之间不同类型养老金的标准存在着较大差异。杜鹏等（2016）根据调查数据计算各类离退休金养老金的中位数，结果显示，老年人机关事业单位离退休金最高，中位数为3000元，其次为城镇职工基本养老金（2300元），城镇居民社会养老金位列第三，中位数为1070.9元，这

三种类型的主要领取对象都是城镇老年人,而农村社会养老保险金中位数仅为60元,金额过低的养老金无法作为老年人的主要生活来源。因此只有缩小城乡之间养老保障标准的差异,提高农村的养老保障水平,才能充分发挥离退休金养老金对老年人生活的经济支持作用。

四、关于进一步改善老年人收入状况的相关政策建议

尽管目前我国老年人的收入水平日益提高,但老年人的收入状况仍面临着相对较低、群体内部收入差异大、对家庭依赖性较强等多重问题。为进一步改善老年人收入状况,应充分发挥政府和社会在提高老年人收入、缩小老年人内部收入差异等方面的作用,逐步消除已经存在的老年相对贫困状况的同时更应合理预防老年相对贫困。

(一)加大社会保障制度实施力度,保障低收入老人基本生活

我国进入人口老龄化阶段后,老年相对贫困问题逐渐凸显,成为全面建成小康社会路上不可避免的挑战。近年来,我国老年人相对贫困发生率不断攀升,高龄老人更是相对贫困的高危群体。对陷入相对贫困境地的老年人而言,从根本上解决贫困问题已无法实现,满足其生活的刚性需求才是首要目标,因此,应充分利用社会的转移支付功能以保障低收入老人的基本生活十分重要。

在我国已有的社会保障制度中,能缓解老年人低收入问题的主要有三项:最低生活保障制度、高龄津贴制度和养老保险制度。最低生活保障制度对家庭人均收入低于当地政府公告的最低生活标准的人口给予一定现金资助,这是一项以家庭为单位进行保障的制度,一定程度上能够缓解部分老年人尤其是家庭整体经济状况较差的老年人的相对贫困危机,但尽管家庭成员存在较多资源共享的情况,家庭内部收入与资源分配的不均衡性仍应被纳入制度制定的考虑。高龄津贴制度指的是对符合标准的高龄老人进行补贴的制度,《中华人民共和国老年人权益保障法》提出"国家鼓励地方建立八十周岁以上低收入老年人高龄津贴制度",有针对性地改善了高龄老人收入不足的状况,但目前并未全面覆盖各个地区。养老保险制度为老年人带来的收入包括政府机关、事业单位退休金和各类养老金等,该制度在老年人群体中的年龄和地区覆盖范围方面相比于前两种制度均更为广泛,是我国接近半数老年人收入的有力保障。

综合以上内容,应进一步完善相关社会保障制度,将家庭结构纳入最低生活保障制度的考虑,切实保障低收入老年人的基本生活;扩大高龄津贴条件中的年龄范围,推动津贴在全国范围内的覆盖;加大养老保险制度的实施力度,确保符合条件的老年人均能参加养老保险,获取养老金收入,逐步缓解老年低收入问题。

（二）拓宽老年人收入来源，提高老年人经济独立性

尽管在人口转变时期，子女的经济支持仍是缓解老年父母低收入的重要因素（杨菊华和陈志光，2010），但是新时期提高老年人经济独立性才是保证老有所养的关键（孙鹃娟，2017）。老年人的自养来源包括早期积累的财富、现期的劳动收入、离退休金养老金、财产性收入等，因此，提高老年人经济独立性可从以下三个方面着手。

第一，营造老年人友好的就业氛围，促进老年人就业，保障老年人就业收入公平；第二，继续扩大养老保障的覆盖范围，提高社会保障力度和福利水平，推进离退休金的规范发放，促进老年人早期积累的经济优势的转化，预防老年人贫困状况的发生；第三，鼓励老年人拓宽收入来源，如正确引导老年人参与理财投资活动，通过多种途径而非单一化的劳动进行创收，促进老年人生活来源结构向着多元化方向进一步发展。只有促进老年人的自我供养、家庭支持和社会保障共同施力，相互协调，才能为老年人的经济收入提供稳定且持续的发展动力，从而缩小老年人与其他群体之间的收入差距，改善老年人长期所处的经济弱势地位。

（三）推动城乡养老保障协调发展，缩小老年人内部收入差异

尽管目前养老保险制度已经基本实现了全覆盖，但由于城乡居民基本养老保险的待遇与城镇职工基本养老保险之间的待遇差别较大（杨立雄和文莲萍，2017），因而农村的养老金水平普遍低于城市，且具有较大的差距，这也是城乡老年人收入差异显著的主要成因之一，农村大部分老年人难以将养老金作为主要生活来源。

因此，在兼顾城乡养老保障发展、提高基础养老金整体标准的同时，应重点提高农村老年人的社会养老保障水平，缩小城乡养老保障差距，鼓励农村有条件的个人积极参保，遵循个人、集体和国家共同分担的原则，提高农村老年人的养老金收入，逐步缩小城乡老年人的收入差异。

第三节 老年人的财富状况和理财行为

老年人的财富状况与老年人的生活质量息息相关。按照目前的退休政策，大部分中国男性职工60周岁退休，女性职工55周岁退休，退休后老年人的劳动收入减少，因身体素质与工作技能适应问题，再就业难度大，此时，老年人处于基本完成生命周期中财富积累的阶段。

但是中国老年人因成长发展的社会环境不同，在财富上存在代际差别趋势，不同代际老年人的经济实力、财富能力不断增强。中国老年人均经历了计划经济

时期的福利分房制度，政府与单位提供基本的住房保障，在住房制度改革的过程中，职工又能够以低价购置公房，公房成了现代城市老年人的主要财产。在住房制度改革前，公房的分配依照权力、身份和资历主导；在住房制度改革时，购买公房的折扣与工龄相关。中国老年人在住房财产上的代际差别不大，一部分低龄老年人在公房分配时因资历原因未来得及分配而不得不增加储蓄参与货币分房方案。但在财富积累方面，高龄老年人的青壮年时期大部分为物资匮乏的计划经济时期，同时经历了三年困难时期、"文化大革命"等事件，难以进行财富积累。而低龄老年人财富积累的阶段更是与改革开放时间基本一致，搭上了改革开放经济快速发展的"顺风车"，家庭经济条件逐渐改善，家庭财富积累逐渐增加。

在中国，老年人的财富主要包括有形资产、储蓄、股票债券等，在房价高企的社会经济背景下，住房财产是城镇老年人最主要的财富持有形式。2008年CHARLS预调查数据显示，房产占老年家庭资产比重的80.96%（朱涛等，2014），是老年人养老的重要保障。因此，以住房财产作为老年人财富的代表，通过对老年人住房财产拥有情况、影响因素、对老年人生活的影响来了解中国老年人的财富状况。

随着我国金融市场的不断改革与完善，老年人个人财富管理的需求日渐增加，投资理财逐渐成为老年人重要的增收渠道。老年人的投资理财行为能够改善老年人的经济状况、减少社会养老保障压力，但老年人又因信息通道阻塞、辨别真伪能力差，是金融诈骗的主要受害群体。老年人投资理财的主要方式是什么？其参与证券市场的情况如何？老年人金融诈骗的特征又是什么样的？本节将通过现有文献和数据研究成果从房产及理财行为的角度来展示中国老年人的财富状况。

一、中国老年人房产拥有状况

（一）七成以上的老年人拥有住房，住房拥有率群体差异大

在计划经济时期，在城市福利分房制度下，大多数的城镇职工享受着由政府或单位提供的租金非常低的住房福利，在1998年福利分房制度取消前，职工可按照标准价购买公有房，因此我国多数的城镇老年人拥有一套属于自己的住房。农村居民在宅基地制度的影响下，拥有宅基地的使用权以及宅基地上房屋的所有权，因此大多数的农村老年人也拥有自有私房。如表4-9所示，16.6%的老年人及其配偶没有属于自己的住房，有76.9%的老年人及其配偶有1套住房，而有2套住房和3套及以上住房的比例较低，分别为5.4%和1.1%。从年龄趋势来看，随着年龄的增加，老年人及其配偶住房的拥有率呈下降趋势，85岁以后有超过1/3的老年人及配偶没有属于自己的住房。分性别来看，老年女性没有住房的比例高于老

年男性。从户口状况来看，超过 1/5 的拥有农村户口的老年人及配偶没有属于自己的住房，这个比例高于城市户口的老年人（11.5%）。

表 4-9　分年龄、性别、户口的老年人住房拥有率（单位：%）

拥有住房数	合计	年龄组							性别		户口	
		60~64岁	65~69岁	70~74岁	75~79岁	80~84岁	85~89岁	90+岁	男性	女性	城市	农村
0 套	16.6	10.2	13.8	17.3	20.5	24.6	33.3	34.7	13	19.9	11.5	21.1
1 套	76.9	80.2	78.9	77.3	75.3	71.7	64.2	62.9	78.8	75.1	80.2	74
2 套	5.4	8.3	6.3	4.6	2.8	2.8	1.8	1.7	6.7	4.2	6.9	4.1
3 套及以上	1.1	1.3	1.0	0.8	1.4	0.9	0.7	0.6	1.5	0.8	1.4	0.8

资料来源：2014 年 CLASS 报告

老年人住房拥有率的年龄差异与家庭结构有关，老年期的家庭结构往往是由身体健康状况决定的，随着年龄增长，身体机能衰退，高龄老年人由于需要照料的原因与子女同住的可能性更高，因此他们的住房拥有率相对较低。男性老年人由于拥有资源优势以及中国住房改革中的制度和政策有利于男性而使其住房拥有率高于女性，但住房拥有率的性别差异正在缩小（尹银等，2019）。

（二）老年人住房拥有率不断上升，地区差异明显

有研究利用中国城乡老年生活状况抽样调查 2000 年、2006 年、2010 年数据分析发现，城市老年人现住房为自有私房的比例逐步提高，有产权、属于自己的房子的老年人比例不断上升，拥有多套住房的比例相对稳定。住房拥有率地区差异明显，直辖市的老年人家庭自有产权住房比例明显低于省会副省级城市和其他城市；东部城市老年人家庭自有多套住房比例明显高于中部和西部城市（易成栋等，2016）。

（三）老年人住房拥有率受社会经济条件、制度因素和政策因素的影响

尹银等（2019）根据中国城乡老年人生活状况抽样调查的城镇数据发现，社会经济条件越好，如受教育程度较高或有足够的经济保障的老年人住房拥有率较高。经济条件与制度因素和政策因素密切相关，拥有城镇户籍、曾在政府和事业单位工作、拥有党员身份的老年人拥有较高的住房产权比例。城镇老年人的房产大多是在过去计划经济时期获得的（宋月萍和李龙，2015），在福利分房政策的背景下，户籍制度、工作单位、党员身份对公房分配产生了重要影响（Huang，2005）。户籍制度是城镇职工分配公房的准入门槛，当申请公房人数远高于可分

配公房数量时，工作单位与单位提供公房的能力有关，党员身份与职工个人分到公房的次序有关。同时，研究发现子女孝顺程度高的老人拥有住房的可能性较高。另外，朱涛等（2014）基于 CHARLS 数据发现，体现出传统养老文化的家庭性保障、社会性保障、社会互动和健康风险也是影响老年家庭资产配置与房产持有的重要因素。较好的家庭性保障、社会性保障降低了老年人"以房养老"的需求，提高了老年人"社会养老"的需求，降低了房产持有的可能性；社会互动降低了老年人参与风险市场的信息搜寻成本，使得老年人更积极参与风险资产投资，降低了房产投资的可能性；而健康状态不佳的老年人由于健康支出的经济压力，风险厌恶程度更高，更愿意持有房产。

（四）房产财产增强子女对老年人的代际支持，减少老年人受虐待的概率

住房财产在老年人与子女的代际经济资源交换中具有突出作用。在台湾地区，老年父母对住房财产代际传递的相关安排能够显著影响其同子女之间的互动模式、交往频率及物质资源反馈，获得父母住房财产的子女给予父母的经济支持更多，探望父母的频率也更高（Hsu，2003）。在中国城市中，老年人拥有住房时，住房面积越大、质量越好、价值越高，子女对老年人的经济支持越高，老年人就越感到子女孝顺。住房增强了子女对父母的代际支持，增加了代际之间亲近的机会（尹银等，2010）。

宋月萍和李龙（2015）利用第三期中国妇女社会地位调查数据分析发现，住房财产在城镇老年人与其子女的代际资源交换中处于关键位置，城镇老年人没有住房财产会削弱子女提供代际支持的意愿和行为，显著增加老年人遭受虐待的风险。

二、中国老年人投资理财状况

（一）家庭人口年龄结构老龄化导致家庭无风险资产配置比重上升

家庭人口年龄结构会影响家庭金融资产的配置。陈丹妮（2018）利用中国家庭金融调查数据研究发现，随着家庭户主年龄超过 60 岁，或者家庭超过 60 岁老龄人口比重增加，风险资产持有比例下降，家庭持有股票、基金比例下降；无风险资产持有比例上升，家庭倾向于将更多的金融财富投向定期储蓄。另外，张文娟和纪竞垚（2018）利用 2014 年 CLASS 数据发现，现金储蓄是当前老年人养老规划的最主要经济手段，而购买商业保险、投资理财、投资房产和土地流转分别在城市和农村老年人的养老规划中扮演了重要角色。

根据生命周期消费理论，消费者从整个生命周期的收入消费情况来决定不同阶段的储蓄与消费，以实现生命周期内效用最大化。老年人已完成了财产的积累

阶段，其退出劳动力市场导致收入显著减少，重新进入劳动力市场进行竞争创收的能力有限；同时，随着身体机能的退化，健康支出增加，消费增加，储蓄下降。面对已积累财产只减不增的情况，多数老年人倾向于持有低风险的资产，在保全养老本金的前提下，获取微薄的收益。

（二）老年人中参与证券投资的比例逐步上升，主要为风险厌恶型投资者

随着证券市场的不断完善，老年人口中参与证券投资的比例不断增加。刘华富和李敏（2016）使用中国证券登记计算数据，将沪市老年人口有效账户数作为老年人投资者数量进行老年人证券投资参与的分析，研究发现，60岁以上的老年人中，参与证券投资的老年人低于总人口中的证券投资者比例，维持在3.5%左右，除了2008~2009年受金融危机的影响外，该比例呈逐年上升的趋势。同时老年人对市场风险敏感，为风险厌恶型投资者，一旦出现风险，老年人更多会选择暂离市场，保留养老钱；风险明显降低时，再选择重回市场。

而老年人证券参与的选择与老年人生活的社会环境有密切关系。张文娟和纪竞垚（2018）关于养老规划的研究发现，较早出生队列的老年群体倾向于采取储蓄方式进行养老规划，较晚出生队列的老年群体则倾向于购买商业保险、投资理财、出售购买房产等多元规划方式。不同队列人群出生、成长、老年期的社会环境的差异，如财富积累的青壮年时期处于计划经济时期或处于经济快速发展的改革开放时期，使得老年群体在养老经济资源占有、理财观念上具有异质性。

（三）老年群体成为金融诈骗重灾区，老年金融消费权益保护有待加强

老年人投资理财需求不断增加，在投资理财方面的问题也随之暴露。一方面，由于对金融知识的缺乏、投资理财信息获取渠道的阻塞、明辨金融组织真伪能力有限，老年人已成为非法集资等金融诈骗的主要目标群体。如2014年湖北某特大集资诈骗案，受害群体涉及上海等5地1000多名老人，涉案总额过亿元。老年人金融诈骗具有"高收益"承诺，然而老年人的风险意识松懈，不了解金融产品"高收益高风险"的特点，同时这类金融诈骗还利用虚假包装和精准营销以使目标群体放松警惕并放弃质疑（陈婧和马奇炎，2019）。另一方面，我国老年人金融消费权益保护方面的制度规定尚不完善。在2018年修正的《中华人民共和国老年人权益保障法》中只对保障老年人参与经济活动提出原则性的要求，尚无实施细则予以落实，"一行三会"等金融管理部门尚未针对老年人的特点，对金融机构的具体业务做出特殊性规定。

随着人口老龄化的发展，大量经历了经济快速发展、拥有较多可投资理财资金的人群进入老年期，老年人对投资理财活动参与的广度和深度将不断加强。

我们需要向老年人普及金融知识，提高金融投资素养，增强投资理财风险防范意识。同时，应尽快完善针对老年人投资理财活动参与保障的制度规定，鼓励适合老年人群金融消费产品和服务的开发，使得老年人的财富组成与管理方式更加多样。

第五章　中国老年人口的健康与自理能力

本章将主要围绕中国老年人口的健康与自理能力现状及其变化趋势展开，分别是中国老年人口的预期寿命及其变化趋势、老年人生理健康状态的评价指标体系、中国老年人的自理能力及其自理预期寿命的变化趋势，以及中国老年人的认知与失智情况。

第一节　中国老年人口的预期寿命及其变化趋势

一、研究背景

平均预期寿命指的是假定同时出生的一批人按照当前的分年龄死亡率度过其一生，平均每人活过的年数。由于平均预期寿命是对分年龄死亡率的综合，且具有不受年龄结构影响的优点，因而成为衡量社会经济发展水平和健康服务水平的重要指标。也正是基于这个原因，2016年10月由中共中央、国务院印发的《"健康中国2030"规划纲要》（以下简称《纲要》），将人均预期寿命纳入健康中国战略目标体系之中，《纲要》提出到2030年人均预期寿命达到79.0岁。为了达到这一战略目标，必须进行包括普及健康的生活方式、优化生活环境、健全医疗卫生保障体系、改进健康卫生服务等内容在内的一系列努力。进行这一系列努力的前提是要认清当前人均预期寿命的现状和变化趋势。

二、中国老年人口平均预期寿命的变动趋势

（一）老年人口平均预期寿命变化的总体趋势

从整体来看，老年人口的平均预期寿命在1953年后经历了一个持续上升的过程，但在个别年份有波动（图5-1）。

以60岁人口的平均预期寿命为例，60岁的男性和女性人口的平均预期寿命分别从1953年的10.03岁和11.98岁增加到1957年的11.86岁和13.62岁。在三年困难时期，平均预期寿命跌至谷底：60岁的男性和女性人口在1960年的平均预期寿命分别为6.81岁和10.21岁，随后逐渐恢复。"文化大革命"期间，60岁

的男性和女性人口的平均预期寿命又经历了一次波动，随后又逐渐恢复。到1981年时，60岁的男性和女性人口的平均预期寿命分别达到了15.62岁和17.73岁。1953年至1981年间，60岁的男性和女性人口的平均预期寿命平均每年分别增加0.20岁和0.21岁。

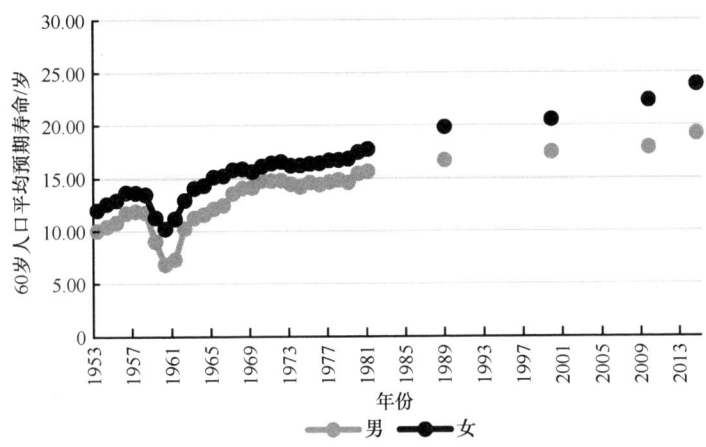

图5-1 1953～2015年60岁人口的平均预期寿命

资料来源：1953～1981年数据引自Luo（1988），1989年、2000年、2010年、2015年数据为使用Brass Logit模型调整后的计算结果（下文同）

根据第四、五、六次全国人口普查，以及2015年的1%人口抽样调查，1989年时，60岁的男性和女性人口的平均预期寿命为16.67岁和19.82岁；2000年时，60岁的男性和女性人口的平均预期寿命为17.45岁和20.54岁；2010年时，60岁的男性和女性人口的平均预期寿命为17.87岁和22.36岁；2015年时，60岁的男性和女性人口的平均预期寿命为19.17岁和23.88岁。1981年至2015年间，60岁的男性和女性人口的平均预期寿命平均每年分别增加0.10岁和0.18岁。

（二）老年人口平均预期寿命变化的性别差异

自1953年以来，60岁人口的平均预期寿命的性别差异始终存在，但不同阶段的性别差异大小不同（图5-2）。60岁人口的平均预期寿命的性别差异自1954年的2.14岁开始下降，到1958年时为1.74岁；在三年困难时期，60岁人口的平均预期寿命的性别差异不断扩大，到1962年时已达到3.87岁；"文化大革命"初期时，60岁人口的平均预期寿命的性别差异逐渐缩小，1970年时仅为1.38岁；但"文化大革命"后期60岁人口的平均预期寿命的性别差异转而扩大，1976年时为2.02岁。

根据第三、四、五、六次全国人口普查及2015年1%人口抽样调查，1981年、1989年、2000年、2010年和2015年的60岁人口的平均预期寿命的性别差异分别为 2.11 岁、3.15 岁、3.09 岁、4.49 岁和 4.71 岁，整体呈持续扩大趋势。

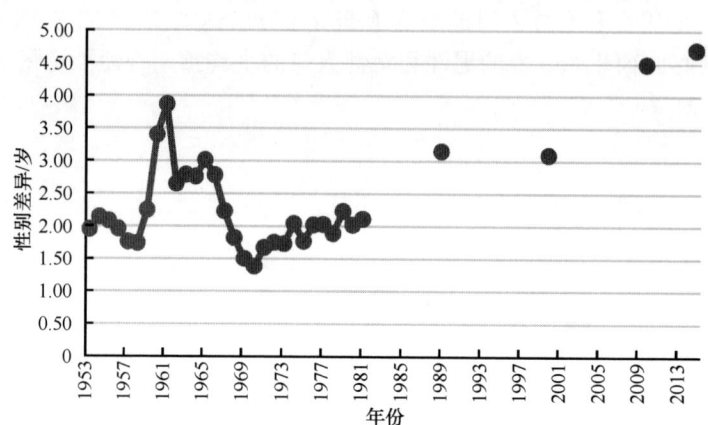

图 5-2　1953～2015 年 60 岁人口的平均预期寿命的性别差异

男女两性老年人口平均预期寿命的增长在各个年龄段存在差异（表 5-1）。如 1989 年 60 岁、70 岁和 80 岁老年人口平均预期寿命的性别差异分别为 3.15 岁、2.30 岁和 1.32 岁。1989 年至 2015 年间，60 岁男性和女性老年人口的平均预期寿命分别增加了 2.50 岁和 4.06 岁，70 岁男性和女性老年人口的平均预期寿命分别增加了 1.54 岁和 2.82 岁，80 岁男性和女性老年人口的平均预期寿命分别增加了 0.69 岁和 1.47 岁，这就导致男女两性老年人口平均预期寿命的差异越来越大。2015 年 60 岁、70 岁和 80 岁老年人口平均预期寿命的性别差异分别扩大到 4.71 岁、3.58 岁和 2.10 岁。

表 5-1　分年龄、性别的老年人口平均预期寿命（单位：岁）

年份	60 岁		70 岁		80 岁	
	男	女	男	女	男	女
1989	16.67	19.82	10.34	12.64	5.99	7.31
2000	17.45	20.54	10.9	13.01	6.34	7.38
2010	17.87	22.36	10.96	14.29	6.14	8.05
2015	19.17	23.88	11.88	15.46	6.68	8.78

（三）老年人口平均预期寿命变化的城乡差异

整体而言，改革开放以来，由于城乡老年人口死亡率下降速度和平均预期寿命增长速度的不同，60 岁老年人口平均预期寿命的城乡差异逐渐扩大（表 5-2）。具体而言，1981 年时，居住在市和县的 60 岁男性老年人口的平均预期寿命分别为 16.43 岁和 15.99 岁，二者差异为 0.44 岁；2010 年时，该差异达到 3.63 岁。1981 年时，居住在市和县的 60 岁女性老年人口的平均预期寿命分别为 19.23 岁和 18.37 岁，二者差异为 0.86 岁；2010 年时，该差异达到 3.39 岁。

表 5-2　60 岁老年人口平均预期寿命的城乡差异（单位：岁）

年份	男			女		
	市	县	差异	市	县	差异
1981	16.43	15.99	0.44	19.23	18.37	0.86
1989	16.81	16.21	0.60	20.04	19.04	1.00
2000	19.14	16.93	2.21	22.18	19.83	2.35
2010	22.49	18.86	3.63	25.36	21.97	3.39
2015	25.07	21.29	3.78	28.15	24.91	3.24

在 2000 年之前，60 岁男性老年人口平均预期寿命的城乡差异始终小于 60 岁女性老年人口平均预期寿命的城乡差异；然而，这种情况在 2010 年及之后的年份发生了逆转。此外，与 60 岁男性老年人口平均预期寿命的城乡差异在 2010 年之后持续扩大的趋势不同，60 岁女性老年人口平均预期寿命的城乡差异在 2010 年之后逐渐缩小。到 2015 年时，60 岁男性和女性老年人口平均预期寿命的城乡差异分别为 3.78 岁和 3.24 岁。

三、结论与讨论

我国的平均预期寿命总体呈现逐渐增加的趋势。从 1981 年到 2015 年间，我国人口的平均预期寿命一直保持增长的态势。其中，2000 年之后的增长比 2000 年之前（20 世纪八九十年代）更加明显；而且越低的年龄段增长越明显，而老年阶段平均预期寿命的增长相对不那么明显。尽管如此，老年阶段平均预期寿命仍然在 2000 年之后取得了较大的提升，说明老年人的平均预期寿命与全人口的预期寿命得到了同步提升，这得益于医疗技术的发展。值得注意的是，由于消费能力的不同，未来医疗技术的新一轮创新有可能会拉大老年阶段不同收入水平人群之间寿命的差异。此外，本节还发现，80 岁人口的平均预期寿命在 1981 年到 2015 年增长的过程中，2000 年反而低于 1989 年的平均预期寿命。这提示我们要充分利用其他年龄段的平均预期寿命信息。

社会主义核心价值观倡导的是"平等、公正"的价值理念。因而，在其指导下的"健康中国"也应该是公平的健康中国。与公平的健康中国对应的应该是城市、镇与乡村之间大致相等的平均预期寿命。本节所揭示的 2000~2010 年仍未被撼动的城乡平均预期寿命的差异格局提示我们：应落实健康服务的均等化、以乡村健康普及为重点，这在《纲要》中已有所体现。但是，我们还需关注乡村内部的差异——两性间平均预期寿命的两极分化。在不考虑迁移和流动的情况下，乡村男性与乡村女性的生活环境完全相同，但是男性的生活方式与女性存在相当大的差异：乡村男性抽烟、喝酒的比例高于乡村女性。因而，在优先推进乡村医疗卫生服务的同时，还应当积极倡导健康的生活方式，以促进乡村男性平均预期寿命的提高。健康的生活方式不但能提高平均预期寿命，还能提高健康预期寿命，使健康余寿得以延长，从而促进健康老龄化和积极老龄化的实现。

第二节　老年人生理健康状态的评价指标体系

衡量老年人生理健康状态的指标很多，除了主观的自我评估健康水平外，还包括疾病指标（急性病、慢性病）、机体功能性指标（行动功能、认知功能）、生化指标（血压、血糖）等。然而要全面、系统地评估老年人的生理健康状态就需要利用这些指标来构建评价指标体系。目前在老龄健康领域有两大主要的指标体系，一个是虚弱指数，另一个是生理年龄（biological age，BA）。在本节，我们将分别介绍这两个指标体系。

一、虚弱指数

（一）虚弱指数的概念

"虚弱"（frailty）这个概念最早由人口学家提出，用以描述个体在老龄化过程中的生理状态及其差异（Vaupel et al.，1979）。虚弱可以理解为个体内在的生存潜力，它与生命力是两个类似但是互补的概念，它们均可以在理论上预测个体的存活时间。Vaupel 第一次提出虚弱这个概念是用来强调个体老化过程中的差异性，即不同个体即便在同样的年龄也很有可能处在不同的虚弱水平。

在老年医学中，虚弱这个概念最早用来描述 65 岁以上人群中日常生活不能自理需要依赖他人照顾或者需要进入医疗养老机构得到照护的老人（Woodhouse et al.，1988）。Rockwood 等（1994）进一步发展和明确了这个概念的动态性，将健康和疾病看成对立的两方面。健康为资产而疾病为赤字，这两方面的平衡状态决定了个体的自理程度与生存概率（梁萌基，2010）。对大多数老年人来说，他们都处于赤字状态，而虚弱就是描述这种赤字的程度。

经过一系列概念的演化，Mitnitski 等（2001）将虚弱转化成一个综合测量指标，代表老年人个体健康的累积损失，其内容涵盖老人的躯体、功能、心理、营养和社会维度等多个方面的情况。虚弱指数的取值则建立在所有潜在的健康测量指标中不健康指标所占的比例。

虚弱指数的构建可以依赖于调查数据。随着老龄健康调查数据的丰富,虚弱指数的构建越来越方便。虽然每一个调查的测量都不可能涵盖虚弱指数的所有内涵,但是利用加拿大、美国、欧洲等国家和地区,以及中国香港和中国内地的研究均表明,基于有限调查数据构建起的虚弱指数能很好地反映老年人的综合健康状况,并能有效预测老年人未来的存活状况(Mitnitski et al., 2005; Kulminski et al., 2006)。

(二)虚弱指数的构建

如上文所述,虚弱指数可以由调查数据获得,采用尽可能纳入所有健康相关指标的方式,一般包括自评健康、日常活动能力、心理健康、慢性病、身体疼痛等多个变量维度。对每一个变量进行编码,不健康时编码为1,否则为0。虚弱指数则被定义为所有0/1变量之和与变量个数之比,代表个体健康缺失的比例。因此,虚弱指数的变化范围在0到1之间。

由于每一个调查所涉及的健康指标不尽相同,因此在虚弱指数的实际构建中,纳入的项目和指标数也存在较大差异。一个好的虚弱指数通常涵盖尽可能多的健康指标,并且尽量涉及所有健康测量维度。下面我们就以CLHLS为例来展示虚弱指数的构建过程,因为相比于其他老龄调查,该调查所包含的老年人健康测量最为齐全。

表5-3展示了根据CLHLS 2008问卷所构建的虚弱指数的所有指标以及每一个指标的赋值规则(Gu et al., 2009)。我们一共构建了39个指标,合计的最大得分为40分[①]。每个老人的虚弱指数得分等于他在所有39个指标上的得分总和除以可能的最大总分40。需要注意的是,如果遇到有项目缺失,则扣除最大总分,用老人无缺失的项目得分总和除以扣除缺失项的可能最大总分。例如,老人在30个无缺失项目上得10分,在另外9个项目上有缺失(若合计最大缺失总分为9分),则老人的虚弱指数得分为10/(40–9)≈0.32。

表5-3 虚弱指数的构建指标及其赋值规则(基于CLHLS 2008调查问卷)

序号	项目	赋值规则
1	IADLs:无法独自拜访邻居	问卷选项:1.能 2.有一定困难 3.不能。若该问题选3,则此项目得分为1,否则为0
2	IADLs:无法必要时自己购物	
3	IADLs:无法必要时自己做饭	

---

① "过去两年内患严重疾病的次数"项目的最高得分可为2分,其他项目的最高得分为1分。

续表

序号	项目	赋值规则
4	IADLs：无法自己洗衣服	问卷选项：1.能 2.有一定困难 3.不能。若该问题选3，则此项目得分为1，否则为0
5	IADLs：无法连续行走1公里	
6	IADLs：无法举起5公斤重的物品	
7	IADLs：无法连续蹲下站起三次	
8	IADLs：无法乘坐公共交通工具	
9	功能障碍：无法将手放到颈后	问卷选项：1.只能用右手 2.只能用左手 3.双手都能 4.双手都不能。若该问题选4，则此项目得分为1，否则为0
10	功能障碍：无法将手放到后腰	
11	功能障碍：无法将手臂抬高伸直	
12	功能障碍：无法从坐椅子状态站起来	问卷选项：1.能，不需搀扶或倚靠任何物体 2.能，需搀扶或倚靠物体 3.不能。若该问题选3，则此项目得分为1，否则为0
13	功能障碍：无法从地上捡起一本书	问卷选项：1.能站着捡起 2.只能坐着捡起 3.不能。若该问题选3，则此项目得分为1，否则为0
14	ADLs：洗澡需要帮助	问卷选项：1.不需要任何帮助 2.某一部位需要帮助 3.两个部位以上需要帮助。若该问题选2或者3，则此项目得分为1，否则为0
15	ADLs：穿衣需要帮助	问卷选项：1.自己能找到并穿上衣服 2.能找到并穿上衣服，但自己不能穿鞋 3.需要他人帮助找衣或穿衣。若该问题选2或3，则此项目得分为1，否则为0
16	ADLs：上厕所需要帮助	问卷选项：1.完全能独立，无须帮助 2.能自己料理，但需要他人帮助 3.卧床不起，只能在床上由他人帮助使用便盆等。若该问题选2或3，则此项目得分为1，否则为0
17	ADLs：屋内移动需要帮助	问卷选项：1.无须帮助，可用辅助设施 2.需要帮助 3.卧床不起。若该问题选2或3，则此项目得分为1，否则为0
18	ADLs：吃饭需要帮助	问卷选项：1.吃饭无须帮助 2.能自己吃饭，但需要一些帮助 3.完全由他人喂食。若该问题选2或3，则此项目得分为1，否则为0
19	ADLs：大小便失禁	问卷选项：1.能控制大小便 2.偶尔/有时失禁 3.使用导管等协助控制或不能控制。若该问题选2或3，则此项目得分为1，否则为0
20	认知能力损伤	基于小精神状态测试。若老人得分在18分或以上，则此项目得分为0，否则为1
21	很差的自评健康状态	问卷选项：1.很好 2.好 3.一般 4.不好 5.很不好 6.无法回答。若该问题选4或5，则此项目得分为1；若该问题选6，则此项目标为缺失；其他情况得分为0

续表

序号	项目	赋值规则
22	健康状况比上一年差	问卷选项：1.好多了 2.好一些 3.没变 4.差一些 5.差多了 6.无法回答。若该问题选 4 或 5，则此项目得分为 1；若该问题选 6，则此项目标为缺失；其他情况得分为 0
23	调查员评估健康状态很差	问卷选项：1.相当健康 2.比较健康 3.身体虚弱 4.体弱多病。若该问题选 3 或 4，则此项目得分为 1，否则为 0
24	失去听力	问卷选项：1.能听清问题 2.能听清问题但需要助听器 3.部分能，需要助听器 4.不能。若该问题选 4，则此项目得分为 1，否则为 0
25	失去视力	问卷选项：1.能看清 2.不能看清 3.看不见 4.失明。若该问题选 4，则此项目得分为 1，否则为 0
26	心跳不正常	问卷选项：1.规则 2.不规则。若该问题选项为 2，则此项目得分为 1，否则为 0
27	有精神状况不好的症状	基于是否经常觉得孤独、是否经常感到紧张和害怕以及是不是觉得越老越不中用三个问题。若有一个问题回答总是或者经常，则该项目得分为 1；若都选择无法回答，则该项目标为缺失；其他情况得分为 0
28	过去两年内患严重疾病的次数	两次或两次以上得分为 2；1 次得分为 1；其他情况为 0
29	患有高血压	
30	患有糖尿病	
31	患有肺结核	
32	患有心脏病	
33	患有中风或者脑血管疾病	
34	患有支气管炎、肺气肿、哮喘或肺炎	问卷选项：1.有 2.没有 3.不知道。若该问题选 1，则此项目得分为 1，否则为 0
35	患有癌症	
36	患有关节炎	
37	患有褥疮	
38	患有胃溃疡或十二指肠溃疡	
39	患有帕金森病	

（三）虚弱指数的分析结果

在这一部分我们将展示依据上文所构建的老人虚弱指数的一些结果。通过这些结果的展示，有助于我们更好地理解虚弱指数这个概念及其用处。数据来自 2008~2014 年的 CLHLS。CLHLS 的首期调查始于 1998 年，此后每隔 2~3 年进行一次追踪调查。该项目在全国 22 个省随机选取了一半的县/市，抽取 65 岁及以上老人进行调查。我们用 CLHLS 2008 的数据构建老人的虚弱指数，再借助这些老人在 2014 年的存活状况来观察虚弱指数对死亡的预测情况。最后纳入样本的有效个体为 16 954 个。

所有样本的虚弱指数均值为 0.13，标准误也为 0.13。图 5-3 展示了虚弱指数的分布，可以从中看出此分布并不符合正态分布。处于较低虚弱指数值的个体较多，虚弱指数在 0.30 以上的个体已经较少，其最大值不超过 0.78。曾经有学者讨论过，虚弱指数在每个群体中都有一个无限接近的上限（此上限小于 1），代表老人的身体达到某种虚弱的上限，其生存概率就接近于 0。

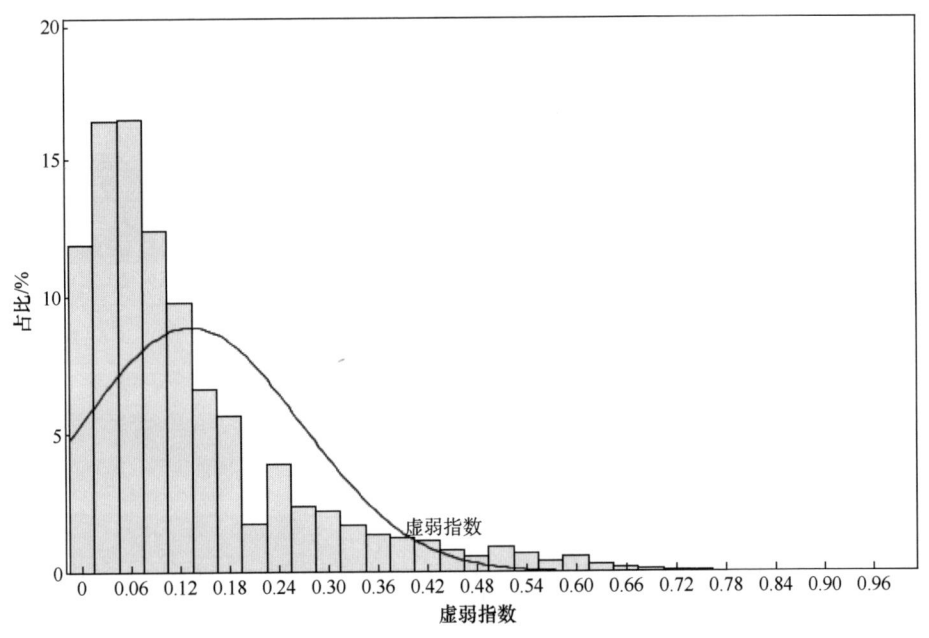

图 5-3　虚弱指数的分布图

图 5-4 展示不同年龄老人的平均虚弱指数。可以看出，随着年龄的增加，老人的虚弱指数接近于线性增长。年龄每增加 10 岁，平均虚弱指数就增加 0.03。这印证了年龄是虚弱指数最显著的预测因素，也反过来展示了虚弱指数可以很好地体现个体随年龄的衰老变化。

一个好的生理健康指标应该对个体的生存状态具有很强的预测能力。表 5-4 展示了我们利用 2008 年所构建的虚弱指数对老人在 2014 年生存状态的 cox 回归模型。可以看出，即便是控制了个体的年龄、性别、居住地、受教育程度、收入状况，以及是否吸烟、饮酒和锻炼等健康行为，虚弱指数仍然是老年人生存状况的显著预测指标。

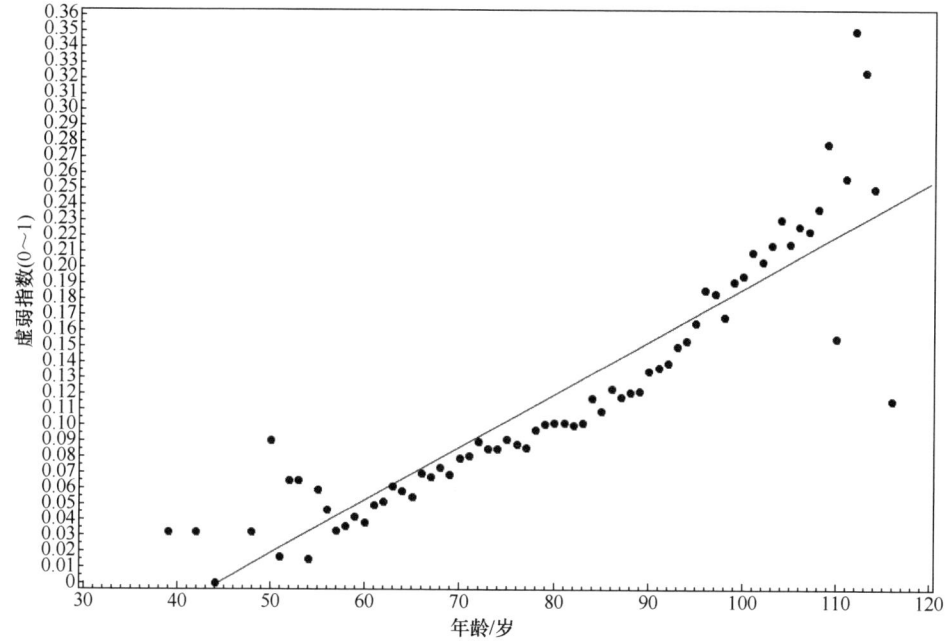

图 5-4　平均虚弱指数随年龄的变化

表 5-4　虚弱指数对老人 6 年后生存状态的 cox 回归模型

变量	OR	p 值
虚弱指数	7.60***	<0.001
年龄	1.07***	<0.001
性别（女性=1）	0.73***	<0.001
是否文盲（否=1）	0.99	0.414
居住地（农村=1）	1.09***	<0.001
收入情况（比周围人更好=1）	0.94*	0.017
是否吸烟（是=1）	0.99	0.85
是否饮酒（是=1）	0.88	0.112
是否经常锻炼（是=1）	0.78***	<0.001

资料来源：2008～2014 年 CLHLS
* $p<0.05$，*** $p<0.001$

二、生理年龄

学者并不满足用虚弱指数来近似代表老年人的衰老程度，他们一直致力于构建一个新的指标体系，用以更准确地测量个体的老龄化进程，即反映个体真实的生理年龄[①]。然而要找到生理年龄最合适的测量和构建方式并不是一件容易的事情。利用传统的健康指标来构建诸如虚弱指数在内的健康指标体系存在一些较难克服的困难，比如健康测量纷繁复杂，很难涉及全面；又比如大多数健康结果只能在机体结构或者功能转化到一定程度时才能体现。处于相同健康指标状态下的个体，可能仍旧存在较大的健康风险差异。

自20世纪六七十年代起，研究者开始考虑用生理生化指标来作为生理年龄的测量基础（Comfort，1969）。随着医学知识和测量技术的发展，这个方向逐步有了一些进展，也产生了一系列生理年龄的构建方法（Klemera and Doubal，2006；Nakamura and Miyao，2007；Bae et al.，2008）。生理年龄的获得一方面可以作为强有效的指标来预测老年人的健康变化趋势和死亡风险，及时探测高风险人群。另一方面，利用生理年龄所揭示的老龄化过程中的异质性，在微观层面上可以进一步帮助我们理解健康分化的形成和演变机制，而在宏观层面上也可为一些政策的制定奠定理论基础。

在本部分，我们将会介绍生理年龄的构建方法，利用CHARLS的生理生化指标数据来估计中国老年人的生理年龄，并检验和讨论该指标体系在中国情境下的有效性。

（一）生理年龄的构建方法

早在1969年，Comfort（1969）就提出可以考虑使用生理生化指标来测量机体老龄化的程度。生理生化指标又被称为生物标识物，美国国家健康研究所（National Institutes of Health）将其定义为用于测量与评估正常生理过程、病理过程或者是某种药物或干预治疗反应的标识物，它包括以CT、MRI为代表的图像指标，以血浆、血清检测值为代表的生化指标，以及以基因多态性测量为代表的遗传表达等（Biomarkers Definitions Working Group，2001）。

相对于其他的健康测量指标，生理生化指标更适合用来构建个体的生理年龄。首先，它更接近生理基础反应，可以标识系统、器官、组织、细胞及亚细胞结构等多个层次上的结构和功能上的改变，反映出机体内部各个层次上的耗损累积（Juster et al.，2010）。其次，大多数健康测量只能反映机体到达某项临界值之后的状态。例如，达到某项疾病的诊断标准后，该疾病才会被确诊。而生理生化指

[①] 与日历年龄（chronological age，CA）相区别。

标则可以反映机体内在的连续变化过程,甚至可以预示机体结构和功能可能会发生的变化。举例来说,对于中年人或者较年轻的老人来说,很多健康和疾病问题并没有呈现出来,但是这并不意味着这些个体有着较同质的生理机能状况。他们极有可能在健康风险上存在较大的差异。在这种情况下,传统的健康测量无法探测出这些较年轻个体中的异质性。最后,人类的老龄化是一个非常复杂的生理过程。它牵扯到众多的生理系统,并且这些生理系统之间相互联系、互相调控,共同调节个体的生理机能水平(Juster et al.,2010)。单个或者有限几个健康指标很难全面反映出机体的综合水平。相对而言,生理生化指标可以涵盖机体的多个层次与系统,并且这些指标可以既独立又联合。它们的独立性体现在可以分别指代不同系统的功能,比如免疫系统、代谢系统以及心血管系统等。它们的联合性体现在这些指标几乎都受到大脑和神经系统调节控制,形成一个多重协作的动态系统(Sterling and Eyer,1988)。

然而采用复合的生理生化指标体系来估计生理年龄所面临的最大问题在于如何选取指标以及采用怎样的构造方法来综合这些指标。生理生化指标的取舍一般依据数据收集的难易程度以及是否与日历年龄显著相关。通常来说血检的生化测量是最常用的备选指标。而综合多个生理生化指标的具体算法问题要相对复杂一些。已有的算法包括多元回归法(Krøll and Saxtrup,2000)、主成分法(Nakamura and Miyao,2007)以及近些年来最新发展的Klemera-Doubal方法(Klemera and Doubal,2006)。前两种方法较为传统,但都有一定的缺陷。多元回归法是将筛选出来的生理生化指标与日历年龄做回归,用获得的日历年龄的预测值作为生理年龄。这样的操作被诟病为无法破除生理生化指标之间非常强的多元共线性。主成分方法是将多个生理生化指标综合成一个主成分得分作为生理年龄,但是需要额外的转换从而获得与日历年龄单位的统一。同时,可能会遇到系统性的偏误问题(Levine,2013)。最后的Klemera-Doubal方法被多个研究证实为最为有效的获得生理年龄的手段,并且基于该方法合成的生理年龄是死亡风险的最好预测指标(Levine,2013;Mitnitski et al.,2015)。因此在本部分,我们将主要介绍如何用Klemera-Doubal方法来构建个体的生理年龄并测试其在中国情境下的有效性。

Klemera-Doubal方法的基本原理是,寻找一条与年龄的回归直线,使得它在n维空间中到n条生理生化指标与日历年龄的回归直线的总距离最短。我们将这样一条回归直线上的预测值作为个体的生理年龄。更具体来说,假设生理生化指标X_j与生理年龄BA的线性回归曲线为

$$X_j = a_j + b_j \text{BA} \tag{5-1}$$

个体i在该生理生化指标上的实际测量值为x_{ij},那么此个体在该生理生化指

标上的测量水平所揭示的生理年龄水平应该为 $BA_{ij} = \dfrac{x_{ij} - a_j}{b_j}$。如果一共有 m 个这样的生理生化指标，那么个体 i 的生理年龄的复合估计应该为这 m 个 BA_{ij}（$j=1$，2，$\cdots$，m）的加权平均值。权重是由残差标准化后的斜率的平方来决定的，表示为 $w_j = \dfrac{b_j^2}{s_j^2}$。其中 s_j^2 是回归（5-1）的残差平方和。标准斜率越大，表示该指标与年龄的相关性越强，因此分配给这个指标的权重就越大。个体 i 的最终生理年龄的表达式为

$$BA_{Ei} = \dfrac{\sum_{j=1}^{m}\left(\dfrac{x_{ij}-a_j}{b_j}\right)w_j}{\sum_{j=1}^{m} w_j} = \dfrac{\sum_{j=1}^{m}(x_{ij}-a_j)\left(\dfrac{b_j}{s_j^2}\right)}{\sum_{j=1}^{m}\left(\dfrac{b_j^2}{s_j^2}\right)} \qquad (5\text{-}2)$$

值得注意的是，实际上我们是无法测量回归（5-1）中的真实生理年龄 BA 的。在实际操作中，我们用个体的日历年龄 CA 来对生理生化指标做回归，获得回归系数。

Klemera-Doubal 方法还有一个拓展，即把日历年龄也当作一个生理生化指标。它的回归系数自然是 1，方差表示为 s_{BA}^2。那么用日历年龄调整过后的生理年龄的估计为

$$BA_{ECi} = \dfrac{\sum_{j=1}^{m}(x_{ij}-a_j)\left(\dfrac{b_j}{s_j^2}\right) + \dfrac{CA_i}{s_{BA}^2}}{\sum_{j=1}^{m}\left(\dfrac{b_j^2}{s_j^2}\right) + \dfrac{1}{s_{BA}^2}} \qquad (5\text{-}3)$$

其中 s_{BA}^2 的估计为 $s_{BA}^2 = \left(\dfrac{\sum_{i=1}^{n}\left((BA_{Ei}-CA_i) - \sum_{i=1}^{n}(BA_{Ei}-CA_i)/n\right)^2}{n}\right) - \dfrac{1-r_{char}^2}{r_{char}^2}$

$\times \dfrac{(C_{max}-C_{min})^2}{12m}$。而 $r_{char} = \dfrac{\sum_{j=1}^{m}\dfrac{r_j^2}{\sqrt{1-r_j^2}}}{\sum_{j=1}^{m}\dfrac{r_j}{\sqrt{1-r_j^2}}}$ 是复合相关系数，代表综合了 m 个回归相关

系数 r_j 后所得到的日历年龄对生物生化指标的综合解释能力。C_{max} 和 C_{min} 分别为

样本年龄的最大值与最小值。

对于是否应该把日历年龄也看作一项生物生化指标纳入计算,学术界也有较大的争议。一些研究认为直接使用 BA_{EC} 比把年龄作为协变量来预测死亡效力更强(Levine,2013),另一些人则认为加入日历年龄并没有增加更多的有效信息(Mitnitski et al.,2015)。在本书中我们将计算这两种生理年龄(BA_E 和 BA_{EC})并比较它们的效用。

(二)数据和变量构成

1. 数据来源和样本选取

本节的数据来自 CHARLS、2011 年的全国基线数据以及 2013 年的追踪调查数据。CHARLS 作为全国性针对中老年家庭的专项调查数据,覆盖了全国 450 多个村级单位的 1 万多户人。其样本的代表性较好,数据追踪质量也较高,提供了全面了解中国老人生理、经济、社会等多方面状况的一个途径。在 2011 年的基线调查中,CHARLS 专门设立了一个模块用以收集老年人的生理生化指标,包括血检、血压、身高、体重等体检数据。其中的血检数据是由美国南加利福尼亚大学的人口学与老年学教授 E. Crimmins 及其团队协助完成,与美国的健康和养老追踪调查所采集的血检数据相类似,具有较高的质量和国际可比性。因此,我们可以根据这些测量来构建中国基线老人的生理年龄并研究其影响因素。另外,我们再利用 2013 年的追踪信息来构建老人的各项健康追踪测量,从而检验生理年龄对健康结果的预测作用。

最后的样本一共包括 6948 个在 2011 年调查时点 45~85 岁并且有完整生理生化指标测量的中老年人。在样本中特意删除了 85 岁以上的老人以防止高龄老人选择性生存效应对生理年龄构建的影响。在后续的分析中,根据相关变量的缺失情况,样本量略有差异。

2. 生理年龄测量变量

CHARLS 基线数据中一共包括 21 种常见的生理生化指标,但是依据构建生理年龄的标准,我们仅保留 17 个与年龄线性显著相关的指标。表 5-5 中列出了这些指标的描述性统计特征及其与日历年龄的相关系数和显著性。

表 5-5 用于构建生理年龄的生理生化指标及其统计特征描述

类型	生化指标	均值(方差)	与日历年龄的相关系数
免疫系统	C 反应蛋白/(mg/L)	2.8(7.1)	0.09***
	平均红细胞体积	90.8(8.7)	0.10***
	血细胞比容/%	41.7(6.1)	−0.06***
	血小板/(10^9/L)	211.8(76.8)	−0.06***

续表

类型	生化指标	均值（方差）	与日历年龄的相关系数
代谢系统	高密度脂蛋白胆固醇/（mg/dL）	51.3（15.2）	0.051***
	低密度脂蛋白胆固醇/（mg/dL）	116.9（35.2）	0.04**
	总脂蛋白胆固醇/（mg/dL）	193.7（38.6）	0.02*
	甘油三酯/（mg/dL）	130.4（91.7）	−0.06***
	血红蛋白/（g/dL）	14.3（2.2）	−0.08***
	糖化血红蛋白/%	5.3（0.8）	0.04**
	空腹血糖/（mg/dL）	110.6（36.8）	0.05***
	肌酸酐/（mg/dL）	0.8（0.2）	0.16***
	血清胱抑素 C/（mg/L）	1.0（0.3）	0.40***
	血尿素/（mg/dL）	15.9（4.6）	0.16***
	尿酸/（mg/dL）	4.5（1.3）	0.13***
心血管系统	收缩压/mmHg	131.8（22.1）	0.25***
	舒张压/mmHg	75.8（12.3）	−0.07***

资料来源：2011 年 CHARLS 基线数据

*** $p<0.001$，** $p<0.01$，* $p<0.05$

3. 健康测量指标

健康测量指标的构建在本书研究中有两个作用：一是用来与生理年龄的测量效果比对，二是用来检验生理年龄的预测效果。因为涉及两次调查，所以对于存活并且未失联的老人均有两次测量（2011 年和 2013 年）。健康测量指标有：自评健康（1~5，对应于非常健康~非常不健康）、日常生活自理能力得分（包括穿衣、吃饭、洗澡、睡觉）、工具性日常生活活动（instrumental activities of daily living，IADL）（包括钱财管理、吃药、购物、打扫卫生）能力、心理健康（抑郁量表得分）、慢性病状况（医生诊断的慢性病种类）、认知能力。此外，还增加了一个死亡状况的测量。

（三）分析结果

1. 生理年龄的描述性分析

在表 5-6 中，我们展示了健康测量指标与主要变量的统计描述特征及其与生理年龄测量的相关关系。可以发现，除了心理健康得分，BA_E 和 BA_{EC} 与其他所有的健康测量指标都有很强的相关性。而且生理年龄测量值越高，相应的健康测量指标越差。除此之外，生理年龄测量与大部分其他控制变量均有较强的相关性。

女性、农村户口、较高的受教育程度和家庭人均个人收入、与孩子同住、参加社会活动、不吸烟、低喝酒频率均对应于较低的生理年龄值。相比 BA_E，BA_{EC} 与各个变量的相关关系更强，这也与 BA_{EC} 纳入了日历年龄有关。当然，这些二元相关关系展示仅属于描述性分析部分，无法作为因果关系推论的基础。

表 5-6 变量的描述性统计特征及其与生理年龄测量的相关关系

变量		均值（方差）	与 BA_E 相关系数	与 BA_{EC} 相关系数
BA_E		60.87（21.44）		0.96***
BA_{EC}		60.87（14.17）	0.96***	
健康测量指标				
自评健康（1~5，非常健康~非常不健康）	2011 年	3.95（0.89）	0.07***	0.09***
	2013 年	3.91（0.89）	0.05***	0.05***
ADL（0~4，穿衣、吃饭、洗澡、睡觉）	2011 年	0.19（0.66）	0.09***	0.12***
	2013 年	0.22（0.69）	0.09***	0.12***
IADL（0~4，钱财管理、吃药、购物、打扫卫生）	2011 年	0.37（0.83）	0.09***	0.13***
	2013 年	0.35（0.83）	0.09***	0.14***
心理健康（0~30，抑郁量表得分）	2011 年	8.72（6.40）	−0.01	0.02
	2013 年	8.05（5.80）	−0.03†	−0.02
慢性病（0~13，13 种慢性病得病情况）	2011 年	1.47（1.40）	0.11***	0.12***
	2013 年	1.72（1.53）	0.11***	0.12***
认知能力（0~20）	2011 年	6.79（3.39）	−0.13***	−0.2***
	2013 年	6.63（3.53）	−0.16***	−0.24***
是否在 2013 年调查时点前死亡		1.95%	−0.09***	−0.09***
人口特征变量（2011 年）				
年龄（45~85 岁）		60.87（9.52）	0.44***	0.67***
性别（1=女性，0=男性）		53.67%	−0.23***	−0.21***
户口（1=农村，0=城市）		83.63%	−0.06***	−0.06***
社会经济变量（2011 年）				
受教育程度（1=中学或以上，0=其他）		9.20%	−0.06***	−0.10***
家庭人均个人收入（1 万元）		0.73（1.51）	−0.02†	−0.05***
退休与否（1=退休，0=其他）		28.29%	0.18***	0.26***
是否享有医保（1=有，0=无）		93.49%	−0.01	−0.02

续表

变量	均值（方差）	与 BA_E 相关系数	与 BA_{EC} 相关系数
社会关系变量（2011年）			
婚姻状况（1=在婚，0=其他）	82.27%	−0.08***	−0.13***
孩子数量	2.82（1.48）	0.21***	0.32***
是否与孩子同住（1=是，0=否）	58.01%	−0.13***	−0.19***
是否参加社会活动（1=有，0=没有）	47.06%	−0.02†	−0.03**
健康行为变量（2011年）			
过去一年喝酒频率（0~8）	1.01（2.21）	0.06***	0.05***
吸烟（1=现在吸烟，0=其他）	30.72%	0.11***	0.09***

资料来源：2011年和2013年CHARLS数据

*** $p<0.001$，** $p<0.01$，† $p<0.1$

值得注意的是，对于生理年龄的测量，女性比男性更年轻，即生理状况更好。但是同样基于2011年调查的自评健康测量，女性却比男性更差。这很可能反映了自评健康这种主观测量的缺陷，即回答的基准点在不同的人群中存在显著的偏误。特别地，女性通常会自感健康状况较差，但是实际的死亡率却明显低于男性。这就是健康人口研究中比较著名的"性别悖论"（sex paradox）(Oksuzyan et al.，2008）。从这一点上也可以体现出采用生理年龄作为综合健康测量的科学性。

生理年龄测量的另外一个优势在于可以不需要通过额外的回归分析直接剥离日历年龄对健康测量的影响。对于这两种生理年龄的测量，我们都可以通过计算它们与日历年龄之间的差异，来体现个人生理状况对其日历年龄的偏离度。这样计算出来的生理年龄偏差（dBA_E 和 dBA_{EC}），在理论上应该不再受日历年龄的干扰。

图5-5刻画了生理年龄偏差的分布。可以看出无论是否纳入日历年龄，两种偏差的分布都非常相似，表明两者所蕴含的信息差异度不大，只是 dBA_{EC} 方差更小。偏离值都倾向于在零值附近集中，呈现略微右偏模式。图5-6则展示了生理年龄偏差的均值随年龄的变化趋势。虽然仍旧围绕零值有波动，但是 dBA_E 和 dBA_{EC} 的均值不再随年龄单调变化。也就是说，dBA_E 和 dBA_{EC} 体现了剥离日历年龄的影响后个体在生理健康上的差异。

2. 生理年龄对健康结果的预测

在这一部分，我们将展示生理年龄偏差对其他健康结果的预测作用。在每一

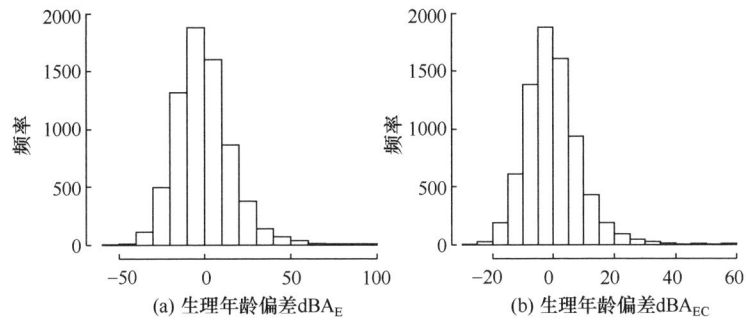

图 5-5 生理年龄对日历年龄的偏离值的分布

资料来源：同表 5-5

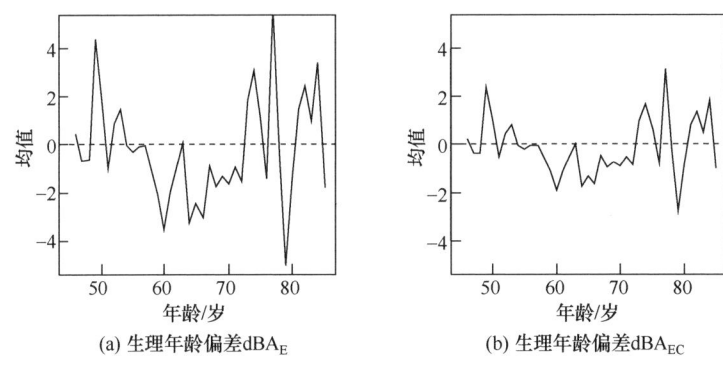

图 5-6 生理年龄偏离值的均值随年龄的变化趋势

个健康测量指标的模型中都加入了其他所有控制变量。此外，该组模型也都包含了对应的健康指标在 2011 年的基线测量值。也就是说，表 5-7 展示了生理年龄偏差对各项健康指标在两年间变化的预测效果。因为健康测量都是整数取值的，这里采用了序次 logistic 回归，并在表 5-7 中报告了 dBA_E 和 dBA_{EC} 对健康指标影响的机会比。可以看出在控制了重要变量的情况下，无论是 dBA_E 还是 dBA_{EC} 都对各项健康指标在两年间的变化有显著的预测作用。随着偏差值增大，所有健康指标变差的可能性也变得更大。

当然我们同样非常关注生理年龄对死亡的预测作用。基于 cox 比例风险回归模型，在控制了所有的变量之后 dBA_E 和 dBA_{EC} 都会非常显著地影响个体的死亡风险。特别地，在模型中同时加入了其他所有健康指标的基线值之后（自评健康、ADL、IADL、心理健康、慢性病、认知能力），生理年龄偏离值仍然与死亡显著相关。这说明生理年龄的测量还包含了常规健康问卷所无法探测到的生理健康信息，并且这些额外信息会对死亡有重要的预测作用。

表 5-7　生理年龄对两年后健康结果和死亡的估计模型

健康指标（2013年）	dBA$_E$		dBA$_{EC}$	
自评健康（OR）	1.014***		1.025***	
ADL（OR）	1.008*		1.015*	
IADL（OR）	1.005†		1.010†	
心理健康（OR）	1.008**		1.014**	
慢性病（OR）	1.009***		1.017***	
认知能力（OR）	0.997*		0.994*	
死亡 （HR）	+健康指标		+健康指标	
	1.013*	1.018**	1.024*	1.033**

资料来源：同表 5-6
*** $p<0.001$，** $p<0.01$，* $p<0.05$，† $p<0.1$

（四）结论和讨论

本节利用 CHARLS 的生理生化数据，构建了中国中老年人的生理年龄测量。相比其他的健康测量指标体系（如虚弱指数），生理年龄有以下几个突出的优点：①能非常全面地体现个人的生理机能和健康状况，是多个维度健康水平和死亡风险的显著预测指标。② 能反映中年和较年轻老人潜在的健康风险分化。而现有的健康指标通常建立在生理机能达到某项阈值之后的测量，从而会低估人群内部健康的异质性。③比起主观健康测量，能在一定程度上消除由回答基准点不同而造成的偏误。例如，相较于男性，女性在自评健康上表现较差，但是她们的生理年龄实际更年轻。④在生理年龄的模型构造下，可以直接消除日历年龄对健康测量的影响，从而可以用来估计队列在生理健康上的分化作用。

以上的优点使得生理年龄的测量在中国人口和老龄健康研究中具有重要的意义。首先，对健康结果的提前干预已经越来越受到公共卫生政策的重视。利用生理年龄这个综合测量指标提前发现健康风险，预测未来的卫生服务需求，是积极应对老龄社会的一个重要手段。例如，我们发现 20 世纪 60 年代初期的队列可能面临较高的生理健康风险。那么加强对该队列的健康教育和健康监控就变得非常必要，以此避免该队列进入中高龄老人时期慢性病的集中爆发。其次，利用生理年龄可以更好也更直接地反映人群在老龄化过程中的异质性。认识并测量老年人健康的异质性，可以帮助制定更有针对性也更具弹性的退休和养老等公共政策，从而高效地服务于各个人群的需求。

当然在使用生理年龄测量时也存在一定的缺陷。最大的问题在于血检数据对于一般的调查研究来说获取难度较大，成本较高。但是应该认识到在人口和老龄研究中引入包括血检和基因测量在内的生物信息已经成为国外相关领域的潮流，并逐渐形成一个较前沿的研究分支"生物人口学"（biodemography）。美国的几个大型全国追踪调查已经常规性地纳入了血检和基因数据。现阶段中国对死亡和健康的研究，仍然利用比较传统的分析技术聚焦于对数据本身规律的探索，相对来说自成体系。随着对该领域研究的持续深入，多视角的融合将变得越来越重要，特别是生物视角的引入具有重要的意义，因为健康和死亡本身就受到生物机制极大的约束。在合理纳入生物约束框架以后，才能更好地探讨社会政策等因素对死亡和健康的影响。未来的发展也需要更注重数据的整合和开发。例如，如何把调查数据和体检数据库联系到一起，这样可以更低成本也更高效地利用信息。

第三节 中国老年人的自理能力及其自理预期寿命的变化趋势

一、日常生活自理能力的界定及其测量

日常生活自理能力是指老年人独立应对生活的能力，是衡量老年人健康水平、评价老年人生活质量的一个重要指标。

自20世纪五六十年代，国外就有学者开始关注和评价生活质量，并将其作为衡量社会发展和谐与人民生活水平的新指标，进而延伸至针对老年人这一特殊群体生活质量的研究。20世纪70年代初，美国M. P. Lawton教授提出用量表测定"身体性自立"能力的理论，将人的活动能力概念化、体系化。在这一理论的基础上，美国Katz等（1983）首次提出了日常生活自理能力这一学术术语，认为日常生活自理能力是评估生存质量的一个重要方面。

通常，日常生活自理能力可分为ADL和IADL两方面，其中前者主要包括对于老年人洗澡、进食、洗漱、穿衣、上下床、上厕所、控制排便等活动能力的测定，用以评估老年人的日常活动能力，后者则主要是对于老年人做饭、理财、乘车、购物等能力的测定，反映老年人在维持家庭和社区活动方面的自主自立性。

老年人日常生活自理能力测量手段及评定标准的提出更进一步推动了该领域的发展。Lawton、Brody、Barthel以及Katz等多位学者对于老年人ADL的测定进行了深入研究并制定了一系列可操作性的量表，如Katz指数、Barthel指数、Frenchay活动指数以及FM机能自立度测定等（王瑞华，1994）。研究人员根据研究对象的特点选取不同的ADL评价量表，但在所有的测定量表中运用最为普遍的为Katz指数以及Barthel指数。关于老年人日常生活自理能力的测定，国际上通常将量表中存在任意一项指标不能自理的状态界定为失能状态，也称作老年人

ADL 出现功能障碍，由此可测得老年人的失能水平。通过测量老年人生活自理能力，可以衡量老年人的健康水平、评价老年人生活质量，对于了解老年人社会医疗服务需求有一定帮助。此外，老年人的生活自理能力也是老年人抑郁水平的重要预测变量。目前，ADL 已经广泛应用于老年流行病学研究，常被作为痴呆患病者的辅助诊断工具，还应用于康复科学，被用作疾病进展的指数、慢性疾病康复指标，同时应用于老年人保险支付等级和保健措施的评价方面。

二、中国老年人日常自理能力的变化趋势

中国老年人整体的日常自理能力呈现出先下降后上升的趋势。早期多项研究在进行队列对比后均发现老年人自理能力较此前有所下降。顾大男和曾毅（2004）对 1992~2002 年我国老年人生活自理能力变化进行研究后发现，十年间老年人日常生活自理能力失能率平均年下降 1 个百分点。杜鹏与武超（2006）在比较 1994 年与 2004 年的时期数据后同样发现相比于 1994 年，2004 年我国老年人的生活自理能力出现了小幅下降。然而总体来说，近几年研究则显示不同时期同一年龄水平下的老年人随着时间的推移其日常生活自理能力呈现出上升的趋势，越来越多的老年人能完全自理（魏蒙和王红漫，2017），后世代的老年人要比前世代更健康、更年轻（卢敏等，2018）。

另外，从个体的视角来看，老年人自理能力的变化趋势具有明显的群体异质性。近几年，相关研究开始探究老年个体日常生活自理能力的变化轨迹，即老年人失能轨迹。老年人生活自理能力发展轨迹形态受社会经济特征、人口社会学特征、健康状况、社会交往、家庭支持等多方面的影响，其起始时间、结束时间及中间的发展状态均是不断变化的，无法将其变化趋势简单地归结为单一的线性变化。伍小兰和刘吉（2018）利用"中国城乡老年人口状况追踪调查"十年追踪数据对老年人的 ADL 与 IADL 进行深入研究并进一步将 ADL 自理能力发展轨迹分为低起点快速下降型、高起点急速下降型、高起点平稳下降型三种类型，IADL 自理能力发展轨迹则分为低起点快速下降型、高起点缓慢下降型两种类型。老年群体在生活自理能力发展轨迹类型上的差异受到社会经济特征的显著影响，老年妇女、少数民族老年人、低教育程度者、老年农民和城市从未正式工作过的老年人的生活自理能力发展轨迹属于较差模式的可能性更高。

自 2005 年的 1%人口抽样调查，我国开始在人口普查和 1%人口抽样调查中涉及调查对象的自理状况。在这一小节中，我们也将利用 2005~2015 年的普查和 1%人口调查数据来展示中国老年人口自理比例的变化。需要特别说明的是，2005 年 1%人口抽样调查中受访对象的健康状况分为"身体健康""基本能保证正常的生活工作""不能正常工作或生活不能自理""说不准"，将前两项合并为"生

活能自理",后两项合并为"生活不能自理";而在 2010 年第六次全国人口普查中将自评健康状况分为"健康""基本健康""不健康,但生活能自理""生活不能自理"四个类别,在分析中将"健康""基本健康""不健康,但生活能自理"合并为"生活能自理",将自评健康状况划分为两类。本书对于 2015 年的分析中,问题设置和划分标准与 2010 年保持一致。尽管有关健康状况的回答来自受访对象的主观回答,但本节将健康状况重新界定为"生活能自理"与"生活不能自理",对生活是否能自理的判断相对比较客观,因而不会对分析有太大影响。此外,2005 年汇总数据的年龄分组最高组为"95 岁及以上",2010 年和 2015 年都为"100 岁及以上",为了便于比较,本书对 2010 年的结果仍采取之前学者重新整理后的"95 岁及以上",并将 2015 年的数据也重新整理为"95 岁及以上"。

图 5-7 为三个调查年份分性别老年人口生活自理的百分比。一个共同的趋势是,无论哪一个年份,不同性别的自理百分比均随年龄上升而不断下降,年龄越大,下降的幅度越大。

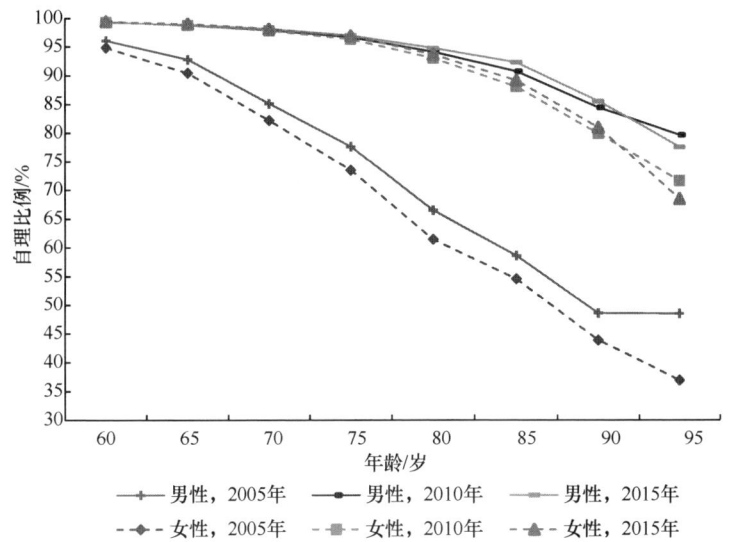

图 5-7 2005 年、2010 年、2015 年分性别老年人口生活自理百分比

资料来源:根据 2005 年 1%人口抽样调查数据、2010 年第六次全国人口普查汇总数据及 2015 年 1%人口抽样调查数据整理计算。下同

在时间变动上,2010 年与 2005 年相比,男性和女性的自理比重在各年龄段都有较为显著的提高,并且提高幅度随年龄的增长而增加,女性的提高幅度整体高于男性,男性老年人口和女性老年人口自 80 岁起生活自理比重提高幅度基本达到 30 个百分点及以上。2015 年较 2010 年的变化趋势则非常微弱,自理比例曲线基本重合,大部分年龄段的提升比例不超过 1 个百分点,男性 60 岁、男性 95 岁

和女性 95 岁三个组别的自理比例甚至分别下降了 0.07、2.07 和 3.12 个百分点。

从性别差异看，整体而言男性的生活自理比重在各年龄段均高于女性，而且随着年龄的上升，男女的差异在不断扩大。值得注意的是 2015 年的 60 岁、65 岁和 70 岁组女性自理比重开始高于男性，与 2010 年相比，低龄老年组（80 岁以前）的性别差异在缩小甚至反向变化，而高龄老年组的差异却在扩大。

老年人口自理比重的提高反映出健康状况的不断改善，然而改善的程度和空间已经日渐缩小，未来想要获得进一步改善的难度将越来越大。性别之间的差异一直存在，但差异出现了一些变化，相比男性，女性老年人口在低龄组的自理比重开始反超男性，在高龄组的比重却与男性的差距呈扩大趋势，可以认为，女性各年龄组内部的分化越来越大，高龄女性对日常生活照料的需求更大。

图 5-8 为分城乡老年人口生活自理的百分比。类比于性别的差异，无论哪一个年份，城镇的老年人口生活自理比例均高于农村，不同地区的自理百分比均随年龄上升而不断下降，年龄越大，下降的幅度越大。

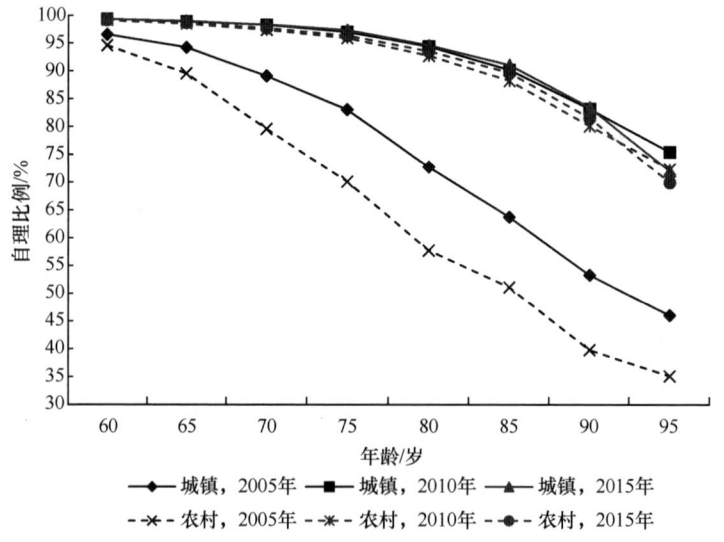

图 5-8　2005 年、2010 年、2015 年分城乡老年人口生活自理比例

在时间变动上，城乡自理比重增长的趋势都不再明显。2010 年与 2005 年相比，城镇和乡村的自理比重在各年龄段都有较为显著的提高，并且提高幅度随年龄的增长而增加，农村的提高幅度整体高于城镇地区。例如，60 岁城镇老年人口和农村老年人生活自理比重提高幅度分别为 2.81 个百分点和 4.55 个百分点，而 80 岁的城镇和农村老年人的提高幅度分别达到 25.71 和 35.04 个百分点。2015 年较 2010 年的变化趋势则非常微弱，自理比例曲线基本重合，大部分年龄段的比例变化不超过 1 个百分点，在 95 岁高龄组城乡的老年人口自理比例甚至分别下降了

3.45 和 2.43 个百分点。

从城乡视角来看，整体而言城镇老年人口的生活自理比重高于农村，而且随着年龄的上升差异在不断扩大，但这种差异只在 2005 年较明显，在 2010 年显著缩小，2015 年基本与 2010 年保持一致。特别是到了 2010 年及以后，城乡 60~75 岁的老年人自理比重差异已经非常微弱，不足一个百分点。

三、中国老年人自理预期寿命的变化趋势

在众多评价老年人口健康状况的指标体系中，将老年人的自理能力与预期寿命相结合的自理预期寿命是一种常用的方法。此方法能较好地反映出自理状况对老年人生存状态的影响，代表老年人处于完全自理状态下的生存时间。在本小节中，我们将介绍自理预期寿命的计算方法，同样利用 2005~2015 年的人口普查和 1%人口抽样调查数据来展示中国老年人自理预期寿命的变化趋势。其中 2005 年和 2010 年的数据结果直接来源于杨胜慧等（2012）和郭未等（2013）的研究结论，2015 年的自理状况数据基于国家统计局公布的 2015 年全国 1%人口抽样调查汇总数据进行统计分析，用到调查问卷中的"R28"项"身体健康状况（60 周岁及以上的人填写）"。

（一）自理预期寿命的计算方法

1971 年，Sullivan 依据时点数据，将无残疾率与单递减生命表结合在一起建立第一张单递减健康生命表，首次估算美国的健康预期寿命，这种方法被学界称为 Sullivan 法。Sullivan 法因具有所需数据简单、消除年龄结构影响、便于比较的特点而应用广泛（杨胜慧等，2012），成为健康预期寿命的经典算法。

在应用 Sullivan 方法计算生活自理预期寿命前，需要基于 2015 年全国 1%人口抽样调查数据，并利用生命表技术计算 2015 年分性别及城乡的 60 岁及以上老年人的人口预期寿命作为基础。

首先，根据重新分类后的健康状况（"生活能自理"与"生活不能自理"）计算 2015 年 60 岁及以上老年人口"分年龄生活自理比率"π_x，即 x 岁生活能自理的比例：

$$\pi_x = \frac{x 岁生活能自理人数}{x 岁总人口}$$

其次，估算生活自理生存人年数：

$$L_{x,\text{DF}} = L_x \times \pi_x$$

其中，L_x 为生命表中的生存人年数。

用生命表中计算 T_x 的方法计算累计生活自理生存人年数 $T_{x,\ \mathrm{DF}}$：

$$T_{x,\ \mathrm{DF}} = \sum\nolimits_{x}^{\omega} L_{x,\ \mathrm{DF}}$$

接下来计算生活自理预期寿命 DFLE_x：

$$\mathrm{DFLE}_x = {T_{x,\ \mathrm{DF}}}\big/{L_x}$$

最后，计算生活自理预期寿命的标准误：

$$S(\mathrm{FLE}_x) \approx \frac{1}{l_x^2} \sum_{x=0}^{\omega} L_x^2 \frac{\pi_x(1-\pi_x)}{N_x}$$

其中，N_x 为在年龄 x 岁时生活自理的人数结果分析。

（二）结果

1. 预期寿命与自理预期寿命的绝对量的差异变动

预期寿命是一个排除了人口年龄结构影响的衡量死亡水平的标准化指标，便于不同人口之间的比较。自理预期寿命结合了预期寿命和生活自理比重，更好地衡量了老年人口的生活自理情况和健康状况。根据前述方法，本书计算了2015年分性别老年人口的预期寿命及自理预期寿命（图5-9），图5-9展示了这两项指标随年龄的变化趋势。总体来看，男性和女性的预期寿命及自理预期寿命都在随着年龄的上升而不断降低。女性的预期寿命在各年龄阶段都高于男性，但男女间的差异随着年龄的上升逐渐缩小。90岁以前，女性的自理预期寿命高于男性，但自理预期寿命的性别差异在每个年龄组都小于预期寿命，90岁之后，男性的自理预期寿命反超女性。这是因为，在低中龄的老年阶段，男女自理预期寿命和预期寿命随年龄下降的速度基本保持一致，而到了高龄阶段，预期寿命的下降慢于自理预期寿命，且男性预期寿命的降速低于女性，这说明高龄女性相对而言面临着更严重的健康状况。

时间变动上，自理预期寿命和预期寿命在不同性别和每个年龄段都在一直增加，表5-8展示了预期寿命和自理预期寿命在2005～2010和2010～2015年的绝对量变化。前五年的增长量与后五年的增长量相比，预期寿命变化的绝对量加速增长，而自理预期寿命的增长正在减速。例如，60岁男性的预期寿命在前五年增加了0.56年，在后五年增加了2.58年；而60岁男性的自理预期寿命在前五年增加了3.35年，在后五年的增长量仅为2.38年。自理预期寿命绝对量的变化速度被预期寿命的增加量超越。

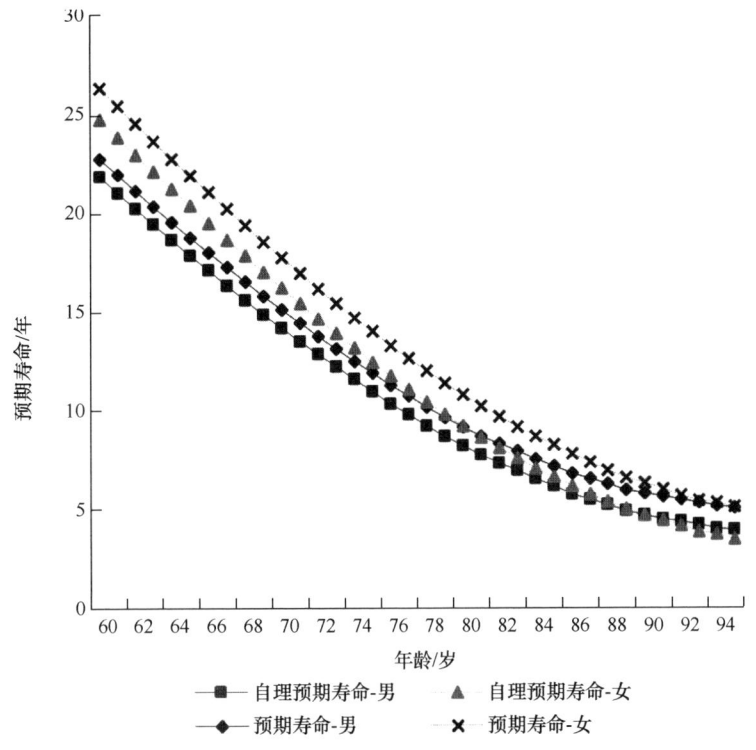

图 5-9 2015 年分性别老年人口自理预期寿命和预期寿命

表 5-8　2005～2015 年分性别预期寿命和自理预期寿命的绝对量变化（单位：年）

年龄/岁	预期寿命的变化				自理预期寿命的变化			
	男性		女性		男性		女性	
	Δ_1	Δ_2	Δ_1	Δ_2	Δ_1	Δ_2	Δ_1	Δ_2
60	0.56	2.58	0.69	3.02	3.35	2.38	4.82	2.67
65	0.49	2.42	0.57	2.83	3.28	2.23	4.62	2.49
70	0.37	2.24	0.45	2.60	3.11	2.05	4.27	2.25
75	0.30	1.96	0.37	2.24	2.83	1.75	3.76	1.89
80	0.22	1.66	0.20	1.95	2.43	1.47	3.07	1.58
85	0.25	1.44	0.21	1.57	2.05	1.19	2.41	1.18
90	0.19	1.29	0.23	1.23	1.60	1.02	1.84	0.87
95	0.05	1.03	0.10	0.75	1.27	0.71	1.52	0.37

注：Δ_1、Δ_2 分别指 2005～2010 年和 2010～2015 年的变化量

分性别来看，女性的预期寿命在各年龄段均高于男性，这种性别差异随着年龄的增加在不断缩小，随着时间的变化却在扩大，2005年60岁女性的预期寿命比男性高2.97年，2010年的这一差异为3.10年，到了2015年，这种差异进一步扩大为3.54年。自理预期寿命的性别差异随时间变化呈现相似趋势，但值得关注的是在90岁及以上的老年人口中，女性的自理预期寿命低于男性。

我们同样计算了2015年分城乡老年人口的预期寿命及自理预期寿命（表5-9），图5-10展示了这两项指标随年龄的变化趋势。总体来看，城镇的预期寿命和自理预期寿命在各年龄段都高于农村，但城乡间的差异随着年龄的提高逐渐缩小。

表5-9　2005~2015年分城乡预期寿命和自理预期寿命的绝对量变化（单位：年）

年龄/岁	预期寿命的变化				自理预期寿命的变化			
	城镇		农村		城镇		农村	
	Δ_1	Δ_2	Δ_1	Δ_2	Δ_1	Δ_2	Δ_1	Δ_2
60	0.87	2.52	0.35	2.73	3.65	2.19	4.24	2.49
65	0.72	2.42	0.30	2.54	3.48	2.08	4.15	2.30
70	0.54	2.28	0.21	2.30	3.22	1.95	3.91	2.06
75	0.42	2.06	0.19	1.91	2.92	1.71	3.50	1.68
80	0.26	1.82	0.09	1.62	2.51	1.46	2.90	1.39
85	0.25	1.58	0.15	1.31	2.10	1.18	2.33	1.04
90	0.20	1.33	0.19	1.08	1.66	0.93	1.81	0.82
95	0.11	0.88	0.04	0.81	1.33	0.48	1.51	0.47

注：Δ_1、Δ_2分别指2005~2010年和2010~2015年的变化量

时间变动上，自理预期寿命和预期寿命在每个年龄段上持续增加，表5-9展示了预期寿命和自理预期寿命在2005~2010年和2010~2015年的绝对量变化。无论是城镇地区还是农村地区，预期寿命变化的绝对量增加进一步扩大，而自理预期寿命的增长正在缩减。例如，农村80岁老年人口的预期寿命从2005~2010年增加了0.09年，而从2010~2015年增加了1.62年；而自理预期寿命与之对应的增长量从2.90年缩减为1.39年。此外，我们还能发现，在前五年，农村预期寿命的增长在各年龄段都小于城镇地区，而在后五年中，农村的增长变化已经领先于城镇，对于自理预期寿命而言，农村的增长量也总体高于城镇。种种现象表明，城乡之间的差距在进一步缩小。

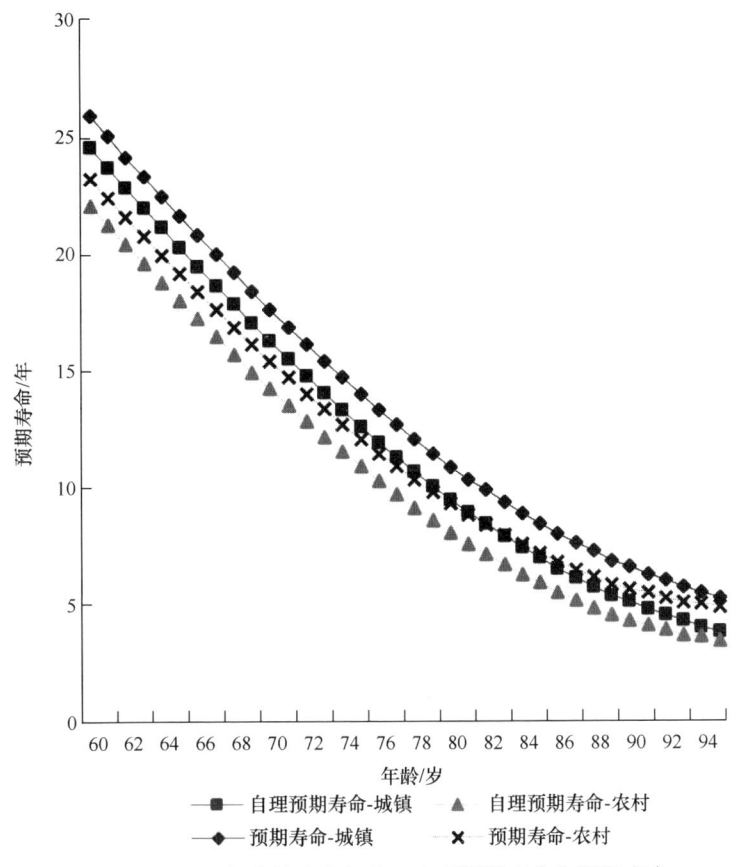

图 5-10 2015 年分城乡老年人口自理预期寿命和预期寿命

分城乡来看，城镇的预期寿命和自理预期寿命在各年龄段均高于农村地区，城乡差异随着年龄的增加在不断减小。预期寿命的城乡差异随着时间的变化有轻微扩大的趋势，自理预期寿命的城乡差异却随着时间变化有着较为显著的下降。2005 年 60 岁城镇老年人的自理预期寿命比农村高 3.40 年，2010 年的这一差异为 2.81 年，到了 2015 年，这种差异只有 2.51 年，但较高龄的老年人的这一差异没有持续减少。

2. 自理预期寿命占预期寿命比重的变动

自理预期寿命占余寿的比重（DFLE/LE）反映的是自理预期寿命与预期寿命提高的相对速度，如图 5-11 所示。总体来看，随着年龄的增长，自理预期寿命占余寿的比重在下降，因为年龄越大，老年人口的生活自理能力越低。

值得注意的是，从 2005 年到 2010 年，DFLE/LE 比值在男性和女性的各年龄段均有显著提高，且随着年龄的增加，提升的幅度也越来越大。例如，2005~2010 年 60 岁的男性自理预期寿命占余寿的比重提高了 14.46 个百分点，女性提高了 18.57 个百分点，而 80 岁的男性和女性这一数值分别提升了 31.21 和 33.82 个百分点。而从 2010~2015 年，比例升高趋势不再，自理预期寿命占余寿的比重与 2010 年几乎持平，在数据上出现了轻微的下降。

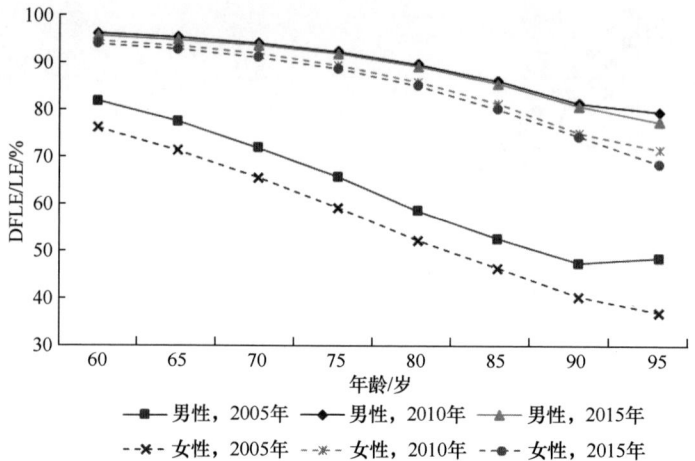

图 5-11　2005~2015 年分性别老年人口自理预期寿命占余寿的比重（DFLE/LE）

资料来源：2015 年数据根据 1%人口抽样调查数据整理计算，2005 年、2010 年数据来源于杨胜慧等（2012）的计算结果

从老年人口 DFLE/LE 比值的变化趋势可以看出，中国老年人口的自理预期寿命在余寿中的比值在 2005~2010 年处于扩张状态，符合 Fries 提出的"功能残损的压缩理论"，而在 2010~2015 年基本维持平衡，出现了轻微下降的趋势，符合"动态均衡假说"，或可以认为开始朝着"功能残损的扩张理论"方向发展。老年人口的自理预期寿命虽然在绝对量上增加，但占预期寿命的比重并未提高，甚至开始出现下降。这意味着我国老年人口的存活时间虽然还在不断延长，但延长的生命中自理生活的时间并未以相同的速度延长，而是慢于其发展变化。

2015 年分性别的老年人生命自理预期寿命如表 5-10 和表 5-11 所示。

表 5-10　2015 年老年人的生命自理预期寿命（男性）

年龄（x）/岁	l_x	nL_x	π_x	$L_{x,DF}$	$T_{x,DF}$	$DFLE_x$	$S(DFLE_x)$	e_x	$DFLE_x/e_x$
60	90 202	440 570	0.991 14	436 666	1 957 149	21.70	0.000 015	22.62	0.959 4
65	85 755	413 185	0.985 68	407 267	1 520 483	17.73	0.000 017	18.65	0.950 7
70	79 059	371 669	0.977 34	363 249	1 113 217	14.08	0.000 020	15.00	0.938 5
75	69 036	312 781	0.962 80	301 144	749 968	10.86	0.000 026	11.80	0.920 7
80	55 307	232 873	0.938 43	218 536	448 824	8.12	0.000 040	9.07	0.894 5
85	37 809	147 029	0.896 46	131 806	230 287	6.09	0.000 086	7.11	0.856 4
90	21 197	74 174	0.828 96	61 488	98 482	4.65	0.000 274	5.75	0.808 1
95+	9 504	47 697	0.775 60	36 994	36 994	3.89	0.001 363	5.02	0.775 6

资料来源：根据 2015 年 1%人口抽样调查数据整理计算。下同

表 5-11　2015 年老年人的生命自理预期寿命（女性）

年龄（x）/岁	l_x	nL_x	π_x	$L_{x,DF}$	$T_{x,DF}$	$DFLE_x$	$S(DFLE_x)$	e_x	$DFLE_x/e_x$
60	95 140	470 086	0.992 61	466 612	2 342 575	24.62	0.000 028	26.16	0.941 4
65	92 737	454 361	0.987 31	448 594	1 875 963	20.23	0.000 029	21.76	0.929 5
70	88 668	427 584	0.977 07	417 781	1 427 369	16.10	0.000 032	17.64	0.912 7
75	81 839	383 028	0.959 57	367 541	1 009 588	12.34	0.000 038	13.89	0.888 4
80	70 444	312 695	0.922 87	288 577	642 047	9.11	0.000 051	10.69	0.852 2
85	53 862	223 404	0.858 51	191 795	353 470	6.56	0.000 087	8.18	0.802 1
90	34 828	129 090	0.784 43	101 263	161 675	4.64	0.000 209	6.24	0.744 1
95+	17 544	88 173	0.685 16	60 412	60 412	3.44	0.000 824	5.03	0.685 2

图 5-12 展示了分城乡自理预期寿命占余寿的比重（DFLE/LE）。总体来看，城乡人口自理预期寿命占余寿的比重都随着年龄的增长而下降。

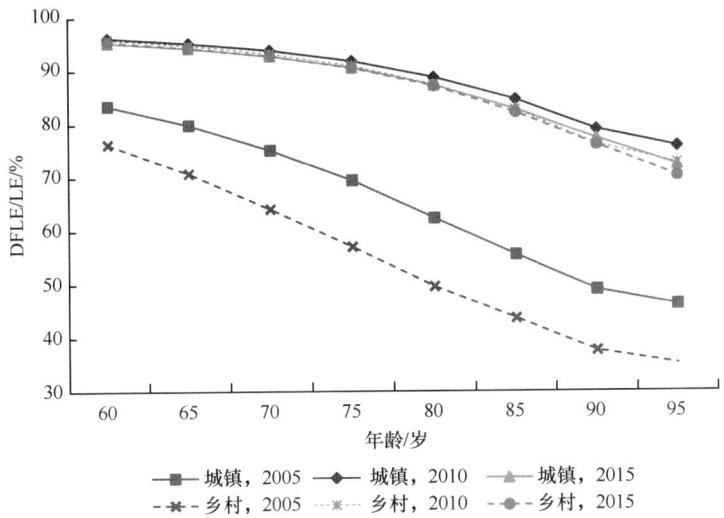

图 5-12　2005 年到 2015 年分城乡老年人口自理预期寿命占余寿的比重（DFLE/LE）

资料来源：2015 年数据根据 1%人口抽样调查数据整理计算，2005 年、2010 数据来源于郭未等（2013）的计算结果

值得注意的是，从 2005 年到 2010 年，DFLE/LE 比值在城镇和农村的各年龄段均有显著提高，且随着年龄的增大，提升的幅度也越来越大，农村的提升水平比城镇更高。例如，2005~2010 年 60 岁和 80 岁的城镇老年人口自理预期寿命占余寿的比重分别提高了 12.61 和 28.81 个百分点，而农村对应的数值分别为 19.46 和 37.54 个百分点。而从 2010~2015 年，城镇和农村的比例升高趋势不再，自理预期寿命占余寿的比重都开始出现了轻微的下降，城市的下降程度略高于农村。

从老年人口的 DFLE/LE 比值的变化趋势可以看出，城乡老年人自理预期寿命在余寿中的比值与全国整体趋势一致。在 2005~2010 年处于扩张状态,符合 Fries 提出的"功能残损的压缩理论",而在 2010~2015 年基本维持平衡,出现了轻微下降的趋势,符合"动态均衡假说",或可以认为开始朝着"功能残损的扩张理论"方向发展。

2015 年分城乡的老年人的生活自理预期寿命如表 5-12 和表 5-13 所示。

表 5-12　2015 年老年人的生活自理预期寿命（城镇）

年龄（x）/岁	l_x	nL_x	π_x	$L_{x,\,DF}$	$T_{x,\,DF}$	$DFLE_x$	$S(DFLE_x)$	e_x	$DFLE_x/e_x$
60	94 570	466 186	0.993 11	462 976	2 314 488	24.47	0.000 026	25.80	0.948 6
65	91 682	447 645	0.988 87	442 661	1 851 511	20.19	0.000 028	21.53	0.938 1
70	87 027	417 939	0.980 79	409 910	1 408 851	16.19	0.000 031	17.53	0.923 2
75	79 627	371 392	0.966 01	358 767	998 941	12.55	0.000 037	13.92	0.901 5
80	68 191	301 221	0.934 08	281 365	640 174	9.39	0.000 050	10.80	0.869 0
85	51 832	214 780	0.879 64	188 928	358 809	6.92	0.000 086	8.40	0.824 1
90	33 708	127 389	0.806 03	102 680	169 881	5.04	0.000 204	6.55	0.769 9
95+	17 858	93 252	0.720 64	67 201	67 201	3.76	0.000 727	5.22	0.720 6

资料来源：根据 2015 年 1%人口抽样调查数据整理计算。下同

表 5-13　2015 年老年人的生活自理预期寿命（乡村）

年龄（x）/岁	l_x	nL_x	π_x	$L_{x,\,DF}$	$T_{x,\,DF}$	$DFLE_x$	$S(DFLE_x)$	e_x	$DFLE_x/e_x$
60	89 957	440 340	0.990 63	436 216	1 975 583	21.96	0.000 019	23.12	0.949 9
65	85 985	415 767	0.984 22	409 208	1 539 367	17.90	0.000 021	19.07	0.938 9
70	79 888	377 414	0.973 77	367 516	1 130 160	14.15	0.000 024	15.32	0.923 5
75	70 494	320 844	0.956 13	306 769	762 643	10.82	0.000 031	12.01	0.901 1
80	56 933	242 144	0.925 24	224 041	455 875	8.01	0.000 048	9.23	0.867 5
85	39 635	156 028	0.867 32	135 326	231 833	5.85	0.000 099	7.15	0.818 2
90	22 727	79 141	0.793 42	62 791	96 507	4.25	0.000 302	5.60	0.758 0
95+	9 984	48 182	0.699 76	33 716	33 716	3.38	0.001 567	4.83	0.699 8

观察自理预期寿命占预期寿命的比重在性别和城乡之间的差异（表 5-14）可以发现，总体而言男性的健康结构优于女性，城镇的健康结构优于农村，但无论是性别差异还是城乡差异总体都比 2005 年有所缩小。2005 年城乡之间的差异程度大于性别的差异程度，十年后，性别差异仍然存在，并未完全根除，而城乡之间的差异已经非常微小，60~75 岁的老年人中，农村老人自理预期寿命占余寿的比重甚至逐步赶上并超过城镇老人。

表 5-14 自理预期寿命占余寿比重的性别差异和城乡差异（单位：%）

年龄（x）/岁	男性-女性			城镇-乡村		
	2005 年	2010 年	2015 年	2005 年	2010 年	2015 年
60	5.67	1.56	1.80	7.12	0.27	−0.12
65	6.17	1.83	2.12	9.02	0.41	−0.08
70	6.40	2.22	2.58	10.99	0.62	−0.03
75	6.54	2.83	3.23	12.29	0.84	0.04
80	6.32	3.71	4.22	12.70	1.34	0.15
85	6.20	4.90	5.43	11.84	1.88	0.59
90	7.10	6.34	6.39	11.34	2.71	1.20
95	11.57	7.99	9.04	10.93	3.10	2.09

（三）结论与讨论

随着社会经济、医疗卫生水平的发展和人民生活水平的提高，我国无论是男性老年人口还是女性老年人口，无论是城镇人口还是农村人口，其预期寿命和自理预期寿命都在不断延长，分别得到了不同程度的增加。时间上来看绝对变化，预期寿命变化的绝对量加速增加，而自理预期寿命的增长正在减速，自理预期寿命绝对量的变化速度被预期寿命的增加量超越。但是按照健康状况的变化来看，自理预期寿命占余寿的比重是一个反映人群健康结构的较好指标，从 2005 年到 2015 年，虽然各人群自理预期寿命占余寿的比重总体都上升了，但是变化的趋势在十年间并非一直遵循既定的规律。具体而言，从 2005~2010 年，自理预期寿命占余寿的比重得到了较为显著的提高，说明老年人口在活得越来越长的同时也越来越健康，这一结论符合"功能残损的压缩理论"，与大多数学者的观点较为一致。而从 2010~2015 年，这一比重在各年龄段均未发生较为明显的变化，甚至出现了轻微下降的趋势，可以认为，我国的健康状况已经开始走向"动态均衡"，甚至出现了"功能残损的扩张"趋势。产生这一现象的原因为自理预期寿命提高的速度正在放缓，相对于预期寿命的增速更加缓慢，在慢性病为主要致死病因的健康转变下，患有慢性病或带残的老年人的寿命也在不断延长，但生命的更多时间却是在不健康的状态中度过的。健康老龄化不仅是寿命长度的延长，更重要的也是寿命质量的改善。老年人口自理比重的提高反映出健康状况的改善，然而改善的程度和空间已经日益缩小，未来想要获得进一步改善的难度将越来越大。现今医疗技术的发展应该更加注重对老年人群健康结构的改善和慢性病的防治，注重治疗而忽视预防的模式不能长期有效地促进我国健康状况的持续优化。

不同性别的健康状况其变化趋势都与整体保持一致，但性别之间存在一定的差异。整体而言，尽管女性的预期寿命和自理预期寿命都高于男性，但这种差异随着年龄的升高在不断缩小，而男性的自理比重、自理预期寿命占余寿的比重基本一直高于女性，这种差异随着年龄的上升呈现扩大趋势。男女之间健康状况的差异虽然总体而言在缩减，但这种差异一直存在，且在近年来差异缩小的趋势已经不再明显。相比男性，女性老年人口在低龄组的自理比重开始反超男性，在高龄组的比重却与男性的差距呈扩大趋势，可以认为，女性各年龄组内部的分化越来越大，高龄女性对日常生活照料的需求更大。健康状况在性别上的差异虽然整体有所缩减，但却一直存在结合。目前实施的是性别中立或盲视的老年福利政策，实际上老年女性的健康需求更大且更长期，但公共收益却低于男性，老年福利政策的实施应当纳入性别意识（卢敏等，2019）。

健康状况在城乡之间的差异，从数值上看，不论是自理比重、自理预期寿命和预期寿命的绝对差异，还是自理预期寿命占余寿比重的相对差异，在 2005 年都超越了性别上的差异，可以认为早期的城乡差异是的确存在并且相当显著的，城镇的健康状况明显优于农村地区，但如今这种差异已经显著减小，城乡之间的差距十分微弱。这种变化的速度在十年间并非恒定的。从 2005~2010 年，农村预期寿命的增长在各年龄段都小于城镇地区，而从 2010~2015 年，农村的增长变化已经领先于城镇，对于自理预期寿命而言，农村的增长量一直高于城镇。种种现象表明，城乡之间的差距在进一步缩小。尽管预期寿命的城乡差异随着时间的变化有轻微扩大的趋势，自理预期寿命的城乡差异却随着时间变化有着较为显著的下降。这说明在健康结构的优化上面，农村获得了比城镇更快速的发展，这一方面可能是由于农村的发展滞后于城镇，城镇在已经获得较好健康改进的前提下想要获得进一步改进相对而言更加困难，另一方面可能是由于城镇地区面临着不合理的饮食结构、体力活动频率降低、环境污染加重等新的城市问题，产生了一些健康风险。如何根据城乡健康事业发展所处的不同阶段制定针对性政策，是未来值得探讨的关键。

第四节　老年人的认知与失智

根据国际阿尔茨海默病协会（Alzheimer's Disease International，ADI）的数据，截至 2015 年底，中国失智老人规模达 950 万人（ADI，2015）。在 2030 年之前，在基数变大的同时，中国失智老人的规模还将经历一个相对快速的增长阶段（ADI，2015）。目前失智老人绝大部分生活在家中，由其配偶或子女等家庭成员提供长期护理服务。随着失智老年人口数量的迅速增加，同时子女人数减少，家庭规模缩小，由家庭成员提供护理服务的模式将面临巨大挑战。失智老人与失能老人同样需要他人照料，但具体的照料需求与普通失能老人存在明显区别（ADI，

2013),因此在构建适用于中国的失能老人长期护理体系的同时,必须对失智老人的长期护理进行专门的讨论,并设计符合国情的资金筹措和服务供给模式。

一、失智老人概述

(一) 失智症定义与特征

随着年龄增长,由于大脑结构和机能的下降,个体的认知能力会出现不同程度的衰退。当这种衰退的幅度和速度远高于正常老化的速度时,老年人可能被诊断为患有失智症。

从进展过程来看,失智症可分为退行性失智症和血管性失智症。前者是指随着时间推移,大脑功能的持续衰退导致认知功能逐渐退化的失智症,主要包括阿尔茨海默病、额颞叶型失智症、路易氏体型失智症,发病进程较为缓慢,但随时间不断恶化且不可逆;后者指由脑血管疾病,如中风、脑梗等所引起的失智症,症状表现较为复杂,依其受损的脑部位和受损程度而定,通常不会随时间推移进一步加重,还有可能通过康复训练得到一定程度的恢复。上述几类失智症中,阿尔茨海默病最为常见,可能占到所有失智症病因中的50%~75%(ADI, 2009)。

目前对失智症(特别是退行性失智症)没有有效的治疗和干预方式,认知功能衰退对老年人日常生活能力产生影响,给病人自身和亲近的家庭成员带来巨大压力,对医疗系统产生极大需求,并将成为长期照料的沉重负担(ADI, 2014)。失智症患者,特别是阿尔茨海默病患者,最终将失去生活自理能力,在疾病的最终阶段将完全依赖于他人的照料。重度失智症患者对照料的需求有别于轻中度患者,因为在经济影响估算中,把轻中度划归为阶段一,而重度划归为阶段二。从阶段一转化为阶段二的比例为每年11%(Brookmeyer et al., 2007)。从发现到入住养老院护理的时长平均为6年(Stern et al., 1997)。

失智症所带来的包括个人、家庭及社会三个层面的影响包括:对患有失智症的老人而言,健康状况不佳、残疾、生活质量受损和预期寿命缩短;失智症患者的家人和朋友是护理和支持系统的基石,但他们往往在异地居住,因此长期的护理将对他们的身心带来消极影响;社会,通过政府开支或其他方式,为失智症患者提供健康和社会护理的资金,而因此导致生产力机会成本的丧失,失智症所带来的其他社会影响可能难以量化,但确实存在。

(二) 失智症患者规模

2015年,全球大约有4680万失智症患者,在未来这个数字将可能翻倍(ADI, 2015)。中国失智老人规模居全球首位,约占全球总数的20%(Song and Wang,

2010）。失智症的发病率显示出社会人口学差异，60 岁以上失智症患病率约为 0.75%～4.69%，65 岁以上者为 5.00%～7.69%，85 岁以上者急剧增加到 40%以上（李智杰，2010）。有研究者在 2013 年基于 74 篇文章进行元分析，发现中国（不包括香港、澳门、台湾）60 岁及以上人口中失智症患病率总体估计为 4.6%（Ma and Wu，2006）；他们在 2018 年加入最新文献再次进行分析，估算出失智症的患病率约为 5.3%（Wu et al.，2018），折合总规模超过 1100 万人。根据多方报告和文献，2018 年中国 60 岁以上患有失智症的老年人口规模在 1000 万人左右。以 2018 年中国约每户 3.0 人的平均户规模计算，超过 3000 万人受到老年失智症的影响。然而，有 76%的老年失智症患者不认为自己患有失智症，同时患者的家庭成员中有 50%的人并没有意识到家中老人患有失智症。而仅有大约 2%的患者可以得到正确的诊断和治疗（Song and Wang，2010）。

（三）失智症的经济影响

由于目前对退行性失智症没有有效的治疗和干预方法，随着时间推移，患者对护理的需求逐渐上升。失智症带病生存期长达 4～8 年，其治疗与护理成本高昂。2015 年，全球为失智症花费了约 8180 亿美元，约占全球 GDP 总量的 1.09%；在 2018 年花费 1 万亿美元，而到 2030 年将花费 2 万亿美元（ADI，2015）。2015 年失智症患者平均每人花费从 872 美元（南亚）到 56 218 美元（北美）不等，东亚地区每人每年花费约为 4397 美元。

根据国际阿尔茨海默病协会早期研究，2009 年全球失智症花费约为 4210 亿美元，而中国的花费约为 410 亿美元，约占全球的 10%（ADI，2009）。

Wang 等（2010）对 2005～2006 年上海市阿尔茨海默病的经济影响进行估算，每个病人每年的直接花费约为 8432 元人民币（折合当年美元约为 1058 美元），间接花费约为 10 568 元人民币（约 1326 美元），总花费约为 19 000 元人民币（折合约 2384 美元）。Wang 等（2010）对 2008～2009 年北京市阿尔茨海默病老人非正式照料所花费的时间和价值进行估算，发现家人每月为阿尔茨海默病患者提供个人日常生活照料（包括穿衣、吃饭、如厕等）时长从 24.9 小时（轻度）到 172.5 小时（重度），折合价值为每年 903 美元到 6259 美元，平均为 2723 美元；提供工具性日常生活照料（如购物、出行、吃药等）时长从 111.4 小时到 210.7 小时，折合价值每年 3318 美元到 7645 美元，平均为 4111 美元；提供监护照料（预防失火、自伤、走失等）的时长为 24.0 小时到 170.1 小时，折合价值为每年 871 美元到 6172 美元，平均为 2841 美元。整体算来，每年每位病人获得的非正式照料价值 9675 美元。Keogh-Brown 等（2016）基于阿尔茨海默病流行病学模型和可计算一般均衡（computable general equilibrium，CGE）模型，对阿尔茨海默病对中国宏观经济的影响进行估计，认为如果完全排除阿尔茨海默病的影响，中国 2011～

2050年的GDP将增加8万亿美元（净现值）；每位阿尔茨海默病患者的GDP净现值影响为45 300美元；2011年阿尔茨海默病对GDP产生的经济负担为150亿美元，而到2050年将增长到5590亿美元，增长35倍之多。由于数据的限制及不同研究所采用的估算模型存在差异，有关失智症对经济的影响在不同研究中所得结论差异较大，但无论具体数字如何，毋庸置疑，失智症给中国家庭和社会带来了巨大的经济负担。

（四）失智症的筛查与诊断

虽然失智症无法治愈，但通过早筛查、早诊断、早干预，还是可以在一定程度上延缓认知功能衰退的速度和程度，从而维持老年人的生活自理能力，减轻照料负担，提高老人生活质量（ADI，2011）。借助有效的工具，可及时发现老年人认知功能障碍，为失智症的诊断和干预争取时间。目前国内外比较通用的老年人认知筛查工具包括简易精神状态检查（mini mental status examination，MMSE）、蒙特利尔认知评估（Montreal cognitive assessment，MoCA）和画钟测验，此外，国外临床和初期护理机构中常用的评估工具还包括标准简易精神状态检查（standardized mini-mental status examination，SMMSE）、简易智力测试量表（abbreviated mental test score，AMTS）、迷你认知量表（Mini-Cog）、全科医生认知评估量表（the general practitioner assessment of cognition，GPCOG）等（Woodford and George，2007；朱敏捷等，2010）。

筛查工具通常都比较简单，测试时间从2分钟到25分钟不等。各工具诊断失智症的敏感性和特异性各异，但均可有助于临床医生和人员发现老年人的认知功能衰退现象，然后进一步寻求专业人士帮助，进行失智症诊断。但无论国内还是国外，老年人失智症的筛查和诊断一直是一大难题，相关工作人员对简易认知功能测试的误解会导致痴呆的误诊、漏诊，当然筛查工具的滥用也有可能导致失智症的过度诊断。

目前国内并不缺乏简易认知功能筛查工具，常用的MMSE、MoCA、GPCOG等测验都已经进行了中文版修订，其中GPCOG还进行了粤语版的施测研究。因此，工具并不是中国老年失智症筛查和诊断的主要短板，家人、医生和护理人员的意识和技能缺乏是其中更主要的障碍。

二、我国失智老人长期护理体系现状

（一）我国失智老人长期护理相关政策

过去几年来，中国政府高度重视老龄健康服务政策规划和体系建设，老年人长期照护的制度保障体系初具雏形，失智症患者也有所获益。首先，2018年修正的《中华人民共和国老年人权益保障法》和修正的《中华人民共和国精神卫生法》，从立法层面保障了失智老年人的健康权与照护需求权，不过失智症的相关内容仅被包含在传统的"精神卫生""失能"等条款中，尚缺乏针对性条款。其次，近年来，中共中央、国务院发布的《"健康中国2030"规划纲要》（2016年），国务院印发的《"十三五"卫生与健康规划》（2016年）和《"十三五"国家老龄事业发展和养老体系建设规划》（2017年），以及国家卫生和计划生育委员会等颁布的《全国精神卫生工作规划（2015—2020）》（2015年）四项顶层设计文件分别从全民健康、老龄健康、服务保障、精神卫生角度，提出加强建设失智症疾病预防、服务供给体系的计划。但是，各规划并未具体明确失智症照护体系的建设目标，也未出台针对失智症长期护理的专门文件和政策，失智症长期护理政策顶层设计亟待完善。

（二）我国失智老人长期护理服务实践

目前我国失智老人的长期护理由家庭照料、社区服务和机构照料三部分构成，呈现以居家照料为主，机构照料为辅，社区服务为补充的基本局面。

1. 失智老人的居家照料

绝大部分失智老人目前主要接受家庭成员照料（董晓欣等，2017）。提供失智症照料的主要人员包括患者配偶和子女。多项调查均发现配偶是为失智老人提供服务的最主要人选，由配偶提供主要照料的失智患者比例在30%～60%（张睿，2007；张云，2010；王婧等，2014；杨振等，2013）；其次是子女。多项调查一致地发现，照料者平均年龄为50～60岁，这与被照料者的年龄及照料者自身的生活安排有关，退休并且身体基本健康的中老年人更可能成为失智老人的照料者。

居家照料工作量巨大，Wang等（2010）的调查对失智老人需要个人生活照料、工具性日常生活照料和安全看护照料的时间进行估算，每月平均需要160.3小时到553.3小时。张睿（2007）调查发现，每天照料时间约为11个小时。在杨振等（2013）的调查中，25%的照料者由于要照料失智老人而减少或停止工作，减少工作的人平均减少工作时长23小时/周，停止工作的人在照料患者期间，平均停止工作时间为27个月。

相对于其他失能老人，由于认知功能衰退，失智老人通常伴随行为问题，并且有特殊的心理需要，对照料者的照料技能有更高要求。但目前我国失智老人的家庭照料者缺乏专业训练，有关失智的知识和照料技能严重不足。首先，失智老人的发现仍存在困难，这主要是因为大部分居民缺乏相关知识，并认为痴呆不是病。狄红梅和陆虹（2008）调查显示，47%的失智老人照护者认为，病人的状况是自然衰老的结果。其次，失智老人的家庭照护内容尚不能满足需求。失智老人的照护内容主要包括生活照护、精神慰藉和康复性照料。但目前以看护为主，缺少精神慰藉、康复性照料等。最后，失智老人照护者普遍缺乏相关的沟通技巧与安全照护知识，影响了照护水平和患者的生活质量。郭振军等（2016）调查发现，仅有6.52%的照料者接受过某种形式的痴呆照护训练，而有59.84%的家属照料者存在照料培训的需求。蔡桂兰等（2016）在门诊对失智者家属的调查中发现，专业照料知识技能不同项目的需求不同，但最低的关于失智症的专业知识的需求都达到了91.2%。

失智照料负担之重，难度之大，给家庭照料者造成了巨大的身心压力。研究表明失智症家庭照顾者心理疾病的发生率在40%~75%，明显高于其他照料者，且容易罹患心血管、免疫系统等疾病，抽烟、酗酒等不良习惯形成率较高。再者，由于照顾失智老人，照护者需牺牲较多社交活动时间，甚至放弃工作，进而产生社交隔离，从而压力过大、不堪重负，这也是失智老人入住养老机构的推动力之一，而提供支持、教育和训练等干预是减少或推迟失智老人入住机构的积极因素。

2. 失智老人的社区照料

根据认知功能衰退程度，失智可分为轻度、中度和重度。对于轻度和中度失智的老人来说，在熟悉的环境中生活并得到熟悉亲朋好友的照料，对其身心健康有积极意义，是更为适宜且经济的选择。但是目前失智老人的家庭照护者通常不具备失智护理的专业知识和技能，并且在照护过程中会遇到很多困难和压力，社区服务可以减轻家庭照料者的压力，提高照护水平，是提升居家照护质量的重要途径。

中国目前针对失智老人的社区服务正在起步阶段，一些地区已经开始了有益的尝试，但服务内容单一，涵盖面小，在失智老人照护中所起作用相当有限。首先，失智老人社区服务主要集中在经济发达地区，如上海、山东、北京、广东和浙江等东部地区，中西部地区有关失智老人的社区服务微乎其微。其次，失智老人社区服务内容主要停留在初级层面，社区所开展的失智症相关服务最常见的形式是失智症宣传教育，帮助社区居民了解、认识失智症，增强对失智症的意识，从而有助于早诊断、早干预。宣传教育当然也是失智症社会服务中的重要及必要的内容，但对于失智老人家庭来说，此类教育服务并不能起到真正直接的作用。失智症家庭所需要的直接的照护技能训练、照护资源咨询和链接及喘息服务还相对较少。最后，失智老人社区服务对象范围相对狭窄，一些城市开展社区服务只针对经济困难家庭，或者本市（区）户口老人，因此相当数量有需要的家庭被排除在外。

目前青岛失智症社区服务走在了全国前列。在2016年9月青岛启动"中英（青岛）社区失智者照护体系建设试点项目"，借鉴英国失智者社区照护经验，制订中英（青岛）社区失智者照护体系建设试点项目实施方案，并选定8个社区作为试点单位，为失智老人提供机构照料、社区日间照料和喘息服务。在 2017 年 1 月，将失智老人纳入长期护理保险，并建立 10 处社区失智老人照护示范中心，在当年 11 月全部投入使用。

3. 失智老人的机构照护

根据我国"十三五"规划中提出的"以居家为基础、社区为依据、机构为补充"养老服务体系，机构养老是相对小的部分。但相对于其他失能老人，失智老人由于有更高的照料需求，更有可能入住养老机构，从而获得更专业和全面的护理。在发达国家，失智老人入住各类养老机构的比例明显高于其他失能老人（ADI，2013），但在中国，失智老人入住机构遇到重重困难。

首先，失智老人入住机构意愿受制于传统观念。中国法律规定子女有赡养老年父母的义务，而中国传统观念更是认为亲力亲为地照顾父母才是真正的孝顺，这些观念使得无论是老人自身还是家人都将失智老人送入机构接受照料作为最后选择，认为将老人送入养老机构是不孝的表现，因此尽可能将老人留在家中，由配偶和子女共同护理。传统观念阻碍了失智老人获得高质量专业机构照护的机会。

其次，接收失智老人的机构数量有限且资源不均。虽然失智老人入住养老机构的意愿受到传统观念的影响，阻碍失智老人入住养老机构接受护理的主要原因还是机构数量严重不足且资源不均。截至 2017 年，我国注册登记的养老机构已达 2.8 万余家，养老床位近 700 万张[①]。以中国目前 2.3 亿老年人口计算，养老床位已经达到每百人 3 张的水平，数量已逐渐接近规划要求和发达国家水平。但是养老机构的专业发展水平有限，大部分养老机构不具备对失智老人进行护理的能力，有行动能力的失智老人在申请入住机构时极有可能被直接拒绝，也有可能在被接收后得不到适当的照料，而导致身心健康受到进一步损害。以养老服务体系发展位居全国前列的上海为例，513 家养老机构中有 339 家收住了失智老人（包括入院前已失智患者和入院后随病情发展新增的失智患者），仅占入住老人总数的 8%（孙国根，2014），远低于发达国家 30%～50%的水平（ADI，2013）。目前全国各地已出现一些专门收治失智老人的养老机构，可为失智老人提供专业的照护，但数量少、规模小，远远无法满足失智老人及家庭的需要。不仅数据有限，资源更为不均。目前收集到的机构的信息绝大部分来自城市，农村失智老人的机构照护几乎为零。此外，在一些运营状况较差的养老院，会为了经济目的而接收失智老人却无法给予适当照料；而软硬件设施较好的养老院，却可能由于费用高昂而使老年人望而却步。

最后，失智老人机构护理费用高昂。国内目前提供失智老人照护的机构包括公立或非营利性和民营养老机构，其中公立的或非营利性的失智老人护理机构极

---

① http://news.cnr.cn/native/gd/20180102/t20180102_524084737.shtml.

少,而民营的养老机构通常价格不菲,费用从每月 5000 元到上万元不等。近年来有不少企业注资养老产业,在各大城市建立各种类型的养老机构,抢占养老地盘。资本是以利润为唯一目的的,此类养老机构、养老服务企业的出现也许可以为失智老人的机构照料提供一定的资源,但其收费明显高于中国普通家庭可承受的水平,这成为中国失智老人接受机构照护的又一巨大障碍,中国家庭可承受的失智老人护理机构数量远未能满足实际所需。

(三)我国失智老人长期护理的资金筹措

目前我国失智老人的长期护理费用主要来自个人支付。我国从 2017 年开始在 14 个城市开展长期护理保险试点,青岛率先将重度失智患者的长期护理费用纳入保险范围之中,随后有多个城市都将失智纳入保险。将失智纳入长期护理保险的城市,大部分主要涵盖的是机构护理,能在一定程度上减轻失智症患者及家庭的经济负担。但机构护理并非失智老人的首选,大量的照料负担主要还是落在家庭和社区,因此只覆盖机构护理的长期护理保险对失智老年人护理的资金筹措所起作用相对有限。

三、我国失智老人长期护理体系建设政策建议

(一)加强调查和数据库建设,准确掌握失智老人规模及照料需求

目前我国对于失智老人的规模估算是比较模糊的,不同研究所得数据差异较大,特别是在广大农村地区。底数不清、情况不明为失智老人长期护理体系的政策制定、产业规划及服务布局都带来了障碍。建议将认知功能简单筛查纳入基本公共卫生服务中 65 岁以上老人免费体检项目,在社区层面加强对老年人失智症的初筛,可以对中国失智老人规模有更准确的把握,同时促进早筛查,实现早诊断、早干预,通过多种手段尽可能提高老年人的生活自理能力。此外,建议在全国代表性的老年人大型调查中加入认知功能测量,有助于更全面地了解失智老人基本状况、家庭结构及照料需求。

(二)充分认知失智症的社会及经济风险,把失智症照护体系建设纳入政府战略规划

随着我国人口预期寿命的延长,失智症这一类与年老密切相关的疾病,日益成为影响我国社会经济发展的重大风险因素。同时受到计划生育政策的影响,我国家庭规模持续减少,失智症老人目前绝大部分由家庭提供照料的模式将难以为继。政府应组织有关部门和机构抓紧研究"对抗失智症"的战略决策,借鉴国内

外先进经验,从我国的国情出发,围绕预防治疗和长期照护两个重点环节,制定中长期应对战略,确定工作目标,明确部门责任,落实具体措施,动员全社会的力量,推进失智症防治和照护体系的建设。

(三)不断完善失智症患者治疗照护保障政策,加快推进长期护理社会保险试点工作

现行政策对失智症的用药规定欠合理,自费比例过高、使用范围过窄。一些治疗阿尔茨海默病的常用药(如美金刚),规定只能是重症患者,在三级医院住院治疗才能纳入医保报销,大大增加了患者的负担,且极不利于引导患者早期治疗及在社区门诊治疗。应尽快放宽用药范围,增设失智症药物治疗的门诊大病病种,鼓励患者在社区和居家治疗。同时应加快扩大长期护理社会保险的试点地区范围,并在各试点明确将失智老人的照护纳入其中。目前一些城市,如青岛,已开始实施将入住机构的重症失智老人的照护纳入长期护理保险的试点中,但是对各类失智老人的社区和居家照护尚未纳入保障范围。应加快试点步伐,在完善长期照护保险制度的同时,逐步扩大失智症照护的保障范围,促进社区照护体系的完善。

(四)探索对失智症非正式照料者的政策支持和专业帮助

就大多数失智症患者来说,由家属(主要是配偶和子女)提供的非正式照料是其照护的绝对主力,当下的中国尤其如此。长期的、单调的、看不到希望的照护,使照护者身心疲惫,承受着身体、精神和经济的巨大压力,整个家庭的生活质量低下,亟待得到社会的援助。政府应借鉴国际经验,制定政策,给予支持:对家庭照护者提供系统、免费的专业培训,提高照护技能从而减轻照料压力;同时提供必要的心理疏导和社会支持,降低照料者出现各类身心疾病的风险;探索失智老人机构托管机制或居家代管机制,为家庭照护者提供喘息服务;对于符合长期护理保险制度支付条件而由家属照护的患者,应给予照护补助。

(五)培育专业照护服务资源,完善失智症社区及机构照护体系

与其他失能者相比,失智症患者需要照护的时间更长、成本更高,照护技能的要求也有很大的差别,因此对照护者进行失智症知识和照护技能的培训是非常必要的。为提高失智症患者照护人员的专业技能,英、德等国对开展相应的培训非常重视,国家层面都做了制度性安排,职业学校有专门课程,也有失智症协会等社团的常年培训,我国应探索养老护理职业资格的细分,促进失智照护的专业化。可在原"养老护理员"职业资格的基础上增加失智照护的内容,编制教材,确定标准,实施规范化培训,并纳入长期护理保险系统备案,持证上岗。

在提高照护机构工作人员针对失智老人专业素养的基础上，可明确对机构接收重度失智老人的要求，应当通过长期护理保险政策的引导，让机构为重度失智症老人划出专门区域，进行适宜化、安全性改造，配备专业照护人员，提供专业化服务，以解燃眉之急。同时，大部分的失智症患者虽然在家中居住，但其家庭照护人员也离不开专业机构的支持和帮助。因此，当务之急是要大力扶持社区失智症专业照护机构的发展。应结合在社区发展小微养老机构，布局建立以服务失智症患者为主的专业照护机构。考虑到社会需求和将来的运营成本，政府在资金补助上应予以倾斜；在建设标准上要更具灵活性，允许突破现行小微机构10～30张床位、每床建筑面积不少于30平方米的规定。可通过"公建民营"等方式引进社会组织承接日间照料中心，具备条件的改造为失智症患者照护中心，为社区失智症患者提供日间照护、短期托养及定期入户服务。社区小微养老机构和日间照料中心托管及日间照护的失智症患者，也应逐步纳入长期护理保险的保障范围。

第六章　重新定义老年标准

什么是老年？在当今世界上这个问题似乎是显而易见的，没有明确的老年定义就不可能引发对人口老龄化现实与前景的认识和探讨。然而，老年定义在较长时间的历史演进中虽然其年龄起点已有比较清晰的规定，但其依据却是相对含糊的。老年的定义和划分标准是认识老龄社会所有方面的基础，事关对老龄社会的发展预期和政策设计，无论从理论上还是从实践上，都是极其重要的。

第一节　老年定义：从历史到现实

一、老年传统标准的历史演进

老化是人类的自然进程和必然趋势，老年在这一进程和趋势中处于最终阶段。自古以来，关于老年的年龄起点众说纷纭。时代变迁和地域分化造成了预期寿命的差异，这固然会让老年的定义因时因地而变，老年的年龄起点也因此不尽相同，但更加重要的则是，由于在对老年进行定义时所秉持的标准不一、依据有别，故而出现了对于老年年龄起点的分歧。

一种最为直观的老年定义标准是基于人类体表特征的变化。中国东汉时期成书的《说文解字》在对"老"加以解释时曾经提出："考也。七十曰老……言须发变白也。"在其作者看来，老年时期是"须发变白"的衰朽状态，70岁及以上才能算作老年。可见，生理表征在古代是定义老年的重要依据，人类机体所外显的退行性变化常被看作老年时期的典型特质。受医学认识水平的限制，人类体内特征随年龄变化而发生的变化当时还未被充分察觉，也没有成为定义老年的基本标准。

70岁的老年年龄起点在平均预期寿命可能也就只有20多岁的古代社会显得有些不可思议。但这不单单是《说文解字》的一家之言，早在《礼记·曲礼》中就有类似的文字："七十曰老，而传。"[①]此处说的是，到了70岁称为老年，可将家事托付后人。这在一定意义上表明，把70岁作为老年起点还考虑到家长制下长辈在家庭资源代际传递中的决定性作用：70岁之前还未进入老年期，能够支配

[①] 除此之外，《国语·吴语》注和《公羊传·宣十一年》注中也有相同的年龄界定。

家庭资源①，而进入老年期之后，就可以放弃对资源的掌控权。可见家庭规制等因素也能给老年定义提供依据。

中国古代的老年定义不单参考了上述标准。事实上，从社会经济领域出发进行年龄的划分往往更加普遍。因为不少朝代都会执行"免老"政策，对于封建统治者而言，老年定义标准将直接关系到赋税征收以及兵役、徭役征发所要面向的人口规模。按照《汉官旧仪》所载"无爵为士伍，年六十乃免老"可知，秦汉时代根据税役的需要，将60岁定为平民的老年起点。此后的各朝各代虽然把老年的起点年龄一变再变，但都大抵与之相当，《文献通考·户口考》中有载"晋武帝、北齐武成帝以六十六以上为老，隋文帝以六十为老，唐代宗以五十五为老，宋太祖以六十为老"。总的来看，税役是古代定义老年的主要社会经济依据。

不过，到了近代，老年官方标准的制定已经基本不再考虑税役的需要，而是更为关注社会保障的需求。19世纪末期，德国率先颁布对老年人给予救济的法令，其中以65岁作为获取保障金的起始年龄，五六十个欧美国家在这之后沿用了该标准。例如，1935年美国推出的《社会保险法案》等。从古代到近代，尽管老年定义实现了从免除税役的恩赐性质向提供保障的福利性质的转变，但在上述框架下也始终是统治者意志的集中体现。相当长的时间里，这种恩赐和福利所涉及的老年人口较少，从而在很大程度上削弱了其在社会经济层面定义老年的价值和意义。

在人口学方面，老年定义最早还是从人类（主要是指女性）是否保有生育能力这一角度着眼。瑞典学者桑德巴（Sundbarg）在20世纪初提出了经典的人口年龄结构类型划分，其中老年的起点定为50岁（邬沧萍，1999）。该定义虽然在生理层面有着较为明确的依据，但到20世纪中叶以后却不再得到普遍认可，原因就是仅用生理标准界定老年，通常难以与经济社会发展的现实需要相适应，老年定义归根到底不是一个纯粹的自然和生理问题。这一时期随着人口老龄化的逐步蔓延、不断深化，在联合国的推动下，老年人口问题日益受到重视。作为问题的核心，老年定义渐渐稳定为两大方案：其一，受联合国委托，法国学者Pichat等于1956年出版的《人口老龄化及其社会经济后果》使用65岁的起点设定，该书主要聚焦西方发达国家，老年定义基本上与当时这些国家退休和社保的政策标准相一致，延续了德国老年救济法令的思路；其二，1982年的联合国老龄问题世界大会又提出了60岁的起点设定，20世纪六七十年代发展中国家人口老龄化态势显现是该定义兴起的重要背景，由于要将发展中国家纳入老龄研究的范畴之中，60岁的起点设定比65岁更能有效反映发展中国家的经济社会发展状况，这为老龄问题的国际比较提供了可能。时至今日，这两种老年定义的方案已被普遍认可和广泛应用②。

---

① 例如，"六十曰耆，指使"讲的是，60岁称为耆年，可凭资历经验指使青壮年做事。
② 近些年来，中国国家统计局的年度统计公报中同时公布60岁和65岁为起点的老年人口规模。

二、动态定义老年的现实要求

纵观上述历史演进的过程能够发现，虽然老年定义并非都是标准随意、依据欠缺，但却带有极为明显的盲目性和极为突出的混乱性。无论是依据生理表征和家庭规制设定的 70 岁标准，还是依据免除税役和提供保障设定的 55 岁至 66 岁标准，抑或是依据是否保有生育能力设定的 50 岁标准，其对于老年的理解都是比较片面、单一的，对于老年定义的依据和解释都是模糊、缺乏的。甚至包括联合国的两种方案在内①，关于老年始终未能形成维度多元、层次分明的界定标准和分类依据，更加重要的是，由于长期执行静态、固化的老年定义，老龄社会的真实影响无法得到有效估计，一些带有误导性的认识往往会让老龄化的应对之策、变革之举失之偏颇。从这个角度来看，既要科学、全面地定义老年，也要动态、弹性地定义老年，其不仅对规范老龄研究具有理论价值，而且对服务老龄社会具有现实意义。

如果将老年定义与生产劳动相关联可以看到，在历史演进的过程中，两大因素对老年定义的动态、弹性变化提出了现实要求。一方面，健康素质不断改善，工作承担的能力得以延展，以前 50 岁的人难以胜任的生产劳动，现在交给 60 岁的人都不会遇到困难，老年定义就应该随之做出相应的改变。平均预期寿命是健康素质的集中反映，19 世纪末 20 世纪初，西方发达国家的平均预期寿命只有 50 岁，这一时期的心理学家弗洛伊德（Freud）将 45 岁视为老年工人的年龄起点，在他看来，当一个工人超过 45 岁时，他的工作能力与生产效率就不再与年轻的工人相一致，应该被定义成老年（刘长茂，1991）。而今，西方发达国家的平均预期寿命已经在 80 岁上下，退休年龄基本达到了 65 岁，明显改变了老年的定义。另一方面，工作性质逐渐转型，工作所需的体力相对弱化，工业化和城市化加快推动了机械普及、技术革新，以前只有年轻的工人才能手工搬运的货物，现在交给年长的工人操作相关设备也能实现，达到一定年龄之后，工作能力与生产效率可以借助机械和技术的力量得以维持，也就不能继续据此定义老年起点。此外，产业结构升级换代，第三产业和高新产业占据主导，也降低了对从业人员的体力要求。这种背景下，随着人口健康水平的持续提升，现在许多欧美国家正试图将退休年龄在 65 岁的基础上后延。动态、科学地定义老年不仅仅是人口变迁的必然要求，同时也是社会发展的内在要求。

近半个世纪以来，经济飞速发展，科技迅猛进步，新兴行业不断兴起，交通通信技术的发展使得人与人之间的联系日益密切，尤其是互联网的普及促进了信息的飞速传播，极大地改变了人们的生产生活方式，提高了人们的生活便利程度。

---

① 联合国也在当时的文件中承认这种划分标准是硬性的。

从生产层面来看，随着科技的发展、产业结构的升级转型和城市化的进程，逐渐降低了人们从事的生产劳动对体力的要求，而对经验积累、创新能力和生产效率的要求不断提高。从生活层面来看，居住条件的改善、医疗技术的进步和各式各样辅助设备的发展，使人们独立生活的能力相对增强，在过去的生活环境下无法自理的人，在现有环境中可能无须他人帮助仍能维持较高的生活水平。

在时代发生巨大变化的背景下，老年人群体也在不断发生着改变。由于社会不断发展进步，处于同样年龄的不同世代人口，其预期寿命、受教育水平、身心健康状况、财富积累状况、社会适应能力都有着很大的差别，后世代的人口往往要在诸多能力上要优于前一世代的人口。在中国，老年人口规模大增长的时代同时也是老年教育水平大提升的时代，人口结构老龄化的过程，同时也是老年人口知识化与现代化的过程，老年群体的人口素质在不断提升。随着20世纪50~60年代出生的人口逐渐进入老年期，和平安定的社会环境、经济建设的飞速发展、医疗卫生水平的不断提高和公共教育的大力推进，使得新一代的老年人将呈现出与过去截然不同的特点，他们有着更高的文化素养、更广阔的见识、更开放包容的价值观、更好的身心健康状况、更强的经济实力和更多元的消费需求。换言之，在不远的将来，老年人的预期寿命将延长，健康状况得以改善，受教育程度不断提高，自理能力增强，他们将不再是传统意义上孱弱、无助的群体，反而是掌握更多财富与资本的消费群体（乐昕和彭希哲，2016）。即使已经进入老年期，退出了劳动力市场，老年人还在以各种形式为家庭和社会做出贡献。越来越多的老年人不再是只能接受子女的赡养，反而在帮助购买住房、提供日常家务帮助、照料孙子女等方面为子孙后代提供着经济和劳务支持；也有越来越多的老年人走出家庭，以志愿者、兼职员工、全职职工等身份积极地进行社会参与，这些老年人不仅不是被抚养者，反而是家庭的支持者、社会的奉献者，是维持家庭和谐、推动社会发展的力量。可见，老年人的社会地位和社会角色发生了极大的改变。

经济的发展和科技的进步极大地增强了社会环境对老年人的支持力，降低了对老年人从事生产劳动和实现生活自理的要求，老年人参与社会的能力正在逐渐超越生理条件的限制，不断延伸和拓展（张文娟和魏蒙，2015）。老年群体的崭新变化也在呼唤对传统观念的变革。无论是社会环境的变化还是人口自身发生的转变，都要求我们必须重新审视老年人与老龄化。

三、重新定义老年的初步探索

当前通用的老年标准以日历年龄为界，将60岁或65岁作为划分老年群体的主要依据。这一做法源自联合国在20世纪50年代和80年代提出的两套方案，其背后有对当时发达国家和发展中国家人口预期寿命、养老保障、社会经济发展程度等状况的考量，且与各国的养老金制度和退休制度息息相关。但是，尽管自20世纪50年代以来，无论是社会环境还是人口状况都发生了巨大的变化，但是这两套标准自其制定之日起却几乎从未有过变动。时至今日，各国政府和学者无论是在分析人口老龄化的未来趋势还是其经济社会影响时，都还是以这两套标准作为基础，即使是在已经推迟退休年龄的国家，其本质上也还是在用日历年龄作为界定老年的标准，只是日历年龄的数值发生了改变。作为一个以日历年龄为基础的静态标准，这一定义存在五大问题：第一，尽管这一标准背后有对各国经济社会发展状况的考虑，但实际上还是缺乏明确的、清晰的依据和解释，日益缺乏说服力；第二，由于60岁或65岁一般是各国老年人退休和领取养老金的起始年龄，因此从本质上看，这一标准是将老年人的退休年龄作为老年的定义，而非以老年的定义作为退休的标准，事实上退休年龄与老年定义存在本质区别，不该完全对等；第三，个体的衰老是一个逐渐演化的过程，不存在某一个年龄前就是年轻，而达到某一个年龄后就立即变老的情况。但这一标准仅以固定的日历年龄作为界定标准，缺乏动态性，实际上暗含着个体在达到某个年龄后就会立即变老的假定；第四，个体的衰老涉及生理、心理、社会适应等多方面的变化，是一个多维度、多层次的变化过程，以日历年龄作为衰老的标志存在片面性、单一性，难以全面反映个体的老化状态；第五，这一标准将超过一定年龄标准的人口统一归为老年群体，存在笼统地"一刀切"的问题，无法反映老年群体内部的异质性。而事实上，不仅是不同年龄之间的老年人在健康状况、生活方式上存在巨大的差异，即使是在同一年龄的老年人之间也存在着极大的不同。因此，以固定的日历年龄作为老年标准的做法，不仅掩盖了老年人群体的代内和代际差异，而且容易导致对老年人的陈旧观念、刻板印象和年龄歧视。

随着老龄研究的日益深入，越来越多的学者意识到日历年龄很难准确反映老年群体的真实状况，我们需要重新思考如何更好地定义老年（彭希哲和卢敏，2017）。国外有学者提出了以余寿后推的方式定义老年的思路，以余寿低于某一标准时的年龄（比如余寿低于10年或15年）作为老年的起点（Sanderson and Scherbov，2008）。余寿后推的基础是生命表技术，其实质是将老年期视作在死亡前停止生产劳动、享受社会保障和社会支持的阶段。这样，随着人口预期寿命的延长，老年的起点也会不断提高，从而实现老年定义的动态变化。国内有学者对这种方式进行了应用。比如，郭震威和奇险峰（2013）利用余寿后推的方式，计算了2000~2050年我国人口老龄化的演变情况，发现若按此测量指标计算，我国人口老龄化程度和人口抚养比将明显低于传统指标。吴连霞和吴开亚（2018）运用同样的方法分析了1990~2010年我国人口老龄化的时空演变特征，发现按动态年龄指标测算的老龄化程度与老年人口抚养比均趋于下降而非上升。卢敏等（2018）将期望余寿15年作为老年定义的新标准重新测算了中国老龄化的发展现状和未来人口态势,研究认为,中国整个经济社会的老龄化语境将不会如传统老年定义下那么沉重。

不过,余寿后推是基于生命表技术进行的逆向推算,决定老年起点的关键在于对余寿期限的设定。无论是 10 年还是 15 年,如果设定这一期限是缺乏依据的,那么以此法对老年进行定义就还是存在依据不明的问题,特别是如果不考虑老年人健康状况随预期寿命发生的变化,直接使用此法还可能会引发对人口老龄化形势的误判。具体而言,如果预期寿命的延长伴随着的是老年人健康状态的延伸,即残障期压缩模式,那么即使进入了老年期,老年人仍旧能以各种方式参与生产生活,继续对社会做出贡献而非造成负担,此时使用余寿后推具有合理性,可以反映出衰老过程的延缓和老化状态的推迟。但如果预期寿命的延长伴随着的是带病或带残时间的延长,即残障期扩张模式,就意味着老年人将对医疗和照护产生更大的需求,给家庭和社会带来沉重的负担,在这种情况下使用余寿后推的方式定义老年,就会出现问题。因此,如果要以余寿后推的方式来审视老龄化,就必须要在充分考虑老年健康状况的基础上合理设定余寿期限。

第二节 定义老年:从"年轻"到"健康"再到"自理"

一、从生产上定义老年:脱离"年轻"状态

长期以来,在对老年进行定义时,一些研究往往将其与生理性衰老等同视之、混为一谈。事实上,生理性衰老是以人类的自然属性为基础的,而老年定义虽然并非完全抛开人类的自然属性,但却重点关注人类的社会属性。生理性衰老在人类生命历程大部分的时间里都是连续进行、加速累积且不易察觉的,对于多数机体功能,这种量变过程引起质变的关键节点均尚未明确。而在已经明确的节点中,上文提到是否保有生育能力曾被桑德巴当作老年定义的依据,这是较有共识的一个衰老节点。然而,生育能力的丧失对人类生产效率和生活能力的影响微乎其微,这种生理性衰老的节点显然无法反映人口自身的需要和经济社会的需求,作为老年起点并不可靠。与此同时,老化不单单局限于生理层面,心理层面也存在老化的过程。一个最为突出的表现是,年长的人对自我的感知和认同与年轻的人存在显著差异。寻求伴侣在二三十岁的年轻人中被称为谈恋爱,而对于六七十岁的人来说,这个过程更多的是老人之间寻求晚年伴侣的过程,与年轻人花前月下的谈恋爱过程很不相同,在心里也很少认同这是谈恋爱。当然,心理老化与生产生活的关联更弱一些,以前定义老年时也从未以心理老化节点为依据。

无论是从其他何种角度定义老年，都不可能置生理性衰老于不顾。生理性衰老可以被看作老年定义基准坐标系中一条潜在的横轴，但要精确定位老年还要参照其他社会经济依据，这可以被看作纵轴，只有把横纵轴结合起来，即把生理性衰老和其他社会经济依据相统一，才能加以科学合理的判断。老年定义的第一大社会经济依据应当是生产劳动。生产劳动是个人价值实现的基本形式，个人及其家庭要靠它来维持生计，并为老年保障进行积蓄，经济增长、社会进步也时刻离不开它。这里，本书将具备从事生产劳动的能力、可以达到生产劳动基本要求的人群定义为年轻人，或者说这个生命阶段可称为年轻阶段。这种状态是与老年状态相对应的。换言之，从生产劳动来看，老年将不再具备该方面的能力、难以达到该方面的要求，在截面意义上，它是这样的一类人群，而在纵贯意义上，它是这样的一个生命阶段。

年轻状态能够通过一组可以测量的生理指标来具体规定。例如，在各类生产劳动的平均水平上，考察其对体能、记忆力、适应性、灵敏度等生理指标的基本要求，以这些基本要求为标准定义年轻状态。同时，部分心理指标也要适当考虑，某些人虽然生理指标良好，但随着年龄增加却饱受焦虑、抑郁的困扰，这也会削弱他们的工作承担能力。在这样的测量基础上，可以编制反映年轻状态随年龄变动轨迹的生命表，探究某一队列人口的年轻状态能够延续多长时间，多大规模的人口还能保持年轻状态。这一生命表可以将 15 岁作为年龄的下限，年龄的上限则取决于处于各年龄上年轻状态的人口比例或者说是脱离年轻状态、转为老年状态的人口比例，而不是直接固定成 60 岁或 65 岁，这个年龄上限也就能够作为从生产上定义老年的起点。此外，年轻状态生命表还可以随着时代变化和外界条件变化而不断优化标准、不断更新数据，体现动态、弹性地定义老年的要求。

二、余寿后推定义老年：预留"健康"年限

从生产上将脱离年轻状态的人定义为老年，是利用年轻状态生命表正向推算的结果，而借助生命表技术进行的逆向推算也能提供老年定义的一种标准和依据。以余寿达到某一门槛值时的年龄作为老年起点，是由莱德（Ryder）在 1975 年率先提出的，他建议的老年起点是当余寿开始低于 10 年的时候。1984 年，福克斯（Fuchs）的研究沿用了这一观点。1993 年，西格尔（Siegel）主张在使用 10 年的余寿来划定老年边界的同时，也可以考虑 15 年的余寿。而近些年，桑德森（Sanderson）等的一系列论著采取的则是把 15 年及以下的余寿阶段作为老年期。余寿后推定义老年的一大优势就是有利于实现老年定义的动态变化。随着预期寿命的持续延长，老年的起点也会不断抬升。按照 15 年余寿的标准计算，2010 年，世界的老年起点年龄应为 66.6 岁，到 2050 年，相应的年龄应为 69.5 岁（Scherbov and Sanderson，2014）。基于余寿年限来对老年定义进行调整的实质就是认为老年应当是预留下来使人在死亡之前能够享受社会保障、体验闲暇生活的生命阶段，这既承认了人类的生理性衰老，体现人道主义关怀，也肯定了人们的生产劳动价值，激励其在年轻时贡献力量，在政策层面上能够与退休及养老金领取相挂钩。

不过，余寿后推在定义老年时虽然已经具备一定的标准和依据，但其标准和依据似乎还不足够明确，因为无论是以10年余寿还是以15年余寿来设定老年的界限，都与硬性地规定60岁或65岁为老年起点没有本质的区别。依照此法预留年限不应该是笼统的、粗糙的，而应该是充分考虑和综合考察老年的现实状况和基本需求来确定。健康状况是老年最为重要的现实，健康需求则是老年最为核心的需求，两者既与老年生理特质密切相关，又不是全然由生理特质决定的。余寿后推定义老年可以考虑将健康作为标准和依据，这时，可以用健康状态生命表替代普通生命表，从而把健康余寿达到某一门槛值时的年龄定义为老年起点。随着对健康状态研究的不断深化，健康余寿的预留年限也不应该直接圈定为10年或者15年，而应该从生命表出发具体分析处于健康状态的人口比例。相比从生产上定义非年轻状态的人为老年，将非健康状态的人定义为老年，事实上缩小了老年的外延。

三、从生活上定义老年：丧失"自理"能力

老年定义的另一大社会经济依据则是日常生活。日常生活是人类生存发展的根基，人们可以脱离生产劳动，但却始终无法与日常生活相分割。身体健全的人日常生活主要依赖自我支持，但随着生理性衰老的不断恶化，将有相当比例的人逐渐丧失日常生活的自理能力，成为需要护理照料的群体。无法承担生产劳动的人中绝大部分还能实现日常生活自理，因此，可以在自理状态生命表的基础上，更进一步地将老年起点设定在普遍或某一比例人群丧失自理能力的年龄。这实际上提供了老年定义较为明确的下限，对于更加确切地了解和研究老年护理照料需求具有较高的政策价值。

受两大因素的影响，从生活上定义老年同样也面临着动态、弹性变化的现实要求。一方面，生活环境的极大改善让自理对身体素质的要求不断降低，同样身体素质的人在这种情况下可以由无法自理转变为能够自理、由自理较难转变为自理较易，这是自理能力增强的外在因素。举例而言，以前洗澡对于手腿无力的老年人是一件比较麻烦的事情，准备浴盆、烧水倒水、清理浴盆等环节加起来是一项高负荷的劳动，一些农村老年人甚至还要为此去打水、挑水，现在淋浴设施在家庭中的日渐普及，已经让洗澡变得简单易行，无需太多劳动，原来不能自己洗澡的老年人中很多因此可以自己洗澡；外出购物也是许多老年人比较头疼的事情，

搬运货物对体力有一定要求，而计算货价则对脑力有一些挑战，如今网络购物的逐步兴起，正在破解上述困难，送货上门不再需要老年人投入体力，而自动计价、在线支付也让老年人可以规避更高难度的脑力付出。随着老龄产业的发展，为老、助老的设备（特别是智慧养老设施）还将大量涌现，这会让自理水平持续提高。另一方面，身体素质提升、预期寿命延长，则是自理能力增强的内在因素，特别是在这一过程中，由于年龄别残疾率的下降，非残预期寿命（即自理状态预期寿命）也在不断增长，而且其增速通常与平均预期寿命同样迅速（Sanderson and Scherbov，2010），这对自理水平的影响是尤为突出的。

从生活上定义老年，生命表仍是重要的工具，自理状态生命表技术目前已经相对比较成熟。既有论著在分析自理状态预期寿命时，主要采用两种方法：计算简单、数据易得的苏利文（Sullivan）法是在生命表中纳入年龄别自理率，而更为全面、动态的多状态生命表法则在生命表中考虑不同生存状态的转换概率。不过，很多研究往往对自理状态生命表与健康状态生命表、自理状态预期寿命与健康状态预期寿命（即健康余寿）不加区分，这混淆了自理状态与健康状态的界限，忽视了两者的区别。事实上，两者的差异不难发现，自理的老年人的集合要大于健康的老年人，非健康状态的人中也有很多能够自理。特别是在老年阶段高发的慢性病，如高血压、糖尿病等，患者日常生活的自理能力不会明显受损。如果直接把自理状态与健康状态相互等同，就会夸大护理照料的成本。从生活上定义老年采用的是不同于健康状态生命表的自理状态生命表，老年的边界进一步收缩，那些健康状况不佳但依然能在日常生活中自我支持的人也成了准老年人。

第三节　新时代　新社会　新政策

一、新时代老年新定义的标准与依据

重新定义老年必须要有动态的标准和科学的依据，当前的社会经济状况应当是老年定义主要的参考标准和执行依据。只有以社会经济的标准和依据为基础合理地估算老年规模、全面地了解老年构成、充分地研究老年需求，老龄社会的应对之策、变革之举才会是有理有据的。如果在这个事关基础、涉及全局的问题上结论不够可靠，老龄社会的公共治理也就谈不上有的放矢、对症下药。缺乏依据的硬性年龄规定可能模糊了一些问题、掩盖了一些矛盾，甚至衍生出一些离谱的认识。例如，在一些研究中将80岁及以上的人视为失能群体。不过，在老年定义的现实操作中使用年龄划线仍有意义和价值，这是因为年龄是个体的基本信息和重要符号，基于年龄识别是否为老年人简单易行。但是这并不意味着老年定义就

能和年龄直接挂钩，年龄的背后应当是社会经济的标准和依据。

从年轻状态到健康状态再到自理状态，是一个关系清楚、层级鲜明的老年定义体系，代表着社会经济领域中从生产方面到生活方面对老年的不同认知，这应当是年龄背后的标准和依据。定义老年需要考察某个年龄上达到某种状态的具体比例，基于不同状态的生命表动态、弹性地确定老年起点。这类似于在界定青壮年时通常关注性成熟的年龄，但发育状况因人而异，年龄的分布可能前后相差很大，不可避免地存在异质性。如果某个年龄上性成熟的比例可以达到很高，极少有人还未完成发育，这个年龄就可以作为青壮年的起点，而大量研究认为15岁是符合上述要求的。老年定义同样也是如此，通过在不同状态的生命表上探究某个囊括多数人的比例阈值所对应的年龄，就能在平均意义上控制个体差别的影响。

老年定义尽管主要依托社会经济的标准和依据，但却基本是与生产生活相联系的。这里需要厘清的误解是，在定义老年，尤其是据此设定退休年龄时，经济社会的养老负担，特别是养老保障的资金缺口被当成标准和依据，讨论退休年龄变成了斟酌领取养老金的合适时点，延迟退休年龄也是出于对养老金风险的担忧。一些欧美国家近年来已经着手将退休年龄向67岁调整，主要就是迫于日渐突出的养老金支付压力，而中国备受关注的延迟退休年龄政策方案在媒体、公众，甚至在许多专家、学者眼中也是为了解决养老金缺口问题。养老保障固然不能无视，但以其作为老年定义的主要标准和依据却是把老年的概念庸俗化了。老年是与生产生活紧密相关的概念，反映的是在生产生活上能力退化、适应性下降的一种状态。只看养老金缺口的老年定义在很大程度上是罔顾人的发展、缺乏人文色彩的。

老年定义的传统标准和依据既不是科学的，也不是动态的。在中国老龄化迅猛发展的当下，重新定义老年已经是学术研究极为现实、尤为迫切的任务。基于专门的社会调查，分别构建年轻状态生命表、健康状态生命表和自理状态生命表，从生产生活的不同维度上定义老年，动态、科学地反映当前经济社会发展的需要，使得用年龄为老年划线更加有理有据，这样既考虑到了技术水平问题，也考虑到了身体素质问题。在这个过程中，对于年轻状态、健康状态和自理状态的测度就显得尤为关键，关系到老年定义的标准和依据是否能够实现动态、科学。一直沿用的测度方案需要重新评估，以较为成熟的自理状态测度为例，目前主要依赖的ADL和IADL指标中洗澡、外出购物等项目已经在时代变迁中发生了极大的变化，而像中国城乡老年人生活状况抽样调查、CHLHS[①]以及CHARLS等已有的专门社会调查都把连续步行一定长度的路程、提起若干重量的物品及上下楼梯等作为自理状态的测度项目，这些项目也因未来简易代步工具、搬运器械及电梯的发展和普及而逐渐丧失了时效性。因此，必须重新审视年轻状态、健康状态和自理状态

---

① Chinese Longitudinal Healthy Longevity Survey，中国老年人口健康状况调查。

的测度。在这一前提下,重新定义老年是重新绘制老龄研究蓝图、重新建构老龄社会形态的基础工作,我们对老龄社会的认识也会因为这项基础工作而可能发生巨大的改变。

二、老年新定义引领老龄新政策布局

作为老年学的元问题,老年标准和定义的相关研究应当持续不断地加以深化。总的来看,老年既不是简单的年龄符号,也不是纯粹的生理阶段,更不是笼统的政策人群。人口健康素质的提升和社会经济环境的变迁都对老年标准和定义产生了重大的影响,而老年标准和定义的调整甚至重新设定也将会重塑老龄社会的态势、重估老龄政策的效用。从老年标准和定义的理论探讨出发,最终形成规范、系统的老年标准和定义,这应当是老龄社会基础科学分析的基石。

如何定义老年不仅与微观个体的功能状态有关,还更多地与经济社会制度、公共政策制定等方面息息相关,需要从宏观层面出发对老年人群进行划分,因此在现实操作中,日历年龄仍旧是一个简便易行的划分方式,关键的问题是如何确定老年的年龄起点。虽然个体的异质性无法避免,老年对每个人的意义不尽相同,但是从人群的角度,我们可以按照上述设想构建一套指标体系,先在小规模人群中进行测试、调整,而后进行大规模的推广,最后形成普遍意义上的老年标准。根据新的老年标准,借助不同的社会调查或普查,我们就能对人群的功能状态进行监测,分析人群功能状态随日历年龄增长的演变趋势,计算在某个年龄上达到某种失能状态的人群比例,或者计算达到某种失能状态人群的平均年龄及其浮动区间,在此基础上确定老年起点,划分老年群体,就能够使老年定义更加科学合理,且可以随着人口状态的变化而不断改变,具有动态性和适应性。

第七章 老龄中国的未来演进规律

中国即将进入快速人口老龄化时期。中国的老龄化将以老年人口规模巨大、增长迅速、老龄化进程快速推进为主要特征。中国的老年人口规模为世界之首，中国老龄化趋势也将是可比人口中最快的。这是由中国的人口转变过程所决定的。为了进行国际对比，本章将使用联合国人口司的全球人口预测数据，考察和分析中国人口老龄化的未来演进过程和特征。联合国人口司每两年更新一次全球、各区域和各国的人口估计与预测，2019年6月发布的修订结果（United Nations，2019），是本章数据的主要来源。同时，本课题组也提供了对中国人口发展的长期趋势预测。本章也将同时使用该人口预测结果。本章使用的都是人口预测的中方案结果。两套人口预测数据的差别主要体现在生育率的假设上，联合国中方案生育率是21世纪保持在1.70~1.77，而本课题组的中方案生育率是保持在1.6左右。尽管如此，两套人口预测数据在反映中国人口老龄化演进规律和长期趋势上都是一致的。

第一节 不可逆转的老龄化

一、人口转变必然导致人口老龄化

人口老龄化是人口转变的必然结果。由死亡率率先从高水平下降到低水平、然后生育率也由高水平持续下降到低水平组成的人口转变，不仅使得人口规模和增长发生重大改变，而且也使得人口的年龄结构发生深刻变化。人口转变是人类社会的普遍规律，进入21世纪，世界上所有国家都已经或正在受到人口转变的影响。有学者认为人口转变是一种外生性过程，在不同的社会经济环境、文化制度、政治体制下发生。人口转变是近300年来人类社会所发生的最为重大的变革之一，它对现代世界的形成、城市化与城市增长、社会经济发展等有着重大作用。这些作用来源于人口转变的两种必然的趋势，一是人口增长，二是人口老龄化。

死亡率下降推动人口转变，同时也引起人口增长。因为死亡率下降后，生育率仍然保持在高水平。死亡率下降的快慢，以及死亡率下降多长时间后生育率发生下降，都对人口增长产生重要影响。20世纪50年代以来世界人口激增，主要是发展中国家死亡率迅速下降，而生育率在较长时间里还保持较高水平的结果。

死亡率下降带来的人口增长，导致了对家庭及社会的生存和发展压力，逐渐产生生育率下降的动机。生育率下降对人口增长趋势及人口结构产生重要影响。这种影响也取决于生育率下降的速度。生育率下降改变了人口增长趋势，同时也导致人口老龄化。

人口老龄化是人口转变的必然趋势和结果。人口转变或生育率转变与人口老龄化的因果关系是确定性的。生育率下降直接导致出生人口减少。随着生育率持续下降并保持低水平，每年的出生人口不断减少，队列移动导致儿童和青少年人口减少。人口金字塔出现底部老龄化，即底部收缩，相应地会导致老年人口比例上升。另外，随着生育率下降前的高生育率时期的出生队列逐渐进入老年，老年人口规模出现膨胀，导致人口金字塔出现顶部老龄化，进一步显著提高了老年人口比例。进入后人口转变阶段，当出生率和死亡率都处于低水平时，人口增长将十分缓慢，甚至停止增长，而各个年龄组中老年人口将是增长最快的。这也与这时的死亡率下降主要发生在老年群体中有关。许多发达国家已经经历了这样的过程，而中国正在经历这一过程。

世界各国人口老龄化进程及速度存在很大差别。历史和经验表明，现代化越晚的国家，现代化的速度越快。人口转变越晚的国家，人口转变的速度也常常越快，进而人口老龄化的速度也越快。现代化后生国家直接利用发达国家积累的现代化成果，使人口转变的推进速度要迅速得多。同时，政府对人口转变的干预也可以大大加速人口转变进程。

中国的人口转变开始于死亡率下降，在新中国成立之前就开始了。新中国成立后，结束战乱，国泰民安，医疗卫生条件也大大改善，死亡率迅速下降，开启了实质性的人口转变。20 世纪 50~60 年代死亡率持续下降的过程中，生育率一直维持在高水平。尽管高生育率迅速向低生育率的转变始于 20 世纪 70 年代国家计划生育政策的介入，但是有研究表明在人口中的某些阶层（比如受教育程度较高阶层）中在 20 世纪 50 年代就开始发生生育率下降。随着中国政府于 20 世纪 70 年代初在全国大力推行计划生育政策，我国的生育率发生了快速下降。有研究表明，自 20 世纪 90 年代以来，在中国生育率持续下降中，计划生育政策的作用在不断减小，而社会经济发展的作用在持续增强，2000 年以来的低生育率趋势中，社会经济发展起着决定性作用。尽管 2013 年以来中国政府连续调整计划生育政策，实行了单独二孩和全面二孩政策。特别是实行全面二孩政策以来，我国的二孩生育率有明显回升，带动了整体生育率的上升，但是这种效应将是短暂的。中国低生育率水平与趋势将无法改变。因此，中国的人口老龄化趋势也将无法改变。同时中国政府推行的计划生育政策大大加速了转变过程。因此，加速的生育率转变，也必将导致加速的人口老龄化。

为了进一步认识生育率下降速度与人口老龄化速度的关系，图 7-1 展示了两者关系的模拟结果。模拟初始人口为一个稳定人口,其总和生育率为6.1,女性平均预期寿命为40岁,男性平均预期寿命为37.3岁(寇尔-德曼模型生命表西区死亡水平9)。该人口的60岁及以上老年人口比例不到5%。从这一初始人口出发进行模拟,死亡率只设一种方案,即从初始年(0年)开始,死亡率按照联合国的中高速下降路径不断下降,因此女性平均预期寿命将由0年的40岁,上升到第150年的87.1岁;男性平均预期寿命将由0年的37.3岁,上升到第150年的81.9岁。生育率设立4种方案,即从第20年开始下降,总和生育率分别在20年(快速)、40年(中快速)、60年(中慢速)和80年(慢速)内降到更替水平(总和生育率为2.1),此后保持更替水平不变到模拟期结束。

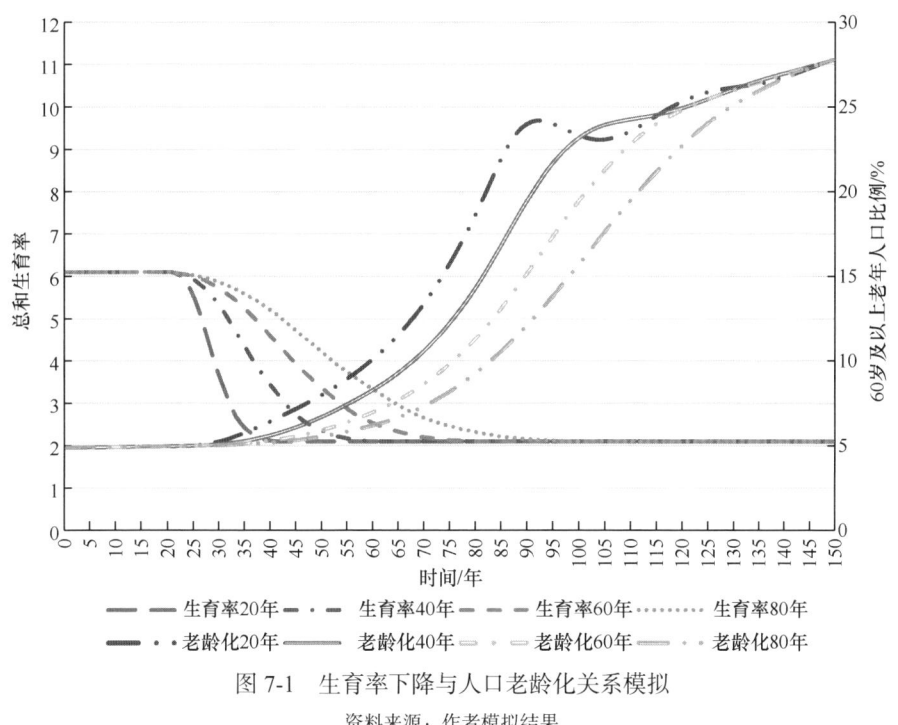

图7-1 生育率下降与人口老龄化关系模拟

资料来源:作者模拟结果

图7-1清晰地显示,虽然4种生育率方案是同时开始生育率下降的,但是生育率下降越快,老龄化就发生得越早,也越快。例如,生育率快速下降方案下,第60年即生育率下降40年后,60岁及以上老年人口比例达到10%。而在生育率中快速、中慢速和慢速下降的情况下,将分别在第68年、76年和83年,60岁及以上老年人口比例达到10%。不同方案下的差异时间大概为8年,而快速和中快速方案下生育率转变已经完成,中慢速方案下生育率转变接近完成。60岁及以上老年人口比例由10%增加到20%的时间分别为23年、24年、26年和29年。同样,生育率下降越快的方案,老年人口比例倍增所需时间越少。就世界范围而言,

中国的生育率下降速度类似于这里的快速方案，很多发展中国家的生育率下降速度在快速和中快速之间，而少数发达国家的生育率下降速度在中快速和中慢速之间，多数发达国家则是在慢速以上的情景。图 7-1 可以反映世界上多数国家的生育率下降和老龄化之间的关系。

二、21 世纪人类将走向持续普遍的老龄化

21 世纪是老龄化的世纪。随着生育率转变全球化以及中老年死亡率的持续下降，世界各国将持续普遍出现人口老龄化，老龄化进程不断加快。根据联合国的数据，1950 年时仅 5.1%的世界人口为 65 岁及以上的老年人口，到 2015 年这一比例增加到 8.3%（图 7-2）。1950 年世界老年人口有 1.3 亿人，2015 年增加到 6.1 亿人。在 20 世纪 80 年代之前，世界老年人口与世界总人口增长速度基本一致，80 年代以来老年人口增长速度越来越快于总人口。2015 年世界人口增长率为 1.1%，而老年人口增长率高达 3.2%。到 21 世纪末，超过 1/5（22.7%），甚至有可能达到 30%的世界人口将是 65 岁及以上的老年人口。

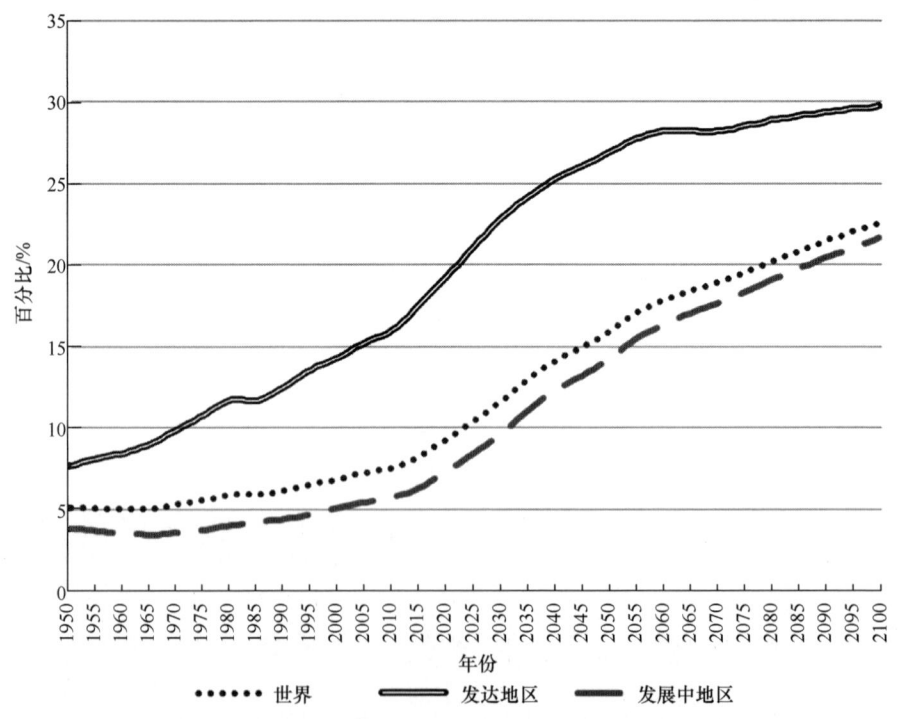

图 7-2　1950~2100 年世界、发达地区和发展中地区的老龄化趋势

资料来源：United Nations. World Population Prospects：The 2019 Revision

发达地区引领着世界人口老龄化进程。1950年发达地区人口中老年人口比例为7.7%，到2015年上升了10个百分点，达到17.65%；老年人口规模相应地由6300万人增加到2.2亿人。1950年发达地区的老年人口规模只及少儿人口的1/4多，而2015年却基本相等。在发达地区中，欧洲是老龄化最严重的地区，有17.6%的人口为老年人口。实际上，在欧洲各年龄人口中，只有老年人口在不断增长。在世界各国中，日本是人口老龄化最严重的国家，2015年老年人口比重高达26.3%，年龄中位数高达46.5岁（也就是说日本有一半人口年龄超过46岁）。

发达地区在由老龄化迈向高龄化。发达地区人口中80岁及以上高龄人口比重由1950年的不足1%，上升到2015年的4.7%；高龄人口占老年人口的比例由1950年的12.9%，上升到2015年的26.8%。这期间高龄人口规模增长了6倍多。高龄人口是所有年龄组人口中增长最快的。

相对于发达地区，发展中地区的老龄化速度尚为缓慢。1950~2015年，发展中地区老年人口比重仅由3.8%上升到6.4%。但是发展中地区老年人口增长速度则要明显快于发达地区，从1950~2015年，老年人口规模由6600万人增加到3.9亿人。1950年时发展中地区和发达地区的老年人口规模几乎相等，而到2015年发展中地区的老年人口规模达到了发达地区的1.8倍。许多发展中国家的老龄化速度正在并将不断加快。一些目前高生育率、高人口增长率的国家，未来的老龄化势能将是巨大的。

图7-2显示，世界人口的老龄化速度正在由缓慢走向加速。2010~2050年将是发达地区老龄化最快的时期，而发展中地区一直到21世纪末都是在快速地老龄化，尤其是后半个世纪明显快于发达地区。未来40年，世界人口中老年人口比重将加倍。发达地区老年人口比重将于2022年超过20%，21世纪末将接近30%。发展中地区在未来30年老年人口比重加倍，21世纪80年代将超过20%。即使是目前人口结构最年轻的国家，到21世纪末也将进入老年型社会。

三、不可逆转的中国人口老龄化

20世纪90年代以来，我国进入低生育率时期，生育率降到更替水平以下，并且持续走低。我国人口年龄结构逐渐发生重大变化，劳动年龄人口比重显著提高，少儿人口比重继续下降，2000年第五次全国人口普查时劳动年龄人口比重达到70%。年龄中位数自20世纪80年代开始逐渐上升，人口开始走向老龄化。

20世纪80年代以来，我国老年人口比例出现上升，但速度较慢，20世纪90年代以后有所加速。2000年第五次全国人口普查结果显示，65岁及以上老年人口比重达到7%，比1990年时增加1.4个百分点。同时，少儿人口比例下降近5个百分点，劳动年龄人口比例上升近4个百分点。2000年人口金字塔底部进一步收缩，同时顶部在扩大。按照国际惯例，2000年我国人口成为老年型人口，我国进入了老龄化社会。

2000年以来，我国生育率处于很低水平，总和生育率维持在1.6左右，远低于更替水平2.1，人口增长趋势不断减弱。2010年第六次全国人口普查结果显示，我国人口年龄结构继续走向老龄化，0~14岁少儿人口比重继续下降，2010年降低到16.6%，劳动年龄人口比重上升，达到74.5%，年龄中位数继续上升，达到35岁左右。

同时，2000年第五次全国人口普查标志我国进入老龄化社会以来，人口老龄化程度不断加深，速度不断加快，进入老龄化提速阶段。2010年第六次全国人口普查结果显示，我国60岁及以上人口达到1.78亿人，占总人口的13.26%，比2000年增长了3个百分点。其中65岁及以上人口为1.19亿人，占8.87%，比2000年增长了1.7个百分点。老年人口及其比例的增长速度都超过前一个十年（1990~2000年）。

伴随着生育率持续降低，以及新中国成立初期生育高峰人口将逐步进入老龄阶段，我国人口老龄化正在进入加速推进阶段。根据联合国中方案人口预测，到2041年，60岁及以上老年人口将占到总人口的30%以上，那时我国将成为重度老龄化国家，2050年这个比例将进一步上升到34.6%。65岁及以上老年人口比重在2050年将达到26.1%。60岁及以上老年人口规模在2014年突破2亿人，2026年将突破3亿人，2034年将突破4亿人，2050年将接近5亿人。65岁及以上老年人口规模2025年将突破2亿人，2035年将突破3亿人，2050年将达到3.66亿人。

本课题组也对中国人口的长期发展趋势进行了预测（表7-1），与联合国的预测有微小差别。联合国预测的中方案使总和生育率保持在1.7~1.77，本课题组预测中方案的生育率使生育率保持在1.6左右。本课题组的预测表明，到2024年，我国60岁及以上人口将达到3亿人，占总人口的比例约为20%。其中，65岁及以上人口到2022年将达到2亿人，占14.36%。到2041年，60岁及以上老年人口将占到总人口的30%以上，那时我国将成为重度老龄化国家，2050年这个比例将进一步上升到34.6%。65岁及以上老年人口比重在2050年将达到26.7%。60岁及以上老年人口规模在2032年将突破4亿人，2050年将接近5亿人。65岁及以上老年人口规模2034年将突破3亿人，2050年将达到3.76亿人。

表7-1　2017~2100年中国老年人口变化趋势（单位：亿人）

年份	联合国			本课题		
	60+岁	65+岁	80+岁	60+岁	65+岁	80+岁
2017	2.27	1.47	0.24	2.41	1.58	0.29
2018	2.34	1.56	0.25	2.49	1.67	0.31
2019	2.41	1.64	0.26	2.53	1.77	0.32
2020	2.50	1.72	0.27	2.57	1.86	0.33

续表

年份	联合国			本课题		
	60+岁	65+岁	80+岁	60+岁	65+岁	80+岁
2025	3.00	2.05	0.31	3.15	2.15	0.41
2030	3.64	2.47	0.41	3.80	2.65	0.54
2035	4.14	3.02	0.60	4.26	3.21	0.75
2040	4.34	3.44	0.72	4.44	3.58	0.85
2045	4.49	3.56	0.90	4.60	3.67	1.09
2050	4.85	3.66	1.15	4.92	3.76	1.34
2055	4.88	3.97	1.32	4.86	4.02	1.45
2060	4.79	3.98	1.31	4.64	3.94	1.40
2065	4.65	3.88	1.33	4.41	3.72	1.39
2070	4.54	3.76	1.55	4.31	3.51	1.56
2075	4.48	3.67	1.55	4.28	3.45	1.51
2080	4.42	3.63	1.49	4.19	3.45	1.38
2085	4.31	3.60	1.42	4.02	3.39	1.28
2090	4.20	3.53	1.41	3.83	3.27	1.31
2095	4.10	3.46	1.46	3.69	3.13	1.39
2100	4.03	3.39	1.51	3.59	3.01	1.41

资料来源：本课题组的人口预测和 United Nations. World Population Prospects：The 2019 Revision

我国老龄化速度虽有波动变化，但是2010～2050年老龄化在总体上将处于高速推进时期。2010～2020年，老龄化明显加速；2020～2035年，老龄化急速推进；2035～2050年，老龄化深度发展（图7-3）。联合国的预测显示，2020年之前，60岁及以上老年人口比重每年增加0.4～0.5个百分点，2020年之后，持续攀升，由每年增长0.5个百分点，上升到2029年的峰值，增长0.90个百分点，之后老龄化速度仍然很高但开始有所减缓。伴随着新中国成立后第三次出生高峰时期的出生队列进入老年，老龄化速度将再度加快，2048年60岁及以上老年人口比重较前一年增长0.74个百分点，将成为又一个高峰。

2010～2050年，伴随着新中国成立以后生育高峰人口进入老年，60～79岁老年人口比重逐渐上升，其中60～64岁低龄老人数量持续波动，2040年后维持在1亿人左右，65～79岁老年人口将持续增长，但增长率逐渐下降，2040年之后，增长率转为负数，数量开始减少。2010～2050年，80岁及以上高龄老人数量及比重持续增加，且人口增长率一直很高。2025年，当生育高峰的人口步入80岁时，高龄老人比例将迎来迅速的上升。我国将面临越来越严重的高龄化趋势。

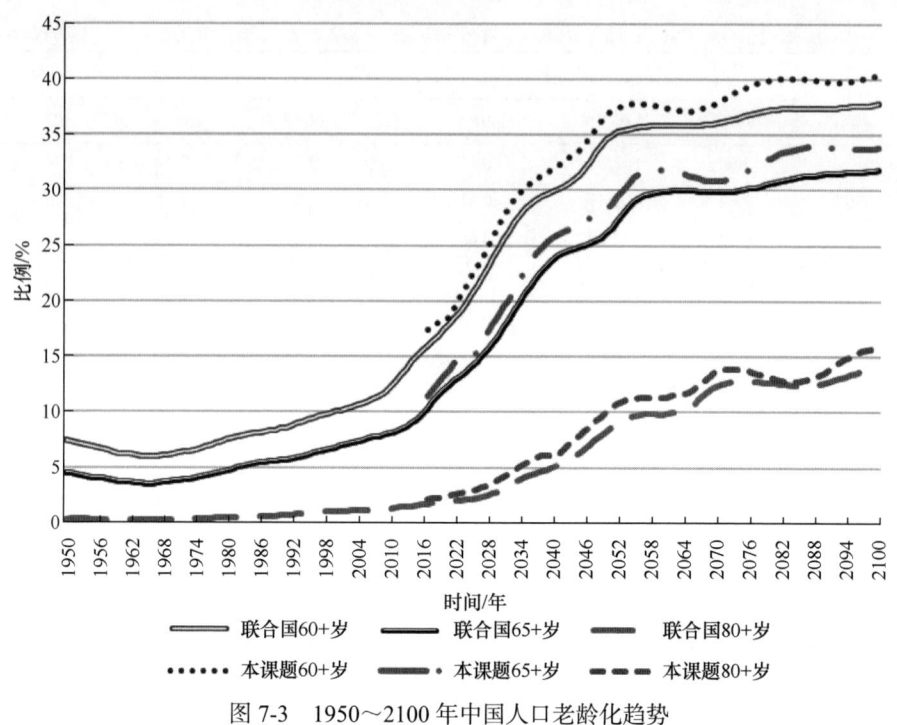

图 7-3　1950~2100 年中国人口老龄化趋势

资料来源：本课题组的人口预测和 United Nations. World Population Prospects：The 2019 Revision

2015 年我国人口平均预期寿命已经达到 76.3 岁。随着医疗技术进步，平均预期寿命还将继续增加，健康、长寿进一步推进了高龄化趋势。2050 年，我国 80 岁及以上老年人口将增长到 1.2 亿人，是 2010 年的近 7 倍。2030 年起，我国老龄人口高龄化程度不断加深，80 岁及以上人口占 60 岁以上老年人口比例将由 2030 年的 11.6%增长到 2050 年的 24.5%，20 年间将增长一倍多。

2010~2050 年，我国老龄化速度将出现两次加速过程。2020~2035 年我国 60 岁及以上老年人口比重将增加 12 个百分点，年均增加 0.5~0.9 个百分点。2035 年至 2045 年，比重增加值减少，老龄化速度减慢。2045 年之后，老龄化速度又一次加快。2045~2052 年我国 60 岁及以上老年人口比重将增加 5 个百分点，年均增加 0.5~0.8 个百分点。两次老龄化速度的变化与生育高峰时期的出生队列进入老龄时间相对应。

经过 2020 年至 2045 年高速老龄化，60 岁及以上人口比例将达到 30%以上，65 岁及以上人口比例将达到 25%以上，80 岁及以上高龄老人比例将超过 5%，而且到 21 世纪中叶接近 9%。也就是说，到 2050 年左右，我国每三人中便有一个 60 岁及以上的老人，每四人中便有一个 65 岁及以上的老人，每十人中便有一个 80 岁及以上的老人。老龄化的加速过程将使我国人口转向重度老龄化。

21世纪下半叶,中国人口老龄化将处于高位运行。60岁及以上人口比例将继续增加3个百分点,到21世纪末达到38%。65岁及以上和80岁及以上人口比例都将继续增加约6个百分点,分别在21世纪末达到32%和14%。21世纪下半叶的老龄化趋势,将主要由死亡率下降驱动,因为生育率长期稳定在低水平,同时联合国的预测假定生育率将缓慢轻微上升,因此老龄化水平也将在高水平的基础上呈现小幅度上升趋势。

人口老龄化将对潜在支持比(potential support ratio)产生重大影响。潜在支持比为25~64岁人口与65岁及以上人口之比,即每个65岁及以上老年人口可以获得几个25~64岁人口的支持,反映老年人口对可提供支持人口带来的负担。图7-4显示,1965年前潜在支持比是上升的,其后到2050年一直处于持续大幅度下降状态。目前下降到5左右,是1965年前的一半。与日本和欧洲国家相比,目前中国的潜在支持比还较高。日本是世界上潜在支持比最低的国家,只有1.8。欧洲国家基本上在3以下。到2050年,欧洲、北美、东亚和东南亚的48个国家,潜在支持比将降到2以下,其中包括中国。到21世纪90年代,中国的潜在支持比进一步降到1.4。

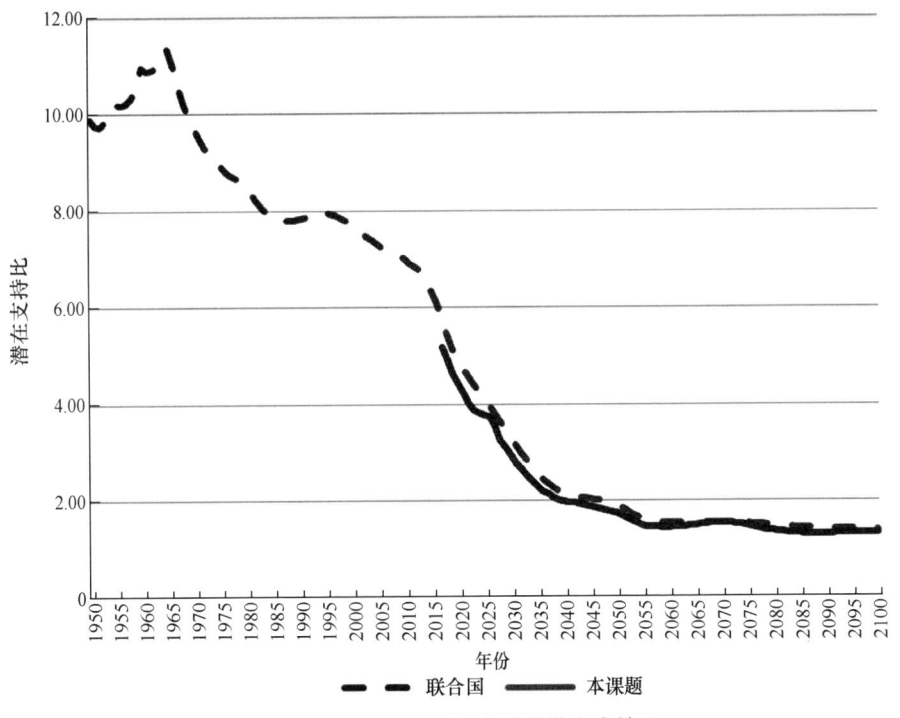

图7-4　1950~2100年中国的潜在支持比

资料来源:本课题组的人口预测和 United Nations. World Population Prospects: The 2019 Revision

第二节　老龄化波浪式发展

一、生育率转变的波浪式进程决定了老龄化的波浪式发展

人口老龄化的进程与人口转变的进程是密切相关的。一方面，人口老龄化的速度主要取决于人口转变过程中生育率下降的速度；另一方面，老年人口的增长变化过程反映的是不同生育率水平下的出生人口队列的移动过程。在西方国家两百年的人口转变过程中，生育率下降相对平缓、渐进，因而出生人口队列规模变化也不剧烈，导致人口老龄化过程也较为平缓。中国的情况十分不同于西方国家。在20世纪50~60年代生育率转变前，政治、经济、社会的变化导致生育率出现了巨大波动，出生人口队列规模相差巨大（图7-5和图7-6）。而在20世纪70~90年代的生育率转变过程中，生育政策的变化、人口惯性的影响及经济社会高速发展，导致生育率和出生人口队列规模的巨大波动。直到进入21世纪以来，我国的生育率变化趋势才变得相对平稳。尽管在低生育率条件下，因生育的属相偏好和两孩政策的实行也使生育率产生波动，但是与以往的生育率变动相比要小得多。人口转变过程中生育率变化的波动幅度将基本上决定几十年后老年人口队列规模的波动幅度。所以图7-6中反映的过去几十年的出生人口队列规模变化与波动，很大程度上也反映了2010年以后我国进入老年人口队列的变化与波动。

图7-5　1949~2017年中国的生育率变化趋势

资料来源：①1949~1988年数据来自1988年全国2‰生育节育抽样调查和1990年出版的《全国生育节育抽样调查全国数据卷》。②1989~2017年数据来自《中国人口和就业统计年鉴》（2001~2018年）

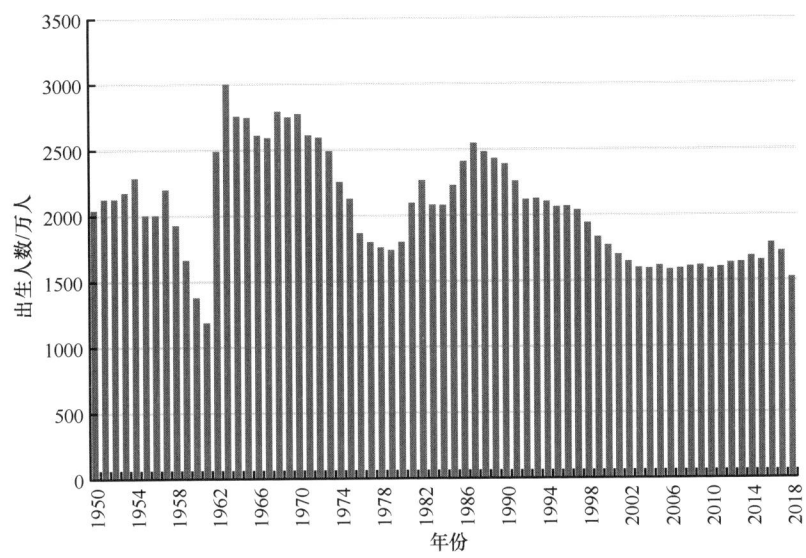

图 7-6　1950~2018 年中国的出生人口规模变化

资料来源：①1949~1953 年的数据根据总人口和出生率推算得出；②1954~2000 年数据直接引自《中国人口统计年鉴 2002》；③2001~2018 年数据引自国家统计局 2001~2019 年国民经济和社会发展年度统计公报

需要指出的是，一些研究使用人口普查和小普查数据，发现 2000 年、2010 年和 2015 年的总和生育率不断下降，就断言中国的低生育率进程是生育率持续下降且越来越低（郭志刚，2013，2017；顾宝昌等，2019）。实际上，仅看这三年的数据判断生育率越来越低的趋势是不科学的。从国家统计局历年的人口抽样调查看（图 7-5），在这 15 年间生育率也经历了较大的波动，并非越来越低。2017年的全国生育状况调查则提供了更多的数据证明中国的低生育率进程呈现出多种因素影响下的波动（陈卫和段媛媛，2019）。中国的低生育率趋势表现为波浪式的进程，或多或少反映的是一种人口再生产的周期性规律波动。不过，低水平下生育率的波动对未来老龄化的波浪式发展影响很小。中国人口老龄化波浪式发展将主要表现在 21 世纪因巨大的出生高峰和出生低谷交替演进而导致的几十年以后进入老年的人口队列的波浪式发展，由此导致老年人口增长及占比的波浪式趋势。

二、老年人口及老龄化的波浪式发展

图 7-7 反映了进入老年的人口队列规模变化趋势，以及与几十年前的出生人口规模的对比。很显然，这些曲线的变化模式是相同的，60 年前的出生人口高峰将在 60 年后、65 年后及 80 年后分别产生进入老龄和高龄的人口队列的规模高峰，

反之亦然。不过，随着时间的推进，死亡率的下降，特别是中老年死亡率的下降，队列损耗大幅度下降。20 世纪 50 年代初的出生人口，只有一半人口能活到老年（60 岁），只有 1/4 的人口能活到高龄老年（80 岁）。目前进入老年的队列，已达到出生人口的近 70%；进入高龄老年的队列达到出生人口的 40%。而到 21 世纪 60 年代，进入老年的队列将达到出生人口的 90%，而进入高龄老年的队列将达到出生人口的 70%。21 世纪末进入老年的队列将是出生人口的近 95%，而进入高龄老年的人口将达到出生人口的 3/4。从出生到老年、高龄老年的存活率的改善，不仅对老龄化进程和老年人口规模增长有重要作用，而且对波浪式发展进程也有推动作用。

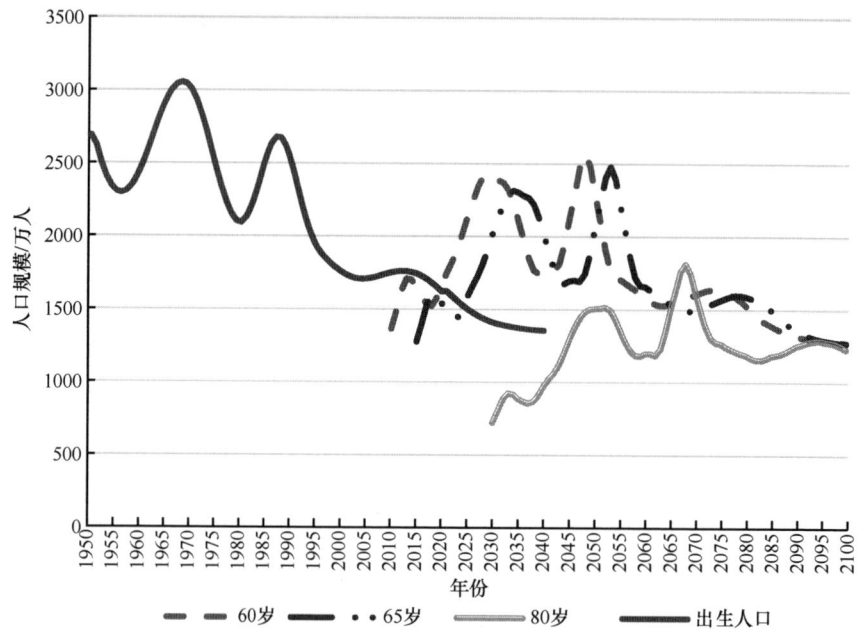

图 7-7　1950～2100 年中国出生人口、60 岁、65 岁及 80 岁人口的变化趋势

资料来源：United Nations. World Population Prospects：The 2019 Revision

不像进入老年的队列变化具有明显的波动性，老年人口总体规模因不同队列混合而表现出较为平缓的波动。但是从图 7-6 可以看出，20 世纪 50 年代的出生高峰、60 年代的出生高峰、80 年代后期的出生高峰，都带来相应的老年人口的高峰和之间的低谷。而 20 世纪 90 年代之后的生育率下降和长期低生育率，则会导致 21 世纪后半叶老年人口规模的不断下降。图 7-8 显示的老龄化趋势的波动与图 7-7 显示的老年人口规模的波动基本类似。

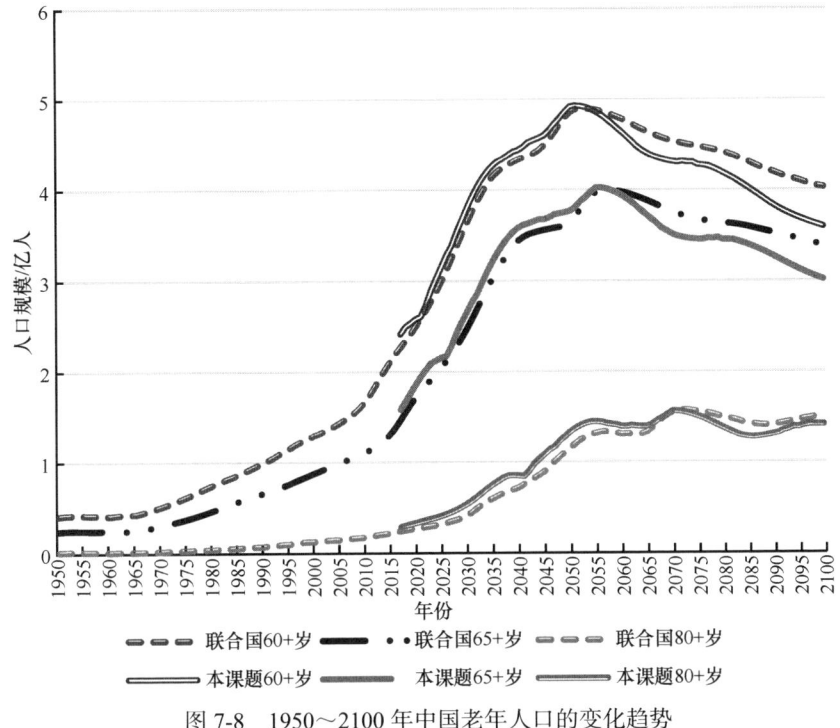

图 7-8　1950～2100 年中国老年人口的变化趋势

资料来源：本课题组的人口预测和 United Nations. World Population Prospects：The 2019 Revision

第三节　日益突出的高龄化

一、高龄老人及高龄化趋势

"人生七十古来稀"，而如今八九十都不稀奇。人口学中经常把 80 岁及以上的老年人称作高龄老年人。随着寿命的不断延长，不但老龄化趋势在加快，而且高龄化趋势也日益突出。根据联合国的预测结果，图 7-9 计算比较了 80 岁及以上高龄老人及 60～79 岁低龄老年人口的增长率。无论是中国，还是发达地区和发展中地区，与低龄老年人口相比，高龄老年人口的增长速度都是最快的，尤其是在 2030～2050 年，高龄老年人口的增长率是低龄老年人口增长率的几倍到几十倍。与此相应，高龄老人占全体老年人的比例迅速上升。对于中国，21 世纪前 30 年中，80 岁及以上高龄老年人口占 60 岁及以上老年人口比例在 10%～12%，而到 21 世纪中叶将达到 1/4，然后到 2070 年将达到 1/3，到 21 世纪末将近 38%。2030～2050 年高龄老年人口规模增加了 2 倍，由 4000 万人增长到近 1.2 亿人。在 2070 年之后基本稳定在 1.4 亿～1.5 亿人（图 7-9）。

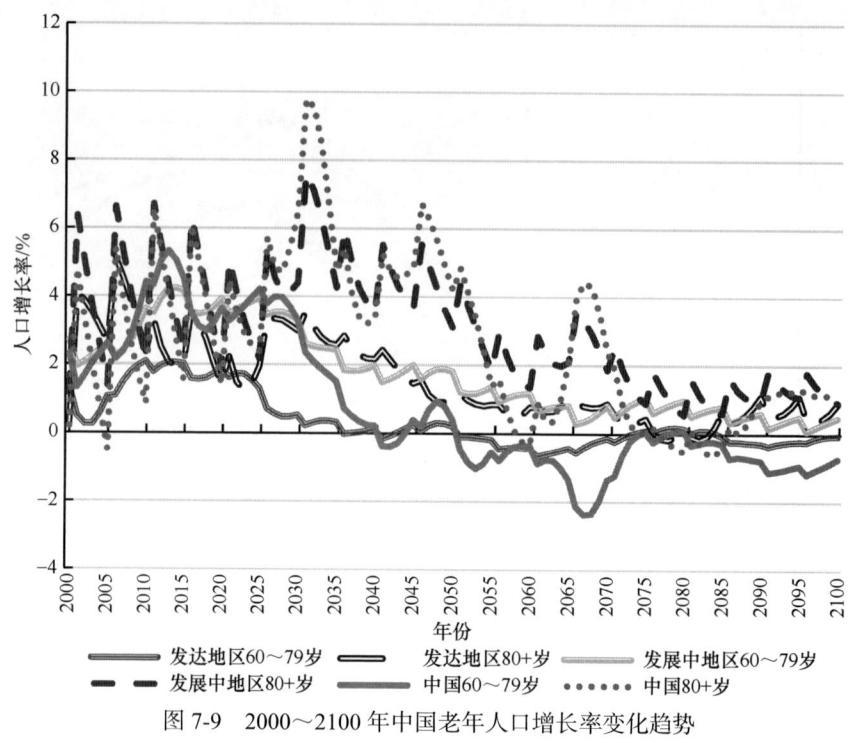

图 7-9 2000～2100 年中国老年人口增长率变化趋势

资料来源：United Nations. World Population Prospects：The 2019 Revision

二、百岁老人的增长趋势

对高龄老人进一步细分发现，百岁及以上老人（简称百岁老人）的增长速度更为惊人。图 7-10 显示在 21 世纪，除个别年份外，百岁老人的增长率都几倍于高龄老人增长率，导致百岁老人的数量和占比都呈现大幅度增长趋势。根据联合国的估计和预测，21 世纪初中国百岁老人有 1 万人，2024 年将增加到 10 万人，而到 21 世纪中叶将增加到 100 万人，到 21 世纪 90 年代将接近 500 万人。21 世纪初，百岁老人占高龄老人比例为 0.1%，2060 年上升到 1%，2080 年和 2088 年分别达到 2% 和 3%。2091 年达到最高比例，为 3.4%。相当于总人口中每万人口的百岁老人数目前为 0.05，上升到 2030 年的 0.1 和 2060 年的 1.0，而 21 世纪 90 年代达到 4.0 以上。中国的百岁老人规模在 21 世纪是世界上最大的，但是每万人口中的百岁老人数却大大低于日本、美国、意大利等发达国家。

本课题组的人口预测与联合国的人口预测到 21 世纪 70 年代以后存在百岁老人数量上的较大差异（图 7-11）。实际上，在 21 世纪 70 年代之前，本课题组的百岁老人预测结果是略高于联合国的预测结果的，2069 年联合国的预测结果反超本课题组的预测结果，并且差异不断扩大。不过，由于百岁老人总体规模很小，

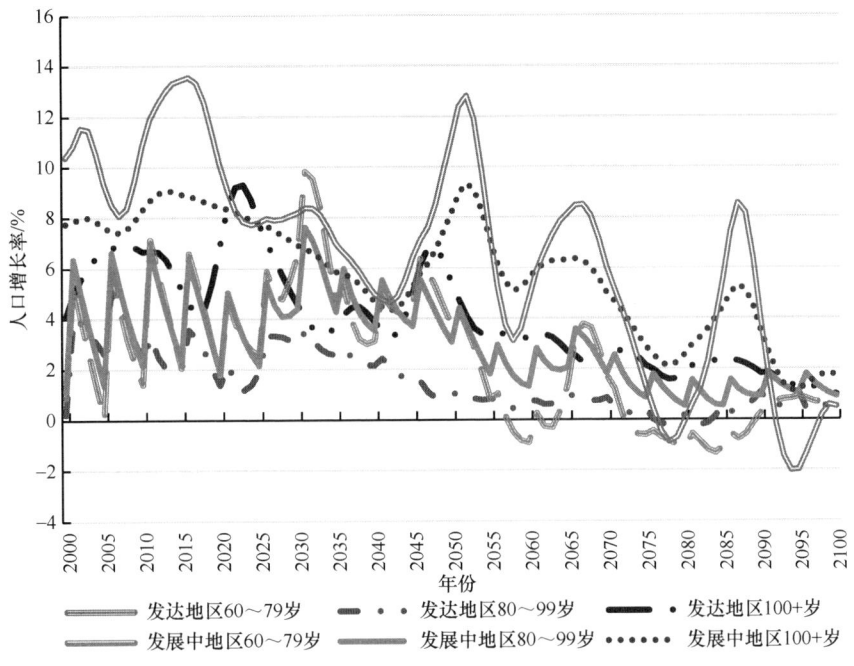

图 7-10 2000~2100 年中国百岁老年人口增长率

资料来源：United Nations. World Population Prospects：The 2019 Revision

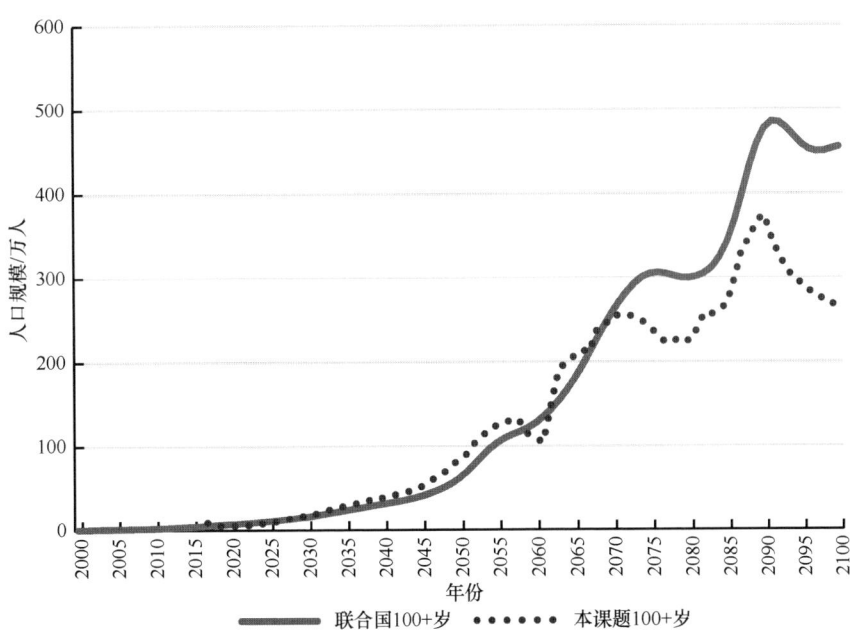

图 7-11 2000~2100 年中国百岁及以上老年人口规模变化趋势

资料来源：本课题组的人口预测和 United Nations. World Population Prospects：The 2019 Revision

即使两种预测的差异较大，对老龄化，甚至高龄化趋势差异几乎没有影响。即使按照本课题组较低的百岁老人预测结果计算，百岁老人的增长率也是非常高的。中国人口的高龄化和极高龄化都非常突出。

第四节　不断增强的异质性

一、老年人口的异质性

老年人口是总人口中的一个亚人口，"老年人口"只是笼统概括了这个人口群体，但是这一群体中的异质性越来越大，并不存在绝对一致的或普遍的问题，因为不同队列、不同状况、不同条件下的老年人口，他们所面临的问题和需要不尽相同。实际上前面按照年龄对老年人口进行了区分，年轻老人、高龄老人和百岁老人等也是一种异质性。在中国，显著的差异表现在城乡之间、地区之间、不同发展水平的农村之间、不同的收入群体之间等。制度政策设计和服务提供需要针对老年人口的异质性。

人口老龄化不仅表现为老年人口规模和比例的变化过程，而且也是老年人口经济社会结构的变化过程。有学者提出"老年转变"（gerontological transition）的概念，用来描述和解释随着时间变化老年人口在数量和特征上发生的变化（Rowland，2012）。老年转变将人口老龄化过程解释为一个队列移动过程：随着规模大的队列进入老年年龄，老年人口的数量和比例出现增长；而随着具有不同婚姻、职业、教育、收入、健康等特征的队列进入老年年龄，队列移动又将进一步改变老年人口的构成；不断增长的老年人口具有不断增强的异质性。

老龄化过程中老年人口异质性增强是一种普遍现象，但是中国的情况将使这种异质性更为突出。中国的人口转变非常迅速，生育率的快速下降使得不同队列人口的生育子女数迅速减少，高生育率和低生育率下的家庭亲属结构具有巨大差异。中国改革开放40多年来，经济高速发展，成为世界第二大经济体，人均GDP增加了60多倍，人们的工资性收入和财产性收入也都有了巨大增长，贫富差异较大。中国人口的收入和财富的异质性较大。中国自20世纪90年代末以来实行的高校扩招政策，大幅度提升了中国人口的受教育程度，从年长到年轻队列人口的受教育程度迅速提高。在各类受教育程度中，受大学教育人口增长最快。第六次全国人口普查数据显示大专及以上受教育程度人口达到1.2亿人，中国的受大学教育人口为世界最多。随着队列移动，中国将来的老年人口的受教育程度也将有巨大提高。中国社会和人口的巨大变迁是人类历史上少有的，中国人口的老龄化进程也将是世界上少有的，老龄化进程中老年人口的异质性也将是非常突出的。

二、老龄化与不断增强的老年人口异质性

随着老龄化进程加快，中国老年人口的异质性将不断增强。老年人口异质性涉及经济、社会、人口等很多方面，但是由于数据的限制，我们无法对各方面，甚至很重要的方面进行分析。根据数据和预测的可行性，我们选择老年人口的健康状况、受教育程度和家庭结构进行预测分析，考察在老龄化过程中老年人口在这些方面上的差异性及变化趋势。

2005年小普查、2010年人口普查和2015年小普查数据显示，中国老年人口的健康状况在这10年间基本上没有变化，从自评健康的结果看，甚至略有下降。CLHLS数据也显示，在2002~2014年，从自评健康、ADL和IADL等指标来看，中国老年人的健康状况没有改善。另外，两项国际研究也表明，无论是发达国家还是发展中国家，老年人的健康状况改善极小，而在包括中国在内的一些低收入和中等收入国家，在2000年到21世纪10年代初，老年人存在疾病扩张的现象（World Health Organization，2014）。但是人口的预期寿命都在不同程度的增长。即使疾病扩张导致不健康预期寿命延长，在医疗技术不断进步的条件下，老年人的生活自理能力不一定会下降，相反有可能会提高。

2015年小普查数据显示，60岁及以上老年人生活不能自理占比为2.6%。当然老年人内部差异很大，60~64岁老年人生活不能自理占比仅为0.8%，而80多岁高龄老人生活不能自理占比近10%。我们按照老年人生活不能自理占比不变以及不断下降两种情况分别做趋势测算。从2010年全国人口普查数据中可以看出，老年人生活不能自理率与死亡率高度相关。图7-12显示，老年人生活不能自理率与死亡率之间虽然不是线性关系，但是两者的二次曲线关系非常强。因此，我们按照未来老年人口死亡率的下降幅度来预测生活不能自理率的下降幅度。

联合国2019年世界人口展望提供了各国在预测期内的各时期的生命表，图7-13显示的是21世纪各时期中国生命表中老年人口分年龄死亡概率。高龄老年人死亡概率下降的绝对幅度要明显大于年轻老年人，但是下降的相对幅度反而更小。根据中国老年人口死亡概率在未来各时期的下降比例，测算未来各时期老年人口的生活不能自理率及生活不能自理人口数量。表7-2展示的是中国老年人口生活不能自理占比的预测结果，到21世纪中叶，75岁以下老年人口生活不能自理率将下降50%，到21世纪末下降70%以上。这两个时间上75岁及以上老年人口的生活不能自理率将下降40%和60%左右。据此，按照联合国人口预测的中方案计算了未来各时期生活不能自理老年人口规模（表7-3）。结果显示，随着队列移动，各年龄段的生活不能自理老年人口数量基本为先上升、后下降。2015年

生活不能自理老年人口为515万人,持续上升到2040年的1021万人,增加了近1倍。随着中国人口老龄化在21世纪中叶达到高峰,老年人口规模出现下降,生活不能自理老年人口规模也缓慢下降。

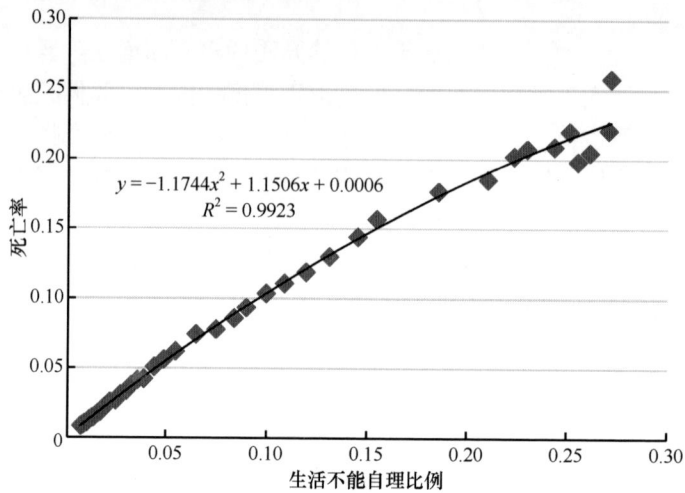

图7-12 中国老年人分年龄生活不能自理率与死亡率的关系

资料来源:2010年全国人口普查

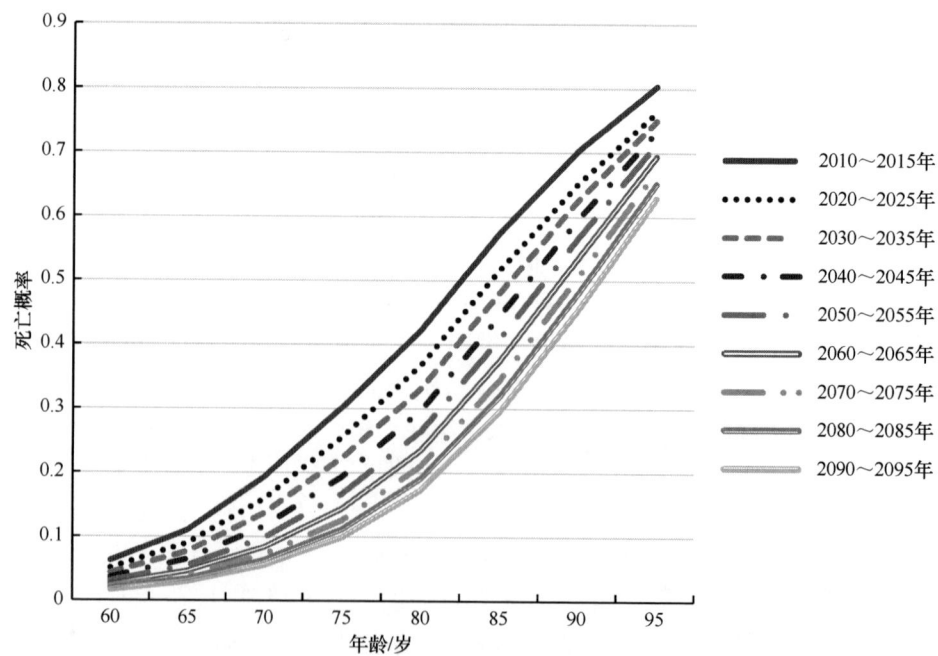

图7-13 未来各时期中国老年人口分年龄死亡概率

表 7-2　2015～2095 年中国老年人口生活不能自理占比预测（单位：%）

年龄/岁	2015 年	2030～2035 年	2050～2055 年	2070～2075 年	2090～2095 年
60～64	0.80	0.56	0.39	0.28	0.21
65～69	1.33	0.92	0.66	0.47	0.36
70～74	2.26	1.60	1.15	0.84	0.64
75～79	3.87	2.86	2.14	1.62	1.27
80+	9.82	7.70	6.14	4.89	4.01

表 7-3　2015～2090 年中国生活不能自理老年人口规模（生活不能自理率下降）（单位:万人）

年份	60～64 岁	65～69 岁	70～74 岁	75～79 岁	80+岁	合计
2015	64	69	77	93	212	515
2020	58	92	95	96	249	590
2025	65	82	127	121	280	675
2030	74	93	116	167	347	797
2035	65	106	133	156	479	939
2040	48	94	153	183	543	1021
2045	46	69	137	215	639	1106
2050	54	66	102	198	774	1194
2060	31	55	118	148	779	1131
2070	25	40	70	132	829	1096
2080	22	37	60	101	723	943
2090	16	28	53	97	620	814

如果假设老年人口生活不能自理率保持不变，即按照 2015 年的老年人口分年龄生活不能自理率保持不变来测算未来各时期生活不能自理老年人口规模，结果如表 7-4 所示。虽然随着队列移动，各年龄段的生活不能自理老年人口数量也都是先上升后下降，但是出现下降的时间明显推后。而且各年龄段的生活不能自理老年人口数量大幅度增长。到 2050 年，生活不能自理老年人口规模要比前一个方案多 650 万人，而 2070 年及以后几乎是倍增，超过 2000 万人。

表 7-4　2015～2090 年中国生活不能自理老年人口规模（生活不能自理率不变）（单位:万人）

年份	60～64 岁	65～69 岁	70～74 岁	75～79 岁	80+岁	合计
2015	64	69	77	93	212	515
2020	62	99	102	103	261	627
2025	76	96	147	138	309	766

续表

年份	60~64 岁	65~69 岁	70~74 岁	75~79 岁	80+岁	合计
2030	94	118	145	204	405	966
2035	90	146	180	204	588	1208
2040	72	141	225	258	706	1401
2045	75	113	219	325	881	1613
2050	96	118	177	321	1132	1844
2060	65	116	242	280	1283	1986
2070	63	98	166	285	1523	2135
2080	63	105	163	246	1464	2041
2090	53	93	165	267	1387	1965

人口的受教育程度对健康状况、职业、收入状况等都具有重要影响。中国自20世纪90年代末实行高等教育扩张政策以来，人口的受教育程度出现了史无前例的迅速上升。这意味着未来老年人的受教育程度与目前的老年人相比，将有巨大的改善。中国老年人的受教育程度异质性将大幅度增强。表7-5显示，从最年长队列到最年轻队列，至少跨越了半个世纪，文盲率从接近一半，下降到不足1%；受过高等教育的占比在最年轻队列已经超过1/5，约为最年长队列的10倍。到30岁，不少人的学校教育已经完成，也会有不少人甚至年龄更大的人接受高等教育，特别是研究生教育，因此表7-5中较年轻队列的受教育程度仍然会继续提高。我们假设各队列的受教育程度保持不变，也就是说随着队列移动，年轻队列逐渐进入老年，进入老年后，他们的受教育程度分布与年轻时相同。那么未来的老年人口中较低和较高受教育程度的人口数量会有多少？

表 7-5　2015 年中国分年龄不同受教育程度人口占比（单位：%）

年龄/岁	不识字	小学	初中	高中	大专及以上
25~29	0.62	4.78	43.59	23.51	27.51
30~34	0.97	7.52	48.60	20.22	22.70
35~39	1.44	12.10	50.73	19.17	16.56
40~44	2.00	17.96	52.90	15.85	11.30
45~49	2.82	24.96	51.36	12.98	7.87
50~54	3.89	27.55	45.67	16.05	6.84
55~59	7.28	35.85	36.02	16.30	4.56
60~64	11.79	46.06	29.99	8.80	3.36
65~69	17.26	50.76	22.20	6.80	2.97
70~74	25.16	47.37	17.46	6.76	3.25

年龄/岁	不识字	小学	初中	高中	大专及以上
75~79	34.24	44.01	12.17	5.77	3.82
80+	48.66	37.00	8.18	3.67	2.49

我们同样使用联合国提供的未来中国老年人口预测数据，利用表 7-5 中各队列的不同受教育程度占比来测算未来中国老年人口中不同受教育程度人口数量及变化。表 7-6 展示了预测结果。到 21 世纪中叶，不识字老年人口数将由 4564 万下降到 1812 万人，下降 60%；而大专及以上老年人口数将由 678 万人上升到 8152 万人，增加 11 倍。相应地，老年人口文盲率将由 2015 年的 21.59%下降到 2050 年的不足 4%，高等教育程度占比由 3.21%上升到 16.79%。另外，高中受教育程度人数及占比也将持续上升，而初中受教育程度人数及占比不断上升到 2040 年后趋缓稳定。小学受教育程度人数先升后降，但是其占比则从 46.26%不断下降到 16.12%。

表 7-6 2015~2050 年中国老年人口受教育程度分布

年份	不识字	小学	初中	高中	大专及以上	合计
			人数分布/万人			
2015	4 564	9 779	4 611	1 504	678	21 136
2020	3 984	10 812	6 748	2 527	906	24 977
2025	3 375	11 384	10 100	3 693	1 405	29 957
2030	2 922	11 989	14 622	4 698	2 124	36 355
2035	2 567	11 603	18 384	5 760	3 108	41 422
2040	2 209	10 428	20 106	6 434	4 176	43 353
2045	1 964	9 101	21 019	7 140	5 676	44 900
2050	1 812	7 828	21 990	8 767	8 152	48 549
			百分比分布/%			
2015	21.59	46.26	21.82	7.12	3.21	100.00
2020	15.95	43.29	27.02	10.12	3.63	100.00
2025	11.27	38.00	33.71	12.33	4.69	100.00
2030	8.04	32.98	40.22	12.92	5.84	100.00
2035	6.20	28.01	44.38	13.90	7.50	100.00
2040	5.09	24.05	46.38	14.84	9.63	100.00
2045	4.37	20.27	46.81	15.90	12.64	100.00
2050	3.73	16.12	45.29	18.06	16.79	100.00

居家养老将是较长时期里中国老年人的主要养老方式。很多调查和研究表明，

给老年人提供照料支持的主要是配偶和子女。由于中国生育率快速下降并长期保持低生育率态势，中国老年人的家庭亲属结构和居住方式已经发生了很大变化。随着生育政策的不断调整完善，中国人口生育的异质性将不断增强。将来人们可以完全根据自己的需要和能力生育孩子。虽然总体上少生的夫妇会占多数，但是多生的夫妇很可能会大量增加。生育异质性增加必然带来家庭亲属结构和居住安排异质性的增强。为了考察不同生育水平对家庭亲属结构的影响，我们引用 Zhao 和 Chen（2008）的研究结果。该研究使用计算机模拟，设定一种死亡和婚姻方案、三种生育率方案，探讨不同生育水平下人们在生命周期不同阶段上拥有的亲属数量。分年龄的死亡概率和结婚概率按照 2000 年全国人口普查数据设定，生育率方案分别设定为总和生育率 5.9、2.2 和 1.6。他们的模拟研究基于男性视角，即考察了不同生育水平下，一个男性在不同年龄上平均拥有的亲属数量。

表 7-7 展示了模拟结果。高生育率与低生育率相比，各类亲属数量存在很大差别。当生育率相当于 20 世纪五六十年代的高水平时，男性进入老年 60 岁时，平均有 5.01 个兄弟姐妹，5.64 个子女，3.98 个孙子女，堂兄弟姐妹多达 54.3 个，侄子/侄女也超过 30 个。当生育率降到目前的低水平时，除了子女数，其他的亲属数量下降幅度大大超过生育率下降幅度。平均子女数减少到 1.54 个，孙子女数减少到 1.83 个，而堂兄弟姐妹和侄子/侄女数量下降幅度更大。如果将来生育率能回升到更替水平，各类亲属数量也会有不少的增加。与低生育率时相比，平均子女数将增加 0.54 个，孙子女增加 1 个多，而堂兄弟姐妹和侄子/侄女数量会增加更多。

表 7-7　不同生育水平下的亲属数量（单位：个）

生育率	项目	50 岁	60 岁	70 岁	80 岁	90 岁
高生育率（TFR=5.9）	妻子	0.96	0.94	0.82	0.57	0.28
	父母	0.59	0.16	0.02	—	—
	兄弟姐妹	5.51	5.01	4	2.49	1.08
	子女	5.5	5.64	5.65	5.46	5.38
	祖父母	—	—	—	—	—
	孙子女	0.17	3.98	14.46	24.84	29.83
	曾祖父母	—	—	—	—	—
	曾孙子女	—	—	0.01	1.37	13.97
	姨姑/叔伯	8.8	4.09	1.36	0.38	0.08
	堂兄弟姐妹	60.23	54.3	43.72	30.37	16.06
	侄子/侄女	29.41	32.07	32.27	31.03	29.78

续表

生育率	项目	50岁	60岁	70岁	80岁	90岁
更替水平生育率（TFR=2.2）	妻子	0.96	0.94	0.83	0.59	0.28
	父母	0.9	0.32	0.04	—	—
	兄弟姐妹	1.44	1.33	1.04	0.58	0.19
	子女	2.05	2.08	2.08	1.96	1.81
	祖父母	0.01	—	—	—	—
	孙子女	0.48	2.95	4.02	4.09	3.93
	曾祖父母	—	—	—	—	—
	曾孙子女	—	—	0.06	2.31	6.13
	姨姑/叔伯	2.92	1.29	0.36	0.07	0.02
	堂兄弟姐妹	5.76	5.19	4.12	2.44	1.08
	侄子/侄女	3.12	3.11	3.05	2.81	2.41
低生育率（TFR=1.6）	妻子	0.96	0.94	0.83	0.59	0.24
	父母	0.97	0.36	0.05	—	—
	兄弟姐妹	1.02	0.93	0.73	0.39	0.11
	子女	1.53	1.54	1.52	1.47	1.39
	祖父母	0.01	—	—	—	—
	孙子女	0.39	1.83	2.3	2.38	2.6
	曾祖父母	—	—	—	—	—
	曾孙子女	—	—	0.06	1.33	3.09
	姨姑/叔伯	2.2	0.98	0.27	0.06	0.01
	堂兄弟姐妹	3.21	2.92	2.3	1.36	0.55
	侄子/侄女	1.67	1.68	1.62	1.49	1.31

注：TFR（total fertility rate，总生育率）

生育率差异对家庭结构也有重大影响（表7-8）。在高生育率条件下，大家庭自然很容易形成。进入60岁时，超过1/3的老年人至少有2个已婚儿子，至少有1个儿子的比例接近90%。只有女儿而没有儿子的比例不足6%，无子女或无配偶的比例也不足6%。当生育率处于目前的低水平时，至少有1个儿子的比例降至不足60%，只有女儿而没有儿子的比例超过30%，无子女或无配偶的比例超过10%。如果未来的生育率能提高到更替水平，与低生育率时相比，家庭结构也有明显差异。至少有1个儿子的比例会上升10个百分点，只有女儿而没有儿子的比例将下降 8 个百分点,而无子女或无配偶的比例将下降近 3 个百分点。生育率处于 1.6~2.2,对获得来自子女的家庭照料也会产生明显差异。未来生育异质性的增强,无疑也会导致老年人的亲属和家庭结构的异质性增强。

表 7-8　不同生育水平下的家庭结构（单位:%）

生育率	项目	50 岁	60 岁	70 岁	80 岁
高生育率 （TFR=5.9）	2 个或以上已婚儿子	0.85	34.03	65.09	69.7
	1 个已婚儿子	7.82	30.89	19.16	16.12
	1 个或以上未婚儿子	79.56	23.74	3.7	0.94
	有女儿但没有儿子	5.94	5.69	5.91	6.42
	无子女但有配偶	2.94	2.77	2.53	2.07
	无子女和配偶	2.89	2.89	3.61	4.75
更替水平生育率 （TFR=2.2）	2 个或以上已婚儿子	1.34	18.75	25	22.47
	1 个已婚儿子	13.46	40.59	42.39	43.34
	1 个或以上未婚儿子	55.34	10.73	2.84	2
	有女儿但没有儿子	22.96	22.83	22.55	24.4
	无子女但有配偶	4.15	4.26	3.81	2.9
	无子女和配偶	2.74	2.85	3.42	4.89
低生育率 （TFR=1.6）	2 个或以上已婚儿子	0.87	10.41	13.44	13.28
	1 个已婚儿子	12.33	40.20	41.82	41.03
	1 个或以上未婚儿子	46.22	8.48	2.91	2.04
	有女儿但没有儿子	30.75	30.73	30.43	29.45
	无子女但有配偶	6.65	6.74	6.88	7.1
	无子女和配偶	3.18	3.44	4.51	7.1

第八章 未来老龄化的人口学机制

第一节 数据质量评估与调整

一、基础人口数据来源及比较

基础人口数据的质量直接影响人口预测结果的可靠性。目前，在全国层面具有代表性的权威人口调查数据有多种来源，如国家统计局每年进行的全国1‰人口变动抽样调查数据、全国人口普查/小普查数据、户籍登记数据[①]等，都可以为全国层面人口预测提供翔实的基础人口数据信息。课题组通过多种渠道收集到时效性最好的三套全国基础人口数据，分别是2017年全国户籍登记数据、2017年全国1‰人口变动抽样调查数据及2015年全国1%人口抽样调查（又称小普查）数据。比对三套不同来源的数据发现，彼此之间存在较为明显的差异。三套数据中，全国户籍登记数据反映的人口总量最大，为139 691万人；2017年全国1‰人口变动抽样调查数据显示全国总人口为139 008万人（国家统计局，2018）。除总量差异外，三套数据更大的差异表现在内部年龄结构方面。相比而言，全国户籍登记数据中0～14岁少儿人口的规模和比例明显高于另外两套数据，其规模达到24 855万人，占比为17.79%；而在国家统计局1‰人口变动抽样调查和全国小普查数据中，0～14岁少儿人口的比例明显较低，绝对规模也相对较小。在15～64岁劳动年龄组上，全国户籍登记数据则明显偏低，仅为97 812万人，占总人口的70.02%；国家统计局1‰人口变动抽样调查数据中，劳动年龄人口多出2000万人，为99 829万人，占比也高出近2个百分点，为71.82%；2015年小普查数据劳动年龄人口规模和占比是三套数据中最高的。相应地，三套数据在老年组上也存在一定差异，主要表现为全国户籍登记数据老年人口规模和比例明显高于另外两套数据，这与户籍登记数据自身的特点有关。

与全国人口抽样调查或普查数据相比，户籍登记数据具有鲜明的特点和独特的优势（翟振武等，2015）。第一，伴随着我国户籍登记管理工作技术手段的不断改进和成熟，以及近年来公安机关在全国范围内持续开展的多次户籍登记专项清理整顿工作，户籍登记数据的质量得以显著提升。第二，公安登记的直接对象

[①] 户籍登记数据是指公安户籍管理部门通过户籍登记工作获得的全国公民身份信息数据（包括出生日期、民族、居住地、身份证号码、婚姻状况等内容）。

居民身份信息所依托的物理载体——户口簿和身份证对民众具有独特且重要的意义，无论是出于获得法律保护和认证的考虑还是为了满足日常生活中办理各项事务的客观需要，公民都有获取个人身份凭证的强烈动机。因此，通过统计户口或身份证信息而汇总出来的户籍登记数据能够覆盖绝大多数中国公民。第三，户籍登记数据的搜集渠道及登记方式使其不存在其他来源数据中存在的某些数据质量干扰因素，而且户籍登记数据使用起来更为简便。鉴于近年来户籍登记数据质量提升显著，研究者在运用近期户籍登记数据时完全可以拿来就用，无须像使用其他来源数据时那样进行过多的假设或修正，这在一定程度上降低了由于假设和修正带来的额外误差。例如，教育数据被质疑在数据搜集过程中可能存在利益相关者虚报、瞒报的现象，进而直接导致统计出的数据不同程度地偏离人口真相；人口变动抽样调查数据则因抽样误差的存在而难以达到十分理想的质量，通过抽样比回推出来的人口数据在精准程度上显然比不上"数人头"数出来的人口数据；普查数据由于低龄组存在严重漏报故需要借助其他来源的数据对低龄组数据进行修正和重构，这些假设和调整过程都涉及大量的方法和模型选取，这意味着在数据使用过程中会有某些不确定性因素或偏误产生，干扰分析结果的准确性。

　　虽然户籍登记数据存在诸多优势，但是并非完美无缺。与其他数据相比，公安户籍登记管理部门不存在人为干扰居民身份信息收集的动机，即户籍登记数据的质量不会受到相应管理部门有意识行为的影响，真正会影响户籍登记数据质量的主要因素是户口簿和身份证对公民的效用（申领动机）。而身份凭证对公民的效用随公民年龄增长呈现提高的趋势，因而随着年龄的增加，越来越多的公民需要主动登记户口或申领身份证，这便意味着越来越多的公民会被统计进户籍登记数据。换言之，户籍登记数据会呈现出年龄越高，对实际人群覆盖率越高，统计质量越好的特征。另外，户籍登记数据在高龄组人口统计上存在一定缺陷，这是因为现实生活中部分高龄老人死亡后未及时销户，导致出现高龄组人口多登记的现象。

二、基础人口数据调整

　　与其他系统人口统计数据相比，户籍登记数据具有其独特的优势，但也存在一些局限和不足。本书以 2017 年全国户籍登记数据为主要来源，结合国家统计局年度 1‰ 人口变动抽样调查数据、国家统计局年度出生统计数据等，经过调整得到 2017 年全国分性别的单岁组人口数据，作为人口预测的基础数据。

　　在调整过程中，考虑到不同来源数据各自的特点和优势，针对不同年龄段采取不同的基础数据和调整方法。首先，比对户籍登记数据和其他来源数据中 2017 年 0~4 岁低龄组人口统计情况。比对结果显示，经过多次专项整顿工作以后，户籍登记数据在低龄组的质量较以往相比明显提升，但是在 0 岁人口统计上仍明显低于其他来源的数据。因此，有必要对户籍登记数据的 0 岁人口进行调整。具体调整过程是，根据国家统计局公布的 2017 年出生人数（1723 万人），按照寇尔-德曼模型生命表西区模式推算对应的 0 岁人口，作为预测起始人口的 0 岁组。其次，考察 5~64 岁年龄段的不同来源数据。三套数据的一致性较高，综合考虑到户籍登记数据自身的优势，选择户籍登记数据作为这一年龄段人口的基础数据。最后，对老龄组数据进行调整。由于户籍登记数据在老年组人口统计上存在一些不足，本书选择 2017 年全国 1‰人口变动抽样调查数据作为 65 岁及以上老年组的基础人口数据来源。图 8-1 清晰反映出，与全国 1‰人口变动抽样调查和小普查数据相比，户籍登记数据在 65 岁及以上老年组统计方面明显偏高，其他两套数据一致性很好。考虑到利用小普查数据推算会出现某些偏误，因此选择 2017 年全国 1‰人口变动抽样调查数据作为预测基础人口数中 65 岁及以上的人口。最终，经过上述调整后，得到进入预测模型的 2017 年全国基础人口数据（图 8-2）。

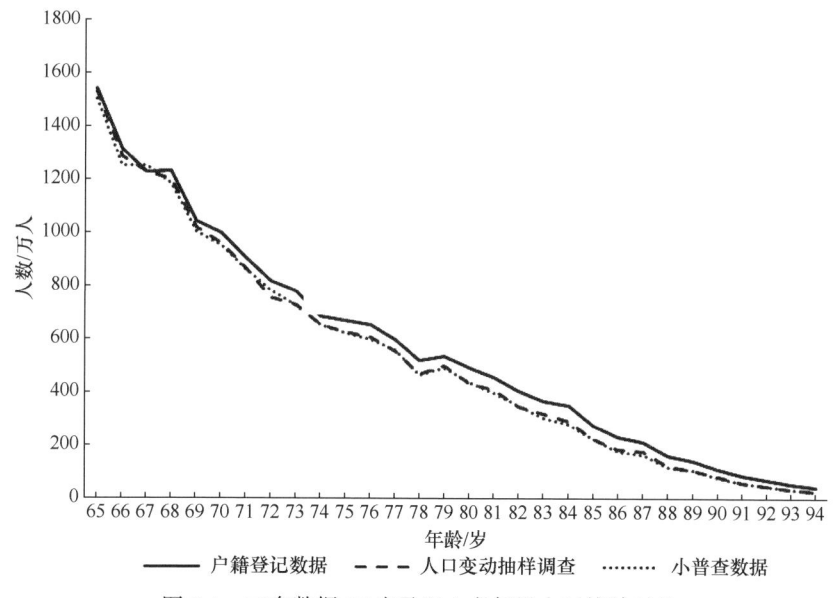

图 8-1 三套数据 65 岁及以上老年组人口统计对比

小普查数据为利用生命表推算至 2017 年后的结果

三、生育水平评估与设定

除基础人口数据以外，生育水平参数的设定同样显著影响人口预测结果的可信性。近些年来，关于中国生育水平的研究浩如烟海，但不同研究的估计结果差异很大：最低的结果认为中国近年总和生育率下降到 1.2 甚至 1.1 之下；最高的

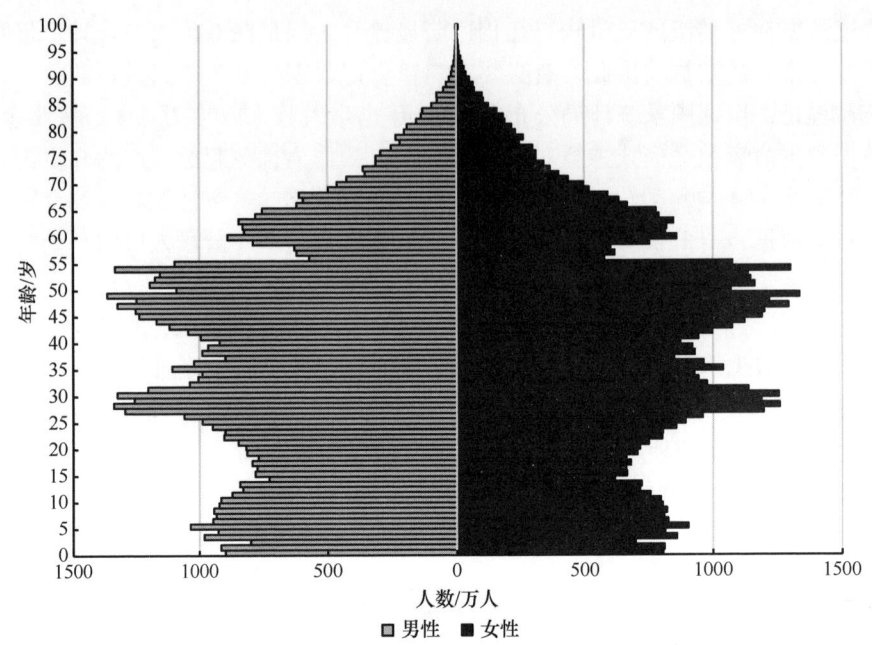

图 8-2　2017 年全国人口性别年龄金字塔（调整后的人口年龄结构）

结果认为中国近年总和生育率处于 1.6~1.7（杨凡和赵梦晗，2013）。为尽量准确估算全国生育水平，以确定人口预测模型中的生育参数，本书利用各种不同来源的数据估算了近些年来的总和生育率。

2017 年全国生育状况调查数据结果显示，我国 2006~2016 年的总和生育率为 1.41~1.79，总和生育率均值为 1.66（陈卫和段媛媛，2019）。受特殊事件（如奥运会、生肖）和生育政策调整的影响，总和生育率在部分年份（2008 年、2012 年、2016~2017 年）超过 1.7，而在 2015 年（羊年）出现最低值 1.41。单独二孩和全面两孩政策的影响反映在 2014 年和 2016 年的生育水平与之前年份相比有明显提升。此外，分孩次生育率可以进一步揭示我国近年来生育率变化的特点。第一个特点是一孩总和生育率自 2012 年以来大幅下降，这在很大程度上是妇女婚育年龄推迟的结果。第二个特点是二孩生育率呈现与一孩生育率相反的趋势，尤其是 2013 年以来出现大幅上升，2015 年开始超过一孩生育率。在 2016 年和 2017 年一孩生育水平较低的情况下总和生育率仍有较大幅度回升，原因就在于二孩总和生育率提高产生的对总和生育率的提升效应，这也表明全面两孩政策效应较为显著。

本书还利用户籍登记数据估算了全国生育水平。如前文所述，户籍登记数据在低龄组的覆盖率相对偏低，对 3 岁及以上年龄人口的统计更加准确，因而根据 2017 年户籍登记数据推算 2014 年及之前年份的总和生育率结果是可靠的。估算结果显示，2006~2014年我国总和生育率分别为1.65、1.73、1.73、1.75、1.70、1.72、1.87、1.68和1.79，最低为2006年（1.65），最高为2012年（1.87），平均约为1.73。从户籍登记数据推算结果来看，2006年到2013年期间，即我国开启生育政策调整完善的序幕之前，中国的总和生育率基本维持在1.7左右。2014年和2016年我国相继放开单独二孩和全面两孩政策之后，生育水平甚至更高。2012年（龙年）出生人数和生育水平的突发性偏高，以及2015年（羊年）出生人数和生育水平的突发性偏低，说明生育状况还受到生肖因素的很大影响，会出现一些波动。

除全国生育状况调查数据以及户籍登记数据以外，本书还利用教育系统统计数据估算了全国生育水平。以2017年全国小学在校生人数为基础进行推算，结果表明，2007~2010年我国总和生育率分别为1.67、1.68、1.71和1.69，最低为2007年的1.67，最高为2009年的1.71，平均约为1.69。与使用户籍登记数据推算的结果相比，使用小学在校生人数推算得到的总和生育率稍低，这可能是由教育统计数据对小学在校生人数的覆盖率尚未达到100%造成的。使用小学在校生人数推算的结果与使用户籍登记数据推算的结果变化趋势是一致的。由于小学在校生人数数据覆盖不全，因此可以认为依据这一套数据得到的总和生育率是近年来我国生育水平的一个低限。

利用不同来源的数据推算我国妇女生育水平，结果反映，最近十余年来我国总和生育率平均处于1.6~1.7。因此，本书假定在人口预测模型中全国起始生育水平为1.65。为提供不同生育率情境下未来我国总人口和老龄化的发展趋势，在具体预测中，根据生育水平高低不同设定三种方案：方案一（低方案），2017年全国总和生育率为1.65，随后缓慢下降，在2030年左右降至1.4，并维持在1.4左右平稳波动；方案二（中方案），2017年全国总和生育率为1.65，在2026年左右缓慢降至1.6，随后在1.6左右平稳波动；方案三（高方案），2017年全国总和生育率为1.65，在2030年左右缓慢增加至1.8左右，随后保持在该水平平稳波动。

四、其他参数设定

本书利用分要素人口预测方法测绘未来中国人口走势，除基础人口数据和生育水平参数外，还需要设定死亡、迁移等参数。

据国家统计局公布数据，2015年全国预期寿命为76.34岁，其中男性预期寿命为73.64岁，女性预期寿命为79.43岁。根据联合国预期寿命变化假设的中高速方案，推算2017~2100年我国分性别预期寿命。2030年，男性和女性平均预期寿命分别为76.32岁和81.95岁；2050年分别为78.80岁和84.19岁；

2100 年分别为 83.80 岁和 89.19 岁。死亡模式则参照寇尔-德曼模型生命表西区模式。

考虑到我国国际迁移规模很小，且详细数据不可得，在预测时假定我国人口为封闭人口，即迁移水平设定为 0。

第二节　中国未来人口老龄化发展态势

在对不同来源数据进行质量评估的基础上，确定进入人口预测模型的基础参数，本书接下来将基于人口预测的结果，绘制 21 世纪内中国人口发展的轨迹和蓝图，重点关注我国人口老龄化的发展和特征。

一、总人口先增后减，即将进入负增长时代

中国人口在未来仍将继续维持一段时间的正增长，增长时间受生育水平的显著影响。从人口预测结果看，在低方案（总和生育率为 1.4）下，我国人口将持续增长至 2025 年，达到峰值 14.13 亿人，比 2017 年人口总量多出约 1000 万人；在中方案（总和生育率为 1.6）下，我国人口维持正增长的时间将更长，直至 2027 年达到峰值（14.18 亿人）；高方案（总和生育率为 1.8）下，我国人口增长将持续到 21 世纪 30 年代初（2032 年），峰值为 14.26 亿人，比 2017 年人口多出约 3000 万人，年均增长 300 万人左右（图 8-3）。人口达到峰值之后，我国将迈入人口负增长时代，在可预见的未来（至 21 世纪末），这种负增长趋势将一直维持下去。以 2017 我国人口总量（约 14 亿人）为参照，低方案下我国人口在 21 世纪 20 年代末将降至低于目前人口总量的水平，中方案下至 30 年代后期人口总量将回落至目前的水平，高方案下直至 40 年代末期以前我国人口规模一直都将维持在 14 亿人以上。2050 年，低、中、高方案下人口总量将分别为 12.93 亿人、13.33 亿人、13.74 亿人；2100 年，各方案下我国人口规模将分别为 7.48 亿人、8.91 亿人和 10.57 亿人（低方案和中方案下人口总量降至 10 亿人以下的年份分别是 2076 年和 2086 年，高方案下直至 21 世纪末我国人口将一直维持在 10 亿人以上）。从人口预测结果来看，未来我国人口发展轨迹展现出明确的变动趋势，即维持一段时间的正增长以后将进入负增长时代。但是，在不同的预测方案（生育水平）下，我国人口未来进入负增长时代的时间存在一定差异，生育水平越高，进入负增长的时间越晚；不同方案下，未来人口负增长的速度不同，生育水平越高，未来人口负增长的速度越缓和，可见生育水平对人口增长的影响具有长期性和累积性。

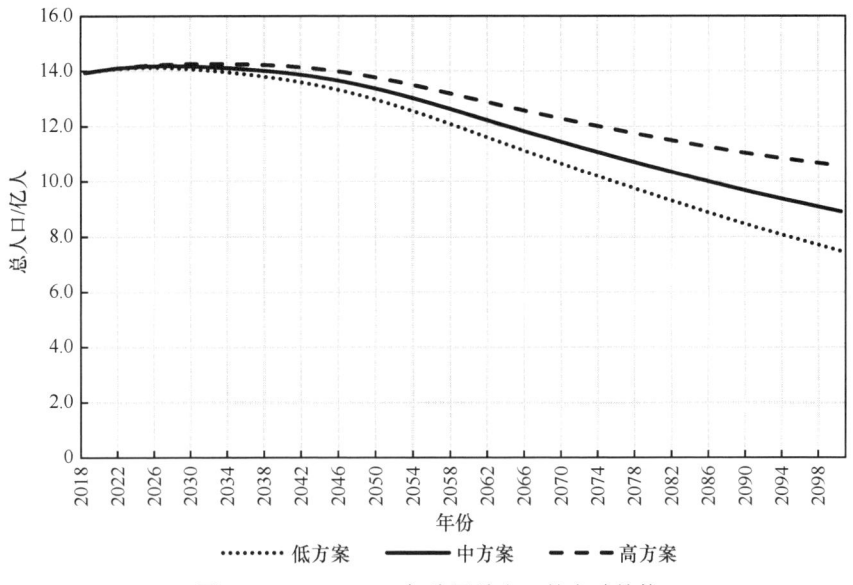

图 8-3　2018～2100 年我国总人口的变动趋势

为进一步反映未来我国人口增长状况及人口负增长的趋势,利用人口预测结果考察未来我国年净增人口的变化,以中方案为例(图 8-4)。2018 年,我国年净增人口约为 500 万人,其后将逐年缩减,直至 2027 年降至 18 万人左右,下降速度和幅度非常显著。其后,我国年净增人口数将由正转负,意味着我国就此迈入人口负增长时代,人口规模将不断缩减。21 世纪 20 年代中期至 50 年代末的 30 年间,将是我国人口负增长不断加速的时期。年净减人口数不断增加,从 0 逐渐

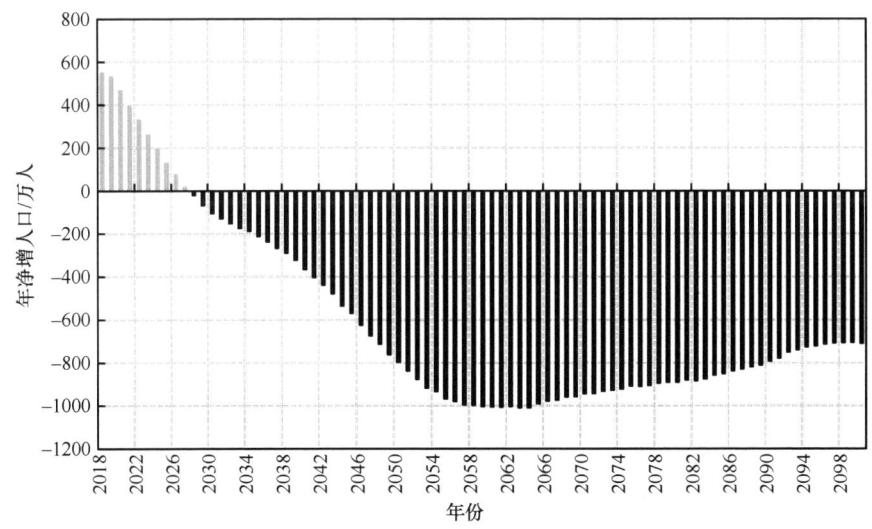

图 8-4　2018～2100 年我国年净增人口的变动趋势

增长至 1000 万人左右；人口年减少率逐渐上升，从人口增长率为 0 逐渐变为人口负增长率为 8‰左右。21 世纪 60 年代至本世纪末，我国人口负增长率将一直维持在 8‰左右的水平波动，但年净减少人口略有缩减，人口年缩减数量从 1000 万人逐渐减少到 700 万人左右。

从年净增人口和人口年增长率两个指标的变化上可以看出，未来我国人口面临着比较严峻的负增长趋势，历史累积的人口负增长惯性不断释放，人口一旦进入负增长轨道将"一往无前"，导致我国人口总量在未来数十年里将加速缩减，直至 21 世纪 50 年代末，人口缩减的速度达到 8‰左右才逐渐平稳下来，并继续维持到 21 世纪末。

二、劳动供给总量仍较为充裕，但规模将逐渐缩减，内部结构逐步老化

人口总量的变化不是独立的人口现象，往往与其他人口问题交织在一起，对人口发展产生深远影响，也因此引起了政策制定部门和学术界对人口增长问题的激烈讨论和密切关注。其中，关于人口结构和劳动供给的讨论既是重大政策关切，也是学术界的重点研究问题。

以 15～64 岁劳动年龄人口规模为指标考察未来我国人口劳动供给情况。2018～2026 年，我国劳动年龄人口处于规模变化的平台期，一直维持在 9.6 亿人左右高位波动，表明短期内我国劳动力总量并不短缺（图 8-5）。21 世纪 30 年代之后，我国劳动年龄人口的规模开始进入明显缩减的时期，生育水平对劳动力的影响开始逐渐显现出来（目前在不同生育水平下出生的人口逐渐进入劳动年龄，导致不同方案下未来劳动年龄人口数量在 30 年代出现差异，并且这种差异在未来将逐渐拉大）。低方案下，我国劳动年龄人口在 2030 年为 9.47 亿人，此后逐渐下降，在 2036 年降至 9 亿人以下（平均每年减少 1000 万人），降至 8 亿人、7 亿人、6 亿人、5 亿人、4 亿人的时间分别是 2047 年、2055 年、2070 年、2081 年和 2098 年。在中方案和高方案下，我国劳动年龄人口未来缩减的速度和幅度较低方案更加平缓，2050 年劳动年龄人口的规模分别是 7.81 亿人和 7.98 亿人，2100 年进一步下降至 4.82 亿人和 5.89 亿人。可见，不同生育水平下，我国劳动年龄人口未来规模差异非常明显，高生育水平对未来劳动年龄人口的缩减趋势具有非常明显的缓和作用，但是三种方案下劳动年龄人口缩减都是单调不可逆的。

与总人口的变化相比，劳动年龄人口规模的变动趋势具有以下特点：①劳动年龄人口负增长先于总人口负增长，我国劳动年龄人口在数年前即已达到峰值，虽然目前从总量上看我国劳动力并不短缺，但不可否认劳动年龄人口规模已经处于负增长状态。②劳动年龄人口的波动强于总人口，受生育水平和队列规模的影

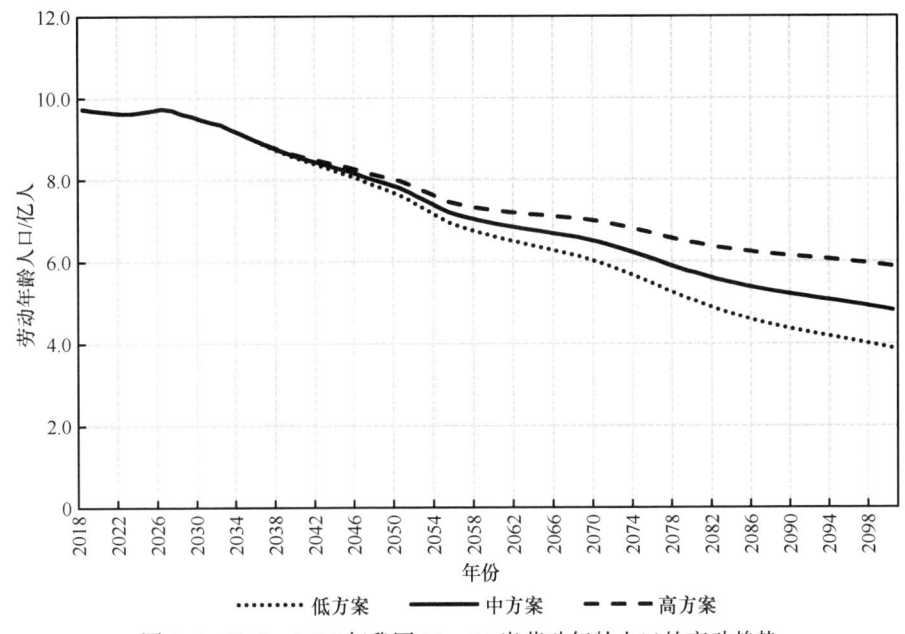

图 8-5 2018~2100 年我国 15~64 岁劳动年龄人口的变动趋势

响更加直接和明显。如 21 世纪 20 年代中期劳动年龄人口出现短暂的回升，这与之前的生育和队列人口规模变动直接挂钩。③在人口负增长的前期，劳动年龄人口的缩减强于总人口的缩减，但是 21 世纪 60 年代之后劳动年龄人口的缩减小于总人口，总人口缩减更快与届时高度老龄化下老年人死亡增多密切相关。

从规模上看，虽然我国 15~64 岁劳动年龄人口规模缩减已经成为必然趋势，但是在数量上目前仍处于相对比较充裕的阶段。未来，我国劳动供给除面临数量问题外，更重要的是结构问题。随着我国人口老龄化进程的推进，劳动年龄人口内部的结构老化也愈发明显。以中方案人口预测结果为基础，数据显示，2020 年我国劳动年龄人口内部 15~29 岁年轻劳动力占全部劳动年龄人口的比例为 24.79%，30~49 岁青壮年劳动力占比为 44.46%，50 岁及以上的劳动力所占比例为 30.75%。分五岁年龄组看，30~34 岁年龄段的劳动力占比最高，为 12.85%，其次是 50~54 岁年龄段，此外 45~49 岁、55~59 岁和 35~39 岁三个年龄段的劳动力人口占全部劳动年龄人口的百分比都在 10%以上，60 岁及以上老年劳动力的占比为 7.42%（表 8-1）。随着时间的推移，劳动年龄人口内部的结构老化趋势更加明显。2050 年，15~29 岁年轻劳动力占全部劳动年龄人口的百分比为 23.73%，30~49 岁青壮年劳动力所占比例为 41.19%，与 2020 年相比这两大年龄段劳动力人口占全部劳动年龄人口的百分比均有所下降，与之相对应的是 50~64 岁劳动力人口占比的增加，达到 35.09%，尤其是 60 岁及以上老年劳动力所占比例增幅明显，增加至 14.68%，比 2020 年增长了近一倍。

表 8-1 部分年份劳动年龄人口的年龄构成（单位：%）

年龄/岁	2020年	2030年	2050年	2075年	2100年
15~19	7.58	9.26	7.59	7.73	8.03
20~24	7.80	9.02	7.60	8.18	8.55
25~29	9.41	7.71	8.54	8.97	9.11
30~34	12.85	7.93	10.14	9.68	9.47
35~39	10.33	9.55	11.10	9.89	9.59
40~44	9.56	13.01	10.78	9.56	9.74
45~49	11.72	10.40	9.17	9.54	10.27
50~54	12.59	9.54	9.34	10.64	11.20
55~59	10.74	11.51	11.07	12.47	11.98
60~64	7.42	12.06	14.68	13.34	12.04

图 8-6 展示了 2020~2100 年部分年份我国劳动年龄人口金字塔，进一步清晰地反映出未来我国劳动供给的数量变化和结构改变。2020 年，我国 15~64 岁劳动年龄人口金字塔呈现为不规则的梭形，部分队列受生育政策、特殊历史事件、育龄妇女规模等因素影响波动较大，但整体上表现为中间鼓、两端缩的形态，这也反映出我国劳动年龄人口的主体是 30~55 岁年龄段人口。2050 年，我国劳动年龄人口金字塔出现新的形态特征，主要表现为上宽下窄、队列波动趋于平缓。这种形态变化反映出 2050 年我国劳动年龄人口内部老化趋势进一步加重，50 岁以上的劳动力人口（顶部人口）所占比例明显增加，与此同时年轻劳动力（底部人口）虽然比例没有大幅下降，但规模与 2020 年相比明显缩减。进入 21 世纪下半叶以后，我国劳动年龄人口金字塔逐渐转变为不规则的矩形，同时劳动力供给的数量缩减趋势更加明显。至 21 世纪末，我国劳动年龄人口金字塔形态与目前相比发生剧烈的变化，整体表现为较为细窄的矩形，不同年龄段的劳动力人口占全部劳动年龄人口的百分比差异缩小，其中 15~29 岁年轻劳动力占比为 25.70%，30~49 岁青壮年劳动力人口所占比例为 39.08%，50~64 岁劳动力人口占比为 35.23%。可见，在总量不断缩减以及内部年龄结构逐渐老化的同时，我国劳动年龄人口内部的结构差异呈现缩减趋势，结构趋于平稳，年龄结构的不规则性明显削弱甚至消失。

第八章　未来老龄化的人口学机制

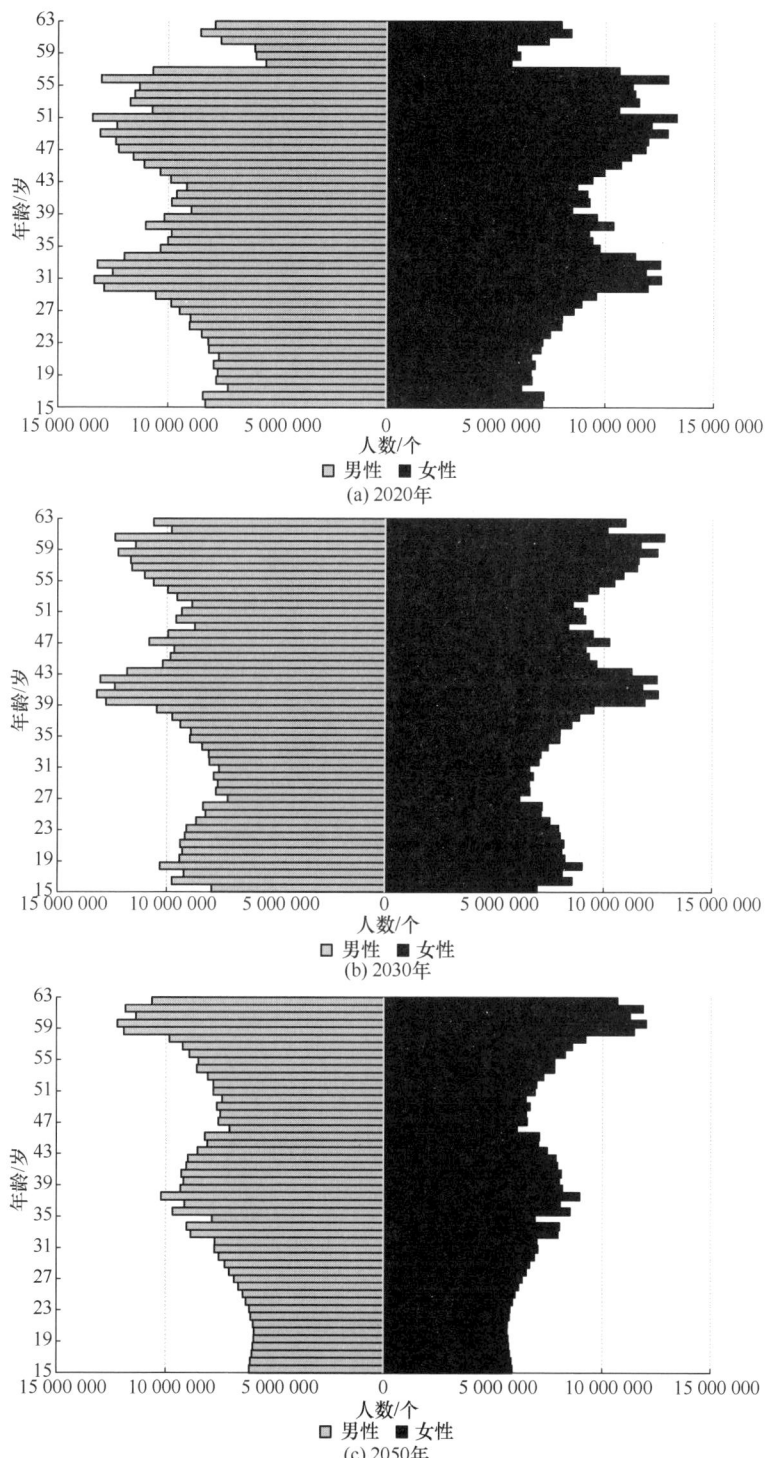

(a) 2020年

(b) 2030年

(c) 2050年

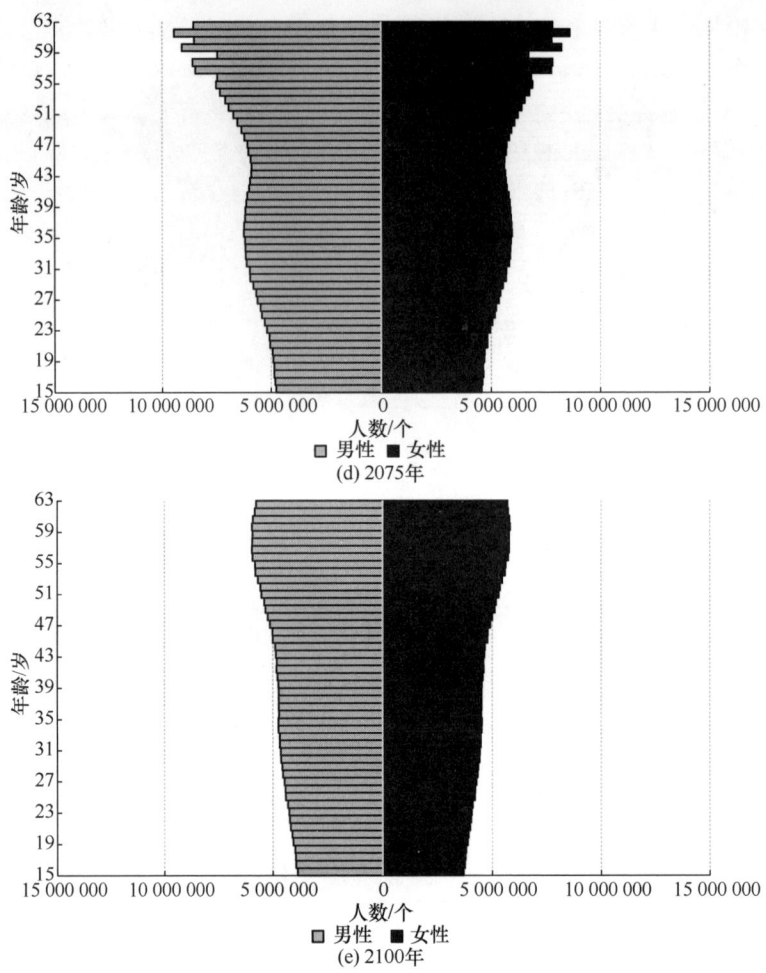

图 8-6 部分年份劳动年龄人口金字塔

三、人口老龄化进程持续推进，高龄化趋势逐渐加深

我国自 2000 年开始正式迈入老龄社会，但早在 20 世纪 90 年代人口内在增长率就已经由正转负，标志着人口内在增长趋势的方向性转变。未来人口负增长时代，我国人口老龄化的程度将进一步加深，老年人口规模将不断增长。从人口预测结果来看，直至 21 世纪 50 年代末，我国 65 岁及以上老年人口规模将一直呈现不断增长的态势（图 8-7）。低方案下，我国老年人口规模将在 2056 年达到峰值，为 4.02 亿人，占总人口的比例为 32.80%；其后老年人口规模会逐渐减少，进入 21 世纪 70 年代后在 3.45 亿人左右平稳波动，直至 80 年代后期再次开始下降，21 世纪末我国老年人口规模为 2.86 亿人，占总人口的比例为 38.25%。对比不同方案

下的预测结果，中方案和高方案下老年人口规模在21世纪80年代之后与低方案开始出现明显"分歧"，2100年中方案和高方案下的老年人口规模分别是3.01亿人和3.17亿人，占总人口的百分比分别是33.81%和29.94%。可见，不同预测方案下对人口老龄化的影响是比较明显的。从短期来看，虽然生育水平提高可以增加少儿人口规模，通过底部老龄化的缓和降低老龄化的水平，但实质上并没有改变老年人口的实际规模；从长期来看，生育水平既会影响老龄化程度，也会影响老年人口规模，在降低老龄化程度（老年人占总人口的比例）的同时，增加了未来老年人口的绝对规模。因此，在探讨生育率对老龄化的影响时，不能简单地以相对比例为标准衡量生育水平对人口老龄化的影响，同时还应该注意将生育率的影响和人口老龄化纳入长期分析框架内。

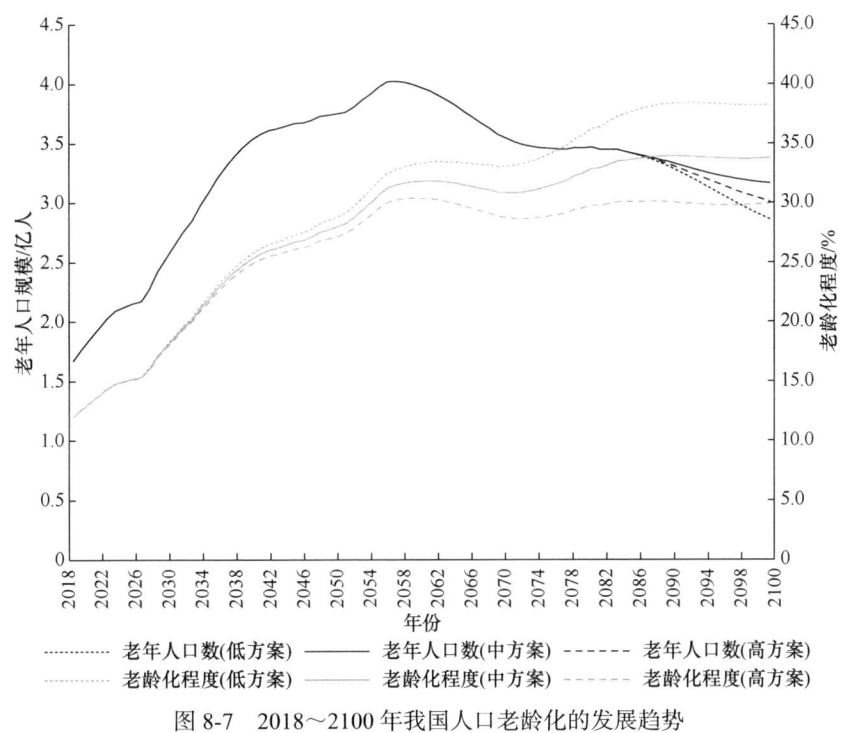

图8-7 2018～2100年我国人口老龄化的发展趋势

以中方案人口预测结果为例，未来我国人口老龄化进程表现出一些鲜明的发展特点。首先，从规模上看，我国65岁及以上老年人口将呈现出先快速增加后减少的变动趋势，未来直至21世纪50年代后期将呈现出老年人口规模快速增加的趋势。2020年，我国老年人口群体总量为1.86亿人，随后将持续增长至2056年达到峰值，平均每年增加590万人，年均增长率达到2.1%左右，由此可见这一时期将是我国人口老龄化进程快速推进的时期。21世纪50年代后期直至21世纪末，老年人口规模的减少速度明显慢于之前的增加速度，且表现出较为明显的阶段差异性，整体上是先降后稳再降的变化趋势。其次，与规模变动趋势不同，我国老年人口占总人口的比例呈现出单调增加的变动趋势，但不同发展阶段差异较为明显。与老年人口数量攀升趋势相对应，21世纪50年代中期以前我国老年人口占总人口的比例也呈现出快速增加的趋势，从目前的10%左右增加至30%左右，增加了2倍。进入21世纪60年代后，老年人口占比出现轻微的回落现象，但降幅比较小，其后人口老龄化程度进一步加深，直至21世纪80年代后期逐渐平稳，维持在33%~34%的水平高位波动。

在老龄化进程逐渐推进的过程中，我国老年人口内部结构也处于不断变化中。表8-2展现了21世纪我国老年人口群体的年龄结构变化。在总人口老龄化的同时，老年人群内部年龄结构也在不断老化。65~69岁年轻老年人占全部老年人口的比例下降非常明显，从2020年的39.77%下降至2050年的23.57%，在21世纪末进一步下降至18.30%，反映出我国人口老龄化趋势在老年人内部也处于不断加深的过程。此外，70~74岁老年人口所占比例降幅也比较显著，从2020年的26.31%下降至2050年的20.00%，进而下降至2100年的17.33%。与年轻老年人占比的显著下降相对应，高龄老年人所占比例明显增加，这意味着在我国人口老龄化的同时，高龄化趋势愈发明显。高龄化趋势主要表现在两个方面：一是80岁及以上高龄老年人规模增长迅速。2020年，我国高龄老人的数量为3300万人左右，至21世纪中叶将增长至1亿人以上，达到1.31亿人，在21世纪下半叶将维持在较高水平上波动变化，2070年高龄老人规模超过1.5亿人，随后略有下降，在2100年约为1.4亿人（图8-8）。二是高龄老人占全部老年人口的比例明显增加。2020年，我国65岁及以上老年人口中高龄老人所占比重不足1/5（17.90%），随后逐年上涨，在2030年达到20.36%，2050年超过35%，2070年为44.13%，其后高龄老人占比在波动起伏中变化，在2100年为46.66%，意味着届时我国老年人群中有近一半为高龄老人。

表8-2 2020~2100年我国65岁及以上老年人口的年龄构成（单位/%）

年龄/岁	2020年	2030年	2040年	2050年	2060年	2070年	2080年	2090年	2100年
65~69	39.77	35.65	28.06	23.57	20.62	18.82	23.18	18.83	18.30
70~74	26.31	22.82	27.71	20.00	26.03	17.95	21.12	21.02	17.33
75~79	16.02	21.17	20.72	21.24	18.27	19.10	16.10	20.72	17.71
80~84	10.38	11.82	11.19	18.24	13.54	21.32	13.61	16.95	17.84
85~89	5.33	5.45	8.21	10.91	11.49	12.15	11.89	10.75	14.79
90~94	1.81	2.34	3.16	4.00	7.12	6.52	9.89	6.78	9.26
95~99	0.35	0.68	0.84	1.81	2.65	3.43	3.58	3.84	3.90
100+	0.03	0.07	0.11	0.22	0.27	0.71	0.64	1.11	0.87

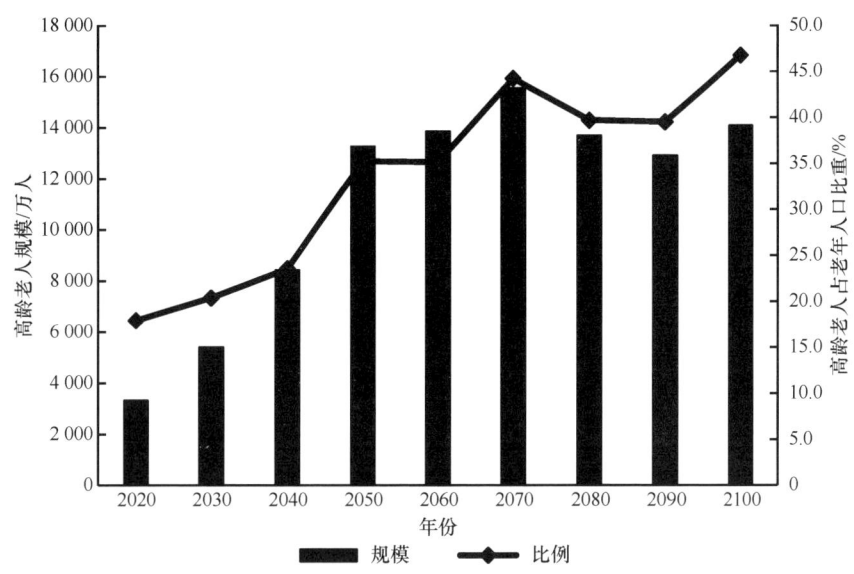

图 8-8　2020~2100 年我国 80 岁及以上高龄老年人的变动趋势

四、社会抚养负担持续加重，从"抚幼"社会变为"赡老"社会

自 20 世纪 80 年代以来，我国生产性人口年龄结构带来的人口红利为我国社会经济发展做出了突出贡献，有研究表明，1982~2000 年抚养比下降对同期人均 GDP 的增长贡献率达到 1/4 左右（王德文等，2004）。但是，从 2010 年开始我国社会抚养比的变化开始转向，由此引发学术界关于我国人口红利是否已经消失的激烈讨论。未来，我国社会抚养比将继续维持不断增加的变动趋势，意味着我国社会和家庭在抚养幼儿、赡养老人方面的负担将会不断加重。以中方案人口预测结果为例进行说明，2020 年我国社会抚养比为 0.45，至 2050 年迅速增长至 0.71，意味着每 3 名劳动力需要供养 2 个以上的少儿或老年人，至 21 世纪末我国社会抚养比将增长至 0.85（图 8-9）。从增长速度上看，至 21 世纪 60 年代之前是我国社会抚养负担快速加重的时期，这主要是由同期人口老龄化程度加深、老年抚养比快速增长所导致的；在 21 世纪 70 年代，我国社会抚养负担相对平稳，在进入 80 年代后再次增加，表现出一定的阶段性发展特点。

在社会抚养负担不断加重的过程中，少儿抚养比和老年抚养比的变化表现出不同的特点。目前，我国少儿抚养比高于老年抚养比，意味着"抚幼"仍然是目前我国社会和家庭最主要的负担，且这种局面在未来仍将继续维持一段时间。未来数年内，随着人口老龄化进程的推进，我国老年抚养比呈现出不断增加的趋势。与此同时，由于受育龄妇女规模和生育水平的影响，我国年度出生人口规模出现缩减，导致少儿抚养比出现下降。老年抚养比与少儿抚养比的背道而驰，导致在

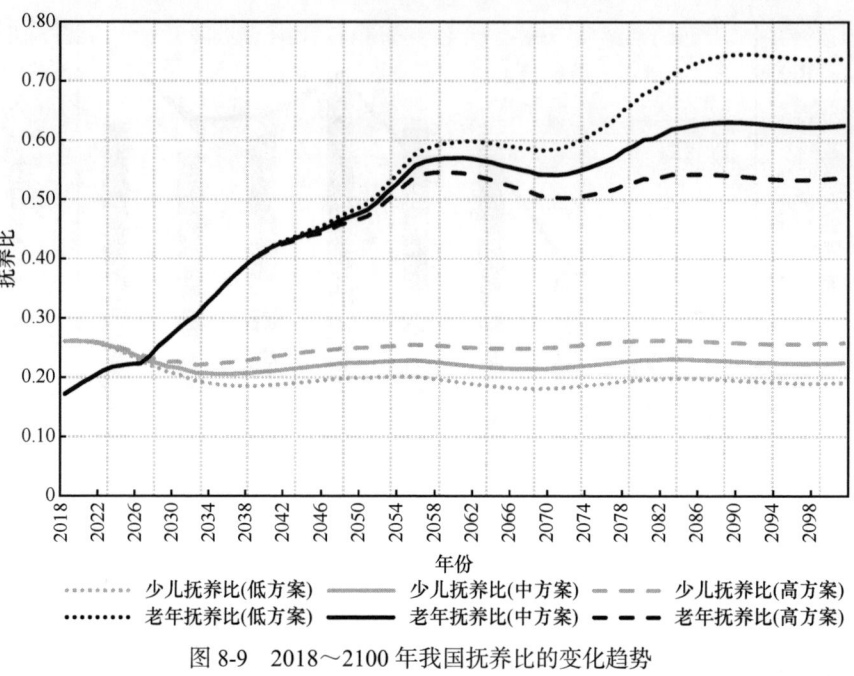

图 8-9 2018~2100 年我国抚养比的变化趋势

2027 年左右我国老年抚养比将超过少儿抚养比，意味着届时我国将从"抚幼"社会转变为"赡老"社会。进一步考察未来变动趋势，老年抚养比将维持增长态势直至 21 世纪 50 年代中期，随后略有下降，在进入 70 年代后再次攀升，直到 90 年代，维持在 0.61 左右的高位水平波动平稳（中方案）。与老年抚养比的变动趋势不同，少儿抚养比在 21 世纪 30 年代之后，将呈现出比较平稳的变化趋势，在中方案预测情境下一直维持在 0.22 左右的水平波动。

第三节 老龄化的人口学机制

本节主要探讨老龄化的人口学机制，即低生育率、死亡水平（预期寿命）、老年年龄标准等人口事件/指标变化对老龄化趋势和相关指标的影响，以便进一步描绘我国人口老龄化的未来态势，为迎接老龄社会的全面到来和发展提供数据支撑。

一、低生育率对老龄化的影响

生育率转变是 20 世纪世界人口发生的最深远的变革。自 20 世纪 90 年代开始，欧洲部分国家开始出现低生育率现象，并逐步蔓延至东亚地区（如日本、韩国），引发了政府部门和学界的极大关注。长期维持低生育率水平将对人口产生深远的影响,其中之一则是对人口年龄结构的作用。低生育率长期维持的直接后果是出生人数的减少,即导致人口底部老龄化的加剧。为详细考察低生育率对我国未来人口老龄化的具体影响,本节借助人口预测方法模拟在极低生育率(1.1)、维持目前生育率(1.6)、更替水平(2.1)三种情景下我国人口老龄化的发展走势,并比较在不同生育率水平下关键老龄指标(老龄化程度、老年抚养比、中位年龄等)的变化,以测算低生育率对老龄化的影响①。

长期维持极低生育率将显著影响人口老龄化的进程。低生育率对人口老龄化的直接影响体现在对未来老年人口规模以及老年人口比例两方面。低生育率对老年人口规模的影响具有时滞性,需要较长时间才能体现出来。在不同生育率情境下,我国65岁及以上老年人口规模在2083年(2018年为预测起始年份)开始分化,表现出明显的差异(图8-10)。虽然在预测过程中从起始年份开始设定不同的生育水平,但新生人口进入老年期需要65年,因此不同方案下老年人口规模在2083年之前将保持一致,之后才会出现差异。假定我国妇女生育水平维持在极低生育率(1.1)直至21世纪末,老年人口规模在未来将呈现出先升后降的变动趋势。与其他方案相比,长期维持极低生育率将会显著减少2083年之后我国老年人口的规模,且降幅和降速都非常明显。至2100年,在极低生育率情境下,我国65岁及以上老年人口数量将回落至2.45亿人,与2028年(2.43亿人)水平相当。与

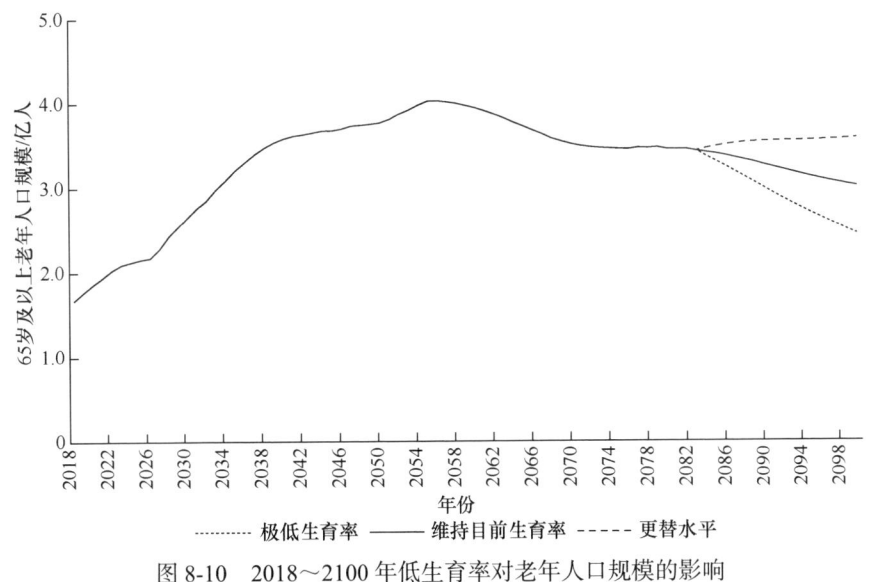

图8-10 2018~2100年低生育率对老年人口规模的影响

---

① 本节第一部分的人口预测旨在分析低生育率对人口老龄化的影响,因而设定的生育水平跨度较大,与第二节考察未来人口走势的研究目的不同,参数设定也不相同。

之相比，假若我国妇女生育率维持在更替水平并持续至 21 世纪末，老年人口规模的变动趋势则出现不同的特征。在此方案下，老年人口数量在 2083 年之前呈现与其他方案相同的变动趋势，随后不同于另两种情境，老年人口规模略微回升，从 2083 年的 3.43 亿人缓慢增长至 2100 年的 3.58 亿人，与 2040 年和 2068 年老年人口规模水平相当。比较可知，若妇女在 21 世纪内一直维持更替水平的生育率，在 21 世纪末老年人口规模将比极低生育率（1.1）下多出 1.13 亿人，相差近 1/3。

从不同生育率情境下未来老年人口规模的变动趋势及差异比较可以发现，长期维持低生育率水平对老年人口规模的影响较为显著，但需要较长时间才会逐渐凸显出来。生育率的短期波动虽然也会对人口规模和结构产生影响，但长期维持低生育率对人口的影响更加深远和显著，尤其是长期维持极低生育率会导致老年人口规模在未来出现明显的下降，老年人口规模的剧烈变化势必会对社会经济各方面产生挑战，如养老服务和医疗资源的配置、家庭代际关系建设等。

低生育率导致的底部老龄化在对老年人口占比的影响上表现更加明显。维持目前生育水平情境下，21 世纪内我国人口老龄化程度表现为先快速上升随后高位波动的变动走势。65 岁及以上老年人口占总人口的比例从目前 12% 左右快速上升，在 21 世纪中叶上升至 30% 左右，随后在该水平上高位波动，在 21 世纪末缓慢升至 33.8%（图 8-11），即届时我国每 3 个人中就有 1 个是 65 岁及以上的老年人。

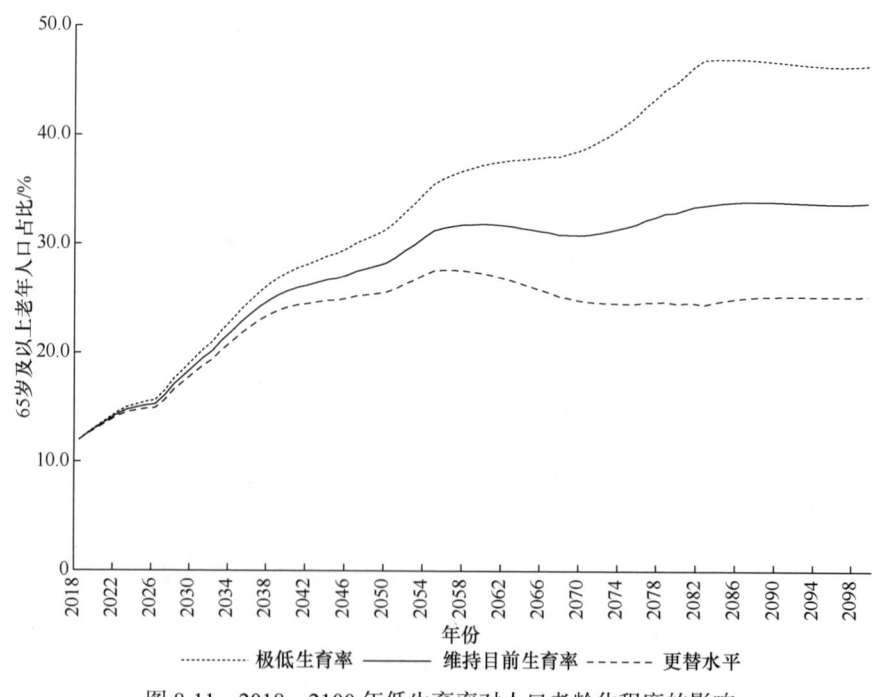

图 8-11 2018～2100 年低生育率对人口老龄化程度的影响

长期维持极低生育率对我国未来人口老龄化程度的影响非常显著和深远。随着时间的推移，低生育率导致出生人数缩减带来的总人口规模差异在不同方案下愈加明显，即使老年人口规模在2083年之前保持一致，但老龄化程度差异在不同方案中逐渐拉大。假定妇女生育水平维持在极低生育率（1.1），老年人口占总人口的比例将在21世纪内绝大多数时间均呈现不断增长的态势，直至21世纪80年代增长至46%左右，并维持这一水平至21世纪末，届时我国将成为一个人口老化程度极高的社会，近一半人口为老年人。与之相比，若妇女生育率维持在更替水平，老龄化程度的变动趋势表现出明显不同的特点，整体表现为先升后降的变化趋势。在此方案下，65岁及以上老年人口占比从2018年12%左右逐渐增加，至21世纪50年代增长至27%左右，随后略有回落，在24%~25%波动变化。比较长期维持极低生育率和更替水平两种情境，预测结果反映低生育率对人口老龄化程度的影响非常显著。

长期维持低生育率对人口老龄化的作用还体现在对老年抚养比指标的影响上。低生育率对老年抚养比的影响同时体现在分子（老年人口）和分母（劳动年龄人口）两方面。如果我国妇女生育水平长期维持在极低生育率上，那么未来我国老年抚养比的增长速度和幅度都将非常显著，一直维持不断增加的趋势直至21世纪80年代，最高值突破1.0（图8-12），即意味着1个劳动力将赡养1位以上的老人，再加之少儿抚养，届时我国家庭和社会的抚养负担将会非常沉重。生育水平的显著提高可以有效影响老年抚养比的水平和走势。如果妇女生育率维持在

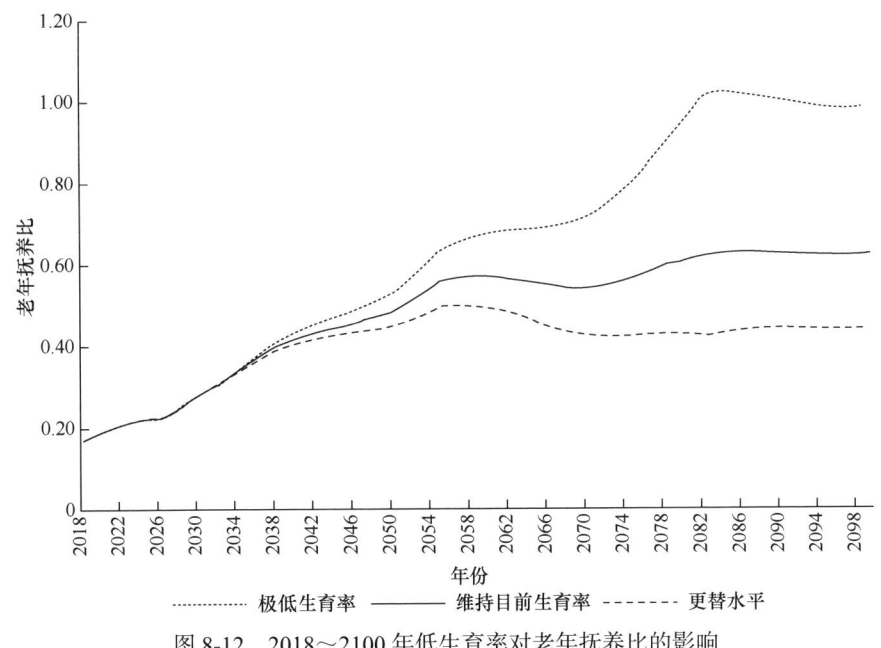

图8-12　2018~2100年低生育率对老年抚养比的影响

目前的水平，我国老年抚养比将在接下来的 40 年内呈现快速增加的态势，随后增速有所放缓，在 21 世纪末波动增长至 0.62 左右，即每 3 个劳动力大概供养 2 位老人。假若妇女生育率可维持在更替水平，则可显著降低未来的老年抚养比。在该方案下，我国老年抚养比在未来 40 年内仍保持不断增长的态势，峰值约为 0.5，即每 2 个劳动力将供养 1 位老年人，随后老年抚养比略有下降，在 2100 年为 0.44，显著低于极低生育率背景下的老年抚养比。对比三种不同生育率情境下的预测结果，老年抚养比的差异随时间的推移呈逐步拉大的趋势，尤其是长期维持极低生育率情境下，老年抚养比的增幅和增速显著区别于其他两种方案，再次反映出低生育率对人口老龄化的长期影响。

中位年龄指标可以综合反映我国人口年龄结构的整体变化。在长期维持极低生育率背景下，人口老龄化还表现在中位年龄的快速增加上。预测结果显示，如果我国妇女生育水平长期维持在极低生育率，我国人口的中位年龄将持续增加至 21 世纪 80 年代，从目前 37.5 岁左右增长至 61 岁左右，其后维持在这一水平波动运行（图 8-13）。可见，极低生育率长期维持对人口年龄结构的影响不断积聚和加剧，导致人口老龄化程度不断加深，在此背景下我国在 21 世纪末将成为人口老化非常严重的社会。与之相比，如果妇女生育水平能够维持在目前的生育率或回升至更替水平，未来人口中位年龄的峰值明显降低，前者在 2100 年约为 51.4 岁，后者在 21 世纪末约为 42.2 岁，与极低生育率下中位年龄差异显著。中位年龄的走势在更替水平生育率背景下呈现不同的特点，表现为先升后降的趋势。

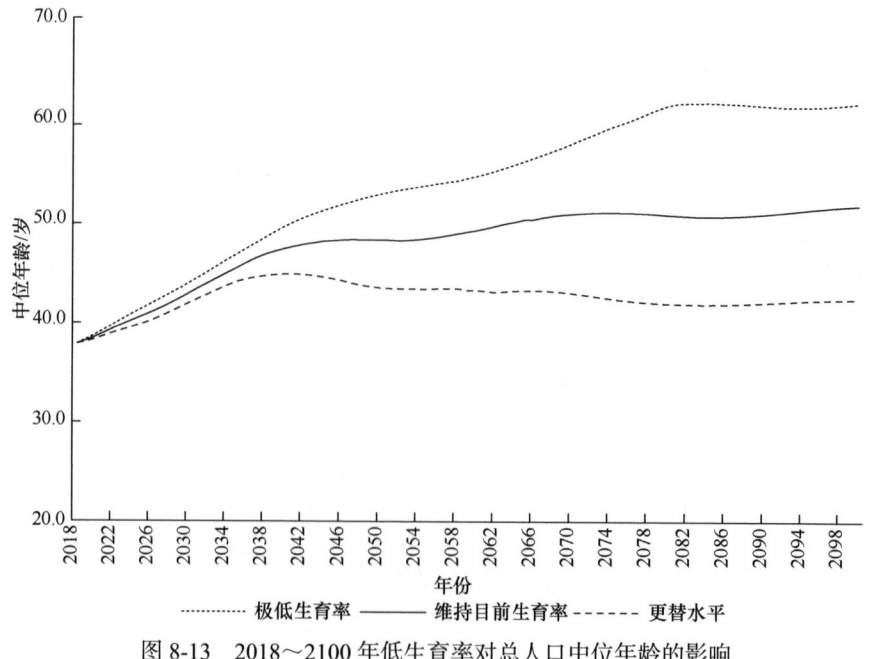

图 8-13　2018～2100 年低生育率对总人口中位年龄的影响

通过测算和比较未来老年人口规模、老龄化程度、老年抚养比及中位年龄等老龄指标的变化，可以明显看出低生育率对人口老龄化的影响，甚至可以说是影响未来我国人口老龄化走势的重要推动因素。生育率长期维持在极低水平上，将会导致人口老龄化在未来快速推进，老龄程度急剧加重。诚然，为反映低生育率对老龄化的显著影响，本部分的分析基于生育水平参数设定跨度较大的三套人口预测结果，这可能与我国人口的真实生育水平存在较大差异，但极低生育率和更替水平两套方案可作为未来人口走势的下限和上限，依然可以为了解我国老龄化未来态势及生育率的影响提供参考和借鉴。研究结果也再次证明，在死亡率已经降至较低水平且国际迁移可忽略的人口背景下，生育率已经成为塑造我国人口未来发展轨迹的主导力量，生育政策的完善和调整也回应了我国人口发展的切实要求。

二、死亡水平变化对老龄化的影响

预期寿命不断延长是人类社会发展取得的瞩目成就之一，也是现在以及未来人类社会追求的重要目标。20世纪50年代初期，我国人口平均预期寿命不足40岁，2017年已达到76.7岁，增幅显著。在死亡水平下降的过程中，不同年龄段人口的死亡率下降并不同步，其中老年人口死亡率下降非常显著。死亡对人口老龄化的影响通过多种渠道发挥作用，最直接的影响是老年死亡率下降带来的存活老人数量的增加。本部分旨在分析死亡因素对我国未来人口老龄化的影响，比较维持预期寿命不变（2018年水平）以及按照联合国假设推算的预期寿命不断延长两种情境下，我国人口老龄化未来的发展趋势以及相关老龄指标的变化，以期反映死亡水平变化对人口老龄化的影响力度。

假定未来我国人口平均预期寿命将维持在2018年的水平（男性为74.24岁，女性为80.3岁）保持不变，未来65岁及以上老年人口规模在21世纪内呈现先升后降的变动趋势，在2055年达到峰值3.45亿人，随后下降，在21世纪末降至2.08亿人（图8-14）。预期寿命的延长将显著改变未来老年人口的数量。按照联合国预期寿命延长的中高速模式推算未来我国人口预期寿命的变化轨迹（2100年男性为83.80岁，女性为89.19岁），在此背景下保持其他参数不变，老年人口数量将在2056年达到峰值，比死亡水平保持不变情境下多出5700万老人，随后老年人口规模开始回落，在2100年降至3.0亿人。可见，预期寿命延长对未来老年人口规模的影响是非常明显的，在21世纪末两种情境下的差异可达到1亿人左右，这种差异甚至可以与极低生育率和更替水平生育率对老年人口规模影响的差异旗鼓相当。

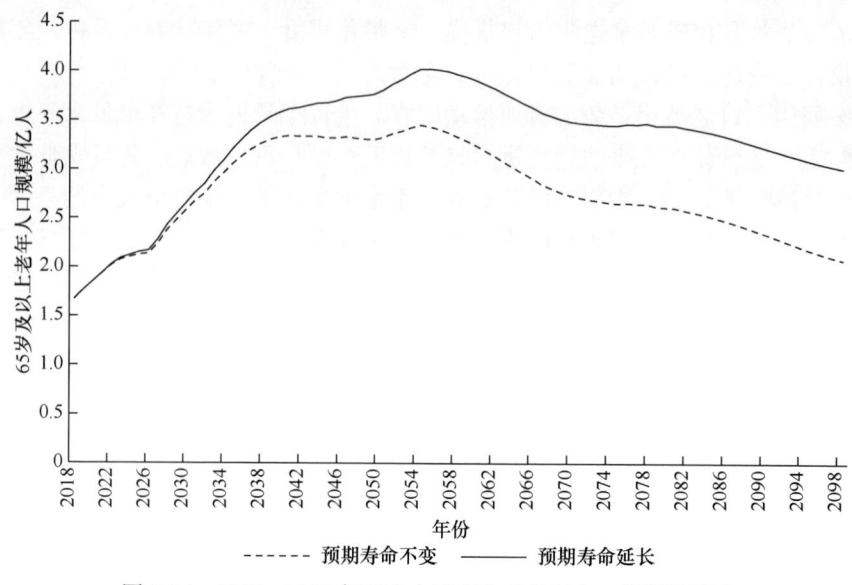

图 8-14　2018~2100 年死亡水平变化对老年人口规模的影响

死亡因素不仅影响未来老年人口规模，还会影响人口老龄化程度。维持目前预期寿命水平不变，我国 65 岁及以上老年人口占总人口的百分比将从 13.21%增长至 2050 年的 25.88%，即大概每 4 个人中有 1 个为老年人，在 2100 年进一步增长至 26.80%（表 8-3）。在人口平均预期寿命不断延长的背景下，老龄化程度将在 2050 年达到 28.25%，2100 年升至 33.81%。比较两种情境下我国人口老龄化程度的发展，可知预期寿命延长对老龄化程度的影响随着时间的推移逐渐加大，2040 年之前二者相差较小，其后差异逐步拉大，在 21 世纪末这种差异达到 7 个百分点。

表 8-3　死亡水平变化对人口老龄化程度的影响（2020~2100 年）（单位：%）

年份	预期寿命保持不变	预期寿命不断延长
2020	13.21	13.22
2025	15.05	15.19
2030	18.34	18.72
2035	22.02	22.78
2040	24.45	25.71
2045	25.05	26.85
2050	25.88	28.25
2060	28.36	31.85
2070	26.36	30.84
2080	27.67	32.91
2090	27.99	33.92
2100	26.80	33.81

在影响老年人口规模和比例的同时，预期寿命变化势必影响未来老年抚养比的走势。假定我国人口死亡水平在未来将继续下降，预期寿命持续延长，老年抚养比在21世纪上半叶将呈现快速增加的趋势，在进入50年代后达到50%以上，进入下半世纪后出现波动式变化，在2100年达到0.63（图8-15）。如果维持死亡水平不变，则在一定程度上可以缓解未来老年抚养比的上升趋势。在此情境下，我国老年抚养比在2057年达到峰值0.49，其后在波动中略有下降，2100年为0.45，比预期寿命不断延长的方案大概低0.18，差异非常显著。

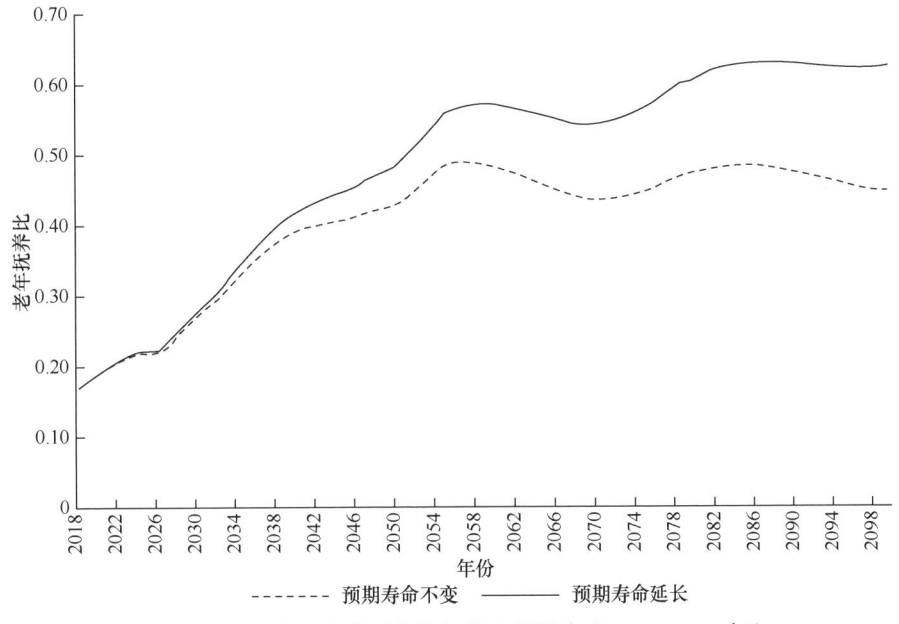

图8-15　死亡水平变化对老年抚养比的影响（2018~2100年）

中位年龄作为衡量人口年龄结构的指标之一，在不同死亡水平情境下也展现出不同的变化趋势。与人口老龄化的发展进程相应，未来20余年内我国人口中位年龄的增速较快，且预期寿命保持不变和不断延长两种情境下差异并不明显，随后二者的差距呈现不断拉大的趋势（图8-16）。若预期寿命保持在2018年的水平不变，我国人口中位年龄在21世纪下半叶基本呈现波动平稳的趋势，维持在47~48岁波动。在预期寿命不断延长的情境下，中位年龄在21世纪内一直呈现不断增长的态势，但下半世纪的增速明显较上半世纪放缓，在2100年达到51.43岁，比维持预期寿命不变方案下高4.4岁。

比较不同死亡水平下我国未来人口老龄指标的变化，可以发现死亡因素是影响人口老龄化进程的显著因子，预期寿命维持不变的情境下老龄化程度相对较轻，这也证明死亡水平下降带来的老年死亡率减少直接导致人口老龄化程度的加深。

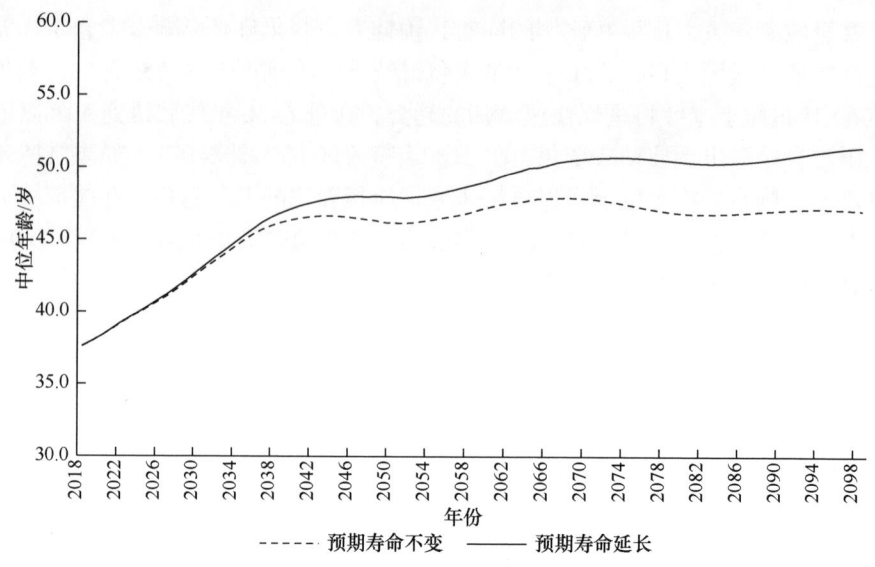

图 8-16 死亡水平变化对总人口中位年龄的影响（2018～2100 年）

特别指出，这部分的分析旨在考察死亡水平（预期寿命）变化对人口老龄化的影响方向和作用大小，讨论人口老龄化的人口学机制，并不是为了佐证死亡水平不变有利于缓解人口老龄化因而应该维持目前的死亡水平。不断追求健康和预期寿命延长是人类社会永恒的话题之一，人口的发展不应该违背客观的规律。

三、老年标准年龄变化对老龄指标的影响

随着预期寿命的延长，尤其是人们健康水平的提高和健康预期寿命的增加，关于人口老龄化标准的讨论逐渐引起学术界的关注。目前对老年人口的定义通常采用固定年龄标准，其中最为常用的是将 60 岁或 65 岁定义为老年标准年龄。在人口健康水平不断提高和死亡水平逐渐下降的背景下，有学者提出仍然采取固定年龄标准已经不适合当下及未来的人口发展（吴连霞和吴开亚，2018）。此外，目前定义老年人口采取的 60 岁/65 岁年龄标准是联合国于 20 世纪五六十年代确定的，是否符合目前人口事实及未来人口形态也存在疑问。为回应这一学术问题，本部分将讨论老年标准年龄变化对人口老龄化指标的影响[①]。

以 60 岁作为老年标准年龄，我国老年人口规模在 21 世纪内将呈现出先升后降的变化趋势，在 2051 年达到峰值 4.93 亿人，随后以较快的速度开始下降，在 21 世纪末降至 3.59 亿人，与 21 世纪 20 年代末水平相当（图 8-17）。若以 65 岁

---

① 本节第三部分的分析是基于第二节人口预测的中方案结果，即妇女生育水平维持在 1.6 左右波动，预期寿命按照联合国中高速假设不断延长，国际迁移忽略不计。

作为老年标准年龄,则老年人口规模在 2056 年峰值接近 4 亿人,随后也进入下降阶段,在 21 世纪末降至 3 亿人。若提高老年标准年龄的定义,以 70 岁作为老年人的"门槛",则我国老年人口规模将在 2061 年达到峰值 3.14 亿人,其后在波动中缓慢下降,在 2100 年降至 2.46 亿人。与之相应,老年标准年龄的变化也会直接影响人口老龄化程度这一指标(表 8-4)。可见,如果改变老年人定义的年龄标准,则会显著影响老年人口的规模和比例,改变目前学术界对未来我国人口老龄化发展进程的认识。

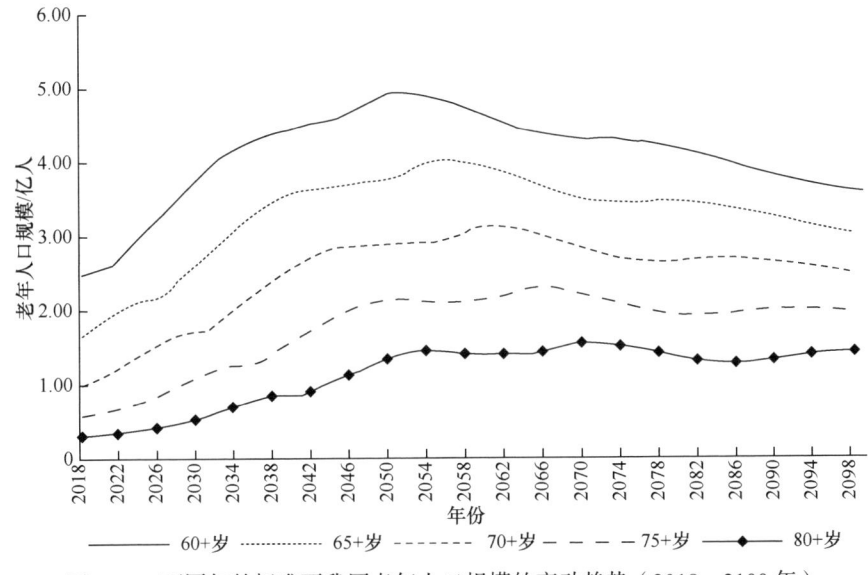

图 8-17 不同年龄标准下我国老年人口规模的变动趋势(2018~2100 年)

表 8-4 不同年龄标准下我国人口老龄化程度的变动趋势(2020~2100 年) (单位:%)

年份	60 岁标准	65 岁标准	70 岁标准
2020	18.33	13.22	7.97
2025	22.24	15.19	10.46
2030	26.80	18.72	12.08
2035	30.27	22.78	15.10
2040	31.86	25.71	18.54
2045	33.61	26.85	20.90
2050	36.90	28.25	21.64
2060	37.52	31.85	25.33
2070	37.86	30.84	25.08
2080	39.96	32.91	25.34
2090	39.77	33.92	27.62
2100	40.34	33.81	27.65

除老年人口规模和老龄化程度外，老年标准年龄的改变对老年抚养比的影响更加显著，不仅作用于分子（老年人口规模），也会影响分母（劳动年龄人口），导致老年抚养比的变化非常显著。以 60 岁作为老年标准年龄，未来我国老年抚养比将呈现明显的增长态势，从目前 0.27 左右增长至 21 世纪末的 0.85（图 8-18）。以 65 岁作为老年标准年龄，老年抚养比明显低于以 60 岁作为标准年龄的方案，从 2018 年 0.17 左右增加至 2100 年的 0.63。若进一步提高老年标准年龄至 70 岁，则未来同期老年抚养比明显更低，在 2100 年仅为 0.46。

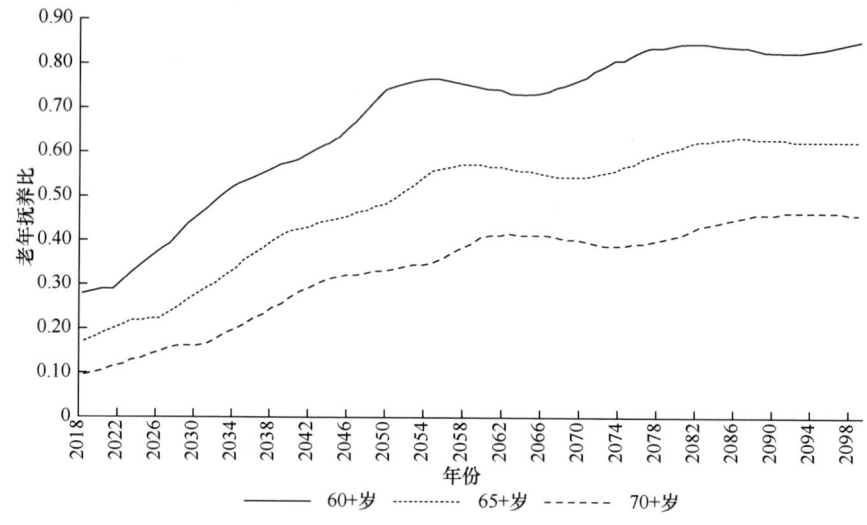

图 8-18　不同年龄标准下老年抚养比的变化（2018~2100 年）

第九章 未来老年人口的自我支持养老能力

人口高龄化概念是在人口老龄化概念基础上发展出来的。在国际上，人口高龄化一般是指年龄在 80 岁及以上的高龄老人占全体老年人口（60 岁或 65 岁及以上老年人口）的比例趋于上升的过程（罗淳，2001）和结果。人口高龄化现象已然越来越受到各国政府的重视。1998 年 10 月，在联合国"国际老年人年"的启动仪式上，时任联合国秘书长科菲·阿塔·安南指出："世界人口在老龄化的同时，老年人口本身也在老龄化。"（陈杏铁和张正义，2003）。2000 年，中国正式进入老龄社会，在人口快速老龄化背景下，高龄老年人正在成为我国老年人口中增长最快的群体。其主要原因在于，医疗卫生条件的改善、生活水平的提高以及由此带来的预期寿命的延长。

第一节 人口高龄化趋势下的新挑战

一、我国人口高龄化现状及特征

（一）高龄老年人口总量大、增速快

第五次和第六次全国人口普查数据显示，中国 80 岁及以上高龄老年人由 2000 年的 1199.1 万人增加到 2010 年的 2098.9 万人，年均增加近 90 万人。同时，在 60 岁及以上人口中，高龄老年人的占比由 2000 年的 9.2%增加至 2010 年的 11.8%，接近于 10 位老年人中就有一位高龄老年人（表 9-1）。由上述分析结果可见，我国高龄人口不仅总量庞大，增长也十分迅速。

表 9-1　中国 2000 年和 2010 年高龄老人数量及占比

年份	60+岁/万人	80+岁/万人	占 60 岁及以上人口比例/%
2000	12 997.8	1 199.1	9.2
2010	17 759.4	2 098.9	11.8

资料来源：根据国务院人口普查办公室、国家统计局人口和就业统计司编《中国 2000 年人口普查资料》及《中国 2010 年人口普查资料》制作

（二）农村地区老龄化程度更高，而城市地区的高龄化程度更深

基于 2016 年 CLASS，从我国人口老龄化的城乡分布看（表 9-2），农村地区 60 岁及以上人口的占比为 52.29%，老龄化程度比城市地区高出 4.58 个百分点。就高龄化而言，城市地区 80 岁及以上老年人在 60 岁及以上人口的占比略高出农村地区 0.33 个百分点，与人口老龄化的城乡分布情况相反。

表 9-2　中国分年龄组老年人口的城乡分布（单位：%）

年龄组	城市	农村
60+岁	47.71	52.29
80+岁	10.50	10.17

资料来源：根据 2016 年 CLASS 数据制作

（三）高龄老年人失能化，且性别与城乡差异明显

随着人口预期寿命的不断延长，高龄老年人的失能风险大大增加，而且高龄老年人的失能情况还存在着明显的性别和城乡差异。

表 9-3 和 9-4 呈现了 2016 年 CLASS 中老年人的基本生活自理能力情况。从老年人口的总体情况来看，至少有一项基本生活自理项目存在困难或做不了的老年人比例为 9.86%。在老年人的各项生活自理项目中，洗澡的自理程度最低，室内走动的自理程度最高。其中，吃饭有困难的老年人占 3.49%；穿衣有困难的占 4.58%；上厕所有困难的占 3.55%；洗澡有困难的占 8.37%；在室内走动有困难的占 2.12%。

表 9-3　中国老年人各项基本生活自理能力分性别受损状况（单位：%）

各项基本生活自理能力活动	有困难或做不了		
	合计	男	女
吃饭	3.49	3.50	3.48
穿衣	4.58	4.44	4.72
上厕所	3.55	3.14	3.97
洗澡	8.37	7.66	9.10
室内走动	2.12	1.99	2.25
至少上述其中一项有困难或做不了	9.86	9.19	10.55

资料来源：根据 2016 年 CLASS 数据制作

表 9-4 中国高龄老年人各项基本生活自理能力分性别受损状况（单位：%）

各项基本生活自理能力活动	有困难或做不了		
	合计	男	女
吃饭	9.33	9.85	8.86
穿衣	12.34	11.49	13.11
上厕所	10.51	10.26	10.74
洗澡	22.32	20.93	23.60
室内走动	5.87	6.16	5.62
至少上述其中一项有困难或做不了	24.54	23.12	25.84

资料来源：根据 2016 年 CLASS 数据制作。

分性别来看，除吃饭以外，在穿衣、上厕所、洗澡、室内走动等项目中，女性老年人存在困难或做不了的比例均高于男性老年人。也就是说，她们（至少部分）处于失能状况的比例更高，健康状况相对更差。这可能与她们的预期寿命更长有关。

高龄老年人的失能状况更不容乐观。有 24.54% 的高龄老年人至少有一项基本生活自理项目存在困难或做不了，他们各项基本生活自理能力受损的情况也非常严重。其中，22.32% 的高龄老年人洗澡有困难或做不了；即便室内走动的情况相对较好，但有困难或做不了的比例也达到 5.87%。分性别来看，男性高龄老年人的自理能力状况好于女性高龄老年人。25.84% 的女性高龄老年人至少有一项自理项目有困难或做不了，超过男性高龄老年人 2.72 个百分点。

老年人的失能程度也存在着明显的城乡差异。表 9-5 的统计结果显示，城市老年人的自理能力普遍好于农村老年人。农村老年人的各项基本生活自理活动出现有困难或者做不了的比例均高于城市。同时，农村女性老年人兼具农村和女性的双重劣势，其失能程度最为严重，更需要家庭和社会的关怀。

表 9-5 中国老年人各项基本生活自理能力分性别、城乡受损状况（单位：%）

各项基本生活自理能力活动	有困难或做不了					
	城市			农村		
	合计	男性	女性	合计	男性	女性
吃饭	3.18	3.36	3.00	3.77	3.61	3.94
穿衣	4.02	4.19	3.86	5.09	4.66	5.56
上厕所	3.22	3.14	3.29	3.85	3.14	4.64
洗澡	7.71	7.51	7.90	8.97	7.79	10.27

续表

各项基本生活自理能力活动	有困难或做不了					
	城市			农村		
	合计	男性	女性	合计	男性	女性
室内走动	2.03	1.94	2.11	2.20	2.03	2.39
至少上述其中一项有困难或做不了	9.03	9.01	9.05	10.62	9.35	12.03

资料来源：根据 2016 年 CLASS 数据制作

（四）居住方式和代际关系转变，空巢老人问题凸显

随着经济社会和城镇化的快速发展，传统社会大家庭的观念受到冲击，具体表现在两个方面：一是家庭居住方式的变迁。随着生育率的极大降低、人口大规模的地域流动，家庭规模逐渐缩小，从而造成空巢老年人和独居老年人的比例不断上升。二是代际关系的转向。经济社会的发展，在很大程度上改变了代际关系，"亲密有间"成为父母与子女相处的普遍模式，反映出传统的养老模式已经难以为继。

如表 9-6 所示，随着年龄的增长，老年人的独居比例逐渐上升。在独居老年人中，80 岁及以上的老年人口占比最大，达到 32.59%。分性别来看，在各个年龄段，女性老年人独居的比例都高于男性老年人，这无疑是女性寿命普遍较长、丧偶可能性更大之故。

表 9-6 独居老人分性别的年龄构成（单位：%）

性别	年龄分组					总计
	60~64 岁	65~69 岁	70~74 岁	75~79 岁	80+岁	
男	2.30	9.49	8.44	7.82	12.21	40.27
女	2.72	10.96	11.72	13.96	20.38	59.73
总计	5.02	20.45	20.16	21.78	32.59	100.00

资料来源：根据 2016 年 CLASS 数据制作

分城乡来看，如表 9-7 所示，尽管独居老年人在农村地区的占比高于城市地区，但城市女性老年人的独居情况更为普遍，占比接近 1/3。统计结果显示（表中没有展示），在独居老人中，28.07%的人无人照料生活起居，近 35%的老年人需要子女的照料，接近 85%的老年人倾向于居家养老。他们的生活缺少陪伴和照料，需要全社会的共同关心爱护。

表 9-7 独居老人分性别的城乡分布情况

性别	城乡分布		总计
	城市	农村	
男	14.03	26.24	40.27
女	30.98	28.75	59.73
总计	45.01	54.99	100.00

资料来源：根据 2016 年 CLASS 数据制作

（五）社会福利低位运行，老年人的相对贫困问题严峻

随着经济社会的快速发展，中国人口的年龄结构发生了巨大转变，年轻人口的总量和占比大大减少，人口老龄化的总量和占比迅速提高，从年轻型人口向老年型人口转变。与发达国家不同的是，中国的人口老龄化被贴上了多种标签，如"未富先老""未备先老""边富边老""即富即老"。"未富先老"表现在：虽然中国在 2000 年开始步入老龄化社会，但中国应对人口老龄化的经济基础、社会保障、服务体系等都尚不健全，尤其是居住在农村地区的老人，他们在老年时期所需的经济支持、医疗护理、精神慰藉等各项服务，仍处于缺位或低水平运行的状态。由于老年人退行性的生理特征、日趋降低的家庭地位和社会地位，在我国经济发展水平不均衡、社会保障体系不健全的背景下，老年人群体，尤其是高龄老年人、女性老年人、农村女性老年人，极易陷入多方面的相对贫困状态。

二、我国人口高龄化趋势下的新挑战

如前所述，中国高龄老年人的规模十分庞大，增长十分迅速。2020 年中国 80 岁及以上高龄人口达到 3067 万人，根据相关预测 2050 年则将上升至 9448 万人，届时高龄老人占老年人口的比重将达到 21.78%[1]。随着身体机能退化，高龄老年人出现半失能、失能、失智的概率明显高于低龄老年人，他们有着更高的日常生活照料、医疗与康复护理等多方面的诉求，由此可能对我国现行的社会养老服务体系与服务模式、对老年健康保障体系和医疗服务制度形成强烈的冲击与挑战。

概而言之，未来老年人口高龄化的影响及其挑战主要表现在以下几个方面。

（一）高龄人口身心健康堪忧

大部分高龄老年人身心健康状况都不容乐观。一方面，医学研究表明，80 岁及以上老年人的身体机能衰老速度高于中低龄的老年人，其脑、肺、肾脏和肌肉

---

[1] 源自《中国统计年鉴 2016》。

等细胞数低于其身体发育旺盛时期数目的 60%，肺活量只能达到 35 岁左右年纪的 75%，而其肺部内的残气量却增加了一倍。相关数据显示，2011 年 80 岁及以上人口中身体健康的高龄人口仅占 23.2%，其余高龄人口都存在各种各样的健康问题（倪超，2014）。CLASS 的数据也表明，高龄老年人患有至少一种慢性病的比例极高。另一方面，高龄人口的心理状态脆弱且情绪容易发生剧烈波动，罹患心理疾病的概率明显上升。高龄老年人丧偶、独居、失能、相对贫困等现象更为普遍，这种孤独而无助的生活状况更易诱发老年人心理问题，如会经常或持续性地出现失落、消极等情绪，感到绝望甚至出现轻生的念头。

（二）高龄老人的长期照料服务需求增大

在高龄老人群体不断壮大的同时，生活无法自理的半失能、失能或失智的老人的规模和占比也随之增加。低龄老年人的健康状况相对良好，可以依靠养老金和夫妻间的互助而独立生活，而高龄老人一方面可能因为各类慢性病、老年痴呆等，进入失能状态，且失能反过来会进一步加剧身心疾患；另一方面，他们极易因丧偶而缺乏对方的日常身心照料。以上原因使得高龄老人对日常生活的长期照料和医疗卫生的长期诊疗需求大大增加。同时，即便生活尚能自理，但因经济支付能力的提高和生活水平的改善，他们更加强调生活质量，由此既会提高对照料服务质量的要求，也会促进服务需求更加多样化。

（三）家庭赡养负担加重

高龄老年人普遍面临半失能、失能、失智的风险。在日常生活中，高龄失能老年人多由配偶或子女提供照顾。但是，配偶也年事已高，子女将或已步入老年生活阶段，照料压力甚大，由此可能给高龄照料者带来巨大挑战，甚至可能给他们的身心健康带来损伤。同时，还有一部分照料活动由孙辈承担，对于这类照护提供者，他们可能需要共同面对 8 个高龄老人、4 个低龄老人的照料重任。他们正值青年，处于事业的巅峰期，面临着家庭和工作的矛盾、冲突，压力巨大。

（四）老年社会保障支出增加

老年社会保障主要包括老年社会保险、老年社会福利、老年社会救济。其中，老年社会保险是主要的社会保障来源，主要包括养老保险和医疗保险。高龄化的快速发展，给中国的养老保障体系形成了巨大冲击：一方面，迅速增加的高龄老人将使养老保险金的支付年限迅速延长，加之养老保险基金投资增值机制尚不完善，未来中国养老保险的基金运行将面临严峻的挑战；另一方面，高龄老人自身的健康状况普遍退行较快，老年病避无可避，由此造成医疗费用支出庞大，医疗保险也面临巨大的负担。与此同时，如上所言，高龄老年人对于长期照护的需求甚大,未来重度失能老年人的护理服务有效需求可能从276亿元上升至4944亿元,这将对整个社会的发展带来巨大压力(刘美玉,2013)。

(五)高龄化影响中国经济文化的健康发展

高龄化对中国社会发展产生的影响涉及经济、文化等诸多方面。一方面,高龄化会对中国就业市场、产业结构、养老观念等产生不利影响。在劳动力市场中,不少低龄女性因照料高龄老年人(或照顾子女、孙子女)的需要,往往提前退出劳动力市场,从而使市场参与主体规模有所减少,在影响人力资源对经济增长的贡献之时,造成劳动力市场的性别不平等。另一方面,人口老龄化将促进经济发展方式的转变和产业结构调整升级,倒逼经济发展方式从投资和出口依赖型向拉动内需型转变,长期照料和老年健康服务等活动将带来就业岗位的增加,并促进养老产品、保险产品、医养产业等繁荣发展。

高龄化将对中国社会,特别是对社会文化产生全方位和深远的冲击。中国社会讲究"家文化",追求"家庭和谐",传统养老模式是以家庭为单位的,老年人单纯依靠家庭成员的供养。但是,随着家庭的变迁和社会的转型,高龄人口的持续增多,年轻一代赡养老年人的压力逐渐增大。"有心无力""无心无力""无心有力"等各种不利于家庭养老的现象都可能出现;亲子之间、代际之间、同辈人之间的关系都可能面临重构,传统的养老观念遭遇挑战,"家本位""亲本位"的孝文化也面临巨大的考验。

第二节 未来的老龄健康图景

健康始终是影响老年人生活质量的重要因素。在传统意义上,健康主要是指生理功能的健全和生理机能的正常发挥。在现代意义上,健康概念及其基本意涵更为丰富。世界卫生组织在1946年发布的《世界卫生组织宪章》中,对健康做出如下界定:"一种生理、心理和社会的完全的安宁状态。"当前,这一主张已成为衡量健康状态的一般标准。也就是说,言及健康,必须多角度予以审视,进而综合性地探讨健康的形成机制,寻找增进或改善健康的有效途径。

高速发展的人口老龄化使得老年人健康问题十分凸显,随着"健康中国"战略的推进实施,老龄化现象与卫生健康事业的结合愈加紧密,下好"医养一盘棋"正逐渐成为社会的共识。党的十九大报告提出,"积极应对人口老龄化,构建养老、孝老、敬老政策体系和社会环境";推进医养结合,加快推动老龄事业和产业的同步发展。发挥医学技术的重要作用,做好老年人的健康管理,有效延长其健康寿命,成为创建幸福老龄、健康老龄社会的"命脉",而推动健康老龄化、形成健康老龄化的厚实基础,对于社会经济的发展和实现"健康中国"战略具有十分重要的意义。

为老年人提供可用、可及、可接受和优质的健康服务，维护和促进老年人的健康权益是社会和谐与稳定的必然要求。提升老年人的健康预期寿命和生活质量，为其创建良好的养老、预防、医疗、康复、照料环境，也将极大地减轻政府和社会的财政负担，减轻家庭的照护压力。此外，健康老龄化措施的实现，会增强老年人的健康与活力，降低他们的人力资本折旧，有利于激发第二次人口红利。可见，实现和推进健康老龄化是中国积极应对人口老龄化高速发展态势的必由之路。

对老年人的健康状况进行全方位地梳理，有利于科学看待人口老龄化的发展过程，进而有助于建立有利于老年健康事业发展的政策体系，全面开发老年人的人力资源，推动医养结合与长期照护保险和服务体系建设，构建老年友好环境，使老年人及其家庭能够享有更高的生活质量，促进代际关系的和谐，实现老龄化背景下的可持续发展。

一、老年人的身体健康问题

（一）老年人口慢病化

随着老年人机体衰老、身体功能退化、自理能力下降，各种慢性病患病率高，老年人身体健康问题更为突出。老年人是慢性病的高发群体，且患病症状和体验都呈现出与其他人群不同的特点。李安琪等（2019）利用 2013 年 CHARLS 数据发现，72.61%的老年人至少患有一种慢性病；随着年龄增长，罹患慢性病的比例逐渐上升。心脑血管疾病、糖尿病、恶性肿瘤、慢性呼吸系统疾病等，已经成为影响老年人身体健康的常见疾病。

慢性病和（半）失能具有病程长、流行广、治疗费用高、致残致死率高等特点，由此给老年人的福祉造成了极大损害，给其家庭带来巨大压力，对社区、社会带来巨大挑战。

（二）缺乏健康管理意识

当前，老年人及家属对慢性病的知晓率不高、重视程度不够，导致一些疾病的并发症早发且发生率高。比如，不合理膳食对健康有害的认知率普遍较低；又如，对已发疾病，健康管理手段单一，不能针对性地提出适合个体的治疗管理措施，老年人配合社区卫生服务中心健康管理的主动性不高。从老年人慢性病健康管理的角度来看，现阶段基层医疗机构的很多问题，都是长久积累的结果。首先，基层医疗机构未能按照国家基本公共卫生服务的规范操作，很容易促使老年人慢性病预防流于表面，居民没有得到真正的实惠。其次，为落实上级管理指标，难以对老年人提供较多的安全保障，未能对老年人慢性病形成良好的把控。

现阶段，国家基本公共卫生服务事业发展速度不断加快，对老年人健康管理的投入不断加大。自进入老龄化社会以来，老年人慢性病发病率日渐升高，对老年人的健康管理提出了新的要求。积极应对我国人口老龄化、提升老年人幸福感，必须加快改善针对老年人的各项疾病健康管理水平，增强健康管理和健康风险防范意识。比如，在老年人健康管理初期阶段，给予老年人膳食指导，合理安排饮食，达到平衡膳食要求，鼓励老年人坚持参加体育锻炼，保持良好的身体状况和精神状态；建立老年人电子档案，实时把控疾病状态，及时调配医疗资源。

（三）医疗服务政策体系缺乏顶层设计

为提升老年人的健康水平和生活质量，积极应对老龄化社会疾病经济负担日益加重的严峻形势，中国政府颁布并实施了一系列的医疗卫生政策。国务院印发的《卫生事业发展"十二五"规划》明确要求，加强包括老年护理、康复医疗在内的医疗服务能力建设，大力发展康复医院、护理院（站）等延续性医疗机构。国务院印发的《中国老龄事业发展"十二五"规划》明确了老年医疗卫生保健的主要任务，提出推进老年健康支持体系的建设。《关于促进健康服务业发展的若干意见》指出，到 2020 年，基本建立覆盖全生命周期、内涵丰富、结构合理的健康服务业体系。这些规划、意见等，都为未来医疗服务政策体系的建构与完善，提供了原则性的政策指南。

但是，我国目前还没有老龄健康方面的立法及配套法规，缺乏协调、统一的老龄健康政策顶层设计，也缺乏老龄健康发展的战略目标与相关实施路径的设计。这使得现有的健康服务资源配置仍然是以"治疗"为核心，片面追求高精尖新技术的医院发展模式，难以满足老龄社会背景下老龄健康服务的新需求。

二、老年人的心理健康与认知能力

（一）老年人的心理健康遭遇忽视

随着年龄的增长，老年人对精神抚慰的需求愈发强烈。然而，家庭结构的变迁、代际分居的普遍化，使得老年人可能得到子女更多的经济资助，却不能及时得到子女的精神慰藉和生活上的照料，从而造成精神世界的空虚、孤独与无助，最终可能会遭遇精神贫困，心理健康出现问题。所谓心理健康，按照1946年第三届国际心理卫生大会的界定，是指"在身体、智能及情感上能保持同他人的心理不相矛盾的范围内，将个人心境发展成最佳状态"。

老年人的精神卫生问题日益突出。随着人口的老龄化和高龄化，患有阿尔茨海默病的老年人呈现快速增加的趋势。目前，我国老年痴呆症患者的规模已近千万人。与慢性病患者、半失能及失能者相比，阿尔茨海默病等认知障碍症患者所花的人力成本可能更大。而且，鉴于现在社会上很少甚至缺乏接受有认知障碍的老年人的机构，一个家庭如果出现了一个认知障碍的长者，家庭面临照护的压力就会巨大。

（二）心理健康问题出现的原因

老年人出现心理问题主要由社会角色的改变和家庭结构的变化引起的。首先，老年人进入老年期后，社会角色发生转变，特别是过去工作比较忙的老年人会出现身心不适、内心空虚寂寞，可能会处于无所事事、生活乏味、缺乏乐趣的状态，思想保守的老年人还会将工作中的一套搬到家庭中来，易与家庭成员发生矛盾。同时，性格孤僻的老年人不愿参加社会活动，也不愿走出家庭与他人交流，生活质量下降，更容易产生抑郁情绪等心理健康问题。

其次，随着社会的快速发展，不同世代的社会价值观有了很大差异。这将会造成子女与老年人的交流存在较大隔阂，使得子女陪伴老人的意愿降低，老年人的精神问题更加突出。

最后，养老保障不充分，也是引发老年人心理困扰的重要原因。一般而言，由于缺乏经济收入，生活上极度依赖家庭和外部的支持，也增加了代际冲突的风险，从而使得老年人容易产生负面的心理情绪。

（三）维护老年人心理健康，促进身心愉悦

老年人心理健康问题，不仅事关老年人的健康，还关系到家庭和社会的良性发展。随着中国人口老龄化进程的加快，如何提高广大老年人的生活质量，已逐渐引起了全社会的重视。尤其是在平均预期寿命逐渐增加、传统养老模式逐渐瓦解的情形下，老年人的心理保健和精神赡养，对于老年人自身及其家庭，乃至整个社会，都具有非常重要的意义。如何提高老年人群体的心理健康水平，使亿万老年人在身心愉快的状况下安度晚年，已成为当前养老服务领域的重要课题。

1. 加强心理健康干预，提供心理咨询

有些老人在离退休后，由于社会角色的突然改变，处于刚退休阶段更容易出现抑郁等悲观情绪，护理人员可以帮助即将离退休的老年人和已经退出劳动力市场的其他老年人提前做好离退休后的心理准备，并对退休后的心理调节和心理保障进行指导（徐青华，2007）。同时，有针对性地开展心理健康教育讲座（纪会藏等，2013），为退休老年人提供心理咨询和护理，以减少心理疾病的发生。社区可以建立离退休老年人关爱组织，并针对刚退休的老年群体进行团体咨询（张冉等，2011）。此外，社会老龄组织可为离退休的老年人提供良好的交往平台，可使老年人在同龄群体中找到更多快乐，提升他们的心理健康水平。

2. 增加社会支持，积极社会参与

多措并举，提升老年人的心理健康水平。比如，社会各界要大力宣传尊老、敬老、助老的优良传统，形成良好的社会风尚，为老年人的生活创造一个优良的社会环境，如建设和开辟老年活动中心、老年大学，让老年人有一个学习、娱乐和交往的场所；推进社会服务工作，大力开展献爱心活动，帮助老年人解决生活中的实际困难。又如，社会各界应加强对老年心理问题的重视，在社区开辟老年人心理咨询室，定期请心理咨询专家来为老年人做心理咨询。再如，老年人也要通过从事某些公益活动等方式走向社会，保持与人交往，主动为他人提供力所能及的帮助和支持，从社会生活中寻找友谊、精神寄托和生活动力。通过接受支持和提供支持相结合，共同促进老人心理健康。

3. 增加家人的陪伴，理解老人的心理

随着年龄的增大，老年人的心理状态渐趋脆弱，容易产生消极、悲观的情绪。家庭和子女在为老人提供尽可能好的物质生活保障的同时，应尽可能更多地尊重、理解、照顾、关心、体贴和孝顺老人，关心与满足他们精神上的需要，和睦家庭气氛，常回家看看。支持老人的决定，不过多干涉老人的交际、感情等生活。作为家人，首先应当理解老人的心情，其次在交谈的过程中要耐心倾听、用心感受。老年人往往喜欢怀念旧事，重复和他人诉述当年的辉煌事迹以维护自尊，此时，子女若能积极互动，多用赞美之词，让他们感到自己被欣赏，以此满足其强烈被人尊重的愿望，从而减弱老年人的自卑感和失落感。

4. 提高国民教育水平，加强自我保护

教育是老年人心理健康的重要保护因素。高学历群体往往具有更为丰富的健康知识，对自我、他人和社会的认识也更为深刻，从而有利于心理健康的自我维护。因此，提高国民教育水平将是实现健康和积极老龄化的重要途径，而老年人自身也可以通过退休后进入老年大学再学习以提升自我素质。

三、深入推进医养结合

医疗卫生与养老服务相结合，是社会各界普遍关注的重大民生问题，是积极应对人口老龄化的长久之计。党的十九大报告明确提出，"推进医养结合，加快老龄事业和产业发展"。医养结合以积极应对人口老龄化为背景，着眼全生命周期，整合医疗卫生资源和养老服务资源，通过便捷、专业的服务，为老年人提供治疗期住院、康复期护理、稳定期生活照料以及临终关怀等连续转接的一体化服务。随着我国人口老龄化进程的持续加快，老年人的医疗养老服务需求不断增加、养老需求呈现多元化特点，而医养结合是有效破解老年人医疗服务供需矛盾的新思路，将为推进我国健康老龄化提供强大动力。

（一）我国医养结合的现状

2013年印发的《国务院关于加快发展养老服务业的若干意见》首次提出医养结合的理念，该意见指出了推动医养结合发展的具体措施：各地要促进医疗卫生资源进入养老机构、社区和居民家庭。卫生管理部门要支持有条件的养老机构设置医疗机构。医疗机构要积极支持和发展养老服务。探索医疗机构与养老机构合作新模式，医疗机构应当为老年人就医提供优先优惠服务。2017年，国务院印发了《"十三五"国家老龄事业发展和养老体系建设规划》（国发〔2017〕13号），强调统筹推进医养结合，加强老年人健康促进和疾病预防，发展老年医疗与康复护理服务，加强老年体育健身等工作。同年，12部委联合印发了《关于促进中医药健康养老服务发展的实施意见》，为医养结合营造了良好的政策环境，逐步建立和完善了医养结合工作的体制机制。

近年来，国家和政府为医养结合养老模式投入了大量的政策和物质资源。在过去几年中，中国已经开始在90个城市开展医养结合试点，在15个城市推行与此密切相关的长期照护保险。在医疗服务方面，老年人对中医治疗、预防、保健等传统医学有较高的认可度，中医养生也被很多老年人所推崇。因此，中医疗法可作为主要的医疗手段在医养结合养老服务中发挥重要作用。在资源保障方面，国家和政府对养老资源的投入不断增加。截至2017年底，全国各类养老服务机构和设施共15.5万个，比2016年增长10.6%；744.8万张养老床位，比2016年增长2%[①]。养老补贴方面，享受高龄补贴的老年人2682.2万人，比上年增长13.9%；享受护理补贴的老年人61.3万人，比上年增长51.5%；享受养老服务补贴的老年人354.4万人，比上年增长25.3%[②]。可见，医养结合养老模式在资源保障上已初具规模，如果能够尽快建立专业、科学的服务标准和规范，将有助于医养结合的快速发展。

（二）推进医养结合，改善老年人健康状况

1. 完善健康管理工作体系，有效应对突发疾病

大多数老人都患有慢性病，或者面临失能、失智等问题，在需要有人日常照料的同时，也需要医疗服务。因而，养老机构中老年人需要有"医"，而医院等

---

① 张志元：构建农村医养结合型养老服务供给体系，http://www.cssn.cn/bk/bkpd_qklm/bkpd_bkwz/201812/t20181213_4792814.shtml[2021-02-21]。

② 中国养老服务需求巨大且刚性增长，http://caifuhao.eastmoney.com/news/20190907161912286827850[2021-02-21]。

医疗机构中的老年人也需要"养"。推进医养结合，不但有助于解决老年人的日常生活照料问题，在一定程度上也有助于老年人疾病的预防和日常的健康管理。医养结合主要包括以下内容：一是应急处置。主要是住院老年人突发疾病时的急救以及危机干预。二是慢性病管理。入住养老机构的老年人，往往患有多种疾病，需要有专业医护人员给予包括配药服务、用药管理等在内的健康管理。三是康复护理。对于入住养老机构的老年人，特别是失能失智的老年人，医疗专业护理必不可少。同时，承接从医院转院来的生命体征稳定的老年人，并给予相应的医疗护理和生活照护。四是营养配餐。根据老年人的身体状况，配置不同的营养餐，调养他们的身心，提高老年人的生活质量。五是其他健康服务。包括健康知识、涉及医疗及护理的宣讲等。

2. 满足老年人的个性化需求，提高生活质量

医养结合是聚焦重点对象和服务项目的资源配置机制。它不是简单的"医院+养老机构"，也不是不加选择的医养康护功能的整合，而是以评估为导向，围绕老年人服务需求，聚焦重点对象和服务项目，统筹配置资源，以打通医疗和养老服务行业壁垒为目的，为有需要的老年人提供生活照料、健康管理、医疗护理以及突发疾病的应急处置等医疗护理项目。医养结合在做好生活照料的基础上，会根据老年人身体状况的变化提供不同的医疗卫生服务。对居家的老年人来说，重在提供健康管理；对入住养老机构的一般老年人来说，除提供一般性的健康管理外，还有突发疾病的应急处置等工作；对入住护理型机构的失能老年人来说，重在提供医疗护理。总之，医养结合是在精准识别老年人服务需求的基础上进行无缝转接的一种资源配置机制，满足了老年人对医疗和养老服务的个性化需求。

3. 构建长期照护保障机制，提升养老服务质量

推行医养结合，可以通过"医"的加入，突破传统的养老服务模式，通过建立评估机制，明确服务对象、服务项目、服务标准、人员配置、资金给付等，确立长期照护保障机制，并利用"医"的成熟标准，提高养老服务的专业性，切实提升服务品质和养老服务质量。"医""养"做到各司其职、密切协作，有助于解决医护人员进入养老服务领域的动力问题，并且有助于保障医保资金安全，降低社会运行成本。

第三节　健康、积极、成功的老龄化

一、健康老龄化

为了积极应对人口老龄化，提高健康预期寿命，世界卫生组织一直大力提倡健康老龄化的理念。随着我国人口老龄化进程的进一步加深，老年人的寿命质量越来越受到社会各界的广泛重视，健康预期寿命成为人们追求的目标，"健康老龄化"的概念就是在这样的背景下提出的。

（一）"健康老龄化"概念的提出与演变

伴随着人口老龄化的纵深发展，老年人的养老问题日益冲击着各国的经济、社会、文化、家庭和个人，积极应对人口老龄化成为整个社会的必然举措（李涛，2015）。世界大多数国家都面临着严峻的人口老龄化问题，社会养老资源供给不足、退休金保障欠缺、基础设施适老化改造之路举步维艰等社会问题，都在影响老年人的生活质量和生活满意度。在过去的32年中，世界卫生组织一直在人口老龄化领域的研究方面承担着引导者的角色，现在我们所熟知的"健康老龄化""积极老龄化"等概念正是源自世界卫生组织的倡导。

"健康老龄化"一词，最早在1987年的世界卫生大会上被提出，其初衷是延长老年人的寿命和提高老年人的生活满意度，并把"健康老龄化的决定因素"作为老龄研究项目的主要研究课题（赵怀娟和朱艳松，2012）。"健康老龄化"概念的提出和发展改变了以往老年人是社会负担的传统观念，强调老年人不仅是为社会创造财富的宝贵的人力资源，也是社会发展进步的贡献者。

自"健康老龄化"提出以来，其内涵也在被世界卫生组织和各国专家学者不断丰富和创新。1990年，世界卫生组织在哥本哈根世界老龄大会上将"健康老龄化"作为应对人口老龄化的发展战略，并提倡从老年人的健康状况和医疗保健出发，强调提高老年人的生命质量，缩短带病生存期并延长健康余命，使老年人以健康的身体状态活到生命的终点。

2002年，世界卫生组织在"健康老龄化"的内涵中增加了"保障"和"参与"两个维度，将其扩展为"积极老龄化"政策框架。"保障"侧重于维护老年人的合法权益；"参与"侧重于鼓励老年人积极参与社会政治、经济、文化活动，从而体现自己的人生价值。2015年，"健康老龄化"概念进一步丰富，世界卫生组织将其重新定义为维护老年健康生活所需的功能发挥过程，核心在于改善老年人的功能发挥。所谓"功能发挥"，是指个体在能够按照自身偏好生活的前提下，影响个体健康状况的相关因素，包括个人的能力、需求、可支配资源、居住环境等影响因素，通过提高个人的生活能力、满足个体的生活需求、增加可支配的资源以及建立促进功能发挥的居住环境，从而提高老年人的生活健康水平。

由此可见，随着社会的发展，"健康老龄化"的概念也随之丰富和创新，不仅包含身体健康、心理健康和社会参与等多方面的内容，还强调老年人的生活质量。

作为世界上老年人口规模最大、人口老龄化速度较快的国家，中国对健康老龄化战略给予了极高的关注（陆杰华等，2017）。中国最早引进"健康老龄化"概念的学者是邬沧萍，1994年2月在中国老年保健研讨会上，邬沧萍以"为使我国出现健康的老龄化而奋斗"为题致辞。同月，他在《中国老年学》杂志上刊登"为实现健康的老龄化而努力"一文。随后，"健康老龄化"引起了学术界的广泛关注，1994年11月召开的"健康老龄化"研讨会，邀请了来自社会学、人口学、心理学、医学等各个领域的专家学者参会探讨。1995年10月，袁方主编的《老年学导论》一书出版，此书中专设一章研讨"健康老化"的问题。2001年国务院发布的《中国老龄事业发展"十五"计划纲要（2001—2005年）》提出，要对21世纪的健康老龄化工作进行科学规划并为之奋斗努力，各级政府要将健康老龄化工作纳入国民经济和社会的总体规划中。2006年，中国政府制订了老龄事业发展的"十一五"规划，提出了农村人口的健康老龄化工作是发展我国老龄化事业的重中之重（白忠良等，2018）。"健康老龄化"还被纳入国家建设的整体战略布局中，《"健康中国2030"规划纲要》提出了建设老年医疗卫生服务体系的举措，旨在促进健康老龄化，以改善人口老龄化对我国医疗服务资源挤压的状况。2017年3月出台的《"十三五"健康老龄化规划》，进一步强调了健康老龄化战略在我国宏观战略布局中的重要地位。"十三五"期间，医养结合作为促进健康老龄化的政策措施也在积极推进，不断丰富的健康老龄化的概念为建立健全中国特色养老服务体系提供了重要的理论依据。

（二）我国实现"健康老龄化"的主要障碍

2018年，中国人口的人均预期寿命是77岁，而健康平均预期寿命却仅为68.7岁[①]，表明中国老年人大约有8年的时间处在不健康状态。这也反映出中国推进健康老龄化的必要性和紧迫性。

1. 健康老龄化的内涵尚未明确

虽然中国已经为促进健康老龄化制订了一系列战略规划，但从政策制定的设计理念来看，目前相关规划尚缺乏对"健康老龄化"概念的明确界定，对当前国内健康老龄化的发展现状的认识有待加强。相关促进健康老龄化的政策措施仅仅停留在提升个体"身体健康"的层面。同时，"健康老龄化"的内涵外延、"医养结合"和"健康养老"等基本概念缺乏明确而清晰的界定和区分，概念的模糊也导致了各级政府的政策执行标准不统一。

2. 健康老龄化和社会环境友好化双向支撑体系尚未建立

一方面，健康老龄化的推进离不开社会环境的土壤，只有足够的社会资源为老年人所用、健全的社会保障制度为老年人保驾护航，并营造友好、积极的社会

---

① 中国人均健康预期寿命仅为68.7岁 患有一种以上慢性病的老年人比例高达75%。

环境，才能使健康老龄化的推行更加顺利、持续。然而，当前社会，老年歧视问题仍然存在，老年人的合法权益得不到保障、需求得不到满足，这一消极的社会环境必然会阻碍健康老龄化的发展。另一方面，老年友好的社会环境也需要健康老龄化政策措施的推动，凸显老年人的社会价值，改善老年人的健康状况，会推动改变社会对于老年人的消极评价，从而促进友好型社会环境的形成。目前，中国政府也在不断强调要构建孝老、爱老和敬老的社会环境，但是相关理念还缺乏具体的行动规划，落实难度大，老年友好型社会之路任重而道远。

3. 医疗卫生服务体系尚不健全

尽管我国老年人的预期寿命在不断延长，但是长寿不代表健康。健康老龄化不仅体现为寿命的长度，更主要的是寿命质量的提高。大多数老年人随着年龄的增长，身体机能退化，健康状况恶化，建立健全老年医疗卫生服务体系、促进医养结合是保障老年人身体健康的重要举措。目前，中国尚未建立综合性的医疗卫生服务体系，看病贵、看病难、补贴制度落实不足等仍是制约实现健康老龄化的重要因素。

4. 长期照护体系尚未建立

随着我国人口老龄化进程的加深，失能、失智老年人群规模扩大，这部分人群的照料需求也十分庞大。同时，在人口结构和生育观念的变化削弱了家庭养老功能的背景下，长期照护机制体制的建立刻不容缓。当前，中国的长期照护资源供给数量远远低于需求数量，一方面，中国尚未建立长期照护的有关制度，缺乏有效的政策支持和法律保障，长期照护试点的推行效果难以达到预期。另一方面，由于缺乏市场监管机制，商业性的长期护理保险产品鱼龙混杂、水平参差不齐，长期护理保险项目发展速度极为缓慢。

5. 地区发展不平衡严重阻碍健康老龄化的实施

未富先老是中国人口老龄化的典型特征，中国的经济实力和社会保障水平与发达国家还存在一定差距。实现服务均等化是中国现阶段经济社会发展的重要目标，也是实施健康老龄化的重要原则。但是，我国城乡二元格局和区域间巨大的经济社会差异，严重地阻碍了健康老龄化的全面推进。如何促进政策向农村地区、低收入群体倾斜，缩小城乡差异和地区差异是实现健康老龄化的重要难题，但也是必须为之的民生工程。同样，如何在人口老龄化进程中给予留守老年人、相对贫困的老年人、孤寡老年人等特殊老年群体足够的关怀和帮助，也是健康老龄化所面临的重要挑战。

6. 健康养老服务专业人才队伍紧缺

随着人口老龄化的加剧，失能老年人的数量持续增长。相关数据表明，中国失能、半失能老年人数量约为4063万人，预计2030年将持续增长到6168万人，2050年将达到9750万人。但是，目前我国专业医疗卫生人员和护理人员的数量十分缺乏，难以满足老年人的健康服务、医疗照护与康复的需求。而且，大多数护理人员为40岁以上的下岗职工或进城务工人员，教育程度低，流动性大。护理人员队伍数量和质量的不足也对推动健康老龄化形成了制约。

（三）"健康老龄化"的实现路径

在老龄人口数量迅速增长、人口预期寿命不断延长的背景下，改善老年人的健康状况、提升他们的生命质量，是实现"健康老龄化"的重要途径。

1. 完善医疗卫生体制

提高老年人的健康水平是促进健康老龄化的核心。慢性病是老年人最大的健康威胁，因此，改善老年人的健康状况要从慢性病管理入手。首先，社区的医疗卫生机构应为老年人提供健康咨询、健康讲座等活动，帮助老年人及其护理人员获取卫生保健知识。其次，通过社区为老年人提供免费体检，为老年人建立健康档案，收集老年人的健康信息，为老年人的健康管理和个性化护理保健方案提供数据支撑。最后，加强医疗护理人才队伍建设也是实施健康老龄化的重要举措。高校应增设老年学科，并通过专业培训、继续教育等方式，提升老年护理工作者的专业水平，解决医疗护理人员供给不足的问题，满足老年人对卫生保健服务的需求。

2. 建立长期照护体系，推进医养结合

近年来，我国失能、失智老年人群的规模不断扩大，建立长期照护体系是满足老年人照料需求、缓解家庭照料压力的必要举措。首先，政府应扮演支持者和监督者的角色，为长期照护服务提供财政支持的同时，还要建立权责分明的监督体制。其次，建立和规范老年人长期照护的行业标准，明确市场准入门槛，推行评估和激励制度，使长期照护服务标准化、专业化和规范化。

医养结合是完善长期照护体系的重要一环。政府应支持医疗资源进入机构、社区和家庭，支持有条件的养老机构设置医疗床位，医疗机构要积极支持和发展养老服务，探索医疗机构与养老机构的合作，建立养老机构与医疗机构的业务协作机制，促进实现老年人健康管理和家庭医生签约工作，提供定期体检、上门巡诊、家庭病床、社区护理等服务。

3. 构建年龄友好型社会环境，维护老年人的合法权益

健康老龄化的实现离不开良好的社会环境。年龄友好的社会环境，不仅有利于老年人健康状况的改善，还有助于老年人生命价值的实现。首先，要树立正确、积极的老龄观，消除年龄歧视，通过宣传活动，改变社会公众对老年人群体的错误认知,摒弃老年人是家庭和社会负担的错误观念,在全社会形成"老有所为"的良好舆论氛围。其次,积极推进社区、家庭的适老化改造,以提高老年人生活质量为前提,为老年人营造良好的生活环境。

关爱老年人,不仅要改善老年人的生存环境和健康水平,还要维护老年人的合法权益,维护老年人的参与权和自主权。社区要广泛听取老年人的意见和建议,鼓励老年人参与社会活动,调动其参与积极性,丰富社会活动的内容,为老年人提供社会参与的相应机会和条件;通过宣传教育,提高老年人的维权意识,加大对涉老犯罪的惩治力度,充分保护老年人的尊严和权益。

二、成功老龄化

成功老龄化是科学、有效应对人口老龄化的另一重要举措。那么,何为成功老龄化?如何界定成功老龄化?如何实现成功老龄化?这些问题是近年来社会各界和学者重点关注与探讨的问题。

(一)"成功老龄化"的概念

"成功老龄化"这一概念最早可以追溯到1961年,由哈维·伯斯特提出,他认为,成功老龄化就是"个体所能达成的最为满意和幸福的状态"。1987年前,国际社会习惯将人的老化过程分为两类:一类是受损老化;另一类是正常老化。但是,这种分类方法未能充分考察正常老化内部的异质性。1987年,美国学者Rowe与Kahn在此基础上,将正常老化又分为两类:一类是平常老龄化,另一类是成功老龄化。自此,学术界开始掀起了研究成功老龄化的热潮,"成功老龄化"的概念进一步丰富,认为积极向上的心态和良好的外部环境,会减缓老年人身体机能的退化,有利于激发老年人生命的活力,并在社会参与中实现自我价值(Rowe and Kahn,1987b)。

历经半个多世纪的发展,成功老龄化已经成为老年学家、心理学家、社会学家、医学家等共同关注的重要领域。2001年,Vaillant等提出,成功老龄化包括三方面的内容:一是患病率和致残率低;二是认知功能和躯体功能正常发挥;三是积极参与社会生活(Vaillant and Mukamal,2001)。相对于较早迈入老龄化社会的西方国家,"成功老龄化"在我国引入的时间较晚,相关研究较少,目前正处于起步阶段。学者认为,成功老龄化是指在老龄化过程中,外在因素只起中性作用甚至抵消内在老龄化进程的作用,从而使老年人的各方面功能没有下降或只有很少下降(杜鹏和加里·安德鲁斯,2003)。也有人认为,成功老龄化是指在老龄化社会中人们在社会认知、社会支持网络、社会人口状况等方面的特点和一般趋势,关注成功老龄化的社会背景,不仅强调老年人健康的重要性,也强调老年人参与社会生活的权利应得到保障（张旭升和林卡，2015）。

1990年，德国著名心理学家针对成功老龄化问题提出了选择补偿的最优化元（selection optimization compensation，SOC）模型，这个模型至今仍被大部分学者所使用。SOC模型认为，成功老龄化是一个寻求平衡的动态变化过程。也就是说，一方面，随着老年人从社会工作岗位的退出，他们的社会地位也相应降低，这会导致老年人的生理、心理及社会等各方面的资源受到损失；另一方面，它强调老年人作为社会独特的人力资源，以其丰富的经验和特殊的才能，可为社会的发展贡献巨大的力量。该模型认为，成功老龄化是指老年人在经受损失的同时也能实现自身价值，最大限度地获取积极的结果，使消极的结果最小化（王叶梅等，2007）。

目前，学术界对于"成功老龄化"的概念，并未形成统一的标准。成功老龄化的定义数量颇多，但总结起来主要有三类：生理健康角度、主观幸福感角度和社会参与角度。

从生理健康角度探索成功老龄化，Rowe和Kahn的麦肯阿瑟模型是典型代表。该模型认为，成功老龄化就是无疾病的健康状态。他们将老年人分为正常群体和患病群体，以此形成了"一般老龄化"和"成功老龄化"的概念差异。一般老龄化患病率高，身体各项机能面临退化的风险，健康状况随着年龄的增长而不断恶化；成功老龄化患病率低，健康状况良好，没有疾病和残疾的风险（Rowe and Kahn，1987b）。

主观幸福感的角度强调生活满意度、社会功能、老年人心理资源状况和自我老化自评，这些都是成功老龄化的主要指标（郭爱妹和顾大男，2018）。社会功能指个体所处的社会地位和社会职业所发挥的价值与作用；心理资源强调对自我价值的肯定以及面对社会问题的自我调节和处理能力；成功老龄化自评就是指老年人对自身老化过程的评价与认知。

社会参与角度则关注老年人的社会参与活动和社会适应能力，包括参与社会经济、政治、文化生活，为社区的发展献言献策；参与文化娱乐活动，丰富自己的晚年生活；参与家务劳动，为家人提供帮助；面对日新月异的社会生活，要主动学习、接触新的生活方式，与时俱进，主动、积极地适应社会的改革发展。

（二）在不同老龄阶段实现成功老龄化的途径

老年人的生命历程分为五个阶段：退休过渡期、老年活跃期、失能障碍期、重病卧床期、生命临终期（穆光宗，2015）。在不同的阶段，老年人的生活状态不同，成功老龄化也呈现出个性化的差异。因此，实现成功老龄化要充分考虑老年人所处生命阶段的动态变化。

1. 顺利渡过退休过渡期，积极适应社会角色变化

退休是个体老化的重要信号，是需要适应和接受的过程。如何适应个体老化和社会角色的转变,是这个时期的主要任务。大部分老年人在退休之后都会出现各种心理不适应的症状,如焦躁不安、孤独空虚、自卑失望等消极情绪,否定自我价值,若未能更好地适应新的社会角色,极易引发严重的心理问题。

退休者应当顺应时代的变化,适应新的社会角色,避免出现消极情绪。一方面,要正确认识退休,坦然接受退休,退休不代表低人一等,而是社会角色、家庭角色发生了改变;另一方面,可退而不休,老年人可利用自身积累的丰富经验和沉淀的智慧,继续发挥余热,实现社会再就业,或投身于公益事业,让自己的生命继续发光。企事业单位应当开展人文关怀活动,设立"离退休职工俱乐部",继续保持与退休员工的联系,通过开展丰富、有趣的活动,帮助刚刚经历离退休的老职工顺利渡过过渡期。老年人还可以回归家庭,与子女进行积极互动和代际互惠。

2. 积极延长老年活跃期,努力实现生命价值

在经历过退休期后,多数老年人仍保持着良好的健康状态,对社会参与富有热情。如何实现自身的价值,是这一时期的主题。老年人应当充分利用自己的空闲时间,发展自己的兴趣爱好,实现自己的晚年目标;要保持乐观、积极的态度,多与人沟通交流,拓展自己的交际圈,交两三好友,品茶郊游,享受生活;积极参与老年大学、老年人社团、公益组织等,学习新知识,适应新生活,在发展自己的同时服务社会,充分挖掘自己的生命潜能。

老年人有着丰富的人生经验和技能,是继续推动经济社会发展不容忽视的重要资源。社会各界也应当树立积极、健康的老龄观,正确认识到老年人的社会价值。为老年人提供参与社会的平台,激发老年人的巨大潜力;保障老年人的基本权利,开放面向老年人的就业市场,增加老年人的就业机会,释放老年健康红利,推动积极老龄化。

3. 合力应对失能障碍期,建立健全长期照护体系

随着年龄的增长,老年人的健康状况恶化,患病率和致残率都在升高,失能、失智人群规模逐渐扩大,长期照料的需求较大。由于家庭规模的缩小和家庭结构核心化,家庭对于这类老人的照顾和护理所发挥的能力越来越有限,社会化的长期照护体系将发挥越来越重要的作用。因此,应在现行长期照护保险试点经验的基础上,建立多层次的长期照护保障体系;进一步开发包括长期商业护理保险在内的多种老年护理保险产品,鼓励有条件的地方探索建立长期护理保险制度,积极探索多元化的保险筹资模式,保障老年人长期护理服务的需求;积极推进医养结合工作试点,帮助老年人尤其是失能老年人解决康复护理等难题。

4. 整合社会力量,帮助老年人安然渡过重病卧床期

重病卧床、生活自理能力完全丧失、重度依赖他人照料的老年人,不仅让他们自身经历着身体上的苦难，心理上也会感到绝望无力而没有尊严，身心痛苦不堪；而且也给家庭带来巨大挑战，其家人也面临巨大的医疗照护开销和沉重的日常生活照料与护理负担；同时，也对社区服务工作提出日益增长的需求。这就要求整合社区、养老机构、慈善机构等社会力量，与家庭一起共同承担照护老年人的责任，完善养老服务体系。推动社区免费或低收费为家庭照顾者提供养老技能培训、喘息服务、居家环境适老化改造等家庭养老支持措施；广泛建立"养老驿站"、社区"嵌入式"小微型养老服务机构，积极发挥机构养老服务支撑作用；聚焦失能老年人的刚需，为老年人提供床边、身边、周边的服务。

5. 提供临终关怀，让老年人平静、安宁地走过此生

在生命历程的最后阶段，维护老年人的尊严、提供生活和心理支持、保证老年人善终是这一时期的主要任务。家人应当以减轻老年人的病痛、改善他们的生活质量为主旨，陪伴他们走过最后的阶段；寻求临终关怀医疗团队的帮助，通过对患者进行专业的整体护理和科学的心理关怀方法缓解老年人身心的痛苦，让他们平静而有尊严地走完一生。由此，成功老龄化画上完美句号。

三、积极老龄化

人口老龄化给我国各项社会管理体制形成了巨大冲击，在此背景下，应当以更加积极的态度和理念应对人口老龄化，动员社会力量，化解人口老龄化带来的社会问题，提高老年人的生活质量，实现积极老龄化，促进社会的和谐、稳定发展。

（一）"积极老龄化"概念的提出

传统观念里，人们认为老年就是不可避免的衰减与退化，老年歧视是国际社会普遍存在的问题。20世纪末积极心理学运动的盛行，推动了积极老龄化理论的出现（刘文和焦佩，2015）。积极心理学认为，要有效应对人口老龄化，应该帮助老年人开发自身潜能，鼓励老年人参与社会生活，消除社会对老年人的年龄歧视，为老年人的社会参与提供友好的社会环境。美国著名的社会建构论者格根夫妇认为，新的老龄化时代，即积极老龄化的时代已经到来（Gergen and Gergen, 2001）。2002年，世界卫生组织发布的《积极老龄化：一个政策框架》指出，"积极"不仅指体力活动和劳动，还包括对社会、经济、文化等的持续参与并发挥作用（陈社英等，2010）。同年4月，联合国第二次老龄问题世界大会的政治宣言中，对积极老龄化的概念和理论基础及其决定因素展开论述，将"积极老龄化"定义为：人到老年时，为了提高生活质量，使老年人的健康、参与和保障尽可能获得最佳机会和发挥最大效益的过程。

积极老龄化不同于健康老龄化与成功老龄化。健康老龄化以个体的健康老化为基础，重点强调老年群体的健康长寿；成功老龄化则强调个体追求长寿、健康与幸福生活的能力（郭爱妹和石盈，2006）。依据世界卫生组织的定义，"积极老龄化"强调积极的生活方式，其内涵主要包括"健康""参与""保障"三个维度。

"健康"是积极老龄化的最终目的。这里的健康不仅强调老年人生理功能的正常发挥，还包括心理健康和积极的社会参与等内容，具有全面性和综合性。

"参与"是实现积极老龄化的重要途径。虽然老年人在退休或身体功能下降后，退出工作岗位或不再劳动，但也应保障其有充分的社会参与权利，消除社会对老年人群的年龄歧视，以及怠慢、暴力行为，改善老年人参与社会的人力资本和社会条件，使他们的才能和宝贵经验能够得到充分运用，实现老年人的生命价值和社会价值。

"保障"有利于推动积极老龄化的实施。所谓保障，是指通过立法、整合社会福利资源、动员社会各界的力量，建立社会支持网络和社会保障机制，保障老年人群的合法权益；关心关爱老年人，努力营造老年友好型社会环境，保障他们的晚年生活更有尊严、更有价值、更有意义。

（二）我国积极老龄化面临的挑战

1. 老年人身体机能退化，心理健康状况不容乐观

随着年龄的增长，个体的身体机能退化，免疫功能下降，高血压、心脑血管疾病、糖尿病等慢性疾病成为老年人主要的健康杀手，患病率以及患病种类的增多是老年人面临的主要健康问题。此外，由于逐渐退离了原有的社会角色，老年人也会产生巨大的心理落差，这容易导致老年人产生孤独、抑郁、自卑、封闭等心理问题；再加上子女不在身边，精神难以得到及时的慰藉，老年人的心理健康问题越来越成为威胁其生理健康的重要原因。改善老年人的心理健康状况，是提高老年人生活质量的重要因素，是积极老龄化的重要内容。

2. 社会参与内容单一，社会参与质量有待提高

这里的社会参与是指在社会、经济、文化、政治、家庭等各方面的参与，然而，无论是老年人本身还是其他社会群体，均对老年人的社会参与缺乏正确认识。老年人的社会参与不仅仅包括社会再就业和公益活动，也包括从事家务劳动，老年人通过适当的社会活动贡献自己的价值，应该继续受到尊重。同时，社会参与活动的质量有待提高，积极老龄化强调"老有所乐""老有所为"，但是目前老年人的社会参与活动内容形式单一，有些是为了生计而被迫劳作，忽视了对个人

喜好的满足；有些只是单纯的娱乐活动，未能充分将老年人的社会价值发掘出来，是对老年人人力资源的巨大浪费。

3. 医疗保障制度不健全，老年人的合法权益难以保障

首先，在医疗保障方面，医疗保险报销比例偏低，老年人医疗消费大部分为个人支出，"看病贵"仍旧是老年人面临的主要问题之一。其次，在老年人合法权益保障方面，由于社会尚存在年龄歧视，老年人的权益经常受到侵害而没有及时获得法律保护，较少的就业机会也使得老年人的经济状况堪忧，积极老龄化措施的落实还远远不足。

（三）实现积极老龄化的途径

从积极老龄化的概念出发，着眼于健康、参与、保障三方面，探索实现积极老龄化的途径。

1. 建立健全医疗保障体系

积极发展社区医疗保健服务，满足老年人对就近医疗、家庭访视、家庭病床、健康教育的需求；大力开展各种健康培训和讲座活动，提高老年人及其护理人员的自我保健意识和能力；缩小城乡差距，提高医疗报销比例和报销范围；进一步完善补充医疗保险制度，建立起以基本医疗保险为基础，公务员医疗补助、大额医疗补助、企业补充医疗保险为保障，商业保险为补充的多层次医疗保障体系（宋卫芳，2016），切实解决老年人"看病贵""看病难"的问题；推进医疗卫生与养老服务相结合，通过开展工作试点，促进试点地区先行先试，积极探索，探索建立符合国情的医养结合体制机制；加强老年人健康促进和疾病预防，提供老年医疗与康复护理服务，开展老年体育健身等工作，实现医疗卫生体系由以治疗为中心向以预防为中心转变。

2. 提高老年人社会参与水平

社会参与是老年人价值的体现。老年人的社会参与包括退休后的再就业，为社会贡献自己的余热；在尊重老年人自身意愿的前提下，帮助子女整理家务、照看孙辈，给予家庭以最大限度的帮助；参加老年大学和娱乐活动，丰富晚年生活；老年人也应当主动向社区展示自己的才能，义务承担环保、交通执勤等社会工作，在公益事业中探寻自己的价值。

为了实现积极老龄化，应充分调动老年人参与社会的积极性和主观能动性，为老年人创造良好的社会参与环境。政府应当建立鼓励与保障老年人社会参与的政策，为老年人提供公平的就业机会和畅通的社会参与渠道；社区可以成立老年人力资源开发中心、离退休老年人俱乐部、老年志愿者组织等，为老年人提供社会参与的窗口；家庭和子女也应积极支持老年人参与社会，减轻他们的家务负担，使他们可以将更多的时间用于自身发展和兴趣追求。

3. 建立健全养老保障制度

随着年龄的增长，老年人的各项身体机能下降，慢性病成为老年人健康的最大威胁，老年人对医疗护理服务的需求与日俱增，医疗费用支出也将给老年人及其家庭造成沉重的经济负担。包括养老保险在内的养老保障制度是保障老年人晚年生活、家庭负担的重要资金基础。针对养老保障力度不足、城乡差异大等问题，政府应当建立和完善农村老年人生活保障体系，各地因地制宜地建立养老服务评估机制，建立健全经济困难的高龄、失能等老年人补贴制度；建立老年人福利补贴制度，增强老年人支付能力，确保"老有所养"，切实增强老年人的幸福感和获得感。

第十章 以社会支持强化家庭养老能力

中国自20世纪70年代以来生育率迅速下降,加之人口预期寿命的延长,使得人口增长模式和人口年龄结构发生了巨大改变,中国已经进入了低生育、低增长和高寿命的发展阶段。生育水平的急剧下降对中国人口老龄化的发展产生了巨大的影响,由此带来的家庭结构和家庭规模变化更是对我国的家庭养老模式产生了深刻影响。未来我国的老年家庭图景如何?三孩生育政策及配套支持措施是否能够改变当下"空巢老人"养老困境?如何通过改善老年宜居环境、发展家庭友好政策等社会支持强化家庭养老能力?本章将着重围绕以上几个问题进行探讨。

第一节 未来老年家庭图景

一、老龄化进程中家庭结构的变化趋势

一般而言,妇女TFR的转变会经历转变前阶段、早期转变阶段、后期转变阶段和转变后阶段四个步骤,TFR会从高于6.5的水平下降到2.5以下。发达国家从早期转变阶段(4.5 < TFR < 6.5)到转变后阶段(TFR < 2.5)至少会经历一个世纪,而中国仅用了15年左右的时间就完成了这一转变。有学者将中国20世纪90年代以前的生育率转变称为我国生育率的第一次革命,而创造这一次革命的主要原因则是1979年我国实施的"一对夫妇一个孩子"的生育政策(陈卫,1995)。20世纪90年代以来,随着社会经济的发展,TFR进一步下降到更替水平以下。迅速降低的总生育率使得我国人口老龄化进程快于绝大多数发达国家,带来"少子老龄化、高龄化"速度加快,"未备先老"、"未富先老"和家庭养老功能弱化等一系列挑战。另外,生育率的变化对家庭规模和家庭结构也产生了重要影响。

总体而言,未来的家庭图景可以归纳为家庭规模小型化、家庭结构核心化。尽管中国是全球家庭数量最多的国家(林晓珊,2018),但家庭规模却呈现出小型化趋势。"三普"至"六普"数据显示,1982年我国平均家庭户规模为4.43人,1990年第一次下降到3.96人,2000年时进一步下降到3.44人,而2010年第六次全国人口普查数据显示,我国平均家庭户规模已经降为3.10人,比第五次全国人口普查下降了9.9%。从分城乡的情况来看,尽管城镇户均人口规模一直小于

农村，但是农村家庭规模缩小的幅度一直持续大于城镇。城镇家庭规模从1982年的3.95人下降到2010年的2.85人，下降了1.1人，而农村从1982年的4.57人下降为2010年的3.34人，下降了1.23人。在家庭规模变迁过程中，微型家庭数量保持着快速增长的势头（林晓珊，2018）。进入21世纪以来，中国一人户和二人户的家庭数量迅速增加。2002年，一人户占全部家庭户数的7.7%，到2016年时几乎翻了一番，达到14.09%。二人户2002年为18.41%，到2016年时已经达到25.77%。两种类型的家庭加起来在2016年已接近四成，若再加上三人户，则三人及以下的小型家庭占所有家庭的比例已经超过70%，相反，四人户和五人户的家庭数量呈现出明显下降的趋势。这表明，随着生育率的下降，过去传统的三代、四代同堂的大家庭已一去不复返了。而家庭规模小型化的发展趋势不得不引起人们对未来家庭中生活照料、情感支持和家庭养老等多方面的担忧。

伴随着家庭规模的缩小，核心家庭成为当代中国家庭结构的主要形式。1982年到2010年的四次人口普查数据显示，我国在1982年时核心家庭的比例就高达68.30%，虽然到第六次全国人口普查时核心家庭的比例有所下降，但并没有撼动家庭核心化这一总体趋势（童辉杰和黄成毅，2015）。核心家庭中又可以进一步区分为标准核心家庭、夫妇核心家庭和其他核心家庭。其中，夫妇核心家庭的比例从1982年的4.79%逐渐提高到2010年的18.46%，呈现出持续增加的趋势。从分年龄的比例变化来看，导致夫妇核心家庭比例提高的主要原因是45岁及以上年龄段的中老年"空巢家庭"的大量形成。

从第六次全国人口普查的数据分析来看，60岁及以上老年人的居住方式中仅由夫妻二人组成的空巢家庭占老年家庭的28.88%，单独居住的独居老人家庭为9.42%，如果把这两者都算作空巢家庭的话，那么我国近四成的老年家庭都是空巢家庭。尤其是内蒙古、山东和浙江三地的老年空巢家庭数量已经超过当地老年家庭数量的一半。不仅如此，通过分析1982年到2010年的四次全国人口普查数据可以发现，老年夫妇空巢家庭的比例呈现出不断升高的趋势，而且该趋势在城市和农村地区都同时存在，而导致这一现象出现的原因却有一定的城乡差异。

导致城市地区老年空巢家庭比例逐次升高的主要原因是计划生育政策的实施，独生子女家庭的少子女养老问题在城市地区尤为普遍（伍海霞，2018）。有专家估计，2005年我国50~64岁的独生子女母亲数量已达1292万人，这意味着超过2500万的独生子女父母已经或正在跨入老年行列（王广州，2012）。随着时间的推移，更大规模的独生子女父母将逐渐进入老龄甚至高龄阶段。据学者预测2030年前后，城市中60岁以上老人中独生子女父母将超过70%（徐小平，2010）。这些独生子女父母都面临着老年空巢的高风险。而且农村的空巢比例远高于城市，农村空巢家庭的老人占总空巢人数的69.79%。与城市老年人相比，农村老年人的子女外出务工比例更高，因此农村的老年空巢家庭主要源于城镇化和乡-城人口流动。更值得注意的是，农村的空巢老年人大部分都没有退休金、养老保险金等经济保障，因此他们面临的养老问题更加严峻。

总体而言，伴随我国低生育率及家庭规模小型化、家庭结构核心化的发展态势，未来我国老年家庭空巢化的现象可能会进一步加剧。除了老年家庭空巢化，老年人口的高龄化趋势还可能使得未来老年家庭中女性老年人因丧偶而独自居住的可能性更高（孙鹃娟和李婷，2018）。

二、未来老年家庭的养老功能弱化

老年家庭空巢化产生的最重要的问题之一就在于传统家庭养老功能的弱化。家庭养老是主要由家庭成员或亲属网络来提供养老资源和照料的养老方式。最理想的家庭养老方式是指"在家养老"和"子女养老"的有机结合。然而，随着社会的变迁，现实生活中的家庭养老往往存在"在家养老"和"子女养老"不同程度的分离，也就是一种不完整的家庭养老。尤其是依靠"子女养老"的部分越来越少，与之相对应的是来自配偶的相互扶持作用正逐渐凸显出来。对于城市独生子女家庭而言，供养子女数目的减少增加了独生子女赡养父母责任的分量，但是成长于现代社会转型时期的城市独生子女在成家立业之时，往往以市场为导向寻找工作和建立家庭（徐小平，2010），因此父母和子女常常各居一方，有的甚至生活在不同国家。这样的远距离，使得空巢父母所能得到子女的精神慰藉和日常生活照顾都非常有限。例如，2015年五省市城市第一代独生子女家庭状况专项调查数据显示，绝大多数城市第一代独生子女给予老年父母的家庭养老支持水平相对较低，独生子女是否有足够的能力为父母养老还有待检验（伍海霞，2018）。

家庭养老作为一种古老的反哺模式，体现了东方社会特有的互助互惠的代际关系。尤其在中国农村地区，家庭养老至今仍是农村老年人最重要的养老方式（穆光宗，2002）。然而，在城镇化、现代化的背景之下，农村家庭的代际关系和养老方式正在发生深刻的变化。人口流动不仅改变了农村家庭劳动力供给、分工和劳动方式，还因居住空间的改变增加了家庭养老的风险和成本（张正军和刘玮，2012）。例如，对于成年男子外出打工的家庭，留守在家的妻子既要做家务，又要同时照顾老人和孩子，因此在伺候老年人的精力和时间投入上肯定会受到一定的负面影响。而对于夫妻双方共同外出打工的家庭，留守在家的老人不仅要照顾自己的生活，还可能要帮助子女照顾他们留下的孙子女。处于这样的社会转型之中，以子女优先成为老年人主动或被动的选择，传统的反哺模式变为"不给子女添麻烦"（慈勤英，2016），甚至有的得重病、完全失能的农村老年人因为无人照顾，又不愿意拖累在外打工的子女，选择很极端的方式来结束"老无所养"的晚年。

三、未来老年家庭的新特点

除了空巢化会减弱家庭养老的能力,未来老年家庭中三代同堂或者隔代居住的老年人相对其他居住方式的老年人可能更加弱势(孙鹃娟,2013)。根据第六次全国人口普查的数据,生活在三代及以上家庭中的老年人大多是文化程度低、丧偶女性老年人、农村老年人等相对弱势的老年群体,由于这类老人在经济上、健康上的独立性较差,因此与子女同住可能是一种不得已的选择。特别是在农村地区,由于老年人资源匮乏,社会支持网络单一,满足老年人的需要是与子女同住的主要原因(张文娟和李树茁,2004)。然而,随着新进入老年期的老年群体在健康状况、受教育程度、经济水平等方面都有了较大提高,并且未来还会进一步提高,将来的三代和隔代家庭中的老年人可能还会承担照顾者的角色。

老年人帮助子女做家务就是这种代际支持的表现之一。根据2016年CLASS,有近一半(43.28%)的老年人参与下一辈人的家庭劳动,比2014年提高了近5个百分点。在帮助下一辈做家务的老人中,为一个子女做家务的老年人最多,为23.01%,其次是为两个子女做家务(11.17%),仅有极少数老年人为3个及以上的子女做家务。女性老年人为子女做家务的比例(45.44%)高于男性老年人(41.19%),城市老年人的比例(45.50%)高于农村老年人(41.26%)。分年龄来看,越年轻的老年人为子女做家务的可能性越大。一方面,年轻老年人体力尚可,健康水平较高,有能力为子女做家务。另一方面,年轻老年人的子女可能相对较年轻,正处于事业的关键期,需要老年人对其家庭的帮助。

隔代家庭作为一种较为特殊的居住方式在老年人中尤其是农村老年人中较为常见。隔代家庭虽然可分为多种类型,但对于老年人来说,与孙子女同住是最主要的一种,在这类家庭中老年人更多的是作为照料提供者的角色照顾孙子女,不但要照顾孙子女的日常生活,还承担着教育的重要职责,需要老年人投入大量的金钱、时间和精力。

随着我国老年人口预期寿命的不断延长,越来越多的老年人还面临自己父母或配偶的父母需要照料的情况。2016年CLASS数据显示,有6.81%的老年人面临这种情况,虽然所占比例不大,但是随着老龄化和高龄化程度的加深,我们有理由相信这一比例会进一步上升。在这些有上一辈需要照料的老年人中,有91.81%的老年人参与了对上一辈老年人的照料。在照料强度上,有近一半(46.86%)的老年人过去一个月每周照料上一辈老人1~10小时,且在不同年龄组中处于这一区间的人最多。未来,上有老一辈父母,下有子女和孙子女要照顾的老年家庭可能会越来越多,相比"4-2-1"家庭中中年子女所面临的养老压力,处于"x-2-2-1"中的老年人不仅面临着自我养老的压力,还可能面对照顾老人还是照顾小孩的多重压力和艰难选择。

第二节 老年宜居环境与健康老龄化

一、健康老龄化的观念创新

早在 1990 年，世界卫生组织就提出健康老龄化是应对人口老龄化的重要战略，其核心是从医疗保健和健康问题着眼，强调提高大多数老年人的生命质量，缩短带病生存期，使老年人以正常的功能健康地存活到生命终点。经过 20 多年的发展，人们对健康老龄化有了更加全面和深入的认识与理解。因此，世界卫生组织于 2016 年发布了《关于老龄化与健康的全球报告》，其中对健康老龄化的定义进行了更新，将其界定为发展和维护老年健康生活所需的功能发挥的过程。这里包括两个重要的维度：一是内在能力，是指个体在任何时候都能动用的全部体力和脑力的组合；二是功能发挥，是老年人内在能力与环境的互动以实现个体价值的过程，这里的环境既包括家庭环境、居住环境、人际关系等微观环境，也包括社会观念、公共政策等宏观环境。经过拓展的健康老龄化定义指出，"内在能力"和"功能发挥"都不是恒定不变的，虽然二者都会随着增龄而有所降低，但是生命过程中不同时点的人生选择和干预措施将决定每一个个体的具体轨迹，尤其是宜居、友好的老年生活环境等外界因素，对于个体的功能发挥具有举足轻重的意义。

举例来说，洗澡本是一件颇令老年人感到棘手的事情，在没有淋浴设施的生活环境下，光是集水、排水就会耗费相当一番体力。因此，手腿无力的老年人在洗澡方面往往需要借助他人之力才可完成，难以自理。而一旦淋浴设施逐渐推广，老年人洗澡的难度将会大大降低，在洗澡方面实现自理也就更有可能。又如，对于患有老年痴呆的老年人，若能从周围的环境中获得支持，让他们生活在安全、便捷又有保障的居家和社区环境中，其自己生活的能力也能得到一定程度的提升。也就是说，老年宜居的环境能够使老年人生活自理的身体条件持续下降，即便生理机能没有得到明显提升，老年人也有可能伴随生活环境和生活条件的优化而从自理十分困难变为自理相对简单（翟振武等，2016）。

二、我国老年宜居环境的相关法律政策

在 2012 年 12 月修订的《中华人民共和国老年人权益保障法》[以下简称《老年法》（2012 年）]中，中国将"宜居环境"独立成章写入法律。在大多数城市，

建设"年龄友好环境"往往作为一项运动在开展,而中国首次以法律的形式将之确定下来,并对国家推进老年宜居环境建设做出原则性规定,无疑具有非常重大的意义。不仅如此,还扩大了该理念在中国的实施范围,从"老年友好型城市"扩大为"老年友好型环境"。这意味着无论城市还是农村,无论东部还是中西部地区,都要全面构建老年友好型环境,从制度层面保障了城乡和区域间平衡发展,有助于保障和改善民生,推动基本公共服务均等化。

具体而言,在硬环境建设方面,《老年法》(2012年)明确提出四个方面的具体要求:①各地区的城乡规划须统筹考虑适合老年人的公共基础设施、生活服务设施、医疗卫生设施和文化体育设施建设;②国家要制定和完善涉老工程建设标准体系,在规划、设计、施工、监理、验收、运行、维护、管理等环节加强相关标准的实施与监督;③规定道路、公共交通设施、建筑物、居住区等应符合无障碍设施标准;④推进老年宜居社区建设和家庭无障碍设施改造。可以看出,针对老年宜居社区环境建设,法律中已给出系统的规定和要求,如何有效落实和加强监管是依法行政的重要任务。

在软环境建设方面,《老年法》(2012年)中对基本养老保障制度、基本医疗保障制度、长期护理制度、社区养老服务、医疗卫生服务等都做出了相应的规定。此外,《老年法》(2012年)中也提出要"增强全社会积极应对人口老龄化意识。全社会应当广泛开展敬老、养老、助老宣传教育活动,树立尊重、关心、帮助老年人的社会风尚""国家和社会应当重视、珍惜老年人的知识、技能、经验和优良品德,发挥老年人的专长和作用,保障老年人参与经济、政治、文化和社会生活"。

事实上,1999年我国就颁布了《老年人建筑设计规范》,该标准主要适用于城镇新建、扩建和改建的专供老年人使用的居住建筑和公共建筑设计。2003年,针对老年人的居住环境,建设部发布了《老年人居住建筑设计标准》,该标准适用于老年人住宅、老年人公寓及养老院、护理院、托老所等相关建筑设施的设计。2007年由建设部主编的《城镇老年人设施规划规范》进一步完善了对城镇老年人设施的规范,新的规定更加人性化、细致化,要求选址和室内外活动场所建设要以老年人生理需求为出发点,同时注重满足老年人的心理需求。但是不同时期颁布的标准之间既有交叉,又有变化,比较零散,没有形成一套完善的标准体系,而在实际操作中,很多涉及老年人的工程建设也并没有完全参照这些标准进行。因此,法律专门就完善和制定相应的标准体系做出了规定,还要求对各环节的具体实施加强监督,这使得未来老年人建筑的质量和适用性都得到了法律保障。

我国在2012年颁布了《无障碍环境建设条例》;该条例所称的无障碍环境建设,主要是指为便于残疾人等社会成员自主安全地通行道路、出入相关建筑物、搭乘公共交通工具、交流信息、获得社区服务所进行的建设活动。随着预期寿命的延长和慢性病患病率的提高,"老残一体"正逐渐成为一个新的群体,为使行动不便的老年人,尤其是患有残疾的老年人能够有更多外出的机会,在《老年法》(2012年)中提出国家应制定无障碍设施工程建设标准,这既体现出无障碍环境建设的重要性和必要性,也是对已有文件的整合和提升,通过对公共交通、建筑物和居住区进行无障碍改造和新建,使得老年人和残疾人都能安全、自主地外出活动。

近几年,国家出台的涉老政策及规划中均有老年宜居环境和老年宜居社区建设方面的内容。《社会养老服务体系建设规划(2011—2015年)》提出在居家养老层面,支持有需求的老年人实施家庭无障碍设施改造。《中国老龄事业发展"十二五"规划》中提出加强老年生活环境建设,共包括三方面的内容,即加快老龄事业基础设施建设并纳入城乡社区发展规划,加快推进方便老年人出行和参与社会生活的无障碍环境建设和设施改造,开展"老年友好型城市""老年宜居社区"创建活动。该规划是较早对老年宜居环境建设做出详细规定和安排的文件,它对于"十二五"期间老年宜居环境建设提供了政策指导和发展方向。

2013年9月,国务院出台的《关于加快发展养老服务业的若干意见》中明确提出,实施社区无障碍环境改造。提出各地区要按照无障碍设施工程建设相关标准和规范,推动和扶持老年人家庭无障碍设施的改造,加快推进坡道、电梯等与老年人日常生活密切相关的公共设施改造。这也是我国首次最高政府部门文件提出老年宜居环境建设的要求,并且要求重点在社区层面设施。

2014年7月,住房和城乡建设部、民政部、财政部、中国残疾人联合会和全国老龄工作委员会办公室(简称全国老龄办)联合发布《关于加强老年人家庭及居住区公共设施无障碍改造工作的通知》,该通知提出,各级政府首先要提高对老年人家庭及居住区公共设施无障碍改造工作重要性的认识,并切实推进老年人家庭无障碍改造和居住区公共设施无障碍改造,同时做好家庭及各类公共设施无障碍改造工作的监督检查、协作和宣传工作。

从国家层面出台的政策不难看出,老年宜居环境建设已经被提上政府的重要议事日程,相关政府部门已明确意识到开展老年宜居社区建设对老人、家庭及社会的重要性。但同时我们也应该清醒地认识到,目前我国尚未发布全国统一的老年宜居环境建设指南或者标准,这将不利于指导各地区科学、有效地推进老年宜居社区建设。

三、我国老年宜居环境建设的实践

中国作为占世界老年人口总量1/5的老年人口大国,在面对庞大的老年人口数量的背后，更是巨大的养老需求。与此同时，随着社会经济水平的提高，老年人的养老需求层次也在不断提高，如文化娱乐、社会参与、自我实现等方面的需求。但是，最新的数据显示，有7成以上的城镇老年人口居住在没有安装电梯的老旧楼房，其中高龄、失能和患病老年人出行举步维艰。老年人口规模巨大、老龄化发展迅速等特点，意味着与美国、日本等发达国家相比，中国需要在更短的时间内完成符合老年人口需求的基础设施建设。

以吴良镛为首的学者在20世纪90年代提出的人居环境科学是我国发展宜居环境的理论和方法基础（张文忠，2007）。该理论认为"宜居环境"是经济、社会、文化、环境协调发展的体现（李珊和杨忠振，2012）。2007年，世界卫生组织提出"年龄友好城市"概念，并发布了《全球老年友好城市建设指南》（以下简称《指南》）。该《指南》可以看作对人本主义人居环境理论的操作化，《指南》中指出年龄友好城市涉及八个主题，包括室外空间和建筑、交通、住房、社会参与、尊重与社会包容、公民参与和就业、信息交流和社区支持与健康服务。其中，前三个主题强调物理环境，是老年人社会参与的硬件保障；尊重与社会包容涉及社区和社会对老年人的态度；信息交流和社区支持与健康服务涉及社会环境和社区服务等因素；社会参与、公民参与和就业则直接提出要为老年人参与社会、娱乐、教育、政治和经济活动提供途径。

为了让更多的老年人能够参与社会，享受社会经济进步的成果，中国于2007年首次引入了"老年友好环境"这一理念。2009年开始，我国将推进老年人宜居社区建设作为重点工作内容，2011年开始筹划《老年友好型城市建设指南》、《老年宜居社区建设指南》和《老年温馨家庭建设指南》，期望通过在全国范围内全面开展老年友好型城市、老年宜居社区和老年温馨家庭建设，倾力打造老年宜居环境。目前，我国已经有13个国家级试点单位。此外，一些省市也根据本地的实际情况，选取了部分社区或城市作为省级试点单位。经过几年的努力，各试点地区也取得了一定的进展。

例如，黑龙江省齐齐哈尔市是我国第一批国家级试点单位，也是继新加坡之后世界上第十五个国际老年友好型城市。在硬件设施的建设上，齐齐哈尔市在两年内新建绿地公园和游园39个，城市绿化覆盖率、城市绿地率、人均公园绿地面积达到40%、39.3%和10平方米。市区每500米之内就建有1个适合老年人活动的广场，40%的社区设有体育运动器材。通过实施出入口坡道改造、楼梯扶手和低位电话安装等，使得无障碍设施建设改造率达到80%以上。不仅如此，齐齐哈尔市还注重营造敬老、养老的社会氛围，将试点工作和打造"孝亲敬老之城"有机地结合起来，实施了"百万职工敬老工程"，通过职工自身敬老行动影响和带动家庭成员自觉依法履行赡养义务，对家中老年人真正做到经济上供养、生活上照料、精神上慰藉；"青春助老'鸟还巢'工程"，组织5

万名青年大学生志愿者与空巢、孤寡家庭老人结成互助对子，最大限度地帮助老年人解决生活照料方面的困难；在全市中小学普遍开展孝亲敬老教育，组织学生举办"书信感恩，孝心传递"征文比赛、记"孝行笔记"、争做"孝敬父母好少年"等活动。

上海是中国开展创建"老年友好城市（城区）"和"老年宜居社区"试点最多的城市，老龄化程度位居全市第一的静安区，正在按照世界卫生组织的《指南》中的标准来打造老年友好城区，在小区、医院、公园绿地、菜场、超市、学校、影院戏院等方面，方便老人以及各种年龄层次的市民。浦东新区作为"老年宜居社区"试点，在环保、道路、公共卫生服务和无障碍设施等硬件、软件设施设备上进行完善和扩建，加强安全工作，保证老年人的居家与出行安全。同时，通过合理布局老年活动室、图书馆、老年人日间照料中心、助餐服务点、社区卫生服务站（点）、健身苑（点）等涉老设施，打造了方便老年人的"10~15"分钟的生活圈。长宁区为全区老年人全部建立了健康档案，为65岁以上未纳保老人提供生活补贴，为80岁以上老人提供家庭医生，帮助90岁以上老人实现居家养老全覆盖，使老年人的幸福指数有较大提高。目前，上海市老龄办已经制定了《上海市老年友好城市建设导则（试行）》，该导则从2015年开始实施，倡导从自然环境、城市交通、住宅设施等各方面，为老年人提供安全、便利和舒适的户外空间和公共环境。这也是我国第一部针对老年友好城市建设的指南。

四、不足与政策建议

不可否认，我国部分地区老年宜居社区建设已经取得良好成效，但从全国的发展情况来看，仍存在很多不足。一是缺乏操作性强的建设指南和框架。目前，只有上海地区出台了老年宜居社区建设的地方标准，其他地区依然主要参考世界卫生组织发布的《指南》和我国的《老年法》（2012年）中对"宜居环境"的规定。《指南》和《老年法》（2012年）中对宜居环境的建设框架和实施指南都过于宽泛，由于各地的经济发展水平、社会文化环境都有差异，因此在具体实施时缺乏可操作性和针对性。二是对老年人需求的关注仍然不足。不少的社区在空间布局以及设施规划上较少关注老人的需求，导致老年服务设施建设严重滞后。这也是近年来老年人广场舞现象愈演愈烈的主要原因，社区内没有适合老年人休闲娱乐的场所，一定程度上讲，跳广场舞也是老年人迫于无奈的娱乐选择。三是现有社区公共设施和家庭环境适老性程度仍然较低。如一些超市大卖场、医院等公共场所，缺乏可供休息的座椅；无障碍通道、盲道被堵塞等。另外，目前多数老人的家庭环境不宜居，居住在楼房中的老人可能面临上下楼不方便等问题。四是老年服务设施布局不够合理，功能较为单一。现阶段社区老年服务设施基本仅限于老年日间照料服务中心，难以满足老年人医养结合的需求。五是社区尊老、敬老氛围不足。随着传统文化的日渐削弱，尊老、敬老的社会氛围趋于淡漠，尊老、敬老的社区文化亟待建立。六是社区为老服务队伍和组织缺乏，相对其他年龄群体，老年人有较多的闲暇时间和精力，特别是对于低龄健康老人而言，参与社区服务可以获得精神上的满足感并且实现自身价值，从而有利于提高其生活质量。七是我国目前还缺乏对老年宜居社区建设水平的评估。尽管部分地区积极开展试点工作，并取得了一定成效，但是很少有地区对宜居社区建设的具体水平开展评估，更少有地区关注宜居社区建设对老年人和其他居民的生活、对社区发展带来的具体影响是什么。

针对本节提到的问题和存在的不足，第一，需要不断健全和规范老年人设施标准体系框架。全国老龄办应牵头涉老设施标准、社区和家庭无障碍环境改造标准等相关标准体系框架的构建。同时，加快修订《城镇老年人设施规划规范》、《城市居住区规划设计规范》和《城市道路交通规划设计规范》，提高老年人设施标准，方便老年人出行。各地方也应该根据全国的标准和框架，因地制宜，制定符合地区情况的地方标准。第二，积极构建我国老年宜居社区评估指标体系。立足我国国情，吸收国外先进经验，构建满足老年人生活需求、切合实际的老年宜居社区评估指标体系。每年定期开展老年宜居社区质量评估，对于不达标的社区有针对性地进行改造，努力建设一批符合中国实际、有中国特色的老年宜居社区。第三，加强老年宜居社区建设统筹规划，加大法律法规的执行力度，将老年宜居社区建设切实纳入城乡统筹规划中，确保社区周边有服务网点齐全的生活服务圈，逐步设立老年人体育、文化和娱乐等活动场所。第四，有效整合社区服务资源，建立综合为老服务平台，根据老年人需求提供相应的居家养老服务。尤其是对特殊困难老年人要定时上门拜访或电话探访，了解老年人的现状和需求变化，为老年人提供最新的社区信息。第五，政府出台优惠政策和采取措施推进老年人家庭无障碍改造。加大政府财政投入力度，每年安排一定比例的财政经费用于支持老年人家庭无障碍改造，切实改善老年人的日常生活环境。重视老年居住区建设，大力开发老年宜居住宅，政府出台优惠政策鼓励子女和老年人就近居住或共同居住，方便子女为老人提供生活照料和陪伴。第六，大力推进养老产业的科技创新，老年宜居社区建设须以科技创新为支撑。养老服务信息化和智能化是未来发展的必然趋势，老年宜居社区建设应与现代科技相结合，满足信息化时代老年人的新需求。第七，在硬件设施建设的同时，还要积极营造良好的敬老氛围。设计"老年宜居社区"标志牌，标识为老服务点。以创建"敬老文明号"和开展敬老系列活动为抓手，动员更多的社会力量参与敬老活动，推动为老服务品牌创建，让敬老、爱老、助老的良好风尚在全社会进一步弘扬。通过建立适宜老年人生活的社区和社会环境，为老年人居家养老提供更好的环境支持。

第三节 家庭养老支持政策与家庭照料资源改善

一、建立健全家庭养老支持政策的重要性和必要性

家庭政策是以政府和社会作为主体，通过对家庭的资源和行为进行弥补、引导和管理，以此来强化家庭功能、提升家庭应对社会风险能力的一种政策（吕亚军和刘欣，2009）。家庭养老支持政策是在家庭政策的基础上，在对国外家庭政策发展与变革的学习中总结出来的新概念，它是对原有家庭政策概念的一种扩展与强化。与补救型的家庭政策不同，家庭养老支持政策更强调从发展的角度给予家庭全面和积极的支持，不断开发和强化家庭养老功能，如为供养家庭的劳动者提供税收优惠措施、提高家庭照料者的照料技能和社会支持等。

现代社会对家庭养老产生的最主要的影响不仅是指家庭规模的缩小所带来的家庭养老的经济资源、照料资源和情感慰藉资源的减少，还有家庭照料者在照料过程中所面临的来自身体、心理、就业、社会参与等诸多方面的压力和挑战。研究显示，家庭养老会对家庭照料者的生理和心理健康产生严重的影响，随着照料强度的提高，照料者可能因为体力不支导致免疫力下降，出现抑郁症状和其他不良的心理反应（Haley et al.，1995；Conway-Giustra et al.，2002）。不仅如此，家庭-工作平衡也是照料者普遍面临的一道难题。家庭照料的时间成本很高，照料者不仅要付出时间成本和人力成本，还要付出一定的经济成本。很多家庭照料者因为要照顾自己患病的父母，不得不辞去原有的工作，由此产生的经济损失也是家庭照料者面临的主要问题之一。除了就业会受到影响，照料者的社会参与和人际交往也可能会因为长期在家照料不能出门而受到影响，这种"社会隔离"又会进一步影响照料者的身心健康。大量研究表明，为家庭照料者提供心理疏导、护理技能培训、经济补贴、带薪休假、购房和税收优惠、喘息服务等支持性服务，可以有效地缓解照料者的压力和负担，更好地发挥家庭照料的基础性作用，弥补正式照料服务的不足（袁小波，2010；周云，2003）。

为了巩固家庭养老的基础地位，让更多的家庭照料者能够平衡好家庭与工作之间的关系，提高家庭照料者和老年人的生活质量，缓解"未备先老"产生的养老压力，我国亟须建立健全家庭养老支持政策。

二、健全家庭养老支持政策的文化和理论基础

（一）文化基础

家庭养老在我国有着深远的历史根基，也是我国孝文化的核心内容，这是构建家庭养老支持政策重要的文化基础。有学者指出，亲子关系代表着家庭关系的主要方面和方向（潘允康和林南，1992）。受儒家文化的影响，我国传统家庭中亲子关系比兄弟姐妹之间和夫妻之间的横向关系更为重要，在一定程度上前者起着对后者的支配和维持作用。在功能上，家庭的传承也需要依靠亲子关系作为载体。因此，亲子关系是代际关系中最为本质的基础和纽带（王跃生，2008b）。在传统的中国家庭中，赡养老人也是子女作为对老年父母养育之恩的一种报答，尤其是儿子往往扮演着主要的照顾者，为老年父母提供所需的经济支持、生活照料和精神慰藉。其中，家人之间的亲情所提供的情感慰藉是其他任何社会养老方式都无法替代的。

尽管随着社会经济发展和全球化时代的到来，传统文化和价值观念正在不同文化的冲击下产生变化，但是中国人对于家庭的重视和依赖是根深蒂固的。从最早的氏族部落，到黄帝时期建立的部落联盟体制，家族都是人类能够不断生存发展的基本保证。"家是最小的国，国是千万家。"可以说家庭的前途命运和国家的前途命运都是紧密相连的。因此，无论社会发生怎样的变化，"家"依然是所有中国人心中最牵绊的地方，是每个人生命的根。在人口流动成为普遍现象的当代，尽管越来越多的中国子女在成年之后离开父母去求学、工作，但是他们与父母之间的关系从未断却，依然在经济支持和情感慰藉上与父母保持紧密联系，甚至一些独生子女在父母出现生活能力受限的时候会选择回到父母身边或者将父母接来与自己同住以提供照料。因此，中国的家文化是家庭养老的文化根基，无论是过去、现在还是未来，家庭养老依然是中国养老的基本模式，在中国社会占有重要地位，这也为建立健全家庭养老支持政策提供了文化基础。

（二）理论基础

有关家庭养老的理论研究，主要的理论观点有生产方式论（洪国栋等，1996）、社会交换论（熊跃根，1998）、反馈论（费孝通，1983）、责任内化论（张新梅，1999）和血亲价值论（姚远，2000）。

生产方式论将养老方式视为生产方式和经济形态的产物，会随着生产方式的发展而变化。人类社会的发展都经历过以家庭为生产单位的农业社会，在这种生产方式下，家庭成员一起劳动创造财富，生产资料归家庭所有，剩余的劳动和产

品也都积累在家庭内部，因此家庭成员理所应当地承担起了赡养老年人的责任。随着农业社会向工业社会发展，社会化大生产取代了以家庭为单位的生产和分工，在这样的背景之下，养老方式也会逐渐向社会化养老发展，但是由于财富的积累还是主要以家庭为单位，因此家庭养老的方式并不会因为社会化养老方式的出现而消失。

社会交换论认为子女对老人的照顾是回报父母养育之恩的一种方式，一般通过经济支持、生活照料和精神慰藉等形式实现。与经济交换强调以货币计算进行物质的对等交换不同，社会交换主要是基于社会道德、传统文化或者情感支持的资源流动。前者认为老年人得到子女的供养是对过去"投资"的一种"回收"行为，而后者则是基于一种互惠原则，使得家庭内部的成年子女与老年父母之间可以在金钱、物质、时间、感情等有价值资源方面进行双向流动和交换。

费孝通将中国传统社会的代际关系总结为反馈模式，即抚养—赡养模式。父母在年轻时有抚养幼儿的义务，等到子女长大成人之后又承担起赡养老年父母的责任。这与西方社会中的接力模式是截然不同的，接力模式中甲代抚育乙代，乙代抚育丙代，一代一代接力下去，子女不具有承担赡养父母的义务。而中国的反馈模式是甲代抚育乙代，乙代赡养甲代，乙代抚育丙代，丙代又赡养乙代，子女一代需要承担赡养父母的义务。需要注意的是，这种反馈模式与交换模式还不一样，对于同一代人而言，抚养和赡养所发生的时期是不同的，因此反馈模式具有跨时期性的特点，而交换模式则体现为不同代人在同一时期发生的交换关系，具有同期性的特点。

责任内化论认为，在儒家文化的熏陶下，孝敬父母、赡养父母已经内化为每一个中华儿女的责任和自主意识，成为人格的一部分。责任内化论认为中国传统社会中人与人的关系以亲属关系为主轴，每个人以自己为中心，随着关系的亲疏远近向外扩展，与自己关系越密切，道德感和责任感就越重。

姚远（2000）在上述理论观点的基础上提出用血亲价值论来解释家庭养老的运行机制。该理论认为中国家庭养老的生命力来源于一种文化机制：一方面，家庭养老受到国家（民族）文化和家庭文化的双重影响，而家庭文化隶属于国家（民族）文化，因此国家（民族）文化的持久性决定了家庭文化的稳定性；另一方面，家庭养老遵循伦理原则，不刻意追求等量交换，因此只要对血缘关系的责任认同还在，作为基本道德载体的家庭养老就不会消失。

总之，上述有关家庭养老的理论观点都表明，无论是在过去、现在还是未来，家庭养老会始终在中国社会占有重要地位，即便家庭养老的具体方式可能会发生变化，但家庭养老的模式不会改变，这也说明了对家庭养老的支持是必要并且合理的。

三、国内外家庭养老支持政策的主要内容

（一）国外家庭政策的发展与实践

国外有关家庭养老支持的政策大致可以划分为三大类：对家庭养老经济资源的支持，对家庭照料者的支持，对老少合住的支持。

养老的经济资源是家庭养老重要的资源之一，因为无论是传统家庭养老对老年人的经济支持还是社会养老中购买专业养老服务，经济资源都是获取养老资源的基础。国外对于家庭养老经济资源的支持政策非常丰富，具体表现为向低收入家庭和特殊困难家庭提供补贴、津贴或者税收减免等经济补偿。例如，英国针对照料家人达到一定时间的家庭照料者建立了照料者津贴，作为对照料者的一种经济补贴。另外，为了保障照料者的生活质量，针对那些由于照顾老人而无法工作，从而无法获得足够收入的照料者，英国政府还建立了家庭责任保障制度，通过为这些照料者提供补充养老金，确保其不会因为照顾老人而降低自身晚年的生活质量。法国是世界上最早出台家庭政策的国家，早在1939年就在其家庭法中提出了家庭津贴制度。目前法国的家庭补贴政策大致包括家庭津贴、家庭补助、家庭补贴金和最低生活保障金等（杨祖功等，2004）。其中，家庭津贴给付标准只与子女数量有关，与父母的收入水平无关，到子女找到工作之前，父母都可以免税领取津贴。

第二大类家庭养老支持政策是针对照料者的，包括为照料者提供照料技能培训、心理疏导、喘息服务等支持性服务。英国对家庭照料者提供的支持性服务包括两方面：一是为照料者提供短期托管、照料者互助小组、家务帮助等支持性服务；二是针对家庭照料者人力资本提升，为其提供远程教育、学费减免等促进就业的发展性服务。美国在2000年通过的《美国老年人法案修正案》中，明确提出要为家庭照料者提供信息服务、个性化支持服务、个人咨询服务、支持小组、培训服务、喘息服务等。除此之外，社会组织也会为家庭照料者提供各种服务，如为家庭照料者搭建相互学习、交往和倾诉的互助平台，鼓励他们表达自己面临的困难和问题，以便得到大家的帮助和支持。这类政策主要是为了帮助家庭照料者平衡工作和家庭责任，提高照料者的照料水平，并为其提供心理和社会支持，不仅能够让被照料者得到更好和更多的照料，而且还能在一定程度上减轻照料者的负担，使其生活质量不会因为提供家庭照料而受到过多影响。

第三类家庭养老支持政策是鼓励子女和老年父母合住。空间是影响家庭照料提供的一个重要因素，因此不少国家通过提倡老少合居的方式来减少人口流动普遍化过程中分居扩大带来的家庭照料问题。比较典型的是日本的"老少居"模式。该模式的一大特点是在其建筑设计上，采用一套房子两个独立厨房和两个进出口，

一方面方便照料者同住提供照料，另一方面相对独立从而避免了一些矛盾的产生。不仅如此，日本政府还会对子女与老人同住的家庭在购房时提供一定的价格优惠，或对老年人赠送一定的居住面积，以此来鼓励子女与父母同住。新加坡也有类似的政策，会为与父母同住的年轻人购房提供优惠。此外，在新加坡，政府还鼓励将托老所和托幼机构结合在一起建造，方便成年子女能够同时照顾自己的父母和子女。

（二）我国家庭养老支持政策的发展现状

面对家庭规模缩小、家庭养老功能弱化带来的挑战，建立健全社会保障体系和发展社会化养老服务体系似乎成为弥补家庭养老资源不足的必然选择。然而，社会养老保险也只能在一定程度上缓解老年人养老的经济压力，在生活照料和精神慰藉方面无法替代家庭养老的功能。而在发展建立社会化养老服务体系的过程中，无论是政策还是实务领域都将更多的重心放在发展社区养老和机构养老上，而忽视了对家庭养老方式的鼓励和支持。中华全国妇女联合会（以下简称全国妇联）的一项调查显示，56.4%的家庭认为我国现行的家庭支持政策力度不够，8.6%的家庭认为我国基本没有家庭支持政策，还有20.3%的家庭根本不知道哪些政策属于家庭支持政策（洪天慧，2011）。这组数据足以体现出我国家庭养老支持政策发展的滞后。

我国正式提出家庭养老支持政策的概念是在《中国老龄事业发展"十二五"规划》中，其中明确提出要树立家庭发展的新理念。通过"完善老年人口户籍迁移管理政策，为老年人随赡养人迁徙提供条件。健全家庭养老保障和照料服务扶持政策，完善农村计划生育家庭奖励扶助制度和计划生育家庭特别扶助制度，落实城镇独生子女父母年老奖励政策，建立奖励扶助金动态调整机制"，完善家庭养老支持政策。

2018年修正的《老年法》第十八条明确规定"与老年人分开居住的家庭成员，应当经常看望或者问候老年人"。将"常回家看看"纳入法律的背景是城镇化进程中，大量农村留守老人和城市空巢老人面临家庭照料的难题。事实上，我国早在1981年出台的《国务院关于职工探亲待遇的规定》中就建立了探亲假制度，目的是适当缓解子女和父母长期远距两地的探亲问题，这也可以看作我国最早的家庭养老支持政策。但是直到2013年仍有很多人"不知道""不敢请"探亲假，害怕请假会影响到自己的工作甚至丢了饭碗。"常回家看看"入法则为这一制度的落实提供了法律保障。

我国最新一项家庭养老支持政策是2019年1月起实施的《个人所得税专项附加扣除暂行办法》，其中第七章专门针对赡养老人专项附加扣除进行了规定，"纳税人赡养一位及以上被赡养人的赡养支出，统一按照以下标准定额扣除：（一）

纳税人为独生子女的,按照每月2000元的标准定额扣除;(二)纳税人为非独生子女的,由其与兄弟姐妹分摊每月2000元的扣除额度,每人分摊的额度不能超过每月1000元"。这一政策的实施,有助于切实解决家庭养老负担过重的问题。

四、对完善我国家庭养老支持政策的对策建议

我国的家庭养老支持政策研究目前尚处于探索阶段,政策方面比较零散,缺乏系统性的政策框架。根据国外家庭养老支持政策的经验,笔者认为至少应该从家庭养老的经济支持、人力资本、照料时间、照料者社会支持、居住方式等几个方面完善我国家庭养老支持政策体系。

(一)完善家庭养老经济支持政策

经济能力是家庭养老的基础条件,尽管我国已经实现了养老保障制度全覆盖,但不同养老保障制度之间的水平差异非常大,尤其是对于家庭人均收入略高于最低收入保障标准边缘的家庭,一旦家中的老年父母生活自理能力受限,需要子女进行长期照料,那么整个家庭陷入贫困的风险就非常高。但这样的家庭往往被排斥在很多社会救助政策之外,导致"贫困边缘户"比"贫困户"生活质量还要差的尴尬现象。因此,政策设计应该纳入家庭视角,提高整个家庭养老的经济能力。除了现有的最低保障制度和赡养人个人所得税减免政策以外,可以参考居家养老服务的市场价格为家庭照料者提供一定的经济补贴,不仅可以弥补照料者由于长期照料老人影响工作而带来的经济损失,还可以肯定家庭照料者的经济和社会价值。此外,可以结合长期照护保险的建立,增加对老年人长期护理费用的补贴来减轻家庭的经济压力。

(二)提高家庭照料者人力资本

从生命历程的视角来看待家庭内子代和父代的发展过程,子代如果受教育程度低,就会影响到之后的就业,进而影响到成年子女的收入水平,而成年子女是家庭养老经济资源的主要来源,因此增加对年轻人的教育、职业技能培训的支持有助于提高家庭养老的经济能力。尤其应该加强对农村和城市特殊困难家庭子女的教育补贴,减轻家庭由孩子上学产生的经济负担,提高这些家庭中子女接受高等教育的比例。教育不仅能够提高个体的专业知识和技能,更重要的是帮助个体形成正确的价值观,除了能够帮助个体进入主流的劳动力市场获得更高的收入外,还可能有助于提高其对赡养老人责任的认知和认同。

（三）实现家庭照料者工作—家庭平衡

除了经济资源，照料时间是支持子女提供家庭养老的另一重要资源。因此，可以建立家庭照料友好的弹性工作制，让父母有照料需求的职工能够更加灵活地分配自己的工作和照料时间。此外，还需加大力度落实带薪休假、探亲假等制度，减少职工因休假而产生的心理负担或者因害怕失去工作而不敢、不愿请假的情况发生，有效帮助照料者达到工作—家庭平衡。

（四）发展家庭照料者社会支持服务

面对长期照料而产生的心理上、身体上的压力，亟须为家庭照料者提供全面的社会支持服务。例如，依托社会养老服务体系中的社区居家养老服务，为照料者提供心理慰藉服务，针对长期照料产生的消极心理提供咨询和干预服务；针对一些专业的照料技能和知识，为家庭照料者提供相关培训；利用已经建成的日间照料中心和养老驿站为照料者提供老年人日托服务、短期喘息服务等。社区工作者和社会工作者还应该发挥协调组织作用，为家庭照料者建立支持小组和互助小组，以便他们互相交流和帮助。还可以主动邀请家庭照料者参与社区组织的文化娱乐活动，丰富他们的文化生活，减轻照料带来的精神压力，避免陷入社会隔离。

（五）鼓励老少合居

居住方式对于家庭养老有着重要的影响，导致家庭养老功能弱化的直接原因之一就是子女与父母同住的比例下降，并且不在同一城市居住的比例在不断提高。实现家庭照料的基本条件就是同住或者就近居住，只有鼓励老少合居才能真正解决家庭养老所面临的问题。因此，需要在住房政策、社会保障制度等多个方面为老少合居提供支持和激励。例如，在购房方面可以借鉴新加坡的经验，对与父母同居的购房者可以在价格、银行贷款等方面给予一定的优惠；对于随子女迁居到新城市的父母购房可以在贷款年限、贷款利息等方面给予一定优惠。在社会保障制度方面，要尽快实现社会保险、医疗保险以及未来长期护理保险等社会保障制度的全国统筹，让随迁老年父母可以在新的城市享受到同样的社会保障，不会因为医疗报销等限制而被迫选择异地居住。

第十一章 农村老年人群和养老支持

2015年全国1%人口抽样调查结果显示,我国共有2.2亿60岁及以上老年人,其中约1.1亿人生活在农村地区。2015年农村人口老龄化水平约为18.5%,比城市约高出4.1个百分点,农村的人口老龄化程度更高、速度更快。习近平总书记2016年5月27日在中共中央政治局第三十二次集体学习时强调"坚持党委领导、政府主导、社会参与、全民行动相结合,坚持应对人口老龄化和促进经济社会发展相结合,坚持满足老年人需求和解决人口老龄化问题相结合,努力挖掘人口老龄化给国家发展带来的活力和机遇,努力满足老年人日益增长的物质文化需求,推动老龄事业全面协调可持续发展"[1]。

中国养老的关键、重心在农村,突破口也在农村。随着农村人口老龄化程度的不断提高,农村老人对于养老服务的需求不断增加,绝大多数有关研究均认为,由于我国农村社会养老保障制度还未普遍建立,传统的家庭养老方式仍是农村养老的主要模式。而农村青壮年劳动力外出,导致养老关系中的主体与客体发生空间分离,使得农村留守老人在经济供养、生活照料和精神支持等各方面将面临更多的不确定性,难以获得及时、充分的养老资源。解决农村老人的养老问题,使他们健康、快乐地安享晚年生活,不仅关系到农村老年人自身的福利和生活质量,更体现了社会对老年人的尊敬和重视。

第一节 农村老年人家庭

家庭作为社会的基本单元,是基于血缘和亲缘关系组建起来的生活共同体。对于老年人来说,家庭是获得支持的重要支柱,在我国家庭养老是传统的养老方式,家庭成员对于满足老年人经济、照料和精神等多方面的需求具有难以替代的作用。而在快速城镇化和现代化进程中,农村家庭的变化是显而易见的。本章主要从农村老年人家庭的规模、成员构成、居住方式和农村老年人的家庭照料者来探讨农村老年人家庭。

根据2010年第六次全国人口普查短表数据,2010年我国农村共有7015.9万个常住老年人口家庭户,其中有一个60岁及以上老年人的户占60.5%,有两个60

---

[1]《中共中央政治局就我国人口老龄化的形势和对策举行第三十二次集体学习》,http://www.gov.cn/xinwen/2016-05/28/content_5077706.htm。

岁及以上老年人的户占 38.5%，有三个 60 岁及以上老年人的户占 1.0%。在老年家庭中只有一个老年人的单身老年户共有 10 287 257 户，占所有老年人家庭户的 14.7%；只有一对老年夫妇的户有 11 298 798 个，占 16.1%。单身老年户和仅一对老年夫妇的家庭户合计即为空巢家庭，因此 2010 年中国农村老年空巢家庭为 30.8%。我国还有相当数量的由老年人和未成年人组成的家庭，其中大多为老年祖父母与孙子女构成的隔代家庭，2010 年普查发现，我国农村有一个老年人与未成年的亲属户（944 912 户，占 1.4%）和一对老年夫妇与未成年的亲属户（1 234 602 户，占 1.8%）共计 2 179 514 户，占所有农村老年人家庭户的 3.12%。

一、家庭规模和家庭成员构成

老年人生活在怎样的家庭中、与谁一起居住对老年人的身心健康、照料方式、经济来源、社会支持和代际关系等很多方面都有重要影响。2014 年我国农村老年人的家庭规模平均为 3.5 人，留守老年人的家庭规模更小，为 3.2 人，非留守老年人的家庭规模为 3.8 人。

对于"和您同吃同住的都有哪些人？"这一多项选择题，在与老年人同吃同住的家庭成员中，配偶占 27.9%，是选择人次最高的选项；其次是孙子女，占 21.6%；选择同吃同住者为儿子的在总体中占 20.7%，儿媳为 18.3%；而与女儿、女婿同吃同住的比例仅分别为 3.0%和 2.3%。由此看出除了配偶以外，与农村老年人同吃住的家庭成员多为儿子、孙子女，与女儿、女婿同吃住的比例并不高。

二、农村老年人家庭的居住方式

祖孙三代甚至多代同堂一直是我国传统的老年人居住方式。即便到了 20 世纪末 21 世纪初与子女、孙子女三代共同居住的类型依然是中国老年人最主要的居住方式，农村更是如此。老年人的居住方式往往受子女数量、性别等人口因素，以及婚姻、经济收入、住房等经济条件、社会规范的影响。不同居住方式下的老年人对于各种养老资源的需求也会有所差异，并对社会保障、福利和服务等都会产生影响。

老年人的居住方式通常可划分为单身户、夫妻户、一代户、二代户、三代及以上户几类。按照人口普查及很多抽样调查中老年人家庭成员的信息，上述几类居住方式具体包含的类型如下：①一代户包括仅老年人单独居住的单身户、仅有夫妻二人居住的夫妻户、其他一代户（如老年人与兄弟姐妹构成的家庭户）；②二代户包括仅与子女同住（核心家庭）、仅与孙子女同住（隔代家庭）、仅与父母同住、其他二代户；③三代户包括与子女和孙子女同住、与子女和父母同住、与父母和孙子女同住、其他三代户；④四代及以上户由于所占比例不大，不再进行细分。

2014年CLASS的调查表明，我国农村老年人的居住方式构成为：13.9%独居、27.1%仅与配偶同住、49.5%与子女同住、9.5%与他人同住。为了比较子女外出情况对农村老年人居住方式的影响，我们把老年人划分为无子女外出、部分子女外出和全部子女外出三类，结果发现这三组老年人之间的居住方式差异显著，通过了卡方检验（显著度0.000）。

图11-1表明相对于没有子女外出的老年人，有子女外出的老年人独居和仅与配偶同住的比例都明显更高，而与子女同住的比例更低。例如，部分子女外出的老人独居和与配偶同住的比例分别为13.8%、26.2%，全部子女外出的老人这两个指标分别上升到19.4%、41.5%。也就是说，如果农村老年人的部分子女外出，他们中可能有40%的人生活在空巢家庭中，而如果全部子女外出的话，则有60.9%的人生活在空巢家庭中。调查结果证实了子女流动外出会大大增加农村老年人空巢、独居的数量和比例。劳动力外出数量越庞大的农村地区，老年人的空巢情况越普遍。老年人的空巢、独居、留守状态已是我国农村地区的一个现实图景。

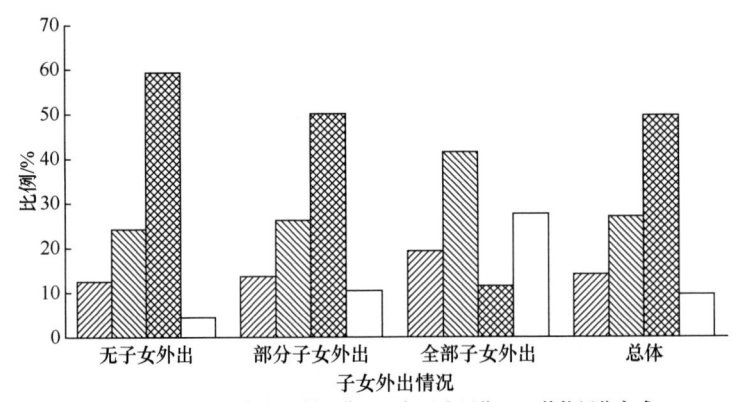

图11-1　子女外出情况与农村老年人的居住方式

资料来源：CLASS 2014数据

比较全国人口普查数据的结果可进一步说明农村老年人的空巢独居化是客观趋势。2010年第六次全国人口普查发现农村老年人独居的比例为9.2%、仅夫妻二人的家庭比例是26.5%，二者合计为35.7%，明显高于1990年、2000年第四次、第五次全国人口普查的相关结果。在我国各省（自治区、直辖市）的农村中，老年空巢家庭比例最高的是上海，空巢比例接近六成，北京、山东、浙江农村老年空巢家庭的比例超过40%，而大多数省区市农村老年空巢家庭的比例在20%～40%，只有几个西部省区，如西藏、青海、甘肃、云南的农村老年空巢家庭比例比较低。由此可见，农村老年人空巢比例与经济社会发展水平、中青年劳动力外出水平基本呈正相关态势，社会经济发展水平高的农村以及有大量农村劳动力外流的农村老年人空巢比例较高。

农村老年隔代家庭也是我国值得关注的一种家庭形式,第六次全国人口普查结果表明我国由老年人(一个老人或两个老人)与未成年人组成的家庭户占比为3.1%。其中,外出流动人口多的地区老年隔代家庭的占比特别高,如重庆为6.7%、贵州为7.3%、四川为4.6%、安徽为4.7%、江西为4.1%、河南为4.5%。隔代家庭往往集中体现了农村留守老人和留守儿童的问题。

三、农村老年人的家庭照料提供者

家庭是老年人照料的最重要资源。2014年我国农村老年人不能完全自理者约占总体农村老人的9.6%,约为1066万人,这部分老年人是需要得到照料护理的群体。在我国,长久以来家庭成员一直是照料老年人的首要提供者,通常只有当家庭照料资源难以满足老年人需要时才由社会化的照料服务来补充。此次调查也发现,在有照料需求的老年人中,94.9%的老年人有人照料,但还有5.0%的老年人没有人照料。对于那些获得照料的老年人,在过去一年为他们提供照料的首要照料者分布见表11-1。

表11-1 需要照料的农村老年人的首要照料者分布(单位:%)

首要照料者	男性老年人	女性老年人
配偶	55.8	21.5
儿子	17.8	36.6
儿媳	9.9	19.1
女儿	10.4	17.5
女婿	0.0	0.0
(外)孙子女或配偶	0.6	2.0
其他亲属	3.1	0.4
保姆或小时工	1.8	2.9
其他人	0.6	0.0
合计	100.0	100.0

资料来源:2014年CLASS数据

不同性别的农村老年人首要照料者有较大差异,男性老年人首要照料者比例前五位的排序依次是:配偶、儿子、女儿、儿媳、其他亲属;而农村女性老年人的前五位照料者排序是:儿子、配偶、儿媳、女儿、保姆或小时工。超过一半的男性老年人由老伴照料,而只有21.5%需要照顾的农村女性由老伴照顾,她们更多地靠儿子提供照料。与农村老年人相比,城市老年人照料者中儿子与女儿的比例相当,而农村老年人首要照料者中儿子的比例是女儿的近两倍,表明城市中儿子与女儿几乎承担了同等的照料老年父母的任务,而在农村照顾父母的责任则更多地由儿子来承担，女儿起辅助作用。如何通过提高社会照料的供给水平来缓解家庭照料者的负担已是现实所趋。

第二节　人口迁移和流动对农村老年人的影响

城镇化、劳动力流动、人口老龄化使得留守老人成为农村老年人的主体。国家卫生健康委员会组织的流动人口动态监测调查数据显示，2012年我国流动人口数量已经达到2.36亿人，大批农村青壮年劳动力的外流不仅加剧了农村人口老龄化的趋势，还形成了大量因子女外出务工而滞留农村的留守老人群体。

关于人口外流对农村老年人的影响，一些研究认为劳动力的迁移流动发展可能会提升农村老年人的经济收入，但老年人也有可能由于精神慰藉需求得不到满足而降低精神文化生活水平。Zimmer和Kwong（2003）提出城镇化过程中代际居住的分离并未削弱子女对老年父母的经济支持，子女外出打工收入的增加甚至提升了对农村父母的经济支持。白南生等（2007）认为城镇化还通过提高农村家庭收入水平使老年人享受更高的生活水平和更好的医疗条件，从而提高健康水平。另一些研究提出了不同观点，叶敬忠和贺聪志（2009）、杜鹏等（2004）则认为，劳动力流动使农村老年人面临家庭代际支持缺乏、社会支持不足、健康问题突出、照料资源匮乏、劳动负担加剧而精神慰藉缺失等现实困境。郭平和陈刚（2009）提出我国农村老年人日常生活需要照料的比例为9.3%，80岁以上的农村老年人需要照料的比例达到30.4%，对照料的需求非常大。石人炳（2012）提出由于缺乏足够的代际支持，空巢家庭中老年人的孤独、抑郁等心理问题十分突出。王小龙和兰永生（2011）认为在农村养老公共服务体系缺失的情况下，农村劳动力转移会对农村老年人的健康尤其是心理健康带来不利影响。

为了进一步分析子女外流到底对农村老年人产生怎样的影响，本节在首先了解农村老年人子女流动情况的基础上，结合2014年CLASS调查数据，比较农村留守老年人与非留守老年人在经济收入、慢性疾病、躯体功能和心理健康等几个方面的差异，探讨子女流动外出对农村老年人的影响。

一、农村老年人子女的流动状况

城镇化对中国农村老年人的影响更多地通过子女的变化间接体现出来。子女的数量可以说是决定农村老年人家庭养老资源的基础性要素。现阶段的老年人在生育时期尚未受我国计划生育政策的影响，相对于城市老年人来说，当前农村老年人中受严格计划生育限制的比例更低，因此农村老年人仅有一个子女的独生子女家庭并不多见。以2014年CLASS调查为基础进行分析发现，农村老年人的平均健在子女数为3.5个,留守老年人的子女数为3.6个,高于非留守老年人(3.3个)。图11-2是留守与非留守老年人子女的数量构成情况,留守老年人拥有3个及以上子女的比例要高于非留守老年人。相对地,非留守老年人子女数为2个及以下的比例更高。仅从微观上家庭子女数量的差异来比较,我们认为改革开放以来,中国农村之所以能够源源不断地向城镇输出劳动力,与农村家庭中子女数量较多有关,这也是近几十年来农村劳动力外出成为中国城镇化主要驱动力量的前提之一。

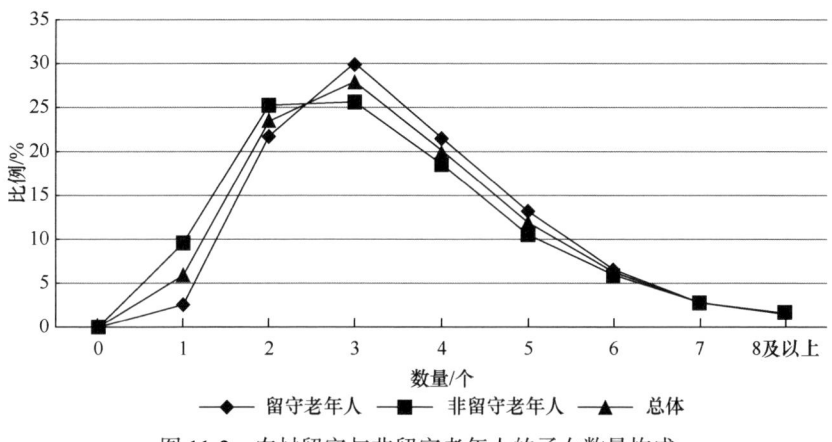

图11-2 农村留守与非留守老年人的子女数量构成

资料来源:2014年CLASS数据

农村留守老年人平均有1.9个子女是外出子女(在调查时已离开家半年以上),即留守老年人的健在子女中有超过一半的子女在外流动。虽然六成左右的老年人子女是在省内流动,但有近四成的子女是跨省流动。远距离流动的子女往往由于与老年父母较长时间的分离影响对父母的照料支持。进一步结合留守老年人子女数量和外出情况进行分析(表11-2),其中全部子女都外出的占23.8%,其余为部分子女外出。比例最高的是2个子女中有1个外出、3个子女中有1个子女外出,这与农村老年人的子女数量有关。

表11-2 农村老年人外出子女数量构成

子女外出情况		比例/%
全部子女均外出	1个且外出	2.8
	2个且外出	8.5
	3个且外出	7.4
	4个且外出	3.2
	5个且外出	1.9

续表

子女外出情况		比例/%
部分子女外出	2个子女1个外出	13.5
	3个子女2个外出	9.5
	4个子女3个外出	4.2
	5个子女4个外出	3.2
	3个子女1个外出	13.1
	4个子女2个外出	6.1
	5个子女3个外出	3.8
	4个子女1个外出	8.2
	5个子女2个外出	5.4
	5个子女1个外出	9.1
合计		100.0

资料来源：2014年CLASS数据

二、子女外出流动对农村老年人经济收入的影响

在影响老年人收入的家庭因素中，子女被认为是最核心的因素，子女数量、性别和是否外出等都可能对农村老年人的收入产生影响。以往的研究发现，子女是否外出会对老年父母的代际经济支持产生显著差异。

我们对2014年CLASS中农村老年人各个子女的信息进行整理分析后发现，农村老年人的子女中，77.4%的子女给过老年父母钱财等经济支持，平均价值为1060元。为进一步了解子女的流动外出是否会提高对农村老年父母的经济支持，把子女分为外出子女（调查时离开农村老家6个月及以上）和未外出子女两类，通过比较两类子女给老年人的经济支持情况反映子女的外出务工对农村代际经济支持有何影响。

结果显示，在调查前一年中外出子女平均每人给老年父母1344元经济上的支持，未外出子女平均每人给父母944元，外出子女对农村老年父母的经济支持力度更大。从外出与非外出子女对老年父母的经济支持构成来看（图11-3），外出子女和非外出子女没给过父母经济支持的比例相当，分别为18.8%、19.6%。在外出子女中，给父母经济支持在1000元以下的占45.7%，超过1000元的占35.4%。而非外出子女给父母经济支持在1000元以下的占53.7%，超过1000元的占26.6%。通过比较发现，无论是否外出，都有近20%的子女没有给过父母经济支持，但相比较而言外出子女提供的经济支持数额更大，农村成年子女的外出流动有助于

提高对老年父母的经济支持力度。

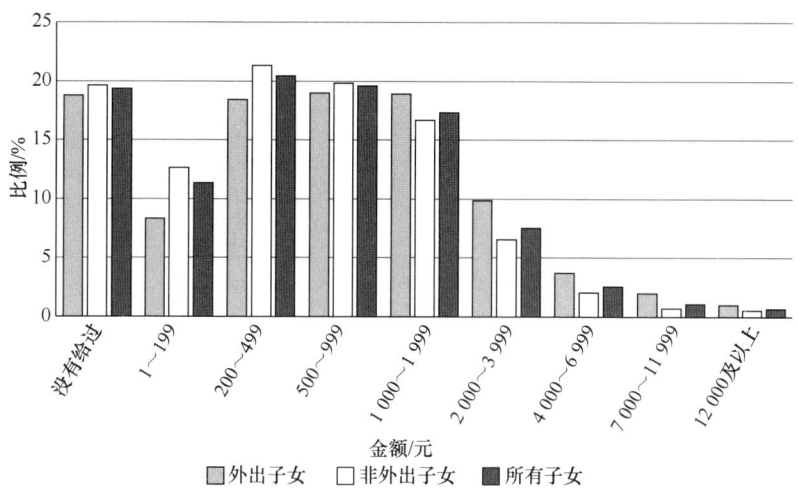

图 11-3　农村外出子女与非外出子女对老年父母的经济支持比较

资料来源：2014 年 CLASS 数据

子女的经济支持是我国老年人的经济来源之一，对于农村老年人来说甚至是第一位的经济来源。另外，老年父母也可能为子女提供必要的经济支持。对代际间经济支持状况的分析有助于了解家庭内部经济资源的流动，并在一定程度上反映代际关系情况。通过调查发现，有 18.7%的农村老年人给过子女经济支持，提供的财物价值平均为 178 元，远低于子女给农村老年人提供的经济支持均值。因此，我国老年人和子女之间的代际经济支持虽然是双向的，但以子女为老年人提供经济支持为绝对主导方向。

基于上述描述性分析结果，我们认为有必要考虑在多重因素共同作用的情况下更细致地观察子女外出因素到底对农村老年人的经济收入产生多大的影响作用，对此拟采用普通最小二乘回归建立模型进行探讨。模型中的因变量为农村老年人在被调查时点前一年的个人年收入，为保证模型中数据的稳定性，对收入进行取对数处理。根据前文描述性分析的结果，自变量包括两大类：一类是反映老年人个体社会人口特征的变量（年龄、性别、受教育程度、婚姻、地区、健康程度、有无离退休金和劳动工作状况）；另一类是代际经济支持变量（子女数量、居住方式、子女是否给老年人经济支持及支持数额、老年人是否给子女经济支持及支持数额）。在代际经济支持变量中，考虑到农村大量的劳动力外流可能会对农村老年人的经济收入产生影响，因而在模型中加入外出子女数量、是否为留守老年人两个自变量。

表 11-3 中的回归结果表明，对农村老年人经济收入有显著影响的因素有性别、受教育程度、居住地区、是否有退休金、是否有工作和子女的经济支持等。相对

于男性老年人来讲，农村女性老年人收入是偏低的，在经济上处于明显的弱势地位；虽然农村老年人受教育程度普遍不高，但受教育程度高低与收入呈正相关；从居住地区来看，农村老年人的收入与我国地区经济发展差异一致，东部地区农村老年人的收入高于中部和西部；相对于身体不健康的农村老人来说，比较健康和很健康的老年人收入显然更高。有无退休金和是否有工作也是显著程度很高的两个变量，有退休金的农村老年人收入远高于没有退休金的老年人，而有工作的老年人的收入要高于没有工作的老年人，说明工作是相当一部分农村老年人提高收入的主要途径。

表 11-3　中国农村老年人个人收入影响因素的普通最小二乘回归结果

变量	系数	标准误	t 值
截距	3.73****	0.023	16.60
年龄	0.00	0.003	−1.20
性别（参照项=男性）	−0.12***	0.041	−2.88
受教育程度（参照项=文盲）			
小学	0.12**	0.047	2.49
初中	0.13**	0.055	2.36
高中及以上	0.20***	0.072	2.77
婚姻（参照项=有配偶）	0.01	0.049	0.21
居住地区（参照项=东部）			
中部	−0.09**	0.039	−2.37
西部	−0.14***	0.045	−3.15
健康程度（参照项=不健康）			
比较不健康	0.02	0.087	0.21
一般	0.08	0.050	0.98
比较健康	0.18**	0.084	2.11
很健康	0.20**	0.086	2.28
是否有退休金（参照项=否）	0.52****	0.043	12.21
是否有工作（参照项=否）	0.31****	0.041	7.66
子女数量	−0.02*	0.014	−1.75
外出子女数量	0.04*	0.026	1.69
居住方式（参照项=独居）			
仅与配偶居住	0.11*	0.067	1.68

续表

变量	系数	标准误	t 值
与子女居住	0.05	0.057	0.80
其他居住方式	0.17	0.070	−0.23
是否为留守老人（参照项=是）	0.06	0.050	1.12
子女是否给钱（参照项=否）	−0.10**	0.048	−1.99
子女给钱数	0.00***	0.000	3.23
是否给子女钱（参照项=否）	0.06	0.080	1.50
给子女钱数	0.00***	0.000	2.94
拟合系数 0.36			
调整后的拟合系数 0.33			

资料来源：2014 年 CLASS 数据

注：①括号内为参照类；②* $p<0.1$，** $p<0.05$，*** $p<0.01$，**** $p<0.001$

在代际经济支持变量中，子女数量与老年人收入呈负相关，即子女数越多，老年人的收入有可能越低，这或许与多个子女之间更易出现推诿赡养责任有关。另外，农村老年人的外出子女数量越多，老年人收入越高，这一结果验证了子女外出有助于提高农村老年人的经济收入。相对于子女不提供经济支持的农村老年人，那些获得支持的农村老年人收入更低，这说明农村老年人只有在经济收入较低的情况下才会寻求子女的经济支持；相反地，农村老年人给予子女的经济支持越多，老年人的经济收入越高，或者说农村老年人在自己经济条件较好的条件下很有可能加大对子女的经济支持。在几种居住方式中，仅与配偶居住的空巢老人的收入要高于独居老人的收入，其他居住方式类型对老年人的收入影响均不显著。值得注意的是，年龄、婚姻对于农村老年人的收入没有明显的影响作用，这与农村老年人的经济收入主要来源于子女支持和自我劳动有关。模型分析结果还表明，是否留守并不显著影响农村老年人的收入，结合外出子女数量的影响作用我们认为这主要是由于以往研究中对留守老年人的概念定义比较宽泛（即仅一个子女外出即算作留守老人），但随着外出子女数量的增多老年人的经济收入会有所提高。

三、子女外流与农村老年人的健康

尽管基因、遗传等生物学因素是影响人们晚年期健康结果的主要因素，但社会经济因素也在发挥越来越难以忽视的作用。而社会环境、家庭环境等因素作为我国当前正发生剧烈变化的因素，可能也对老年人的健康带来影响。其中对于农村老年人来说，尤其值得关注的是其社会网络中的核心成员——子女的外流是否对他们的健康产生作用。对此,本节拟通过对比有子女外出的农村留守老年人与无子女外出的非留守老年人的健康差异,探讨子女外流与农村老年人健康之间的联系。选取慢性疾病患病情况、躯体功能情况(ADL、IADL)、心理健康水平(认知能力水平、抑郁水平)、自评健康状况这几个方面的指标进行初步衡量。

(一)慢性疾病患病情况

2014 年 CLASS 发现,超过 3/4(78.7%)的农村老年人患有慢性疾病,仅 21.3%的农村老年人未患慢性疾病。留守老年人慢性病患病率略高于非留守老年人,留守老年人为 77.3%,非留守老年人为 75.5%,但卡方检验并不显著。如果我们再进一步把子女外出情况进行细分,从而使农村老年人分为三类,即无子女外出(即非留守老年人)、部分子女外出、全部子女外出,则会发现:无子女外出的老年人慢性病患病率为 75.5%,部分子女外出的老人为 77.7%,而全部子女外出的老年人为 75.9%。部分子女外出的老年人慢性病患病率要略高于无子女外出和全部子女外出的老年人。

(二)日常生活自理能力

本节采用使用最为广泛的 ADL 能力量表和 IADL 能力量表来测量老年人的生活自理能力。其中,ADL 用于评价老年人基本的日常生活独立活动能力,包括上厕所、进食、穿衣、梳洗、行走和洗澡六项。在研究中按照失能的项目数划分为四个自理程度等级:完全能自理(0 项失能)、轻度失能(1~2 项失能)、中度失能(3~4 项失能)、重度失能(5~6 项失能)。日常生活活动能力是维持基本生活的能力,如果受损或丧失,老年人独立生存的状态将难以维系,需要外界提供必要的照料或支持。根据 2014 年 CLASS 数据,我国农村老年人的 ADL 能力状况见表 11-4。

表 11-4 中国农村老年人 ADL 能力状况(单位:%)

项目		功能完好	轻度受损	中度受损	重度受损	合计
总体		90.4	6.0	1.6	2.0	100.0
是否留守	留守	92.0	5.2	1.2	1.6	100.0
	非留守	88.9	6.7	2.1	2.3	100.0

资料来源:2014 年 CLASS 数据

结果显示,中国农村 ADL 功能完好的老年人占 90.4%,轻度受损的占 6.0%,中度及重度受损的老年人分别占 1.6%和 2.0%。也就是说,从老年人的身体功能而言,因 ADL 功能有损伤而应该得到照料的老年人占 9.6%。留守老年人的日常生活自理能力总体上好于非留守老年人，功能完好的留守老年人为92%，非留守老年人为88.9%。

在2014年CLASS中包括购物、外出、做饭、做家务、使用交通工具、提重10斤物品、打电话、吃药、管理财务、上下楼梯等十项。我们按照失能项目数把中国农村老年人的IADL功能状况划分为三个等级：功能完好（0项失能），功能低下（1~5项失能），功能障碍（6~10项失能）。结合2014年CLASS数据进行测量得到：我国农村老年人中IADL功能完好者占44.8%，IADL功能有不同程度缺损的占45.0%，功能有明显障碍的老年人为10.2%（表11-5）。总体来看，不能独立或者借助日常工具而完成某项活动的农村老年人占了55.2%，超过半数。

表11-5 中国农村老年人IADL自理能力状况（单位：%）

项目		功能完好	功能低下	功能障碍	合计
总体		44.8	45.0	10.2	100.0
留守状况	留守	46.6	44.6	8.8	100.0
	非留守	43.1	45.4	11.5	100.0

资料来源：2014年CLASS数据

农村留守老年人IADL功能完好的比例略高于非留守老年人，而功能低下和存在障碍的比例却低于非留守老年人，说明总体上留守老年人的IADL自理能力更好。

（三）认知能力与抑郁水平

认知能力水平与抑郁水平是老年人心理健康的主要衡量指标。我们采用简易精神状态量表来测量农村老年人的认知能力情况，能够比较全面、准确地反映老年人的智力状态及认知功能缺损程度。结合2014年CLASS项目，对简易精神状态量表中的定向力（5项）、记忆力（3项）、注意力和计算能力（5项）、回忆力（3项）四个方面进行了测量，每个题项答对计1分，答错计0分，认知能力的得分范围从0分到16分，得分越高表明认知能力水平越高。

结果显示，我国农村老年人的认知能力平均得分为12.5分，低于全国老年人的平均得分（13.3分），更低于城市老年人认知能力平均得分（13.8分）。虽然农村老年人总体认知水平良好，但其中的女性、高龄老年人认知能力相对较差，而且随着年龄增加认知能力得分不断下降。认知能力得分低的老年人面临较大的失智风险，对失智老年人照料服务的强度和难度更大。而当前大部分农村地区还难以为失智老人提供更专业化的照料护理服务，随着农村人口高龄化趋势的不断发展，农村失智、失能老年人的照护问题必然凸显出来。

对于我国农村老年人心理健康的另一个指标——抑郁水平，采用抑郁量表来测量。量表中的 9 个项目中有 3 项表示积极情绪情况（心情很好、日子过得不错、很多乐趣），2 项表示消极情绪情况（感觉孤单、心里难过），2 项表示情感边缘化情况（感觉没用、没事可做），还有 2 项表明躯体症状情况（食欲不振、睡眠问题）。被调查老年人在过去一周经历的每一个感受或症状频率计为 0（没有）、1（有时）、2（经常）。抑郁程度的得分范围从 0 分到 18 分，得分越高表明抑郁的程度越高。调查结果发现，农村老年人的抑郁水平平均得分为 5.0 分，高于全国老年人的平均得分（4.4 分），更高于城市老年人的平均得分（3.9 分），说明农村老年人总体上的抑郁程度更高。

相对于没有子女外出的农村老年人来说，有子女外出打工的农村留守老人感到孤独的比例更高，比如对于"过去一周您觉得孤单吗？"，67.2%的无子女外出的老人没有感到孤单，但有子女外出的老年人中这一比例略低，为 62.2%，而且经常感到孤单的留守老人比例也要明显高于非留守老人，前者为 13.3%，后者为 8.7%。应当说，劳动力外出对农村老年人心理上的影响更甚于身体的影响，子女外出后农村老年人更易感到孤独，而身体健康不佳的农村老年人却往往因为需要照料而制约了子女的长期外出，使得留守老人在健康方面反而体现出优于非留守老人。这意味着对于大量的农村留守老年人，除了为不能自理或部分不能自理者提供照护帮助外，还要重视他们比较广泛存在的内在心理与精神需求，缓解其孤独感，保持良好的心理状态，防止抑郁、痴呆等疾病的发生。

（四）自评健康和主观照护需求

健康自评是老年人对自身健康水平的一个综合感受结果，认为自己"很不健康"的农村老年人更有可能需要他人的照料支持。2014 年的调查发现，我国"很不健康""比较不健康""一般""比较健康""很健康"的农村老年人分别为 7.6%、26.2%、25.6%、28.7%和 11.8%。自评比较不健康和很不健康的比例约占 1/3（33.8%），远高于城市老年人（21.7%）。

非留守老人与留守老人相比反而有更多的主观照料需求。根据家庭生命周期理论，老年人年龄越大，身体越差，其成年子女外出务工的可能性也就越小，他们成为留守老人的可能性也就越低，这部分老年人由于身体状况较差，更期望得到子女或者他人的照料，因此与留守老人相比，他们有更多的照料需求。

第三节　农村的社区和家庭养老资源

一、农村的社区养老资源

社区环境与老年人生活最为贴近，特别是社区环境中的各种机构、设施、场所和服务往往是老年人日常生活的基础条件,这些社区环境条件有无、多寡及距离远近是考量老年人生活质量的主要因素。

(一)社区场所与机构拥有状况

根据老年人日常生活的主要需求,与其紧密相关的社区场所和机构主要包括12项:便利店(小商店/小卖部)、超级市场、百货商场、农贸市场、银行/信用社、社区(村)医院/医疗服务站/卫生室/诊所、体育健身场所、老年活动室、图书室(馆)、公园、托老所/老年日间照料中心、养/敬老院。表11-6通过与城市老年人的对比呈现我国农村老年人所生活的社区场所和机构情况。

表11-6 城乡社区场所与机构拥有率的差异分析(单位:%)

社区场所	总体	城镇	农村
便利店	96.7	96.7	96.8
超级市场	41.9	60.7	14.0
百货商场	27.8	41.9	6.8
农贸市场	41.7	55.9	20.1
银行/信用社	52.2	74.9	18.3
社区(村)医院	86.6	84.0	90.4
体育健身场所	66.0	79.1	46.4
老年活动室	64.8	81.5	39.7
图书室	74.0	72.4	76.5
公园	26.7	40.4	6.7
老年日间照料中心	19.1	28.7	4.9
养/敬老院	17.5	22.2	10.5

资料来源:2014年CLASS数据

2014年在农村老年人居住社区的各种机构或场所中,便利店、社区(村)医院的比例最高,分别达到96.8%和90.4%,拥有率甚至高于城镇社区。其次,农村社区中图书室的比例为76.5%,也高于城镇;而农村老年人社区中的其他场所或机构比例均低于城镇社区,如体育健身场所、老年活动室、超级市场、公园、老年日间照料中心、养/敬老院等,城乡之间的差异显著。

(二)社区生活圈距离

对于老年人社区环境质量的衡量,除了社区中是否有必要的机构或场所外,主要设施和机构的距离也是一个重要指标,可以反映出老年人在社区环境中获取有关养老资源的便捷性。在调查问卷中,通过"离以下最近的设施和机构有多远?"来获得到最近的医院/卫生院、百货商场、邮局、银行/信用社、公共汽车站、养/敬老院等机构场所的距离(公里)。表11-7是城市和农村老年人生活圈距离的对比情况。

表11-7 城乡老年人生活圈距离的差异分析(单位:公里)

社区场所	总体		城镇		农村	
	平均数	标准差	平均数	标准差	平均数	标准差
医院/卫生院	4.1	4.2	3.0	2.0	5.8	5.8
百货商场	7.6	10.9	4.9	5.6	11.5	14.9
邮局	4.5	4.5	2.9	2.1	6.8	6.0
银行/信用社	4.8	7.1	3.7	6.1	6.6	8.1
公共汽车站	7.2	10.9	5.4	6.0	9.8	15.1
养/敬老院	8.5	12.1	5.2	5.3	13.3	16.9

资料来源:2014年CLASS数据

2014年农村老年人到最近的医院/卫生院平均距离为5.8公里,到最近的百货商场平均距离为11.5公里、公共汽车站9.8公里,到其中每一个与老年人生活有关的机构或设施的距离都显著高于城镇地区。但与2016年CLASS调查结果相比较,农村老年人生活圈的距离明显缩短,到各个最近的机构场所都比2014年更加方便,比如到医院/卫生院平均距离缩短到4.3公里,到公共汽车站缩短到7.0公里,到养/敬老院缩短到11.7公里,但与城市老年人的生活圈距离相比,农村老年人还是显著更高。可以说,农村老年人所生活的社区环境便捷度远不如城市老年人,但在短短两年时间里有了较大幅度的改善。

(三)社区养老和医疗服务

社区养老服务是农村老年人居家养老的必要条件。2014年CLASS数据显示,我国农村老年人使用社区养老服务比例非常低,服务使用率最高为"上门探访",仅为2.5%,其他的社区养老服务使用率均不足1%,可见我国农村老年人可使用的养老服务还十分有限。

从老年人最希望得到的养老服务来看,对于不同地区的老年人而言,排在前三位的均是"上门做家务"、"陪同看病"和"上门探访"。但在程度上存在一定差异,农村老年人对于"陪同看病"的需求最高,其次是"上门探访"和"上门做家务"。具体如表11-8所示。

表 11-8　分城乡老年人最希望得到的养老服务分析（单位：%）

服务内容	城乡分布	
	城市	农村
都不需要	82.2	83.5
上门探访	3.0	2.9
老年人服务热线	1.9	1.0
陪同看病	3.6	5.8
帮助日常购物	0.6	0.8
法律援助	0.8	1.0
上门做家务	4.5	2.3
老年饭桌或送饭	2.2	1.5
日托站或托老所	1.0	1.1
心理咨询	0.3	0.2

资料来源：2014 年 CLASS 数据

由于农村原有的社会化养老服务基础过于薄弱，尤其在实践中，无论是基层管理者还是老年人或家庭成员在思想上、行为上都未充分做好养老的规划和安排，对社会养老服务知晓度甚低，因而在很多边远、经济条件相对较差的农村对于如何发展社会养老服务缺乏规划和实质性行动。另外，在已开展养老服务项目的地区，调研发现了其中隐含的一些问题，比较突出的如缺乏足够有效监管、服务提供者资质良莠不齐、养老机构设施条件较差且管理监督机制不健全、受过专业训练的护理人员匮乏、绝大多数只能提供日常照料服务、失能老人所需的长期照护服务难以实现和现有服务模式的可持续发展等问题。倘若不及时规范、健全农村的养老服务体系，将可能使得风险加剧，这些风险或隐患如养老机构中的火灾、人身安全等问题，以及有照料需求的老年人无人监管、养老服务项目变成圈地或房地产项目的幌子和老年人上当受骗等。

社区医疗服务是老年人居家养老的基本条件。通过比较农村社区医疗服务的需求与使用情况，可以大致反映社区医疗服务能否满足农村老年人的需求。2014 年的 CLASS 发现，农村老年人对"上门护理""上门看病""康复治疗"的需求比例分别为 22.0%、29.2% 和 20.7%，说明他们的需求意愿比较高；但使用过这些社区医疗服务的比例却很低，上述三项社区医疗服务的使用率仅分别为 1.9%、6.7% 和 1.5%。农村社区的医疗服务水平还远不能满足老年人的需求。

比较农村和城市老年人使用社区医疗服务的情况，发现农村老年人使用上门看病的比例远远高于城市。这可能与农村和城市的医疗资源丰富程度有关，城市老年人可选择的医疗资源更丰富，获得社区以外医疗资源的可能性更大，而对社区医疗卫生机构相对依赖性降低，而农村老年人由于交通、可获资源的有限性等对社区医疗卫生资源的依赖性较高。大力推动农村社区医疗卫生事业发展，提升社区医疗卫生资源在满足农村老年人日常医疗服务需求方面的能力是提高农村老年人生命质量和生活质量的重点。

二、农村家庭养老资源

在本章中，结合 CLASS 数据的可获得性，农村老年人家庭的养老资源通过代际支持情况、代际关系评价和需要照料的老年人的首要照料者情况来体现。

（一）代际支持

从居住方式来看，有子女外出的农村老年人独居和仅与配偶同住的比例都更高，而与子女同住的比例更低。在不同居住方式下的农村留守老年人和非留守老年人家庭中，他们与子女间的代际支持是否也有差异？表 11-9 是对几种居住方式下农村留守与非留守老年人代际支持的描述结果。主要针对代际经济支持、家务支持和情感支持这几种老年父母和成年子女间代际支持的形式。

表 11-9　不同居住方式下农村留守老年人与非留守老年人家庭代际支持（单位：%）

代际支持类别	留守老年人				非留守老年人			
	独居	仅与配偶居住	与子女居住	其他	独居	仅与配偶居住	与子女居住	其他
给子女经济支持	21.4	30.1	24.7	29.9	16.1	32.3	22.7	27.6
获得子女经济支持	90.1	89.5	90.1	92.5	86.4	88.2	87.0	86.9
帮子女做家务	17.5	19.2	54.5	34.3	15.3	23.4	56.9	35.6
子女帮做家务	56.6	63.9	82.3	60.3	64.9	68.4	85.0	69.5
觉得子女足够关心自己	90.1	96.8	92.0	92.9	94.4	92.7	93.8	92.4

资料来源：2014 年 CLASS 数据

总体而言，不同居住方式下的农村留守老年人获得子女经济支持的比例高于非留守老年人，子女帮做家务的比例低于非留守老年人。仅与配偶居住的留守老年人、独居和与子女居住的非留守老人觉得子女关心自己的比例相对较高，而独居的留守老年人相对较低。通过两类老年人的比较大致可反映出子女外出流动在一定程度上提高了对留守父母的经济支持，但在照料支持方面却有所弱化。

(二)代际关系评价

农村劳动力的外流是否会冲淡亲子关系?理论上来说,基于血缘关系形成的亲子关系是人类社会最为稳固的关系,即便是在所谓的"接力"模式下的西方社会里,家庭中老年人与成年子女间的相互支持也大量存在。上文已叙,中国农村家庭中来自子女的支持在发生变化,这些变化主要表现在支持的程度和体现形式方面。在家庭代际间居住分离大量发生的现代农村,老年人对其与子女关系的评价在很大程度上能够反映代际之间的亲疏程度,对此我们通过子女的亲近水平和子女的关心水平两个方面来衡量。子女亲近水平即所有子女的选项累加,分数越高表明老人与子女的情感越亲近;子女关心水平即所有子女的选项累加,分数越高表明老人感到子女的关心水平越高。根据 2014 年和 2016 年 CLASS 数据,城乡老年人之间,留守与非留守老年人之间的比较结果分别呈现在表 11-10 和表 11-11 中。

表 11-10 城乡老年人代际关系比较

年份	代际关系	总体		城镇		农村	
		平均数	标准差	平均数	标准差	平均数	标准差
2014	子女亲近	7.9	4.1	7.2	3.9	8.9	3.9
	子女关心	10.2	5.7	9.2	5.5	11.6	5.6
2016	子女亲近	7.1	3.8	6.7	3.6	7.7	3.9
	子女关心	8.8	5.2	8.4	4.9	9.4	5.5

资料来源:2014 年和 2016 年 CLASS 数据

表 11-11 农村留守老年人与非留守老年人代际关系比较

年份	代际关系	农村非留守老年人		农村留守老年人	
		平均数	标准差	平均数	标准差
2014	子女亲近	8.4	4.2	9.5	3.7
	子女关心	10.9	5.8	12.3	5.3
2016	子女亲近	7.5	4.1	8.3	3.7
	子女关心	9.1	5.5	10.2	5.4

资料来源:2014 年和 2016 年 CLASS 数据

表 11-10 呈现了 2014 年与 2016 年老年人子女亲近水平与子女关心水平存在显著

的城乡差异,均呈现出农村老年人的子女亲近水平与关心水平显著高于城镇老年人。

表11-11是2014年与2016年农村留守与非留守老年人的子女亲近水平与子女关心水平的差异比较表,均呈现出农村留守老年人的子女亲近水平与关心水平显著高于农村非留守老年人。总之从农村留守老年人的主观评价结果来看,其与子女间的代际关系总体是良好的,子女的外出流动有利于增加他们对老年父母的经济支持,虽然在对老年人的家务帮助等照料支持方面弱化了,但代际间的情感支持并未降低。

结合这两个主观评价指标结果,可以初步判断子女的流动外出并未削弱老年人与子女间的亲密关系,子女的流动外出也并未降低他们对父母的关心程度,或者说,老年人对于与子女关系的主观评价不但没有下降,反而相对那些没有子女流动在外的农村老年人评价还要高。结合代际支持的结果,这有可能与留守老年人获得较高的子女经济支持从而较好地维系了代际关系有关。

(三)老年人的首要照料者情况

对于老年人而言,子女养老的其中一个重要意义在于当其年迈体衰甚至生活不能自理时,能够获得子女的照料。谁来承担照料的主要责任能够反映出家庭养老资源的情况。

采用日常生活自理能力量表衡量,2014年我国农村老年人不能完全自理者约占总体农村老人的9.6%,约为1066万人,这部分老年人是需要得到照料护理的群体。在我国,长久以来家庭成员一直是老年人的首要照料者,通常只有当家庭照料资源难以满足老年人需要时才由社会化的照料服务来补充。此次调查也发现在有照料需求的老年人中,94.9%的老年人有人照料,但还有5.1%的老年人没有人照料。对于那些获得照料的老年人,在过去一年为他们提供照料的首要照料者分布见表11-1。

家庭转移理论认为,家庭作为一种社会组织,通过重新分配把资源提供给最需要的成员,从而实现社会平衡。与西方的个人本位不同,在我国,家庭整体利益的最大化是家庭中利他行为、互惠与合作行为、交换行为等发生的一个重要原则和推动力。这一原则在我国经济基础比较薄弱、社会保障不足的农村地区体现得更加明显。即便是成年子女和老年父母在居住上分离,互动模式发生了改变,但彼此间依然通过有效的分工合作来提升家庭整体利益。

三、增加对老年人家庭的支持

党的十九大报告提出"实施乡村振兴战略。农业农村农民问题是关系国计民生的根本性问题，必须始终把解决好'三农'问题作为全党工作重中之重"[①]。这与过去靠大量农村青壮年劳动力到城市打工谋生反哺农村的发展方式有了明显差别。当前及未来农村的养老问题将置身于新的历史阶段下，乡村振兴战略的实施为应对农村老龄问题带来了新的机遇和思路。

通过对 2014 年和 2016 年 CLASS 数据的分析，就农村老年人家庭所展现的特征而言，居住方式、同住成员等所呈现的与非留守老年人的差异说明劳动力流动对于农村的家庭形式正由规模较大的、扩展家庭为主的传统家庭向小规模的、代际居住分离的现代家庭转变。而家庭内部的代际支持方式也正适应客观现实条件的变化而转变其体现形式，或是上升到更高层面的精神反哺。从农村老年人的主观评价结果来看，其与子女间的代际关系总体是良好的，子女的外出流动有利于增加他们对老年父母的经济支持，虽然在对老年人的家务帮助等照料支持方面弱化了，但代际间的情感支持并未降低。我国农村地区累计已有 3000 多万独生子女户，加之子女的大量外流更使得老年人户居住方式向单身化、夫妻化、隔代化趋势发展，家庭照料关系中提供者与接受者空间上的分离大大增加了老年人的照料难度。但老年人照料体系不仅依赖于家庭照料网络，还必须依赖社会网络。

鉴于对农村家庭变迁与农村老年群体的认识，以家庭为核心实施支持策略有助于农村老龄问题的应对。包括在养老服务体系建设中不仅要注重规模建设和推进服务的均等化程度，还应重视老年人家庭照料服务的供需对接。从重视老年人个体的需求转向家庭的需求，制定实施更有效的政策和项目来支持家庭中照料老年人的成员，为照料老年人的家庭成员提供经济补贴、日间托养照料、喘息服务和精神关怀等服务。总之，社区养老服务应着重于弥补而非替代家庭照料功能的不足。各种社会支持不仅包括对照顾老年人的子女和亲属的支持，还包括对照顾孙子女、配偶和子女等老年照顾提供者的支持。只有及时对家庭成员的贡献性劳动给予补偿性、激励性的服务协助和经济补贴等，才能使有限的家庭照料资源可持续利用，这不但能够有效整合各类养老服务资源、缓解老年照料负担，也能够体现老年人的价值，应对人口老龄化带来的劳动力资源缩水问题。

四、在实施乡村振兴战略过程中强化社区养老服务能力

乡村振兴战略是从国家层面制订的战略规划。坚持农业农村优先发展的战略方向对于城乡融合、区域一体有根本性的推动作用。其在制度上的若干创新如探索宅基地的"三权分置"，落实宅基地集体所有权，推动资源变资产、资金变股

[①] 习近平在中国共产党第十九次全国代表大会上的报告，http://cpc.people.com.cn/n1/2017/1028/c64094-29613660.html，2017 年 10 月 28 日。

金、农民变股东，探索农村集体经济新的实现形式和运行机制等举措都有助于增加农民财产性收入和发展农村集体经济。对人力资本的大力开发培育将大大充实乡村的技术、管理和服务人才队伍。留住传统、留住文化和建构具有地方乡土特色的文化振兴战略也将提升农村的文明程度，塑造既发扬传统又适应新时代特点的思想价值观念、文化氛围。而生态振兴带来的人居环境整治、绿色生态发展会对农村的生活生产环境带来根本性改变。在组织振兴方面，通过深化村民自治实践，改变一些农村基层组织软弱涣散现象，采用自治、法治与德治相结合的现代乡村社会治理方式解决社会问题，使农村的家庭和社会良性运行。

社区层面应充分考虑并把养老服务纳入乡村振兴和乡村治理的相关体系和规划中，结合本章对有关问题的分析，以下几方面是提升农村社区养老服务能力的重点。

首先，以现有农村养老机构、设施和闲置资源为基础改造升级社区服务机构及平台。社区养老服务的提供要依托必备的硬件基础尤其是场所。尽管现有的农村养老机构、养老服务中心和设施等水平总体低下，但其覆盖面较广，也有一定的基础；加之不少地区还有闲置或未得以充分利用的校舍、医疗机构和公共活动场所等。通过逐步建立与城市地区接近或同等的服务设施标准和规范，改造升级现有的服务设施，使它们成为社区养老服务的中心或平台。如拓展提高农村养老机构服务内容和质量、利用或整合已有场所及相关服务资源建立日间照料中心、托老所等，提供老年人就餐、基本医疗、康复护理、家务帮助、文娱活动和上门探访等多类型服务。

其次，积极调动社会力量和民间力量参与农村养老服务供给。无论城乡，社会力量和资源的介入都是养老服务发展的基础之一。乡村振兴战略和乡村治理为基层组织、自治组织、社会组织和志愿者等提供了更有利的发展机遇。通过调研我们发现，在农村实施行之有效的养老服务项目，更多地来自村民自发的互助行为或深入农村基层的社会组织及企业。除了国家和地方政府在政策上继续通过激励政策鼓励以外，社区在养老服务的管理运行中也要通过简化手续，在融资、税费、土地、人才等方面提供优惠条件和配套服务，为这些开展养老服务的组织、团体和个人等创造条件。

最后，以满足养老服务的切实需求为目标构建专业和非专业的农村养老服务队伍。养老服务体系是一个包含多层次、多内容的服务系统。除管理者以外，谁来提供照料服务是其中的关键。专业化的服务管理人才如医生、护士、护工和社工等固然必不可少，这在实施乡村人才振兴战略过程中可通过人才引进和吸纳的各种机制得以充实。而养老服务还需要很多在老年照料护理方面专业化程度并不很高的人力资源，如厨师、保洁员和家政服务员等。结合成功模式和经验，有的乡村招募本地中老年人来提供基础服务不失为现实之举。但目前对这些农村基层照料服务者的经济福利待遇、职业声誉认可、职业规范化训练、资质认定和激励机制等诸多方面都需进一步完善。尽快完善、细化农村包括服务人员标准在内的社会养老服务标准尤为迫切。

农村要像城市那样发展社会化的居家养老服务还困难重重，至少在现阶段是不现实的。其实即便在城市，能够真正解决老年人最急迫的长期照料护理问题的居家养老服务也还有很长距离，很多现有的居家、社区养老服务只能起到辅助补充作用，主要发挥日常生活支持（如就餐、家务）、基础医疗服务（如社区医院诊所）、丰富精神文化生活（如社区活动场所、社会团体）等家庭养老难以完成的辅助功能。社区本身所拥有的资源和能力决定了这个层面的养老服务并不能取代家庭、机构的养老角色。特别是针对需要专业化长期照料护理的人群，仅靠社区的资源是难以满足照护需求的，应依据人口规模和区域面积，新建或改扩建专业化的照料护理机构，如养老院、老年公寓、护理院、失智者护理院和临终关怀院等。

第十二章　以房养老：影响因素、经验与政策建议[①]

如何养老、如何高质量养老一直是健康老龄化、积极老龄化探讨的重要内容之一。养老的基础之一是物质需求，即养老的钱从哪里来的问题。在养老金缺口不断扩大和老年人对老年生活质量要求不断提高的背景下，亟须找到新的资源、新的途径，突破只依靠养老金的单一路径限制。以房养老（以资产养老）则是一种全新的思路，既可以帮助解决老年人的经济困难，又可以提高老年人的生活质量，解决老年人的照料问题。

什么是以房养老？以房养老在国内推行的情况如何？国际上又有什么经验可以借鉴？本章首先利用最新的调查数据分析以房养老意愿，其次回顾以房养老在国内的试点，分析目前存在的问题，最后借鉴几个发达国家的成熟经验，为以房养老在中国城市地区的推行提供政策建议。

狭义上的以房养老多指的是"反向住房抵押贷款"，又称"倒按揭"，它是指老年房屋拥有者以自己已有的房屋作为抵押，从金融机构获得一笔或多笔款项，主要用于老年时的生活或其他费用，他可以选择在死亡前通过出售房产或其他资金来源返还所借本息，或选择死亡时将房屋的所有权转给金融机构（李昕蔚，2010）。也有学者对以房养老进行更广泛的定义，即到达一定年龄的老年群体，对其自有产权房屋在市场上进行流通，所获得除养老金以外的资金，并通过这些资金来改善其养老状况的一种养老方法（李昕蔚，2010；袁璟，2011）。房屋在市场上流通可以有多种方式，比如不改变产权的情况下，通过出租的方式获得住房的市场价值；也可以改变房屋产权，比如售后回租、售房入住养老院、合居养老，2005年试点的南京留园公寓模式、2007年上海公积金管理中心实行的"以房自助养老"等都属于最终将产权变更的以房养老方式。

第一节　以房养老意愿及影响因素

中国以房养老相关的研究非常少，仅有的几个研究只是定性地描述了以房养老存在的问题，并试图给出一些政策建议，目前为止，几乎没有以房养老的相关

[①] 本章作者为靳永爱、刘涛、李芷琪。

数据和实证分析。2018年11月,我们在北京和深圳两个城市开展的户籍人口调查中询问了养老规划,专门设计了以房养老选项,可以初步获得一些以北京和深圳为代表的城市地区的以房养老意愿信息。

图12-1显示,整体而言,愿意以房养老的比例非常低,北京为11%,深圳更低,仅为7.8%。当然,明确表示不愿意以房养老的比例也并不高,北京为14.1%,深圳为11.8%,北京有1/4左右的人表示看情况,深圳则有1/3左右,北京有超过一半的人未想过这个问题,深圳略低于50%。虽然可以看到目前愿意接受以房养老的比例非常低,但同时也应该看到,明确表示不愿意的比例也并不高,以房养老推行是有潜力和空间的。

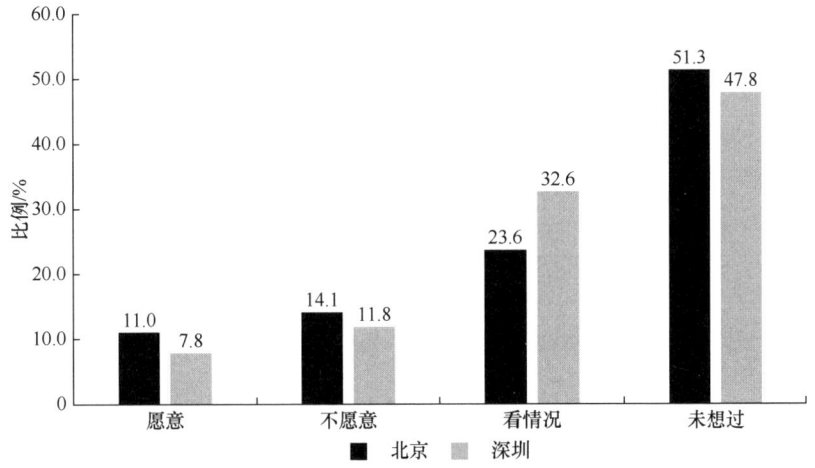

图12-1 北京市和深圳市以房养老意愿调查结果
资料来源:2018年北京和深圳新市民社会融合调查

以房养老意愿也呈现出较为清晰的年龄模式,即年龄越大的人愿意接受以房养老的比例更高,但同时不愿意和要看情况的比例也更高,未想过的人年龄越大比例越低。北京和深圳分年龄组的以房养老意愿有一定差异(表12-1),除了18~29岁组,北京市其余各年龄组愿意以房养老的比例都高于深圳市;北京市40岁以下不愿意以房养老的比例低于深圳市,但40岁以上则高于深圳市。北京市表示看情况的比例在各年龄组都低于深圳市,而50~59岁未想过以房养老的人的比例北京要低于深圳。整体而言,可以看出,北京市居民在以房养老上意愿更为明确,年龄模式更为鲜明。北京市以房养老意愿的年龄模式更突出。但无论是北京还是深圳,因为看情况和未想过的比例整体偏高,所以以房养老大范围推行是有可能的,而且从长远来看,随着相关政策和制度的成熟,未来的接受度会越来越高。

表 12-1　北京市、深圳市分年龄组的以房养老意愿（单位：%）

年龄分组	项目	愿意	不愿意	看情况	未想过	合计
18~29岁	北京	5.3	6.4	14.8	73.5	100
	深圳	6.9	7.4	23.5	62.2	100
	合计	5.7	6.6	16.7	71.0	100
30~39岁	北京	9.5	11.9	18.8	59.8	100
	深圳	5.4	12.8	32.9	48.9	100
	合计	8.1	12.2	23.4	56.3	100
40~49岁	北京	12.7	15.8	28.9	42.6	100
	深圳	10.2	10.9	37.9	41.1	100
	合计	12.0	14.3	31.6	42.1	100
50~59岁	北京	16.4	21.9	31.9	29.8	100
	深圳	10.4	16.8	34.7	38.2	100
	合计	15.3	21.0	32.4	31.3	100

资料来源：2018年北京和深圳新市民社会融合调查。

注：北京，Pearson chi2（9）= 353.1329、Pr = 0.000；深圳，Pearson chi2（9）= 38.2259、Pr = 0.000；合计，Pearson chi2（9）= 370.6732、Pr = 0.000。

以房养老意愿的性别差异较小，不过北京和深圳仍有一些差异（表12-2）。不同于北京，深圳男性愿意以房养老的比例略低于女性；北京男性和女性愿意以房养老和不愿意以房养老的比例都高于深圳。这说明，北京市民对于以房养老了解更多、意愿更为明确。

表 12-2　北京市、深圳市分性别的以房养老意愿（单位：%）

性别	项目	愿意	不愿意	看情况	未想过	合计
男	北京	11.6	13.8	23.6	51.1	100
	深圳	7.2	11.1	33.5	48.2	100
	合计	10.4	13.1	26.1	50.3	100
女	北京	10.5	14.4	23.7	51.5	100
	深圳	8.5	12.6	31.6	47.4	100
	合计	9.9	13.9	25.7	50.5	100

资料来源：2018年北京和深圳新市民社会融合调查。

注：北京，Pearson chi2（3）= 1.0389、Pr = 0.792；深圳，Pearson chi2（3）= 1.2993、Pr = 0.729；合计，Pearson chi2（3）= 0.8028、Pr = 0.849。

分户口性质来看，农业户口以房养老意愿更高，愿意以房养老的比例约为非农业户口的两倍多，不过不愿意以房养老的比例也略高于非农业户口，但表示看情况和未想过的人所占的比例仍然很高，不管是农业户口还是非农业户口都占到2/3以上。北京和深圳在户口性质上出现了较大的差异，深圳农业户口的人愿意以房养老的比例很突出，达到了59.1%，是北京市的3倍多，因为没有更深入的访谈资料，暂时无法确定为什么农业户口的人愿意以房养老的比例这么高，可能与深圳特殊的地域、观念和相关政策因素有关（表12-3）。但这个数字值得关注和深入研究。

表12-3　北京市、深圳市分户口性质的以房养老意愿（单位：%）

户口性质	项目	愿意	不愿意	看情况	未想过	合计
非农业户口	北京	9.4	13.4	24.2	53.0	100
	深圳	5.6	12.0	33.4	49.0	100
	合计	8.2	13.0	27.1	51.7	100
农业户口	北京	15.2	15.8	22.0	46.9	100
	深圳	59.1	6.8	13.6	20.5	100
	合计	17.4	15.4	21.6	45.6	100

资料来源：2018年北京和深圳新市民社会融合调查

注：北京，Pearson chi2（3）= 26.9369、Pr = 0.000；深圳，Pearson chi2（3）= 167.6695、Pr = 0.000；合计，Pearson chi2（3）= 73.9705、Pr = 0.000。非农业户口包括了目前是非农业户口的人和目前是居民户口但以前是非农业户口的人；农业户口包括目前是农业户口的人和目前是居民户口但以前是农业户口的人

分受教育程度看，受教育程度越高，明确表示愿意以房养老的比例越低，看情况的比例也越低，初中及以下受教育程度的人不愿意以房养老的比例最高，大专受教育程度的人不愿意以房养老的比例最低，本科及以上学历的人不愿意以房养老的比例相较大专学历则有一定的回升。这说明，受教育程度越高的人越可能靠房产之外的其他方式保障老年生活。具体见表12-4。

表12-4　北京市、深圳市分受教育程度的以房养老意愿（单位：%）

受教育程度	项目	愿意	不愿意	看情况	未想过	合计
初中及以下	北京	18.1	18.5	27.6	35.8	100
	深圳	11.8	15.3	44.7	28.2	100
	合计	17.3	18.1	29.6	34.9	100
高中	北京	12.9	13.7	25.3	48.0	100
	深圳	9.8	14.6	36.6	39.0	100
	合计	12.4	13.9	27.1	46.5	100

续表

受教育程度	项目	愿意	不愿意	看情况	未想过	合计
大专	北京	9.7	10.1	20.6	59.6	100
	深圳	8.4	12.1	30.9	48.6	100
	合计	9.1	11.0	25.0	54.9	100
本科及以上	北京	5.7	13.5	21.1	59.7	100
	深圳	6.0	9.9	30.2	54.0	100
	合计	5.8	12.4	23.8	58.0	100

资料来源：2018年北京和深圳新市民社会融合调查

注：北京，Pearson chi2（9）= 136.2685、Pr = 0.000；深圳，Pearson chi2（9）= 26.8961、Pr = 0.001；合计，Pearson chi2（9）= 152.5780、Pr = 0.000

房产拥有情况则是一个直接与以房养老意愿相关的因素。分房产状况看，有房产的人意见比较明确，愿意和不愿意以房养老的比例均高于平均值，从没有房产到有2套及以上房产，随着房产的增多，愿意和不愿意的比例都在升高。相比有房产的人，没有房产的人绝大部分未想过这个问题。分城市来看，不管有没有房产，北京愿意以房养老的比例高于深圳；北京没有房产和有2套及以上房产的人不愿意的比例略低于深圳，有1套房产的人不愿意的比例高于深圳（表12-5）。房产状况如何影响人们的养老意愿，除了需要进一步综合其他因素分析外，还需要未来研究采集深入的访谈信息，理解人们决策背后的想法和考虑，为相关政策制定提供更多的信息。

表12-5　北京市、深圳市分房产状况的以房养老意愿（单位：%）

房产状况	项目	愿意	不愿意	看情况	未想过	合计
没有房产	北京	7.0	6.9	15.5	70.6	100
	深圳	4.2	7.7	29.0	59.1	100
	合计	6.5	7.1	17.9	68.5	100
1套房产	北京	13.2	18.9	31.2	36.7	100
	深圳	7.6	11.0	34.8	46.6	100
	合计	11.5	16.5	32.3	39.7	100
2套及以上	北京	17.7	22.4	23.3	36.6	100
	深圳	15.0	22.5	33.8	28.8	100
	合计	16.8	22.4	26.7	34.1	100

资料来源：2018年北京和深圳新市民社会融合调查

注：北京，Pearson chi2（6）= 357.3096、Pr = 0.000；深圳，Pearson chi2（6）= 57.2265、Pr = 0.000；合计，Pearson chi2（6）= 377.9169、Pr = 0.000

分收入状况看,家庭收入在10万~19.99万元的人愿意以房养老的比例最高,不愿意以房养老的比例最低;家庭收入在50万元及以上的高收入家庭则愿意以房养老的比例最低,表示未想过的比例也最低,而不愿意以房养老的比例最高,这在一定程度上突出了以房养老针对人群的"有房富人,现金穷人"的特点。北京除了家庭收入在20万~49.99万元的家庭愿意以房养老的比例比深圳高,其他收入阶层愿意的比例都比深圳低,而不愿意的比例在各收入阶层上都高于深圳,尤其是50万元及以上不愿意的比例达到了27.9%。样本中深圳10万元以下的低收入者很少,在不愿意和看情况上缺乏案例。具体如表12-6所示。

表12-6 北京市、深圳市分收入状况的以房养老意愿(单位:%)

收入分组	项目	愿意	不愿意	看情况	未想过	合计
0~9.99万元	北京	10.1	13.0	28.5	48.4	100
	深圳	40.0	0.0	0.0	60.0	100
	合计	10.4	12.9	28.2	48.5	100
10万~19.99万元	北京	12.2	11.6	20.3	55.9	100
	深圳	14.6	9.3	30.5	45.7	100
	合计	12.5	11.4	21.2	55.0	100
20万~49.99万元	北京	10.5	17.4	25.5	46.7	100
	深圳	6.4	12.1	31.6	49.9	100
	合计	8.4	14.6	28.7	48.4	100
50万元及以上	北京	6.5	27.9	27.9	37.7	100
	深圳	7.2	13.4	46.4	33.0	100
	合计	6.8	22.3	35.1	35.9	100

资料来源:2018年北京和深圳新市民社会融合调查

注:北京,Pearson chi2(9)=70.8969、Pr=0.000;深圳,Pearson chi2(9)=32.3914、Pr=0.000;合计,Pearson chi2(9)=85.7440、Pr=0.000

进一步分房产状况和家庭收入看以房养老意愿,是不是有房产但是家庭收入更低的人更愿意以房养老呢?数据的确呈现出这样的特点(表12-7),总体来看,有房产但收入较低的人愿意以房养老的比例相对较高,而明确不愿意的比例相对较低。年收入超过50万元的高收入人群则有接近30%的人不愿意以房养老。收入在10万~19.99万元有房产家庭愿意以房养老的比例最高,无房产家庭基本上收入越低越不愿意以房养老。这反映了在低收入家庭中推行以房养老是有一定基础的,而且也能够改善低收入家庭的老年生活质量。

表 12-7　北京市、深圳市合计的不同房产、不同收入分组以房养老意愿（单位：%）

项目	愿意	不愿意	看情况	未想过	合计
有房					
0~9.99 万元	15.2	14.9	35.4	34.5	100
10 万~19.99 万元	17.2	15.4	26.3	41.1	100
20 万~49.99 万元	8.8	18.6	32.2	40.4	100
50 万元及以上	7.5	28.0	39.5	25.0	100
合计	12.7	17.7	31.1	38.6	100
无房					
0~9.99 万元	2.7	10.0	16.8	70.5	100
10 万~19.99 万元	7.0	7.0	15.5	70.5	100
20 万~49.99 万元	7.7	6.6	22.3	63.4	100
50 万元及以上	4.1	0.0	18.4	77.6	100
合计	6.5	7.1	18.0	68.4	100

资料来源：2018 年北京和深圳新市民社会融合调查

注：有房，Pearson chi2（9）= 76.4626、Pr = 0.000；无房，Pearson chi2（9）= 24.0142、Pr = 0.004

以上是双变量分析的结果，接下来使用多分类 logistic 回归，进一步分析各个因素与以房养老意愿之间的独立关系，主要发现如下。

如表 12-8 所示，从个体社会人口特征来看，相比于不愿意以房养老，虽然统计上不显著，但可以看出年龄越大的人可能越愿意以房养老；并且相比于明确表示不愿意以房养老，年龄越大"看情况"或"没想过"这样不确定的回答会显著减少，表明老年人的以房养老意愿比年轻人更明确。性别对以房养老意愿没有显著影响。本科及以上受教育程度对以房养老意愿有显著负向影响，相比于受教育程度较低的人，受教育程度越高的人越不愿意以房养老，而且表示"看情况"和"没想好"的可能性也越小。明确表示愿意以房养老的人在户口性质上没有明显差异；但是相比于农业户籍人口，非农业户籍人口更可能表示"看情况"和"没想好"。

表 12-8　以房养老意愿影响因素的多分类 logistic 回归模型

变量	愿意		看情况		没想过	
	回归系数	标准差	回归系数	标准差	回归系数	标准差
年龄	0.011	0.011	−0.018[+]	0.01	−0.069[***]	0.009
性别（参照类：男）						
女	−0.08	0.17	−0.01	0.142	−0.117	0.133

续表

变量	愿意		看情况		没想过	
	回归系数	标准差	回归系数	标准差	回归系数	标准差
受教育程度（参照类：初中及以下）						
高中	−0.165	0.234	−0.166	0.216	−0.127	0.205
大专	−0.424	0.308	−0.356	0.262	−0.203	0.249
本科及以上	−1.140***	0.323	−0.648*	0.266	−0.844***	0.254
户口性质（参照类：农业户口）						
非农业户口	0.3	0.228	0.997***	0.21	0.859***	0.193
房产状况（参照类：1套房产）						
没有房产	0.294	0.226	0.023	0.19	0.558**	0.173
2套及以上房产	−0.357	0.219	−0.576**	0.192	−0.189	0.18
收入的对数	−0.195	0.17	−0.420**	0.143	−0.367**	0.131
自评健康状况	−0.588***	0.12	−0.136	0.092	−0.046	0.087
社会融合	0.290***	0.046	0.224***	0.038	0.234***	0.035
生活成本压力	0.01	0.126	−0.13	0.105	−0.094	0.099
买房压力	−0.109	0.097	−0.116	0.079	−0.079	0.075
养育孩子压力	−0.186+	0.106	−0.164+	0.091	−0.198*	0.084
工作压力	−0.021	0.121	−0.041	0.103	−0.124	0.096
父母养老压力	0.256*	0.113	0.358***	0.096	0.231*	0.091
城市（参照类：深圳）						
北京	−0.614*	0.252	−1.187***	0.194	−0.523**	0.184
cons	−3.692**	1.31	−0.805	1.068	1.16	0.983

资料来源：2018年北京和深圳新市民社会融合调查

注：自评健康状况数值越大表示越不健康；社会融合状况数值越大表示融合越好；压力状况数值越大表示压力越大

*** $p<0.001$，** $p<0.01$，* $p<0.05$，+ $p<0.1$

从资产状况来看，相比于不愿意以房养老，没有房产的人比有1套房产的人更愿意以房养老，而拥有2套及以上房产的人则比有1套房产的人更不愿意以房养老，但是这种影响在统计上没有显著性；有2套及以上房产的人更不可能表示"看情况"或"没想过"，他们对自己不愿意或不需要以房养老是比较确定的；没有房产的人相比有1套房产的人更可能"没想过"以房养老这个问题，因为原则上是要有房产才能以房养老的。相比于不愿意以房养老，收入越高的人可能越不愿意以房养老，但影响并不显著；但收入越高，"看情况"和"没想过"的可能性显著降低。

从健康状况、社会融合和压力情况来看，相比于不愿意以房养老，身体健康状况对以房养老意愿有显著负向影响，社会融合状况则有显著正向影响，主观评价的身体健康状况越差越愿意以房养老的可能性越小；社会融合状况越好愿意以房养老的可能性越大，社会融合对促进以房养老有一定的意义。养育孩子压力越大愿意以房养老的可能性越小，父母养老压力越大愿意以房养老的可能性越大，养育孩子的压力会使人们不愿意以房养老，但是以房养老作为缓解父母养老压力的途径是有潜力和市场的。

总体而言，愿意以房养老的人群是社会经济地位较低的人群。

总之，尽管目前以房养老的情况还非常少，愿意加入以房养老项目的人所占比例也较低，但是明确不愿意的比例同样较低，只要相关的政策比较完备，以房养老是有市场的。而且以房养老给有房产的低收入家庭带来的生活质量的改善将是非常显著的。

第二节　国内外以房养老的经验和启示

一、国内试点的经验教训

在国家正式规定出台之前，中国已有城市进行过以房养老实践。2005年，南京汤山留园公寓率先开展了以房养老服务的尝试，该项目规定：在南京市拥有60平方米以上产权房、年满60岁、无子女的孤残老人可以将房产抵押，经公证后终身免费入住老年公寓，房屋产权在老年人逝世后归养老院所有（谢斐，2019；张宇琪，2009）。2007年，上海市公积金管理中心尝试推出"以房自助养老"模式，该项目规定：65岁以上的老年人将自有产权房出售给上海市公积金管理中心后，由公积金管理中心再将房屋按照市场价返租给老年人（谢斐，2019；张宇琪，2009）。同年，寿山福海国际养老服务中心联合中大恒基房地产经纪有限公司，在北京推出"养老房屋银行"服务，该项目规定：60岁以上的老人提出养老需求后即可入住养老服务中心，原有房屋将委托地产经纪公司对外出租，租金用于抵扣老人在养老服务中心的费用，房屋所有产权不变更（谢斐，2019；张宇琪，2009）。2011年，中信银行推出养老按揭业务，在上海、北京、宁波、厦门、青岛、合肥等多地开始试行房屋反向抵押。老人把房屋抵押给银行，获得一部分养老金，并且每月偿还一部分利息或本金，贷款到期后再一次性偿还剩余本金，如果到期后不能偿还本金，银行将收回房屋，并在国外相关实践的基础上根据中国国情进行了改良。例如，要求抵押房产不是借款人的唯一房产，放宽借款人范围，老人的子女也可以代替老人申请（谢斐，2019；张宇琪，2009）。然而，这些项目都在推出不久后因遇冷而终止。2012年，新疆投保国际推行了新型的以房养老模式，取消了以下三个条件：第一，老人必须和其子女分开居住；第二，房屋产权需要发生变更；第三，老人的年龄需要达到一定的要求（韦海蓓，2019）。这种模式设计较为理想化，由于缺乏一套完善的配套机制以及一个稳定、成熟的经济市场环境，可操作性并不强（韦海蓓，2019）。

2013年9月6日，国务院发布《关于加快发展养老服务业的若干意见》（国发〔2013〕35号），规定"逐步放宽限制，鼓励和支持保险资金投资养老服务领域""开展老年人住房反向抵押养老保险试点"。[1]并在2014年7月1日起在北京、上海、广州和武汉试行，批准泰康养老、合众人寿、幸福人寿以及中国平安四家公司进行试点。在以房养老试点4年后，2018年8月中国银行保险监督管理委员会印发《中国银保监会关于扩大老年人住房反向抵押养老保险开展范围的通知》，将老年人住房反向抵押养老保险推广至全国范围[2]。

在试点的4年间，幸福人寿推出了相关养老年金产品（幸福房来宝老年人住房反向抵押养老保险）。该项目规定，对于年龄范围在60周岁（含）至85周岁（含）之间的自然人，可通过抵押完全独立产权房屋获得养老保险金，被保险人可按月领取合同约定的养老保险金直至身故；同时，要求被保险人在每个保单年度初缴纳延期年金保费（保费将累积用于特定期限后的养老保险金支付）；被保险人身故后，幸福人寿拥有对抵押房屋进行处置的权力，抵押房屋处置在偿还养老保险相关费用及损失赔偿，并在扣除因处分抵押房屋而支出的一切费用和应缴金额后若还有剩余，剩余金额将返还给继承人或者按照被保险人意愿特别处理[3]。对于此项目，老年人的参与度并不高，截至2018年7月底，幸福人寿累积承保139单（99户），签约意向客户201单（141户），其中北京、上海、广州三地的保单数占总数的80%[4]。

到目前为止，以北京、南京、上海为代表的城市推行的以房养老项目并没有大范围推行开来，一些项目中途夭折、以失败告终。究其原因，是多方面的：老年人缺乏对公司的信任，房产需要留给子女，制度的不健全导致一些老年人受骗，等等。根本原因还是缺乏制度的保障。

另外，课题组在北京采访了几位有房产的老年人，详细询问了他们的以房

---

[1] 资料来源：国务院关于加快发展养老服务业的若干意见，http://www.gov.cn/xxgk/pub/govpublic/mrlm/201309/t20130913_66389.html[2021-02-19]。

[2] 银保监会：在全国范围开展老年人住房反向抵押养老保险，http://www.gov.cn/xinwen/2018-08/10/content_5312942.htm[2018-08-10]。

[3] 幸福人寿"房来宝老年人住房反向抵押养老保险（A款）"产品介绍，http://www.dajiabao.com/zixun/11867.html[2021-02-19]。

[4] 资料来源："以房养老"很不划算？试点四年缘何仅百余户参与，https://baijiahao.baidu.com/s?id=1608932364574617014&wfr=spider&for=pc[2021-10-29]。

养老意愿。

在访问的老年人中，多数都知道"以房养老"的概念，但对详细的程序了解得并不多，想要以房养老的人也寥寥无几。当问起是否愿意参与以房养老项目时，5个老年人中有4个表示不愿意或者不能参与，只有1个表示很想参与。

"我只有这一套房子，要留给儿子，现在房价这么高，我孩子靠自己根本买不起房子啊，我把房子抵押了他怎么办。"（宋先生，退休前是大学教授，78岁）。

"我想参与啊，我有一个朋友，没有子女，参与了以房养老，每个月拿一万多块钱，加上自己的养老金，每年出去旅游几趟，过得不知道有多快活，但是我孩子不同意啊，他/她想在我百年后继承这个房子的。"（张女士，退休前是国企职工，62岁）。

"这不划算，我这套房子现在卖出去能卖个500万元，按定期存在银行算，每年至少能有20万元的利息……而且房价还在上涨，未来能卖出更高的价钱。"（李先生，退休前是国企职工，64岁）。

"风险太大了，前段时间网上还报道几个老年人因参与以房养老被骗，最后人财两空呢，都公证过，你说，这都靠不住，没有一个可以相信的机构嘛。"（廖女士，退休前是公务员，67岁）。

"我和老伴都很愿意啊，你看我们现在住的一个老旧社区，房子就50多平方米，地理位置是好，但生活条件不行啊，我们老两口就养老，没必要住在中心的位置。我们查了下相关的政策，房子抵押出去每个月能拿到很高的一笔钱呢，我们打算用这笔钱加上我们的养老金去住一个条件好的养老院，安度晚年生活。只是这个以房养老身边参与的人也不多，我们都不知道上哪儿去咨询相关的程序，又担心上当受骗。"（郑先生，退休前为小学教师，63岁）。

为了获得更全面的信息，我们也访问了几位青年人和中年人，他们基本处于观望状态，认为如果有政府出面做强力的后盾和保障，他们将有信心参与。

"现在基本没有法律保障体系，住房持有者、参与的保险公司、银行等各方的利益都得不到保障，如果政府能出面将这个关系理清楚，建立一个保障体系，参与的各方才会有信心和保障。"（王先生，35岁，大学公共管理专业教师）。

"如果利益有保障，我们当然愿意参与，我们现在好不容易奋斗到一套北京的房子，以后也想充分利用起来，能让未来养老无忧当然最好不过了……至于孩子嘛，他们自己奋斗吧，我们也不打算把房产留给孩子。"（刘先生，32岁，大学教师）。

我们还找到了一位公证处的工作人员进行了采访，他认为，尽管现在参与以房养老项目的情况不太好，但是这是一个值得推广的项目，最明显的效果就是改善一些低收入家庭老年人的生活质量，同时通过鼓励老年人到环境更好的郊区或者外地养老，能够减轻中心城区的人口、交通等各方面的压力。但被访者也表示，按目前的情况，参与以房养老项目的老年人都还健在，尚未进入到房产处置环节，而房产处置又是一个法律难点，缺乏专门的法律规范。

分析国内各大城市以房养老失败案例和推行不景气的原因，主要有以下几个方面。

（1）从根本上缺乏制度保障，没有强有力的管理制度和组织机构。由于以房养老需要的是透明、公正的法制环境，牵涉到房地产业、社会保障部门、金融保险业等多个部门，由于缺乏健全的法律法规体系，以房养老涉及的各方权益都很难得到保障。目前主要通过市场自发推动，依托金融机构、房地产公司来进行，老年人对房地产公司及其推动的养老项目缺乏信任感；银行、保险业也不敢轻易进入。

（2）市场的波动性也是以房养老推行的阻力，房价不稳定、波动性强，很多人处于观望状态，抱有怕吃亏心理，银行、房地产中介、保险公司等也面临很大的挑战，比如对倒按揭利率的确定困难，对人的预期寿命测算、房屋闲置、未来增值折旧估算都有很大困难。

（3）以房养老推行也有文化阻力，代际关系、代际财产转赠文化使得很多老年人有将财产留给子女的心理，并且很多子女也直接反对老年人参与以房养老项目。

（4）70年房屋产权也是绕不过去的政策难题。

（5）信息不透明，老年人即使想参与但也没有一个畅通的渠道来了解相关的信息，其中的程序、步骤、法律法规等都没有一个专门的机构来负责咨询和解释。

（6）以房养老模式一定程度上受制于房屋反向抵押的实施条件，它有着相对固定的适合人群：有独立产权房的、没有直接继承人的、中低收入水平的城市老人。

二、国外"以房养老"经验

西方一些发达国家进入老龄化的时间较早，对养老模式探索的时间较长。作为一种新型的养老模式，以房养老已经经过了充分的实践和合理的改革，并逐渐成为弥补传统养老模式不足的重要途径。

（一）美国以房养老项目

早在1961年，美国就开始了对反向抵押贷款的尝试[1]。作为最先开始尝试以房养老的国家，美国以房养老在发展的过程中经历了较多变革，发展出了较多模

---

[1] 资料来源：Reverse Mortgages.https://files.consumerfinance.gov/a/assets/documents/201206_cfpb_Reverse_Mortgage_Report.pdf [2021-02-20]。

式。其中，最为成熟、市场份额最广的是反向抵押贷款模式。反向抵押贷款大多由美国政府提供保险，其允许年满62周岁的老年房主在无月供贷款的形式下将房屋资产转化为现金。抵押人可以住在自己的房子里，以"提前贷款"的形式获得收入，而债权人只能在抵押人去世或者不再居住被抵押房屋时，才能获得房屋以弥补借款本利和其他费用（如保险费等）。

目前，针对不同收入水平的人群，美国反向抵押贷款的形式主要有三种：单一用途反向抵押贷款（single-purpose reverse mortgage loans）；住宅权益转换抵押贷款(home equity conversion mortgage, HECM)计划；专有反向抵押贷款(propriety reverse mortgage）[1]。三种反向抵押贷款计划分别针对低、中、高收入人群，对全美的老年人群体形成了全方位的覆盖。

1. 单一用途反向抵押贷款[2]

单一用途反向抵押贷款仅由部分地区的州政府、当地政府或者非营利组织提供，且不由联邦住房管理局担保。该贷款主要针对中低收入者。房屋拥有者仅能以债权人规定的用途使用贷款（如房屋修缮费用、房产税等）。相比于其他两项计划，单一用途反向抵押贷款提供的贷款额度较低，限制较多，但抵押者无须在此过程中支付利息、抵押贷款保险等费用，只需在贷款截止后清偿。申请单一用途反向抵押贷款的条件根据机构的不同而有所差异。

2. 住宅权益转换抵押贷款计划

1987年，美国住房与城市发展部（Department of Housing and Urban Development，HUD）提出了HECM计划并由联邦住房管理局提供保险。HECM计划在美国占据了大部分的市场。2020年联邦住房管理局批准了41 819个HECM项目，相较于前一个财政年度，增长了33.73%。申请HECM贷款的要求如下。

（1）年满62岁。

（2）拥有房屋所有权或者拥有大部分的房屋所有权（至少50%），且此房屋为主要居住房屋。

（3）未拖欠任何联邦债务，且能够支付计划过程中所产生的房产税等费用。

（4）需就抵押贷款计划与HUD授权的咨询机构进行至少90分钟的咨询。

（5）房屋需为单个家庭居住房屋、2～4户单元房屋、经HUD批准的共有公寓、符合联邦住房管理局标准的自建房，或者为1～4人居住的住宅。

（6）房屋价值需要满足美国HUD规定的最低资产标准。

HECM计划的支付方式多达六种且较为灵活，抵押人可以选择一种支付方

---

① 资料来源：What Are the Different Types of Reverse Mortgages?.https://www.investopedia.com/mortgage/reverse-mortgage/types/ [2021-02-20]; Are there different types of reverse mortgages?.https://www.consumerfinance.gov/ask-cfpb/are-there-different-types-of-reverse-mortgages-en-226/ [2021-02-20]。

② 资料来源：Types of Reverse Mortgages.https://www.debt.org/real-estate/mortgages/reverse/types/ [2021-02-20]。

式或者是多种支付方式的组合,在选择后也可以随时做出更改。主要的三种方式如下。

(1)一次性领取全额贷款。

(2)信用额度账户。抵押人可以根据自己在不同时间的资金需求决定领取资金的时间和数量,可与按月领取资金的方式相组合。

(3)按月领取资金。抵押人可以选择在居住在房屋内的所有时间中按月领取固定的资金。

3. 专有反向抵押贷款

专有反向抵押贷款为价值较高的房屋设计,且仅由私人抵押贷款公司提供。相比于传统的 HECM 计划,抵押者无须在此期间支付抵押保险费用,因此可能得到更多的收益(但同时,债权人也可能收取更高的利息并给予房屋更低的估值)。申请专有反向抵押贷款的条件大体与申请 HECM 计划的条件相同,并与 HECM 一样给予抵押者保护,如要求强制性咨询等。

(二)英国以房养老项目

英国以房养老项目被称为"资产释放计划"(equity release scheme),最早在 20 世纪 60 年代提出。项目初期仅以债券和股票向老年人支付贷款,不含"无追索权保证"条款且不由政府担保。在英国 20 世纪 80 年代经济衰退的背景下,此类计划对老年人的权益造成了损害(唐金成和曾斌,2015;吴安青,2018)。1991 年,六家金融机构组成"安全家庭收入计划"(Safe Home Income Plan,SHIP)组织,对相关产品进行界定并制定了业内准则。随着 SHIP 市场影响力的进一步扩大和其他机构的加入,SHIP 发展为英国资产释放理事会(Equity Release Council),并进一步推动了资产释放计划的发展(朱亚鹏和庄留华,2017)。2001 年,英国政府重新制订了资产释放计划并将其于 2004 年交予英国金融服务局(Financial Conduct Authority)接管。目前英国市场上"资产释放计划"产品主要有两类:终身抵押贷款(lifetime mortgages)和住房转换计划(home reversion)。申请资产释放计划的条件取决于提供商以及具体的产品,可能包括如下条件。

(1)年满 55 岁 / 60 岁。

(2)需要拥有房屋产权,且房屋能够达到一定的价值标准。

(3)与房屋相关的所有欠款均已清偿。

(4)房屋类型需符合提供商的规定,诸如退休租赁房屋(leasehold retirement housing)可能不被接受。

(5)抵押者必须申请一定额度的贷款。

(6)借贷额度受到年龄等条件的限制。

根据利息计算以及贷款支付方式的不同,终身抵押贷款可以分为三种:利息滚动支付抵押贷款（roll-up lifetime mortgage）、提取式终身抵押贷款（drawdown lifetime mortgage）和按揭抵押贷款（interest serviced mortgage）。利息滚动支付抵押贷款中，抵押人将一次性领取全额贷款。贷款期间无须支付利息，利息将以滚动式计入本金并在贷款结束后一并支付；提取式终身抵押贷款中，抵押人在初期领取一笔贷款后，可按月或按需领取余下的贷款，利息仅根据已领取的金额计算；按揭抵押贷款中，抵押人可一次性领取所有贷款，利息则需要按规定时间分批支付，停止支付利息则自动转为利息滚动支付抵押贷款。

另一种主要的资产释放计划为住房转换计划，其允许老年人将房产部分或者全部抵押。老年人可以获得与被抵押产权等值的贷款并继续住在原房屋内直至去世。对于部分抵押的房产，债权人在收取应得的部分后，剩余房屋产权出售的价值仍然属于原房主。

（三）日本以房养老项目

日本早在20世纪70年代就进入了老龄化社会。随着老年人口数量的增加和老年人占总人口的比例不断上升，日本的养老负担逐渐加重（Disney and Johnson，2001）。1981年，为减轻政府养老压力，充分发挥高值房产的价值，日本开始尝试在东京都武藏野市推行以房养老政策。该政策规定，65岁以上且在武藏野市居住达一年以上、有养老需求的老年人可以向融资银行提出申请，可以以土地或独立产权房屋作为抵押获得养老金。1990年，东京都世田谷区推出由福利公社作为申请接受人，负责对申请条件进行审查，允许符合条件的土地所有人把土地委托给信托银行，信托银行作为受托人按照信托目的筹集开发土地所需资金，开发土地并把最后成果交给受益人的新型以房养老模式（芦媛媛，2017）。由于经济不景气，参与的人并不多。2002年，日本厚生劳动省开始在全国范围内推行反向住房抵押贷款项目。根据项目实施主体的不同，日本以房养老可以分成两大主体模式：政府参与型，包括直接融资与间接融资这两种方式。直接融资主要在东京的部分繁华地区实施，政府负责经营和管理，如中央的厚生劳动省以及地方的各级自治体直接为以房养老项目出资。间接融资是指政府帮助老年人申请贷款，而不参与到具体的经营管理中去。民营机构参与型，包括金融机构参与型（如中央三井信托银行开发的以房养老项目）和地产公司参与型（如丰田房屋公司推出的以本集团住宅为抵押物的以房养老项目等）。然而，由于固有的传统文化观念、房价下跌风险、利息上涨风险和借贷人长寿风险等因素（沙银华，2009；周幼曼，2013），以房养老在日本参与的人数并不多（李克纯，2013；唐金成和曾斌，2015），但在帮助日本缓解面临的老龄化危机方面依然发挥了重要作用。

（四）新加坡以房养老项目

新加坡是成功推行以房养老的典型亚洲国家。新加坡于21世纪初进入人口老龄化社会，老龄化发展速度极为迅猛。新加坡的组屋制度始于1960年，并且不断发展，80%以上的新加坡公民的住房都是"政府组屋"。1997年，新加坡职总英康保险公司开始推行一项仅针对长期拥有房产且为该公司60岁以上老年客户的反向住房抵押贷款产品，但由于对象限制过严、缺乏各项保障条款，加上新加坡80%以上是公有住房，该项目实施进程缓慢（杨若霖，2018）。2006年，新加坡建屋发展局（Housing Development Board）放开住房反向抵押贷款的限定，范围拓宽至政府组屋市场，并在2009年发布了屋契回购计划（Lease Buyback Scheme）。该项计划规定，拥有三房式组屋且年满62岁、家庭收入低于3000新元的公有住房户主可将他们的剩余租期出售给建屋发展局（回购其租期的上限为30年），以获得长期补贴（杨若霖，2018）。老年人依然可以住在组屋中。2014以来，屋契回购计划不断完善改进，四房式组屋也能够作为抵押被纳入到申请者范围，允许抵押的政府组屋市场覆盖率由35%提高到75%（郑阎，2018）。

新加坡面向政府组屋的以房养老主要有两种形式：①符合条件的组屋拥有者可将组屋剩余租期出售给建屋发展局。②老年夫妇可以将现有住房置换成面积较小的住房，如"乐龄公寓"，以大换小后获得的净收入用作老年日常开支，或者投资一些风险较小的产品来获得收益。

对于从市场上购买的商品房，50岁以上且没有牵涉任何法律诉讼的老人可以将自己的住房抵押给金融机构，按月从该金融机构获得现金收入；当贷款人死亡、出售、搬出该住房，或原先商定的贷款期限到期后，抵押房产变现并结算利息（单奕，2014）。

（五）国外以房养老经验总结

（1）政府大力扶持，有一套成熟的法律制度作为保障。

（2）设计不同的项目满足不同老年人的需求。根据老年人的经济状况、需求情况、市场参与机构的需求设计不同的项目。

（3）有一个成熟的、可预期的房地产市场。国外房地产市场相对比较稳定，房价可预期，而且房产只占家庭资产的一半或更少。

（4）信息公开透明，比如美国打算以房养老的人在申请之前，必须参加一个由联邦房屋管理机构批准的咨询课程，通过课程明确各项程序，比如反向抵押运行方式、金融与税务陷阱、支付途径、产生费用等。

（5）国外建立了较完善的信用制度和信用体系。

（6）对养老以及财产的价值观念较开放，老年人可以接受将自有财产如不动产进行套现以享受较高水平的养老待遇,并且没有来自子女的财产继承方面的价值观念与压力,为以房养老这种新型养老模式提供了良好的环境。

(7)遗产税的作用。

三、小结

总结国内推行以房养老的教训和国外成功的发展经验,最根本的还是法律法规制度保障。以房养老在中国推行得晚,并没有一套成熟的制度体系保障,也没有将社会效益和市场规律结合起来。一方面,房价波动大,对房子价值的评估难,住房财产是家庭的主要财产(北京达到了80%以上),远远高于西方发达国家,民众很难安心地将住房交出去;另一方面,以房养老对房地产、金融、社保、保险的运作质量和监管水平要求非常高,而目前中国的市场体系还存在不健全的问题,能够处理这么复杂的问题的机构很少。在中国还会受传统家庭观念的影响,代际关系紧密,代际经济联系尤其重要,老年人想把财产留给子女,以及子女需要老年人财产的情况非常普遍。但也应该看到,以房养老是有市场潜力的,明确不愿意的人比例比较低,有房产的、但收入低的人愿意的比例高,只要建立一套完善的保障制度和运行体系,以房养老的推行是有可行性的。

第三节 以房养老实施的必要性和可行性

本节将结合两个数据来分析老年人家庭财产状况特别是住房状况及对以房养老的启示。首先使用 2011 年中国家庭金融调查,这个调查是一个家庭财产专项调查,涉及详细的分项财产类型、财产值,具有全国代表性,是一个分析财产的理想数据。其次使用 2015 年 1%人口抽样调查数据,详细分析中国城市地区的住房财产情况,突出户籍人口和流动人口的住房财产差异。虽然没有详细的财产值数据,但该数据样本量大,又有全国和各省代表性,是分析住房财产的重要数据。

根据通常的划分方法,将家庭财产分为以下几类:房产、金融资产(如存款、股票、基金、债券等)、生产性固定资产(比如公司资产)、耐用消费品价值和土地。土地资产的估算方法是用 Mckinley 和 Griffia (1993)提出的办法,假定家庭农业总收入的 25%来源于土地,而土地的收益率为 8%,从而估算出土地价值。家庭净财产中还应扣除家庭负债,比如住房、教育、医疗等。在本书研究中,如无特别说明,总财产均指的是扣除了负债后的净财产。总财产=土地资产+房产+金融资产+生产性固定资产+耐用消费品价值−住房负债−其他负债。考虑到财产是家庭层面的,很难在个人层面上分析,本书在分年龄组分析家庭财产水平时,对年龄的计算方法如下：用成年人的平均年龄作为家庭的年龄特征，而成年人的定义则是对家庭财产可能有贡献的人，具体操作化为家庭中 16 岁及以上的未处于在学状态的人或者 16 岁及以上已婚的人。

一、中国城市地区家庭财产分年龄组分布状况

图 12-2 呈现了按年龄组计算的平均家庭净财产值。中国城市地区按年龄的财产分配呈现出明显的特点：家庭财产水平随着年龄的增加而上升，到达一定年龄后又出现下降趋势，一定程度上符合生命历程理论对家庭财富积累的解释。不过，需要特别谨慎的是，中国家庭私有财产积累是一个近几十年才快速发展的现象，而这个过程中中国经历了巨大的变化，家庭财产的积累受到很多政策因素的直接影响，比如住房私有化。家庭财产的这种年龄分布特点也正是养老政策制定应该重视的特点，这实际上意味着正在进入或即将进入老年阶段的城市人口实际上是一批拥有财富的人，如何帮助老年人实现这些财富的养老价值是政策制定者应该考虑的内容。

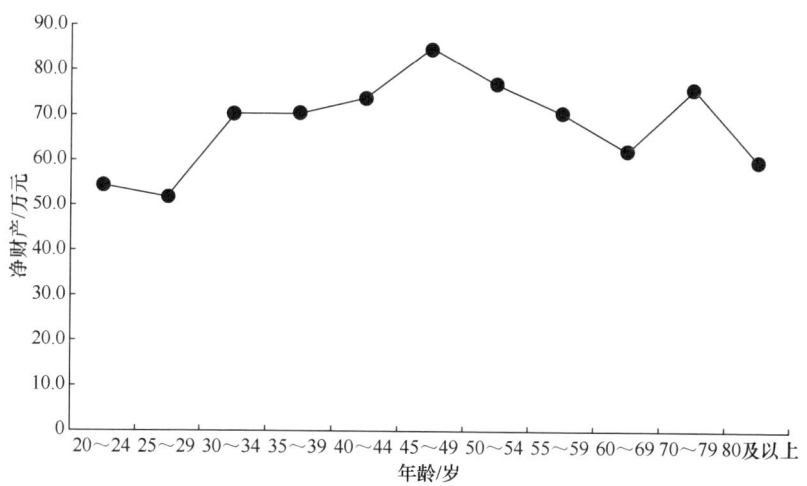

图 12-2　2011 年中国城市地区分年龄组家庭净财产

资料来源：中国家庭金融调查 2011

二、中国城市地区财产现状

从家庭财产分布来看，中国城市地区家庭财产基尼系数为 0.68，顶端 10%的人占了城市总财产的 59%，顶端 5%的人占了城市总财产的 42%。显然，中国城市地区的财产不平等程度较为严重。

中国城市地区这样的财产分布特点是与它本身的特征分不开的，下文将提到，城市地区家庭财产的主体是房产，而近年来房价居高不下，且不同城市地区的房价差异较大，大城市地区有房产的家庭，家庭财产水平高，不同地区以及有财产和无财产家庭之间的财产差异较大。这样的特点实际上对养老政策的制定是有重要启示意义的。一方面，房产平等会促进财产相对平等，使以房养老的相关政策有基础和可能；另一方面，也要特别重视无财产、无房产家庭的养老问题。

三、中国城市地区家庭财产结构

从家庭财产结构来看，房产是家庭财产的最主要构成部分，中国城市地区房产占了家庭财产的 79.5%，即使扣除房产负债后，净房产仍占 75.6%。其他财产类型所占比例都较低，其中金融资产占 10.6%，耐用消费品占 5.7%，生产性固定资产占 8.9%，土地仅占 1.8%。具体如图 12-3 所示。

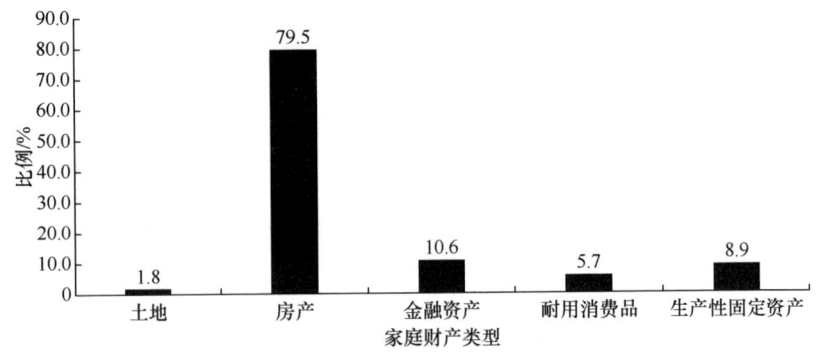

图 12-3　家庭财产结构

资料来源：中国家庭金融调查 2011

各项资产占比加起来超过 100%，这是因为还有房产和其他资产负债，
中国城市地区房产负债占比为 3.9%，非房产负债占比为 2.6%

从分年龄组的家庭财产结构来看（表 12-9），虽然各个年龄组仍然以住房财产为主，但不同年龄组有明显的财产构成特征。越年轻的组负债比例越高；年轻组在金融资产上配置比相对较高。最年轻的组 16～29 岁处在财产积累的起步期，房产负债较高，达到了 5.8%。当然，相对于其他组，年轻组的金融资产占比也相对较高，为 12.9%，60～69 岁组的金融资产占比最高，达到 15.9%。30～39 岁也是房产负债相对较高的年龄组，占 5.5%。50 岁以上的年龄组房产占比高，房产负债占比低。

表 12-9 中国城市地区分年龄组的家庭财产结构（单位：%）

项目	16～29 岁	30～39 岁	40～49 岁	50～59 岁	60～69 岁	70 岁及以上
土地	9.5	6.2	4.7	5.6	3.6	2.4
房产	63.5	70.0	75.5	80.9	78.9	83.1
金融资产	12.9	11.3	9.3	8.3	15.9	8.6
耐用消费品	6.3	7.7	5.8	4.3	2.2	6.3
生产性固定资产	20.1	14	11.8	4.5	0.3	0
房产负债	−5.8	−5.5	−4.1	−1.6	−0.7	−0.4
非房产负债	−6.4	−3.8	−2.9	−1.9	−0.3	−0.2
合计	100	100	100	100	100	100

资料来源：中国家庭金融调查 2011

四、住房资产

既然住房资产是家庭的主要资产，那么各个年龄上住房拥有情况又是怎么样的呢？住房财产的群体差异又是什么？图 12-4 和表 12-10 利用 2015 年 1%人口抽样调查数据，计算了各个年龄上的住房拥有比例。图表显示，中国城市地区在各个年龄上拥有住房的比例都非常高，基本围绕 80%上下波动，40 岁以上的年龄组住房拥有比例均在 80%以上；城市地区户籍人口的住房拥有比例更高，各个年龄都基本保持在 90%左右，但流动人口住房拥有比例显著低于户籍人口，50 岁以下的人口住房拥有比例低于 50%，24 岁左右的人口住房拥有比例最低，仅在 30%左右，这个群体进入老年以后面临的养老问题将更加严峻。

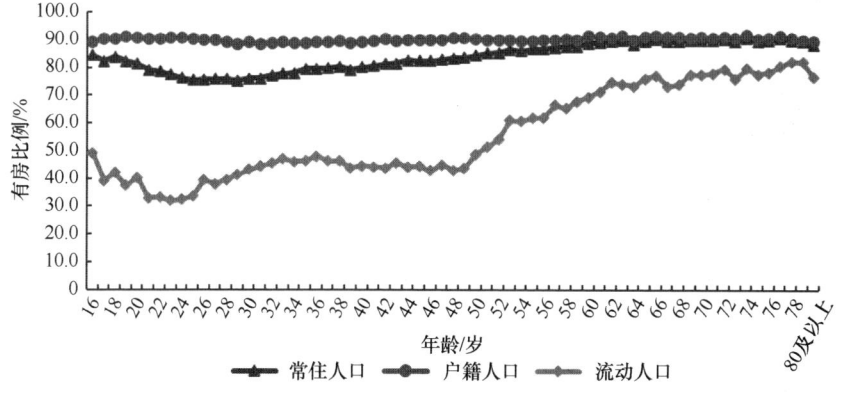

图 12-4 中国城市地区不同人口分年龄住房拥有比例

资料来源：2015 年 1%人口抽样调查数据

表 12-10　中国城市地区分年龄组住房拥有比例（单位：%）

年龄组	常住人口	户籍人口	流动人口
40~44 岁	81.1	89.6	44.7
45~49 岁	82.9	90.1	43.8
50~54 岁	85.2	90.0	53.4
55~59 岁	87.2	89.9	64.9
60~64 岁	89.0	90.9	72.0
65~69 岁	89.7	91.1	75.6
70~74 岁	90.0	91.0	78.0
75~79 岁	89.8	90.6	79.9
80 岁及以上	88.5	89.4	76.7

资料来源：2015 年 1%人口抽样调查数据

不过从目前的情况看，流动老年人住房拥有比例相对较高，60 岁及以上的年龄组均在 70%以上（图 12-4 和表 12-10）。流动老年人实际上有多种类型：一是为经济目的的主动型流动，可能已经在城市地区就业生活多年；二是家属随迁，比如投靠子女、替子女照顾家庭等，这类人群多是子女已经在城市长期定居；三是异地养老，这类多为高收入群体，这三类老年人有住房的可能性也相对较高。

从这个角度出发，从短期看，我们既要关注经济地位较差的流动老年人，也应该看到较为积极的一面，目前的老年人群体中，住房资产拥有比例是相对较高的。从长远视角看，目前没有住房的中青年流动人口未来进入老年时期养老将面临严峻挑战。

60 岁及以上老年人报告的自己或配偶拥有的住房资产比例超过了 90%，有 10.06%的老年人有两套及以上房产，不过主要是两套或三套（图 12-5）。

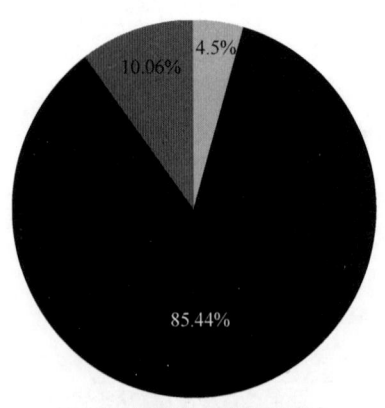

图 12-5　中国城市地区 60 岁及以上老年人住房拥有情况

资料来源：2018 年 CLASS

五、中国城市地区财产分布特点

中国城市地区财产分布呈现出以下特点。
（1）整体财产水平较高，尤其是中老年组。
（2）房产是家庭财产的主要组成部分，老

年人拥有房产比例高。

（3）但同时也值得注意的是，财产分布不平等的绝对水平并不低，户籍人口和流动人口之间的房产拥有比例相差巨大，青年人和中老年人之间的财产水平差异巨大。

这样的财产分布特点都将与养老政策的制定有直接或间接的关系。首先，应该认识到中老年人家庭财产水平高既是制定养老政策的福音，也是挑战。鉴于房产是家庭财产的主要组成部分，以房养老政策的推行成为可能，老年人过上高质量的晚年生活也将成为可能；但与此同时，房价的不断上涨、房产居高不下的价值也将成为推行以房养老政策的巨大阻力；另外，财产水平高也可能带来老年人对养老设施、服务等各项需求更高的要求，如何满足老年人的需求将成为一个重要挑战。其次，对于没有财产的家庭，比如流动老年人，面临方方面面的障碍，需要制定合适的政策，保障这个群体的养老。最后，养老不是一个短期应付就会消失的问题，而是一个未来一直会面临的问题，所以政策的设计要有前瞻性，从财产积累看，应纳入生命历程视角，青年人的家庭财产水平明显偏低，尽管青年人处于财产积累起步阶段，但实际上我们可以看到目前青年人财产积累的一些瓶颈因素，在房价居高不下的今天，房价收入比远远超过正常范围，青年人面临买房的巨大压力，要么买不起房子，要么背负巨大的房贷压力。这不仅不利于青年人积累财产，进行资产的有效配置和投资，也不利于储蓄和消费，更不利于以房养老在未来的推行。

第四节 政策建议

本书提出的核心政策建议是大力提倡和鼓励有条件的家庭参与以房养老。那么针对前文分析的以房养老的现状、国内试点教训、国际经验，提出以下几点政策建议。

一、以政府为主导，推行以房养老项目

目前民众、金融保险行业、房地产行业等都对以房养老有顾虑，"倒按揭"等西方国家流行的方式在国内备受冷落，这实际上与政府角色缺位有关。民众最信任的还是政府，如果政府能够在其中发挥主导作用，给民众吃一颗"定心丸"，则项目推行会顺利很多。以房养老既要顺应市场规律，又要凸显社会效益，只有政府起主导作用，才能很好地将二者结合起来。政府的主导作用包括规范房地产市场、住房定价估值、市场监管、制定一些政策降低房价波动下交易各方的损失

等，甚至可以单独制定一个以房养老的市场流通规则。这是有经验可借鉴的，比如北京市共有产权房政策。

二、适应国情，推行多种方式的以房养老

"倒按揭"是西方发达国家比较流行的方式，但同时也应该看到，各个国家都有根据自己国家情况采用不同的运行方式，美国、英国、日本、新加坡等依据参与者不同需求而设计的不同项目。中国城市地区的民众需求既有中国文化中的普遍性，又有各区域的独特性。要顺利推行以房养老项目，则应该采取适应民众需求的多样化方式，逐步推进和过渡。那么，如何了解民众需求和意愿呢？市场调查是必须的，要通过调查充分了解民众的需求、顾虑和各种方式的优缺点，也要充分了解市场机构的顾虑，在政策制定时全方位考虑。如成立专业的以房养老研究小组。

目前，以房养老推行的一个较大阻力是文化阻力，"住房"代表的含义是多层的，首先，它是一项巨额的家庭财产，老年人多抱着留给子女继承的观念；其次，它还代表"家"，没有住房，就没有安全感和归属感。所以，让老年人放弃住房产权是非常困难的。在这种背景下，可以对不同层次、不同需求的老年人设计适合个人的以房养老方式，比如只有一套房产的老年人，可以鼓励其出租，不改变产权，由政府专门的部门负责出租事宜，政府以适当高于市场价的方式从老年人手中租房，然后通过参与市场出租或公租房的形式处理房屋。当然，也可以鼓励有一套房产但收入较低的家庭出售市区内房产，迁入环境更好的郊区、养老院甚至外地养老，利用房价差获得一笔可观的养老基金。有多套房产的可以鼓励老年人通过改变一套房屋产权的方式参与以房养老。还可以鼓励养老院参与到以房养老项目，改善养老院的居住环境和服务质量。总之，参与以房养老项目的家庭和市场机构，需要有政府作为保障。

三、最根本的是建立完备的法律政策体系

健全的法律法规体系是以房养老顺利推行的基础和保障。美国早在 1987 年时国会就通过有关"倒按揭"法案，1988 年美国总统批准了该法案，"倒按揭"制度以立法的性质确立起来。只有建立了法律法规制度，在具体操作过程中才有法可依、有规可循，才能持续。确立了以房养老的合法性，才能给民众和市场机构吃"定心丸"。

四、增强政府的市场监管作用，完善市场体系

政府需发挥市场监管作用，加快完善我国房地产市场运行体系，完善目前市场上的房屋交易程序和改善交易环境，规范房地产中介机构，降低老年人房屋流通的交易成本。由于房地产市场的不稳定因素，老年人和金融机构都面临住房反向抵押实施过程中的风险。因此，做好房地产市场的研判工作，建立较为稳定的住房价值预期市场环境，稳定目前的房地产市场将对以房养老具有重要的推进作用。

提高金融保险业务能力，鼓励培养金融保险实用型人才如精算师等为我国以房养老奠定扎实基础，并做好行业规范与监督工作，使以房养老的业务流程透明化，保障需求者的根本利益。做好保险及金融机构的市场风险防范，对开展业务的公司进行税收优惠，消除供给方的后顾之忧。

五、加强宣传倡导

以房养老将是我国社会保障的一种补充，是对家庭养老、居家养老、社区养老以及社会养老的有效补充，是既有利于提高老年人老年生活质量，又能减轻政府负担的一种方式。但是，由于文化观念的影响和信息的不充分，以房养老推行仍然有较大的阻力，因此，需要加强媒体宣传，倡导以房养老成为一种新的养老方式，让人们认识到以房养老是一种能够改善老年生活质量、值得选择的方式。

第十三章 未来老龄政策体系和社会环境构建

随着人口老龄化的深度发展，我国将在2022年前后正式进入老龄社会，愈发凸显的老龄社会特征将对我国推进国家治理体系和治理能力现代化带来冲击。如何在不断满足全体人民美好生活需要的同时促进经济社会的现代化发展，无疑对于我国治理老龄社会提出了严峻挑战，党的十九届五中全会提出"实施积极应对人口老龄化国家战略"，重视程度前所未有。社会政策是政府执政理念的具体体现和治理策略的具体实践，作为老龄社会治理的重要抓手（杜鹏和王永梅，2018），老龄政策体系受到了学界和政府的高度关注，针对未来我国老龄社会呈现出的新特点和新挑战，我们应该构建怎样的老龄政策体系呢？同时，"不分年龄，人人共享的社会"是国际社会自1995年就倡导实现的，也是老龄社会背景下人们对于社会的一种期待。那么，在老龄社会形态下，如何构建"不分年龄，人人共享"的社会环境呢？上述内容已经成为我国老龄社会治理亟须思考和布局的一项重要内容。

强调"健康、保障、参与"的积极老龄观，一直是2002年以来国际社会应对老龄化的基本宗旨。"积极"一词不仅是指老年人在获得健康的基础上积极参与经济社会发展，更是指政府、学界和社会要积极地看待老年群体并有所作为（邬沧萍和彭青云，2018）。可见，提高个体在老年期的健康水平是积极应对人口老龄化挑战的核心要义，同时通过构建良好的养老保障体系和有利于老年人功能发挥的社会环境也是其重要抓手。考虑到我国现行老龄政策框架和话语体系，本章将围绕健康老龄化的政策体系、医养融合与长期照护制度以及建设"不分年龄，人人共享"的老龄社会环境三个方面进行分析和布局，以期为我国未来的老龄政策体系和社会环境构建提供参考借鉴。

第一节 医养融合与长期照护

（一）医养融合是养老路上的"指明灯"

1. 我国医养融合的制度准备与政策提出

随着人口老龄化程度的不断提高，医养融合发展逐渐引起政府的重视，近年来政府密集出台了相关政策力促医养融合发展。2011年，国务院办公厅发布《社会养老服务体系建设规划（2011-2015年）》，规划中明确提出机构养老要重点推进供养型、养护型、医护型养老设施建设，这是我国首次在国家政策文件中强调机构的医养融合发展。《老年法》（2012年）中加入了发展医养融合服务的内容，在很大程度上为医养融合服务的快速发展提供了良好的法律基础。

2013年9月，《国务院关于加快发展养老服务业的若干意见》明确提出积极推进医疗卫生与养老服务相结合（宋惠平和陈峥，2015），并提出医养融合的具体措施，鼓励养老机构、医疗机构、社区服务机构通过多种形式开展医养融合服务。同时健全医疗保险机制，完善医疗报销制度，鼓励发展长期护理保险、意外伤害保险等保险产品[1]。同年，国务院出台《国务院关于促进健康服务业发展的若干意见》[2]，该文件提出加快发展健康养老服务，在养老服务中充分融入健康理念，加强医疗卫生服务支撑，建立健全医疗机构与养老机构之间的业务协作机制。加快发展社区健康养老服务，提高社区为老年人提供医疗护理、康复保健等服务的能力，鼓励医疗机构将护理服务延伸至居民家庭。以上两个意见是我国发展医养融合的最高指导性文件，明确了未来较长时期内医养融合服务的发展方向和实施举措。

2015年11月，国务院办公厅转发《卫生计生委等部门关于推进医疗卫生与养老服务相结合指导意见的通知》[3]，通知提出医养融合发展的目标和重点任务，并特别提出推动医疗卫生服务延伸至社区、家庭。该通知的发布标志着我国医养融合服务发展进入了新的发展阶段，不断向实现健康老龄化的目标转变。

2. 我国医养融合的现状与困境

（1）医养融合机构的结构分离，造成资源浪费、加重负担。多数养老机构是以老人的基本生活照顾为主，但是在康复保健、医疗护理方面，还有临终准备、家属安抚、灵性关怀等方面非常欠缺（杨哲，2016）。养老机构中对专业医疗服务供给种类贫乏、价格高昂，并不能满足现在老年人群日益增长的个性化需求（刘玉荣和李建英，2013）。老年人在伤病期间无法直接在养老机构获得专业的医疗康复护理，病人往往需要转诊于医院和养老机构之间，这既造成了时间与资源的浪费，又无形地增加了个体家庭的负担。

（2）前期准备工作不够，主体定义与定位含糊。首先，现有的试点与研究之中，对于"医"与"养"这二者的定义十分含糊，没有明确的官方文件说明具体服务的边界与内容。其次，对于目标群体的具体需求没有服务细化和分类，更未精准对焦现在市场对于养老服务的真实需求。再次，没有摸透在现行制度和市场

---

[1] 国务院. 国务院关于加快发展养老服务业的若干意见. 2013年9月。
[2] 国务院. 国务院关于促进健康服务业发展的若干意见. 2013年10月。
[3] 国务院办公厅. 国务院办公厅转发卫生计生委等部门关于推进医疗卫生与养老服务相结合指导意见的通知. 2015年11月。

环境中，医疗卫生服务与养老照护服务到底包含哪些项目，哪些是必备的、哪些是需要进一步完善的。最后，"医养融合"的具体功能定位也像它的概念一样含糊不清，到底应该提供怎样的医养融合服务，是更侧重于保障托底人群还是丰富市场选择？这些问题都亟待解答。

（3）受现有医疗机构的等级约束，医养融合在结构层面缺乏动力。现有的医疗制度将全国的医院划分为三大级别，其中等级最高的是三级医院。这类医院的在医学界地位高，医疗服务设施先进，多为进口或前沿设施，医生、护士的专业素养与医术水平高，全国患者总是慕名来排队、挂号、求医，所以该类医院的经济效益好，经常出现床位供不应求，通宵排队挂号，甚至"一号难求"的情况。在这种情况下，三级医院缺乏参与医养融合制度、与养老机构联手提供医养服务的根本性内生动力。另外，一级医院与二级医院就医供需矛盾不像三级医院那么尖锐（王晓琳，2018），但是，政府对于该类医院投入的资金与技术支持均较为保守、薪资水平和政策优惠都难以吸引、留住医学人才，以至于医护人员的专业素质和护理水平都差强人意。资金不足既体现在医务人员的薪资水平上，也体现在较为落后、保守的治疗设备和相对匮乏的医疗资源上。在这种情况下，一级、二级医院在参与医养融合制度时捉襟见肘，更加暴露其自身服务能力的不足。

（4）受养老服务机构的专业能力制约，服务供给瓶颈难以克服。虽然政府文件中将医养融合目标拔高到一定层次，但实际上，现阶段试点中能够提供医养融合的养老服务机构，其中大多数机构整体养老服务水平较低，更遑论提供专业医疗护理与保健康复服务。最大的问题集中于两方面：一方面，服务机构的医用治疗设备与医学技术本身的配置就不高，难以满足患者的医疗需求；另一方面，养老服务机构与相对应的医疗服务机构之间并未打通渠道，没有资源共用平台和沟通渠道，这种情形下很难有效、精准地利用本来就十分有限的医疗资源。现有的养老服务业从业人员客观上很难满足医养融合的专业需求，加之现在养老服务业的职业声望与薪资待遇都较低，相关的专业护理人员缺口巨大，一定程度上也制约了医养融合服务的可持续性供给。

3. 我国医养融合的发展与完善

（1）首先，划清主体责任，促进政府与市场各自的职能发挥。加强现有政府部门之间的沟通与联系，打通中间渠道，建立共享信息平台，注重治理创新能力的培养。创新性地构建成套体系，严格评估医养融合养老服务机构的数量与质量，把控这个领域的准入和退出机制，建立黑名单信用制度，对于不合格机构采取相应的应对措施。其次，净化完善现有市场环境，大力鼓励社会机构参与医养融合养老服务，吸引民间优质资本进入。以政策优惠和支持，实实在在地为有资格准入的机构谋福利。例如，可在服务机构的场地租借、行业人员薪资和相关服务费用的税收等方面给予相应的政策倾斜。控制准入门槛，降低民间资本在投资"医养融合"方面的成本，树立榜样机构，打造品牌和行业领头羊。

（2）促进医养融合服务精准定位，形成多元服务体系。现有的医养融合服务结构体系具有较大的缺陷，在优化、完善的同时，应把握其目标人群和重点发展对象。例如，在制度实行初期，可将独居、失能、经济困难、丧偶等老年弱势群体圈定为服务重点倾斜对象，在制度成熟完善、资金运行流畅的中后期再拓展服务覆盖人群，逐渐纳入其他群体。对于大型综合类高端医养融合服务机构，由于投资成本巨大、回收成本周期长，可先由政府出资投入建设，待项目建成后，再通过招标引资等方式，转由更为专业的养老服务组织管理、运作。中小型和微型养老服务机构，在医疗护理服务的硬件与软件条件都受到较大限制的情况下，可以将运营的目标人群定位于较为健康的老年人，主要为此类人群提供"养"的综合服务；同时加强与周边专业医疗机构的联络与沟通，专注利用周边现有医疗资源。发挥市场作用，大力吸引社会与民间资本，建立、完善由市场运作、操作的服务供给链，促进其可持续发展。与此同时，明确赡养老年群体并不能单纯依靠政府部门、社会组织或市场资本，家庭照顾提供者与老年群体在医养融合养老服务的建立完善中也发挥着很大作用，从而促进多元化医养融合养老服务供给体系的形成与优化。

（3）科技先行，以互联网促进医养融合服务，建立信息共享平台。促进科学技术与智能终端在医养融合服务中的使用率，提高"医"与"养"的使用效率与实时反馈。例如，医院可以通过开发专用软件、开通线上服务，实现地区乃至全国的数据共享、线上会诊、转院诊疗、专家预约、痊愈案例查询等，逐步建立医养融合网络平台，并调动各级医院积极性，向阶梯式的服务模式不断推进。通过互联网信息技术与智能终端的推广利用，优化整合现有的医疗卫生资源与养老服务资源，使其共同规范化发展。开发硬件与软件，合理使用互联网、物联网技术，推动区域乃至全国信息共建共享共有平台的建设。另外，打通医疗护理机构与养老服务机构之间的协同服务渠道，建设专门的协同服务平台，促进区域内二级及以上医院与专业养老机构或康复疗养机构等的分工合作，重点是探索与放开医疗护理机构与养老服务机构之间的双向转诊机制。

（4）加大人才培养和投入力度，提高职业声望与薪资水平，从根源上保障医养融合养老服务的可持续性。在教育教学方面，以护理职业教育为核心，积极构建专业人才学科与实践培养体系。放开对于增设护理专业尤其是老年护理专业的审批，在本科加强专业知识与技能的系统培养。另外，规范化现有高职、大专及中专教育体系中的护理职业教育，提升课程的实际操作性，促进对老年护理学科的建设与完善。各级政府对于护理服务尤其是老年护理专业的志愿填报给予政策倾斜，如学费减免、生活补助等，保障投入的资金能够实打实地花在相关人才身上，落实护理人才发展项目，保障其后续的发展，创造良好的发展环境，提升人才的社会责任感与历史使命感，大力吸引专业人才在该行业中燃烧青春。对于现有老年护理从业人员，首先应提升其专业素养，组织定期、不定期的培训，提升其专业技能及服务意识，规范护理人员在服务提供过程之中的行为；合理控制并完善护理人员对于医养融合养老服务的准入门槛，将现有护理职业资格的评定和考核，与教育机构中的护理专业人才培养、考核相关联、对接，更好地促进医养融合养老服务的可持续发展。

（二）长期照护制度是应对人口老龄化的关键举措

1. 我国长期照护的制度准备与政策提出

持续加剧的人口老龄化程度，也带来失能老年人的规模大幅度增加，老年人对于家庭和社会的照料服务需求持续上升。家庭照料压力剧增的同时，社会养老服务的介入已经不可避免。长期照护是政府、社会对失能者家庭的支持和援助，将成为中国满足未来失能老年人家庭照料服务需求的关键性措施。长期照护制度在服务的提供和资金的支持方面减轻了家庭照料者的负担；通过照护保险的方式将长期照护服务从专业的医疗卫生服务体系中相对剥离，抑制了医疗卫生成本的上升势头；长期照护制度在提高失能老年人对养老服务的购买力、满足他们对长期照护服务的需求以及推进社会化养老服务业发展方面发挥了重要的作用。

《老年法》（2012年）中指出"国家逐步开展长期护理保障工作，保障老年人的护理需求"，并着重强调政府要对失能、贫困老年群体给予特殊的护理补贴。2013年《国务院关于加快发展养老服务业的若干意见》明确表示要"鼓励老年人投保健康保险、长期护理保险、意外伤害保险等人身保险产品，鼓励和引导商业保险公司开展相关业务"。2015年9月，国务院颁布《关于全面建立困难残疾人生活补贴和重度残疾人护理补贴制度的意见》，以"因残疾产生的特殊护理消费品和照护服务支出持续6个月以上时间"界定长护险的覆盖人群，并倡导在此政策补贴范围内纳入有长期照护需求的人群。

2016年，人力资源和社会保障部办公厅出台《关于开展长期护理保险制度试点的指导意见》，倡导各级地方政府探索建立社会长期护理保险制度，并且选择15个城市试点，先行先试，积累经验。2017年的《"十三五"国家老龄事业发展和养老体系建设规划》中，提出现阶段社会养老保障制度建设的重要目标就是探索建立长期护理保险制度，倡导试点地区统筹施策，整合衔接长期护理保险与经济困难失能老年人护理补贴等福利性护理补贴项目，满足老年群体多样化、多层次的长期护理保障需求。

2020年，经国务院同意，国家医疗保障局会同财政部印发《关于扩大长期护理保险制度试点的指导意见》，北京、天津、山西、内蒙古、辽宁、福建、河南、湖南、广西、贵州、云南、陕西、甘肃、新疆等14个省区市均有相关市区纳入试点，加上前期的试点，截至2021年6月已有28个省区市试点实施长期护理保险制度。

2. 我国长期照护制度的服务与构成

（1）居家照护。此类服务是指在老人家中为老年人提供的养老服务，老年人足不出户便可以享受到养老照护服务。此类服务包括两方面：一类是由家庭照顾者，即老年人的家属或者保姆为老年人提供的家庭照护。另一类是由养老服务机构上门为老人提供专业、细致的养老服务（周春山和李一璇，2015）。我们将第一类称为非正式照护，它无法用指标或者标准进行量化测量。第二类是由政府出资购买、依托社区、由专业养老机构承接并为老年群体提供的养老服务，专业性与针对性较强，能满足老年人的个性化需求。居家照护服务涵盖的层次多样、内容丰富，具体细分可以包括以下几项：生活照料服务，包括居家清洁、助餐、代办、陪同外出等服务；专业照护服务，包括助浴、助洁、上门护理等服务；医护服务，包括生命体征监测、血糖监测、药物指导、药物管理、压疮清理、更换尿管、更换胃管、康复训练等服务；健康管理服务，包括老人陪伴、老人情绪管理、家庭照护者心理支持、家庭照护者技能及心理支持、生活功能训练等服务；安全协助服务，包括上门探视与送医服务；喘息服务，包括上门代替家属提供照料。

（2）社区照护。此类服务是指人们在社区中自主生活的同时，社区能够在一定范围内提供的某些支持与帮助，从而带来社区中居民的生活便利与关系和谐（曹艳春和王建云，2013）。社区是街道与个人之间联系的纽带，也是家庭和社会之间沟通的平台。一方面，老年人在社区中养老，既能维持在熟悉环境中的控制感、避免焦虑，又能突破单方面依靠家庭照护的局限，缓解了家庭照料的压力。另一方面，社区照护服务的辐射范围广、覆盖面积大，能够同时为本社区内部的绝大多数老年人提供服务；整合优化各类服务设施的配置，充分提高资源的利用效率。老年人能够在社区中享受的养老服务，主要包括设老年餐桌、日间照料服务、组织老年活动、定期体检、慢性病筛查、辅助/陪同出行等。概括来说就是"六助"服务，即助餐、助医、助洁、助浴、助乐、助急。

（3）机构照护。此类服务并不是在老年人家中和社区，而是需要老年人入住专业养老机构，在此集中接受生活照料和医疗护理全方位服务（孙宁和任光圆，2018）。机构照料的优点是政府集中投入资金，保证运行的可持续性；管理方便、服务递送效率高，医用设施与医疗设备齐全且更新换代快；照护人员的专业素养与服务水平高，入住老年人的安全与健康有所保障。另外，机构照护也有无法避免的缺点，具体包括，养老机构的陌生环境会延长老年人的适应期，过大的心理恐惧和压力可能会加重其生理或心理疾病；集中入住的机构，为了便于管理，往往采取军事化、集体化管理模式，老年人不能像在自己家中、熟悉的社区中那样自由地生活；最重要的一点是，虽然国家大力投入和补助机构照护的发展，但考虑到照护人员薪资水平与硬件设备的维护与更新等，此类服务的收费金额一般都较为高昂，大大超出老年人及其家人可负担的经济条件。以上种种，使得我国机构照护的现状并不是十分乐观，所覆盖的人群也比先前的计划更窄，导致机构照护的整体社会资源利用率不高。

3. 国外长期照护的经验及借鉴

1）建立并完善与长期照护制度相关的政策法规体系

长期照护服务体系的提出与建设不是独立的，而是成体系的。它的发展过程是与整个国家的医疗卫生、救助康复制度和养老保险制度的完善一脉相承的。不仅如此，还需加强相应的法律、法规的建立完善，以此规范和监督各类服务的提供者与设施建设，并以此确保长期照护服务体系的健康化发展。荷兰于1968年推出长期照护保险的《特殊医疗费用支出法》（Schut and Berg，2010）；德国于1994年通过了《长期照护保险法》，并通过强制手段在已有的社会保险体系内纳入长护险制度（施巍巍和刘一姣，2011）；日本于1997年12月通过了相关的长期照护保险法，2000年4月1日正式实施，2005年曾被修订（Ruth and Nishimura，2009）。由此可以看出，作为一项强制性保险，长期照护保险的可持续运行与发展、监管反馈与调控，全都要依靠完善的法律法规和政策措施给予保障与落实（景日泽等，2017）。

2）运用灵活多样的筹资方式，不拘泥于单一资金渠道

长期照护保险建立的初衷就是分散养老风险、分担养老负担、减轻家庭压力，在这种情况下，依靠灵活多样的筹资方式去维持资金流的稳定，以此维护运营的可持续性是十分必要的。以日本为例，长期照护保险费用是由个人、社会保险和税收共同负担的（Mikiko，2011）。经过资格审查之后，符合条件的参保人缴纳的自付费用占全部保费的10%，税收支付的费用占保费的45%，社会保险承担的费用也占45%。税收部分由中央、省、市及以下的各层级政府分别承担，针对家庭照护服务和机构照护服务两种不同服务，中央、省和市以下政府分别承担的比例也各不相同，责任的划分极尽明确具体（张小娟和朱坤，2014）。社会保险费用也由两层构成：一层针对中年参保者（40~64岁）的保险费，由雇主和雇员均摊，大约按照当年个人工资水平的0.9%缴纳；另一层是针对老年参保者（65岁及以上）的保险费，这部分费用是从参保者的养老金中按月扣除（Ohwa and Chen，2012）。这种灵活、分散的筹资方式，使得政府、社会、个人均参与其中，共同为长期照护保险的运营投入资金、分担财务压力，也使得长期照护制度的可持续性大大增强。

3）社会保险为支柱，商业保险为补充，二者结合

首先是社会保险与商业保险相结合，兼顾公平和效率。在保基本的基础上，

引入商业保险提升其丰富性与可选择性。具有公平性和选择性。以德国的长期照护保险为例,以社会长期照护保险为主、商业长期照护保险为辅。参与了社会医保的个体,按照规定也都必须参加社会长期照护保险,此举使得收入较低群体的参保率较高,扩大了保障的覆盖面(庞玉芳等,2017)。对于收入较高的个体而言,能够自主选择缴纳较多费用的商业长期照护保险,同时也能够获得更为优质、丰富的服务。这种保障方式不仅可以使得长期照护保险的参保率和覆盖面大大提高,而且增加了选择的多样性(陆杨莹,2018)。具有较高的灵活性和可选择性,也进一步促进了该项制度的可持续性。

4)注重对于民众预防意识的培养,加强宣传

官方宣传与民间教育相结合,不仅重视需要被照护者的利益,也重视家庭照顾者的利益。将照护津贴视为对家庭照护者的回报,以喘息服务减轻家庭照护者的压力。除此之外,额外的现金给付和照护津贴给予被照护者另一重保障。德国有超八成民众对于长期照护保险持肯定的态度,但他们同时认为无偿的照护风险高,难以保障其一致性及持久性,所以更倾向于接受有偿照护(何平,2017)。让民众了解长期照护保险的重要性与必要性,培养对于风险的预防和分担意识,加大宣传力度和覆盖面,以此促进民众对于长期照护保险的肯定与支持。

4. 我国长期照护的发展与完善

1)巩固完善现有的社区居家养老服务

努力创建多主体、多层次的长期照护发展体系。全面建成"以居家养老为基础、社区养老为依托、机构养老为补充"的养老服务体系。总结发达国家经验可以看出,社区居家照护是长期照护保险制度与服务的前沿阵地,也将在今后很长时间内成为我国需要坚持和完善的建设重点。现有的长期照护保险试点所运营的服务中,家庭与社区护理服务的提供对象与负担主体相对单一,只有机构照护采取了市场化多元服务,但是这是远远不够的。应倡导在长期照护制度与服务的每个层面都有不同主体的参与和沟通,最为理想的状态是政府负责监管、控制准入与退出机制,以政策吸引市场的参与;市场以其特有的优胜劣汰规则运作,并提供丰富服务;大力鼓励民间资本与社会力量的参与,培养相关的志愿者团队;整个体系有力运行,资源利用效率大大提高。

2)不依附于医疗保险,建立独立的长期照护保障体系

据现有的学术研究与相关试点经验表明,绝大多数的失能失智群体仅需较为基础的照护或陪同服务,他们真正需要的是安全协助、日常生活照料等基础服务。但是由于保障的缺失,这些人群除了接受简单的家庭照护之外,大多只能接受住院疾病治疗。长此以往,在资金方面既造成了自己家庭的财务压力,也造成了公共医疗费用的浪费,增加了财政赤字风险。在资源方面,占据医疗机构的固定床位数,浪费医疗资源,导致真正有治病需求的患者无法享受到相应服务。另外,

现行许多试点都是直接将医疗保险参保人直接划归入长期照护保险中,这就造成了参保人对于长期照护保险的知晓度低。建立独立的长期照护保障体系,也能够培养民众对于风险的预防和分担意识。

3)以人为本,建立健全相关政策法规体系

虽然可以从《中华人民共和国宪法》《老年法》等现有法律中找到对于失能群体起居照料的相关规定,但是现有的《中华人民共和国社会保险法》、《中华人民共和国社会救济法》和《中国的医疗卫生事业》白皮书等均未涵盖失能人员生活照护规定,仅仅覆盖老年人群体。在老龄化程度不断加深、失能人群不断扩大的现阶段,法律的缺失很难保障此类人群的诉求得到保障。随着预期寿命增加、失能群体扩大以及传统家庭照护的压力骤增,制定统一的长期照护保险法规是必然趋势。不仅如此,政府需要出台相关条例,以规范长期照护体系中个体和机构的准入及退出机制;还要有相关的监督条例,以严格管控、监督服务机构行为,做到有法可依。

4)培养专业的评估人员,建立独立的评估体系

国外的长期照护制度已较为成熟、稳定,其发展轨迹与经验教训都为我国相关制度的建立健全提供了丰富的借鉴资源,我国大多数试点地区也直接复制了国外的评估体系。但生搬硬套不是长久之计,我国应在借鉴国外先进经验的基础上,具体问题具体分析,考虑到本国的实际与现状,培养专业的评估人员,建立适合于本国的独立评估体系,更好地推动长期照护制度的推行和实施。学习和借鉴国外成功经验的同时,注意避免其固有缺陷,努力打造适合国情背景与经济发展水平的失能评估工具(赵元萍等,2019)。注意细化评估指标的分级,以兼顾不同地区的需求。我们倡导有条件的地区与单位能够开展追踪式调研,摸清现阶段各个试点的服务能力实际现状。在此基础上分类确定失能评估应包含的具体领域及范围,创造性地建立起经得住信效度测试的失能评估工具,进而打磨完善,成为独立的评估体系,并在全国加以推广应用。

第二节 健康老龄化与全生命周期老龄政策体系

自1987年世界卫生大会提出以来,健康老龄化就一直是国际社会应对人口老龄化的核心抓手。2015年,世界卫生组织又根据全球人口老龄化的发展趋势对其内涵进行了丰富。中国在20世纪90年代开始将健康老龄化理念引入进来,决策者也逐步将健康老龄化纳入了国家整体战略布局。进入21世纪以来,国家更加重视民众健康的深远意义,在《"健康中国2030"规划纲要》(2016年)、《"十三五"健康老龄化规划》(2017年)、《中华人民共和国老年人权益保障法》(2018年)、《体育强国建设纲要》(2019年)等重要文件的推动下,已初步形成健康

老龄化中国方案 1.0（陆杰华等，2017）。尽管我们已取得一些成就，但是在健康老龄化推进过程中仍存在不少问题，比如对于健康老龄化的认识仍局限于老年期，未能从增龄的视角全面推进健康老龄化；健康公平的问题还比较严峻，已成为健康老龄化中国方案升级发展的重要掣肘因素。本节将全面审视健康老龄化及其对于老龄政策创新的影响，进而针对构建全生命周期的老龄政策提出几点举措。

（一）健康老龄化的理念基础

1. 健康老龄化的缘起与发展

健康老龄化的概念最早起源于 1987 年的世界卫生大会，并在 1990 年的世界老龄大会上被作为应对人口老龄化的重要举措，其核心是要从医疗保健和老龄化过程中的老年人健康问题着眼，强调提高大多数老年人的生命质量，缩短其带病生存期，使老年人以正常的功能健康地存活到生命终点（杜鹏和董亭月，2015）。2002 年，世界卫生组织又在健康老龄化的基础上增加了"保障"和"参与"两个维度，将其发展为积极老龄化政策框架，并成为应对人口老龄化的核心宗旨。

然而，随着人口老龄化、健康转变、医疗卫生服务发展以及社会政策的进一步变革，原来的健康老龄化理念已不能适应社会发展的需求，于是在 2015 年世界卫生组织提出需要重新回到"健康"的视角来审视公共卫生服务在应对人口老龄化过程中的作用，并在此基础上拓展了健康老龄化的理念。一方面，考量了针对老年人的医疗费用投入大幅度增长所产生的效用，数据显示，1990~2015 年全世界 60 岁及以上人口占总人口的比例从 9.1%增长到 12.3%，人口预期寿命从 66 岁延长到 71 岁。另一方面，考量了健康公平的问题，数据显示，人们在不同生命历程中所享受的健康资源差异会累积到老年期，从而导致健康老龄化存在不可逆的群体差异，而且区域和城乡资源配置失衡也使得健康公平问题更加突出（杜鹏和董亭月，2015）。于是，2013 年 2 月，世界卫生组织和世界银行联合主办了有关全民健康覆盖问题的部长级会议，倡导所有人能够获得所需的高质量卫生服务而不必担心陷入经济困难，推进健康公平的实现。

2015 年，世界卫生组织在其《关于老龄化与健康的全球报告》（以下简称《报告》）中将"健康老龄化"定义为发展和维护老年健康生活所需的功能发挥过程，包括内在能力（intrinsic capacity）和功能发挥（functional ability）两个维度，见图 13-1。其中，内在能力指个体以基因遗传为基础、受个体特征影响的生理与心理健康功能的整合；功能发挥则是老年人内在能力与环境的互动以实现个体价值的过程，这里的环境既包括家庭环境、居住环境、人际关系等微观环境，也包括社会观念、公共政策等宏观环境。在全生命历程中，内在能力和功能发挥都会因个体不同时点的选择、环境的干预措施而发生变化，并最终影响每个个体的健康老龄化轨迹。2015 年联合国发布的《改变我们的世界——2030 年可持续发展议程》中也指出，要"确保健康的生活方式、促进各年龄段所有人的福祉"，开始系统地关注全人口、全生命周期和更为全面的健康问题。

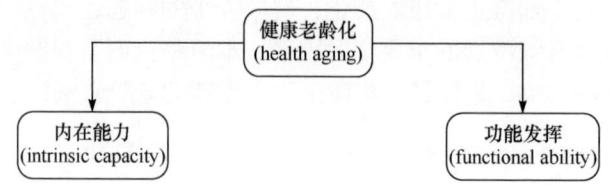

图 13-1　2015 年世界卫生组织提出的"新"健康老龄化的内涵

相较于以往的健康老龄化强调个体健康状态的维持而言，在《报告》中，世界卫生组织对健康老龄化概念进行了拓展，在健康因素之外，加入了关爱老年友好环境因素，使得促进健康老龄化的政策范围进一步扩大为综合性的政策体系。而且，针对在健康老龄化战略实施过程中遇到的一些争论，《报告》明确提出了有关老龄化与健康的全新观念。①促进健康老龄化是一种投资。人们常将用于老年人的公共卫生支出当作一种消费，但世界卫生组织以数据为基础，明确提出这种支出应当被看作一种投资，这种投资能够提高个体老年期的健康、保障水平，降低家庭与社会的照护成本，并为老年人的参与和贡献创造条件。②人口老龄化对公共卫生支出的影响低于预期。人们常常担心人口老龄化及老年人医疗服务需求的不断增加会造成公共卫生支出的激增，但事实上年龄与医疗支出的增长存在一定的虚假关系，个体往往会在生命最后两年消耗较多的卫生保健资源。也就是说，年龄并不是决定医疗卫生支出的重要影响因素，远不及医疗体制改革、医疗技术变革等因素的影响。③"典型的老年人"并不存在。老年人健康与机能状况是多样化的，尽管许多老年人身患一种或多种疾病，但他们依然能够保持良好的活动能力和较高的生活质量；也有一些老人虽然没有疾病，但因为虚弱而不能很好地发挥自身功能，甚至需要照护服务。政策制定时不能将老年人简单地标准化，要尊重老年人需求的多样化，兼顾老年人的需求满足和潜能发挥。④70 岁还不是新的 60 岁。虽然现在的老年人比过去更加长寿，但研究并不能够证明当前老年人所延长的寿命一定是健康状况良好的，如果简单地将 70 岁当作新的 60 岁，忽视 70 岁老年人面临的寿命延长但健康状况下降、卫生照护需求增加等问题，将会导致这部分老年人因缺乏政策上的帮助而陷入困境。《报告》也针对"新"健康老龄化理念，提出了公共卫生可以采取的措施以及行动，见图 13-2。

2. 健康老龄化的维度与内涵

欧美学者多年对个体生理和心理老化的研究发现，个体身心衰老虽不能逆转，但能延缓和推迟，并根据这一结论提出了健康老龄化的理念。该理论认为，一个人如果能正常衰老，活到 75～80 岁时各种器官组织和以前的功能状态差别不大，而且老年人的健康状况取决于进入老年期前的健康状况（邬沧萍和姜向群，2015）。

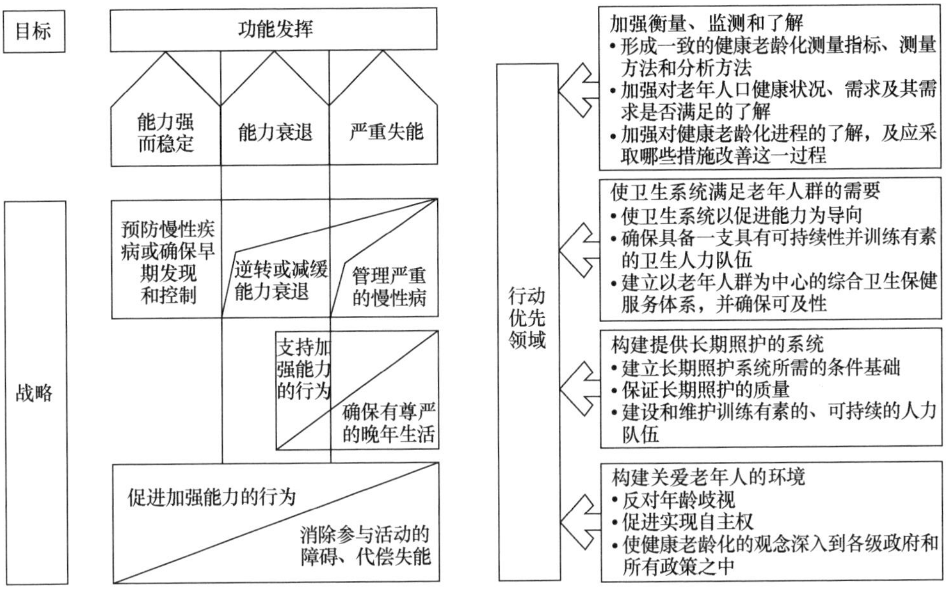

```
目标 ┌─────────功能发挥─────────┐
     │ 能力强  │ 能力衰退 │ 严重失能 │
     │ 而稳定  │          │          │
     
     ┌预防慢性疾┐
     │病或确保早│逆转或减缓┐
     │期发现    │能力衰退  │管理严重
     │和控制    │          │的慢性病
     
战略         支持加
              强能力   确保有尊严
              的行为   的晚年生活
     
     ┌促进加强能力的行为──┐
     │                      │消除参与活动的
     │                      │障碍、代偿失能
```

行动优先领域：

加强衡量、监测和了解
- 形成一致的健康老龄化测量指标、测量方法和分析方法
- 加强对老年人口健康状况、需求及其需求是否满足的了解
- 加强对健康老龄化进程的了解，及应采取哪些措施改善这一过程

使卫生系统满足老年人群的需要
- 使卫生系统以促进能力为导向
- 确保具备一支具有可持续性并训练有素的卫生人力队伍
- 建立以老年人群为中心的综合卫生保健服务体系，并确保可及性

构建提供长期照护的系统
- 建立长期照护系统所需的条件基础
- 保证长期照护的质量
- 建设和维护训练有素的、可持续的人力队伍

构建关爱老年人的环境
- 反对年龄歧视
- 促进实现自主权
- 使健康老龄化的观念深入到各级政府和所有政策之中

图 13-2　为实现健康老龄化而采取公共卫生措施的行动

资料来源：2015年世界卫生组织发布的《关于老龄化与健康的全球报告》

我国在《"十三五"健康老龄化规划》中提到"健康老龄化，即从生命全过程的角度，从生命早期开始，对所有影响健康的因素进行综合、系统的干预，营造有利于老年健康的社会支持和生活环境，以延长健康预期寿命，维护老年人的健康功能，提高老年人的健康水平"。不难看出，这一概念是根据健康在生命全过程中的发展规律提出来的。从健康和健康老龄化本身的规律来看，可以从多维视角来审视健康老龄化的内涵，这样对于深入理解健康老龄化，并据此提出推进健康老龄化的举措具有重要意义。在此，从三个方面剖析健康老龄化。

1）生命历程视角下的健康老龄化

健康需要从增龄视角来认识和把握。所谓增龄，是指生命成长过程中日历年龄的变化和提升，即年年岁岁花相似、岁岁年年人不同，实际上就是人类个体和群体经历的整个生命过程。老年期的健康状况是前老年期健康状况的延伸和转化，或者说老年期的健康状况不过是早期生活方式的结果呈现（石智雷和吴志明，2018）。前老年期的隐性老龄化和老年期的显性老龄化共同促成了健康老龄化的结果呈现，大致以45岁为界，开始进入个体老化的潜在阶段；以65岁为界，开始进入个体老化的显化阶段。健康老龄化与中青年阶段的生活方式关系密切，很多老年期的健康问题可以回溯到中青年阶段的风险行为，甚至可以追溯到更早的胎儿期、婴幼儿期和青少年期，这就提示我们要想实现健康老龄化，不仅要重视个体老年期的健康状况,更要将关口前移,尽早干预健康(穆光宗,2018)。

2)多元健康视角下的健康老龄化

世界卫生组织在其 1948 年出台的《世界卫生组织宪章》中指出,健康不仅是没有病和不虚弱,而且是身体、心理、社会功能三方面的完美状态。心理和社会功能不仅对于青少年来说非常重要,对于老年人亦是如此,有时它们对于老年人的影响甚至会超过身体健康。不同的人生阶段有不同的发展任务,个体的心理状况也会随着年龄的增长而发生变化,在老年阶段焦虑和抑郁是常见的心理健康问题。以抑郁症为例,它是以持久的情绪低落为特征的一种情感性心理障碍,多伴有躯体、认知和行为障碍,患病个体的活动积极性和主动性下降。心理健康会直接或间接地引起老年人的社会功能受限,大大减少了与社会互动的情况。另外,认知症(如阿尔茨海默病或老年痴呆)常常体现为有生理基础的心理问题,也是影响个体健康老龄化的重要因素。与身体健康类似,心理健康和社会功能的发展也具有累积性,要想实现健康老龄化不仅要注重身体健康的生命历程特征,更要同时从多元健康的视角考察个体的心理健康和社会功能的累积性。

3)纵横交叉视角下的健康老龄化

如果说前两点比较易于把握,那么由两者交叉所带来的问题更具复杂性,并且为实现健康老龄化而采取的干预也更具挑战性。毕生发展心理学家埃里克森将人生的发展分为八个阶段(表 13-1),个体在每一个阶段的发展任务都不同,而且每个阶段所要面对和解决的矛盾、冲突都不同。以抑郁症为例,尽管同样是产生了抑郁情绪或者抑郁症,在青年期或成年期可能与工作事业、自我同一性或社会关系等有关,而在老年期可能与病痛、亲友离世或社会关系断裂等有关,这就需要根据个体所处年龄阶段进行针对性干预或施策。对于身体疾病,尽管都是感冒发烧、慢性疾病或者跌倒创伤等,但是因个体所处的阶段不同,身体素质和基础完全不同,因此需要根据其所处年龄阶段进行针对性干预和施测,社会功能健康也是如此。健康老龄化的挑战往往来自多重交叉所产生的复杂问题,老年阶段是最为集中的体现。

表 13-1 埃里克森的毕生发展八阶段理论

阶段	年龄	冲突	人格发展任务	发展障碍者的心理特征
婴儿期	0~18 个月左右	基本的信任感对基本的不信任感	发展信任感,克服不信任感	面对新环境时会焦虑不安
儿童早期	18 个月到 3 岁	自主对羞怯与怀疑	培养自主感,克服羞怯与怀疑	缺乏信心,行动畏首畏尾
学前期	3~7 岁	主动对内疚	培养主动感,克服内疚感	缺乏生活基本能力,充满失败感

续表

阶段	年龄	冲突	人格发展任务	发展障碍者的心理特征
学龄期	6岁、7~12岁	勤奋对自卑感	培养勤奋感，克服自卑感	缺乏生活基本能力，充满失败感
青年期	12~18岁	同一性对角色混乱	建立同一性，防止角色混乱	生活无目的、无方向感，时而感到彷徨、迷失
成年早期	18~30岁	亲密对孤独	发展亲密感，避免孤独感	与社会疏离时感到寂寞、孤独
成年中期	30~60岁	繁殖感对停滞感	获得繁殖感，避免停滞感	不关心别人与社会，缺少生活意义
成年晚期	60岁以后	完善对绝望	获得完善感，避免绝望与沮丧	悔恨旧事，徒呼负负

资料来源：林崇德.2018.发展心理学.3版.北京：人民教育出版社

3. 健康转变阶段与特征

1）健康转变四阶段理论

人类的健康转变经历了由传染性疾病为主要威胁因素，到慢性病为主要威胁因素，再到有效应对慢性病的几大阶段。阿布德尔·欧姆兰在1971年提出流行病学转变理论，将人类死因分为三个阶段：第一阶段是大瘟疫与饥荒时期，在这一阶段人口死亡率高，平均预期寿命在20岁到40岁之间浮动，威胁人类健康的因素主要是传染性疾病，其中75%的死亡是由传染性疾病造成的；第二阶段是流行病减退时期，这一时期流行病死亡高峰减少，平均预期寿命增长到30岁到50岁；第三阶段是退化和人为疾病期，这一阶段死亡率降到较低水平，预期寿命增长到50岁以上，与此同时慢性疾病和生理机能退化逐渐成为致死的主要原因。在此基础上，斯图尔特·奥尔莎斯基和理查德·罗杰斯分别在1986年和1987年提出了"第四阶段"理论，认为在流行病学转变的第四阶段，人们对心脑血管疾病的治疗技术提高，人均预期寿命因此会增加到85岁左右，日本、挪威等处于第四阶段（夏翠翠和李建新，2018）。

2）中国健康转变的特征

健康转变在不同的国家和地区经历了不一样的发展进程和转变模式。从人类健康转变的大背景来看，目前中国正处于健康转变的第三阶段，即退化和人为疾病期，这一时期慢性病问题是实施健康中国战略面临的重要挑战（夏翠翠和李建新，2018）。当前，我国老年人口慢性病患病群体庞大，而且研究显示我国慢性病和健康风险指标在逐步恶化，且农村更为严峻（余央央和封进，2017）。可以说，慢性病患病率居高不下是最重要的健康问题之一，而且逐渐成为威胁老年人口的主要疾病类型。一方面，与"活得长"有紧密的关系，随着年龄的增加，人的身体机能愈加老化，患有各种慢性病的可能性也随之增加；另一方面，与生活方式的变化有关，静坐时间的延长、体力运动减少、心理压力和精神焦虑、营养过剩等问题，都将提高人们患有慢性疾病的可能性。以心脑血管疾病为例，在日本和挪威其致死率为1‰左右，而在中国高达3‰。

由中国所处的健康转变阶段可知，当前和未来一段时期内对于慢性疾病的管理和提前干预成为重中之重，同时照护因慢性疾病带来的不同程度的失能老人也是非常关键的。为了实现慢性疾病干预和照护，就需要从科学健身和营养、健康管理和跟踪、疾病识别与诊疗、愈后康复和维护、失能和困境照护等多方面进行布局。同时，结合我国健康不公平严峻的现状，应及时在城乡、区域和不同群体之间进行统筹推进，全面提高健康老龄化水平。在此健康转变阶段，不仅要注重事务和服务本身的布局，更要从科学认知和体制机制等方面进行破立之举。

不难发现，健康转变是以身体健康为依据的，这并不是说心理健康和社会功能不重要，各领域、各部门都从不同角度进行了强调。2012年，我国颁布了《中华人民共和国精神卫生法》，为维护和增进公民心理健康、预防和治疗精神障碍、促进精神障碍患者康复的活动订立了法理依据，同时在《"十三五"健康老龄化规划》中也明确提出要"推动开展老年人心理健康与关怀服务"，心理健康在健康老龄化过程中日益受到关注。然而，尽管在儿童和青少年阶段，教育非常注重个体社会性发展，但是系统地关注青年期、成年期和老年期的社会功能发挥的还比较少见，不过《中长期青年发展规划（2016-2025年）》中提到加强"青年社会融入与社会参与"的意见和举措。总之，关于多元健康视角下的中国健康转变特征，学界仍在不断地深化认知和论证过程当中。

（二）全生命周期的健康老龄化政策体系

由本节可知，要想全面实现健康老龄化，就需要从全人口、全生命周期和多元立体的视角进行布局。中国已于2016年印发了《"健康中国2030"规划纲要》，健康中国被提升到国家战略高度。党的十九大报告提出，"为人民群众提供全方位全周期健康服务"，将全生命周期健康作为建设健康中国的着力点。从老龄社会和健康老龄化的视角来看，需要着重从几方面进行政策布局。当然，在做如下政策布局之前还需要有强大的公共卫生体系做基础，因为尽管我国已经处于健康转变的第三阶段，但这并不意味着第一、二阶段的风险完全不会发生。进入21世纪后诸如非典、甲型H1N1流感、新冠肺炎等都对全民健康带来了重大挑战，加之全球化也使得疾病的传播更加容易，因此公共卫生体系要做好疾病防控，巩固来之不易的健康转变模式的进步。在我国处于当前健康转变模式的基础上，可以从以下四个方面进行布局，全面推进我国的健康老龄化事业。

1. 引导正确的健康观，多元立体地增进老年期健康

怎么认识健康老龄化影响着如何推进健康老龄化。要通过国情教育、宣传引导和科普活动等促使民众树立正确的健康观，提高全社会的健康素养。首先，树立健康是持续终身的理念，要想在晚年拥有一个良好的身体，就需要从现在开始努力，关注饮食和营养，坚持体育锻炼，养成健康的生活方式，正确处理工作和生活压力等。中小学生、弱势群体、农村居民、偏远地区居民等是健康教育的重点，要千方百计地提高这些群体的健康素养。其次，引导民众认识到健康不只是身体没有疾病，重视心理问题和心理疾病对个体健康的影响，配合精神卫生服务做好群体心理状况监测；同时，要重视青年和中年群体社会功能的发挥，全方位地维护个体健康。再次，促使全社会形成科学的疾病观，养成疾病预防和检测的习惯，比如做好定期体检、切忌讳疾忌医，通过科学普及让民众认识到各种疾病的发病原理、发展进程、科学诊治方案等，同时做好民众对于各种疾病的心理建设，为正确地预防、诊治和恢复奠定基础。最后，在全社会形成一种投资健康的社会风尚，这里的投资不单纯是指投入多少金钱，而是要从观念上、行动上为自身的健康进行投入，同时要规避那些盲目的健康投入，比如大量食用保健品。

2. 重视"中上游干预"，维护全生命周期健康水平

既然老年期的健康问题是生命各阶段不断积累的结果，那么"中上游干预"就成了确保老年期健康水平的关键（陆杰华等，2017），这也是大健康视域下"以治病为中心"向"以健康为中心"转变的核心要义。首先，要从婴幼儿甚至胎儿期抓起，为生命全程健康奠定良好基础。研究表明，老年期的健康水平与婴幼儿时期的营养有密切关系，早期的干预应该从婴幼儿甚至胎儿期开始；而且，早期受虐行为对于老年期的心理健康状况不利（石智雷和吴志明，2018），良好的家庭教育和社会氛围也是非常重要的。其次，注重体质体能监测，促进全民健康体检，定期对重点人群进行健康风险排查，将健康隐患消灭在萌芽时期。随着医疗卫生技术的发展，当前我国对于很多疾病的监测手段已经达到较高水平，早期检测可以大大提高治愈率，同时要有序地推进预防接种。再次，多措并举维护民众健康。通过科普宣讲，不断提高居民健康素养，引导民众养成良好的饮食习惯和生活方式，要从重点人群抓起；全面落实《体育强国建设纲要》，大力发展城乡体育健身服务，引起全民健身新热潮；引导民众关注心理健康，科学认识和对待心疾病。最后，加强健康管理和慢性病管理。在城市地区全面落实家庭医生签约服务，不断巩固健康管理成就，创新健康管理的方式方法；进一步提高对农村边远地区以及重点弱势群体的健康管理水平。

3. 依托健康大数据和生物信息库，大力发展精准医疗

精准医疗是一种新型医学概念与医疗模式，以个性化医疗为基础，将个人基因等生物信息与大数据科学相结合，找出疾病的突变基因，从而精确定位致病原因和治疗靶点，实现对疾病的精准治疗（刘洁等，2018）。从西方发达国家来看，精准医疗是抵抗慢性病的重要手段，因为精准医疗可以让科学家和医务工作者从纷繁复杂的宏观和微观、可干预和不可干预因素中厘清致病信息，前提是需要有健康大数据和生物信息库的支持（夏翠翠和李建新，2018）。首先，从大健康和大卫生入手，探讨如何利用大数据建立健康信息化支持体系与服务体系，提供导向性和实时性信息，解决保障人民身心健康、显著改善健康信息资源不均衡的问题。其次，利用大数据预测分析结果应对工业化、城镇化、人口老龄化，以及疾病谱、生态环境、生活方式不断变化等带来的新挑战，及时提供针对性和预测性信息；为解决早预防、早诊断、早治疗、早康复等关系到人民身心健康的问题，提供预警信息和诊疗信息。最后，利用大数据技术分析智慧健康信息，推送相关服务，着力解决妇女儿童、老年人、残疾人、流动人口、低收入等重点人群健康信息不对称的问题（王振杰，2018）。

4. 重视群体、城乡和区域健康差异，推进健康服务均等化

社会经济资源导致的健康不平等将长期积累，并最终导致个体在老年期内在能力和功能发挥方面的差异。在中国，由健康不平等而带来的挑战更为严峻，因此健康老龄化的中国方案应当将维护健康公平放在优先的重要位置（陆杰华等，2017）。首先，在制订健康促进计划时应特别关注这些弱势群体，尤其是具有多种不利因素的亚群体，比如应更加关注为中西部地区或农村空巢老年人口提供医疗卫生服务，为高龄失能女性老年人的长期照护服务提供特别支持。其次，着眼于生命全程推进公共卫生体系，比如提高城镇居民基本医疗保险和新型农村合作医疗保险的报销比例，特别要覆盖门诊医疗服务；继续向所有年龄段的人群提供基本公共卫生服务，完善对孕妇、青少年、老年人和慢性疾病患者的健康管理；制定专门政策关注影响健康的社会决定因素，诸如提高平等的受教育和就业机会、强化职业健康管理等（杜鹏等，2016）。再次，满足医疗和长期照护需求，比如调整关于医务工作者职业地点的相关法律规定、向社区卫生服务中心提供更多的激励措施，鼓励他们向老年人提供上门医疗服务、促进社区医养融合等。最后，着重提高农村老年人的健康素养，结合医疗保险体制机制设计，不断完善农村基层医疗卫生服务体系，满足农村老年人对高质量的健康管理、疾病预防和诊治、护理和康复等的需求。总之，要通过多种举措，推动健康服务领域的基本公共服务均等化，逐步缩小健康领域的城乡差异、区域差异和阶层差异，为更为全面的健康老龄化奠定坚实的基础。

第三节　建设不分年龄、人人共享的老龄社会

（一）"共享"与"不分年龄、人人共享的社会"

1. 共享发展是新发展理念的核心与归宿

党的十九大报告明确提出"必须坚定不移贯彻创新、协调、绿色、开放、共享的发展理念"[①]，其中的"共享发展理念"作为新发展理念的核心与归宿，体现了党的发展理念的新突破，也是中国特色社会主义新时代发展的要求。

共享发展的概念源于社会排斥理论和福利经济学理论，前者始于20世纪60年代西方国家对贫困以及剥夺概念的探讨，后者关注个人生存和发展能力，关注公平、正义和人类福利的增长（吴晓波，2011）。共享发展正是在关注弱势群体个人发展能力和社会公平、公正的背景下由亚洲开发银行于2007年首次提出来的，其核心在于体现公平和平等，让每一个民众都能有机会参与和共同分享发展的成果，具有人本性、公平性、普惠性和现实性等特征（刘昌宇等，2019）。

共享发展包括规则共享、机会共享、参与共享和成果共享等四大维度，它们之间相互影响、互相促进，共同推动共享发展。其中，规则共享是前提、机会共享是核心、参与共享是动力、成果共享是目标，学者认为可以从完善投入机制、优化分配机制、健全保障机制、构建联动机制等方面来促进共享发展机制的形成（刘昌宇等，2019）。

2. "不分年龄、人人共享的社会"内涵

与共享发展理念的形成相比，"不分年龄、人人共享的社会"产生得更早。自1982年以来，建立新的与人口老龄化相适应的结构并把该结构推广到全世界，使之被纳入政策体系，一直是联合国老龄问题方案的重点。1992年，联合国第47届大会决定1999年为国际老年人年，但到1995年社会发展问题世界首脑会议提出"人人共享"这一概念后才明确这个主题，即"不分年龄、人人共享的社会"，充分体现了对这一主题的重视。在哥本哈根的社会发展问题世界首脑会议上，与会者就"不分年龄、人人共享的社会"是指社会中"每位享有权力和责任的成员，都能积极发挥作用"达成共识，并通过把"不分年龄"的概念加入"人人共享的社会"，使得该策略更加全面，涵盖面更广。

"不分年龄、人人共享的社会"的主题不是从天上掉下来的，也不是理想主义的乌托邦，而是人类社会老龄化实践经验上升为理论和老年学多学科研究成果的

[①] 习近平在中国共产党第十九次全国代表大会上的报告，http://cpc.people.com.cn/n1/2017/1028/c64094-29613660.html，2017年10月28日。

集中体现（人口研究编辑部，1999）。这一理念与联合国老年人原则、1982 年国际行动纲领是一脉相承的，但后者是前者的深入和提高。许多问题过去虽已提出但强调得不够，这就是理论认识不深的表现，诸如老年人除了需要物质、收入、保健等，还需要各种权利的获得；除了发展成果共享外，还有资源和机会等的共享；老年人有受照顾的一面，也有继续造福社会的一面；既要关注老龄化对社会发展的影响，也要关注老年人自身的发展，即自我价值的实现等。

我国老年学的开创者邬沧萍教授在 1999 年提到"建立不分年龄 人人共享的社会"体现在共融、共建、共享三个方面。①关于共融，时任联合国秘书长的安南指出"多代人是融洽的，不是代际间相互分离，青年人、成年人和老年人分道扬镳的社会"，多代人共融可以维护共同利益，也才能实现社会的可持续发展，否则一损俱损。邬沧萍教授指出，老少共融或者促进老年人融入主流社会的表述中最核心的精神是"共融"，它指的是多代人融合在一起，融洽、和谐、和睦、协调、互相尊重、相互支持，这是一个社会能够顺利世代交替，把物质文明、精神文明和制度文明的成果一代一代传递下去，实现社会继承和创新的前提。②关于共建，它是共享的必然要求。各代人作为社会平等的一员，享受社会发展的成果和各种权利，必须将参加共建作为一种义务。在长寿社会和高龄社会，老年人要共享社会发展成果和各种权利，在年轻时就要做好准备，而且从小就开始，要做终身准备。各代人共建首先是一个适合长寿时代的健康生活方式和环境。老年人共享社会成果是一种权利而不是任何人对他的恩赐，因为老年人不仅是受益者也是社会的参与者。③关于共享，这是在《联合国老年人原则》和老龄问题两个方面（人道主义和发展）的基础上延伸出来的，尽管原则上强调老年人独立、社会参与、自我实现、照顾和尊严，然而老年时代的潜能，也只有在消除贫困的基础上才能得到发挥。这就说明在老龄社会中，人道主义的要求始终是基础的，老年人需要共享改革与发展的成果，以确保生存权，从而为发展奠定基础。需要说明的是，这里的共享与上文中的共享发展理念的共享不完全一致，后者的范畴更广。

（二）构建"不分年龄、人人共享"的老龄社会的重点任务

1. 重塑老龄化，在全社会建立正确的老龄认知体系

加强人口老龄化的国情教育，利用多种渠道将学界对于人口老龄化、老年人和老龄化社会的科学认知传递给社会大众，努力打造不骄不躁、从容沉着的社会氛围，为国家蹄疾步稳地治理老龄化奠定社会基础。切实将老年人视作现代化强国建设的重要资源，在各行各业实施年龄管理策略，理顺老年人力资源开发的体制机制，构建老年人力资源库，努力建成"终身积累、持续开发"的老年人力资源开发新格局。充分吸收国内外治理经验，加快研究老龄社会、超老龄社会治理

的规律性，构建我国老龄化治理现代化的指标体系。

2. 实施中老年赋权增能计划，提高老年人各项能力

赋权增能是积极老龄化的客观要求，是新时期理顺我国老龄社会治理思路的必然要求，更是实现老年人美好生活愿望、促进其自由全面发展的内在要求（杜鹏和王永梅，2019）。首先，全面落实老年人权益保障法，确保老年人的各项权益得到保障，定期监测该法律的落实情况。其次，要树立全生命周期的人力资源观，构建人力资源终身积累的体制机制和社会氛围。大力发展老年教育，在全社会树立"面向人人，全面发展"的理念，坚持有教无类，努力向全体公民提供公平、优质、包容的教育。最后，进一步开展中老年教育工作，实施"中老年教育百千万计划"，促进养教融合，大力扶持基于社区的老年教育，倡导老年人自主学习，实现人的全面发展与个性发展相统一。

3. 创新体制机制，畅通老年人参与经济社会的渠道

老年人参与经济社会发展是实现"不分年龄、人人共享"的核心要义之一。首先，要站在新时期家庭观和促进家庭发展的立场上，正确看待中老年人照顾孙子女和高龄老人的社会价值，充分发挥老年人对家庭发展的作用，并使其在社会层面上得到认可。其次，要鼓励和引导老年人在自愿和量力的情况下，参与老年人权益保障法所规定的活动，比如对青少年和儿童进行优良传统教育、传授文化和科技知识、提供咨询服务等，同时也要根据社会发展不断创新老年人参与社会的渠道。最后，适时通过立法打破就业领域的年龄歧视，并通过立法推动老年人再就业，前提是已经建立了完善的老年人就业保障制度；实施渐进式延迟法定退休年龄，鼓励老年人创业等。同时，发挥老年社会组织在老年社会参与中的作用，全面推动老年人的政治参与、经济参与和社会参与。

4. 构建老年宜居环境，促进老年人个体功能的发挥

老年宜居环境是指适合老年人居住、生活和参与的社会环境、社区环境和家庭环境，由硬件环境和软件环境两部分构成，其中前者涉及户外环境、基础设施、公共交通、住房建筑等，后者包括社会参与、社会服务和社会氛围等。只有在宜居环境中，老年人的个体功能才能很好地发挥出来。尽管我国已是将老年宜居环境写入法律的国家，但在具体事项上仍需要进一步立法先行。首先，依法加强无障碍环境建设，对社区、道路、公共场所等与老年人日常生活密切相关的设施建筑进行无障碍改造，同时对无障碍设施的使用情况进行监督检查；对特殊困难老年人家庭进行适老化改造，如安装扶手、更换老化管道管线、平整易绊脚的地面等。其次，针对老龄社会公共交通进行立法，可以参考美国老龄社会的交通政策制定的"立法先行，行政跟进，机构建立，确保资金，引导公众"路径，完善我们老龄交通立法，保证老年人的无障碍出行；同时，要加强老年驾驶的管理和培训。

5. 针对年龄歧视立法，构建养老、孝老、敬老的社会环境

老年人的发展性需要只有通过参与社会发展才能得到满足。先期进入老龄社会的国家，诸如美国、韩国、日本等都针对工作领域的年龄歧视进行了立法，如美国1967年通过了《就业年龄歧视法案》、日本在1986年制定了《高龄者雇佣安定法》、韩国在2007年通过了《雇佣上禁止年龄歧视及老年人雇佣促进法》等。随着我国深度老龄化，老年人力资源开发也成为必然趋势，针对工作和其他社会参与领域的年龄歧视立法就成为最关键的前提。要从招聘、录用、工资、晋升、福利等方面全面禁止企业设置年龄门槛、歧视老年人；同时，要从社会保障的各个方面为老年人继续工作扫平障碍。

第十四章　从人口特征出发积极应对老龄化

在中国老年人口规模不断膨胀、比例持续上升的人口老龄化进程中，未来二三十年人口老龄化高潮期即将步入老年阶段的一代人口呈现出许多新的重要特点。未来老年人口新形象将不同于人们印象中保守落后、体弱多病、经济窘迫的老年人口旧形象，随着中国基本实现现代化与建成现代化强国进程的推进，未来老年人口无论是在内在的知识素养、健康水平等方面，抑或是在外在的居住模式、经济状况、生活环境等方面，都将发生明显变化，表现出一系列重要的新特点。中国今后的老龄政策设计需要紧密结合未来老年人口的新特点来进行调整，由此才能引导中国的老龄事业和养老体系沿着正确方向发展。

第一节　立足老年人口发展的大趋势

一、老年人口规模增长呈波浪式，发展老龄事业须做好阶段间的转换与衔接

老年人口规模变化是发展老龄事业所应秉持的重要依据。中国老年人口规模在 21 世纪前半叶会持续增长，预计 2035 年、2050 年时将分别达 4.1 亿人、4.8 亿人[①]。而在 21 世纪后半叶最初约 6 年间，中国老年人口数量会维持在略高于 4.8 亿人的峰值水平上，此后将迎来负增长，这比中国总人口数的"拐点"（预计在"十五五"时期出现）要晚约 30 年。虽然中国老年人口规模增长是 21 世纪中叶之前的"主旋律"，但这种增长并非"一路高歌猛进"，而是时快时慢、呈波浪式，这与历史上中国的年度出生人口数量在峰谷间不断转换密切相关。

2020 年，中国老年人口约为 2.6 亿人，尽管表现为数量级上的突破，但较 2015 年，5 年间仅多出约 4000 多万人，增速并非很快。不过，这随之也释放出一个重要的信号——中国老年人口总量会由相对缓速的演进状态扭转至增长的"快车道"。2021 年后的短短 10 余年间，中国老年人口数量将相继冲上 3 亿人大关和 4 亿人大关，特别是从 3 亿人到 4 亿人，仅需 9 年时间（2025～2034 年），这比之前任何 1 个 1 亿人的攀升都要用时更短，考虑到中国此后基本不可能再

---

① 本小节所涉及的各期中国老年人口规模数据为本书基于 2015 年全国 1%人口抽样调查（小普查）等数据预测所得。

有上亿人的老年规模增幅，该时期的增速可谓空前绝后，这与中国 20 世纪 60 年代中后期至 20 世纪 70 年代中前期出生数量的高位演进态势密切相关。步入 4 亿人时代之后，中国老年人口总量增长的势头将在一段时间内相对趋缓。直到跨过 4.5 亿人这道门槛（2045 年之后），中国老年人口规模还会再度出现相对较快速的增长局面，不过，无论速度还是时长，建成现代化强国的 2050 年前的快速增长时段都明显逊于基本实现现代化的 2035 年前。21 世纪后半叶，中国老年人口数量不会一直增长下去，预计将在 4.80 亿人以上的峰值水平徘徊 6 年左右（这可视为零增长期），而后才会跨过拐点，在 21 世纪剩余的时期中总体趋于稳中有降。

老年人口在各年份的净增规模更清晰地呈现了中国人口老龄化在 21 世纪前半叶波浪式的演进历程，以及在 21 世纪后半叶由零增长转负增长的变动轨迹：21 世纪前半叶，第 1 个为期约 4 年的波谷期预计共净增 1700 多万老年人口（年均净增约 430 万人），之后持续约 13 年的大波峰期合计将净增近 1.5 亿老年人口（年均净增约 1150 万人），第 2 个为期约 11 年的波谷期预计共净增 4300 多万老年人口（年均净增约 390 万人），而后持续约 5 年的小波峰期合计将净增近 3200 万老年人口（年均净增约 640 万人）。21 世纪后半叶，中国老年人口规模在经历短期稳定后将以年均净减约 430 万人的速度步入下行的通道。

在 21 世纪中叶之前，可以将年净增量为六七百万人看作波浪式变化的"平衡位置"，高于此进入波峰期，反之，低于此进入波谷期。其中，2018～2021 年，中国老年人口处于增长的波谷期，预计会由此前 900 多万人的年净增量降至不足 200 万人，特别是在 2021 年，中国将迎来 2050 年之前最低的老年人口年净增量。2022～2034 年，中国老年人口处在增长的波峰期，且是时间最长、水平最高的波峰期，预计各个年份都会净增超过 800 万老年人口，其中绝大多数年份的净增量甚至高于 1000 万。尤其值得关注的是，2021 年的最低值过后不久，2022 年的中国老年人口净增规模就将骤升至 950 余万人，而到 2023 年，中国将面对的是 21 世纪里最高的老年人口年净增量，可达 1500 余万人，短短几年之间极剧烈的老年人口规模变动应当在制定相关政策时加以高度重视。之所以将 2034 年视为一个重要节点，并不仅仅因为届时的中国老年人口总体规模有望突破 4 亿人，同时也考虑到此时的中国老年人口年净增量回落到与 2018～2021 年这一波谷期开始前大致相当的水平。其后，2035～2045 年，中国老年人口又将处于增长的波谷期，预计年净增量平均为 400 万人。而从 2046 年老年人口净增规模出现逆势上扬开始，21 世纪前半叶的最后 5 年里，中国老年人口处于增长的波峰期，不过，这要明显弱于之前的波峰期，预计各年份净增的老年人口均低于 800 万人。2051～2056 年，中国老年人口年净增量基本稳定在零值水平上，或有小幅波动。在这之后，中国老年人口净增规模将转为负，实际上表现为同比下降，初期降幅每年接近 500 万人。不过，考虑到中国总人口规模负增长届时已持续了近30年、劳动年龄人口规模负增长届时则延续了40余年，老年人口规模负增长时代的到来并不意味着老龄问题应对的压力就此减轻。

从21世纪前半叶中国老年人口规模以及比例波动性、阶段化的增长过程来看，随着第二次出生高峰（20世纪60年代）和第三次出生高峰（20世纪80年代）形成的人口队列相继步入老年期，基本实现现代化的2035年和建成现代化强国的2050年预计都将是中国人口老龄化的关键时间节点。2035年基本实现现代化前夕，中国老年人口的总体规模突破4亿人；年净增量经过了长时间、高水平的波峰期之后将会转入波谷期；65岁及以上老年人口在规模上直逼3亿人大关；80岁及以上高龄老年人口达到6000万人，与欧洲同年龄段老年人口的规模旗鼓相当。2050年建成现代化强国前夕，中国老年人口的总体规模约有4.8亿人，直逼峰值水平；年净增量跨过了最后一个高位演进期，此后转为零值以及负值；65岁及以上老年人口则即将开启第三个快速增长期；80岁及以上高龄老年人口在规模上突破1亿人大关。新时代，中国要完成基本实现现代化与建成现代化强国的战略安排，积极应对人口老龄化将是不可回避的重大发展议题。应当从应急性的老龄工作思维转变为前瞻性的老龄工作思路，把握中国人口老龄化波浪式特征，总结中国人口老龄化分阶段规律，不搞"一刀切"的、"一窝蜂"的老龄政策安排。加强阶段间的政策转换与政策衔接，始终坚持老年人口全部人群政策惠及和重点人群政策突破相统一，切实满足规模庞大的老年人口多方面、多层次的需求。一方面，要未雨绸缪地抓住慢速人口老龄化期的机遇，利用好这些化解矛盾、推动发展的最佳时间节点，抓实抓细"窗口期"的老龄政策设计；另一方面，要众志成城地应对快速人口老龄化期的挑战，通过广泛动员、汇聚合力突破这些紧要时间节点，做好、做足攻坚期的老龄政策准备。

二、老年人口教育水平持续提升，有利于健康老龄化和积极老龄化更好地实现

老年人口教育水平是新时代老龄社会治理体系建梁立柱、治理能力固本培元所不可或缺的基础信息。伴随出生队列代际更替，老年人口受中国教育事业发展的影响而表现出更高教育水平。新中国成立前，由于严重缺乏办教育所需的人财物、软硬件，该时期出生的队列几乎很少有人受过正规教育，由此导致新中国成立后相当长的历史时期里老年人口整体不可能有较高的文化程度。新中国成立后，教育事业迅速发展，特别是在改革开放以来，法律制度、财政经费、师资队伍等方面的教育保障能力大幅提高，在基础教育迅速普及的同时，高等教育也取得了长足进步，相继出生的队列在教育事业持续扩面、提质的作用下实现了科学文化

素质的切实改观，这意味着在跨越一定历史时期后，老年人口的教育水平必定能通过"量"的累积促成"质"的飞跃。中国老年人口的知识素养和文化观念发生明显改变，集中地表现为：基本不识字率降低，平均受教育年限抬升，以及受过高等教育比例提高。

改革开放以来的 40 余年之间，中国老年人口实现了从八成不识字到八成受过教育的历史性巨大转变[①]。20 世纪 80 年代前期，中国老年人口基本不识字率高达 79.4%。此后，在出生队列规模继替推动下，中国老年人口总体受教育状况逐渐地有所改观。自 20 世纪 90 年代以来，中国长期驶在老年人口教育水平改善的"快车道"，基本不识字率年均降幅不低于 2 个百分点。特别是步入 21 世纪，中国老年人口基本不识字率从 2000 年的 47.5%径直下降至 2010 年的 22.5%，10 年当中 25 个百分点的变化幅度前所未有。2015 年前后，中国老年人口平均受教育年限已提升至 6 年，为改革开放之初近 5 倍。受改革开放之初基本不识字率极高的影响，中国老年人口在 20 世纪 80 年代前期的平均受教育年限只有 1.4 年。老年人口未受教育比例高的同时，绝大部分受过教育的老年人口也仅是小学文化程度，相应比例高达八成。到 20 世纪 90 年代中期时，中国老年人口平均受教育年限在逐渐提升的过程中实现了较 20 世纪 80 年代前期翻一番，达 2.7 年。到 2010 年之前，中国老年人口的平均受教育年限在 20 世纪 90 年代中期基础上再翻一番，逼近 6 年。从过去约八成不识字到目前约八成受过教育，从过去平均勉强接受一点教育到目前平均完成小学文化程度，老年人口平均受教育年限提高了近 4 倍，进一步夯实了其满足自身生存需要、服务自身发展需求的科学文化素质根基。

到 21 世纪中叶，中国老年人口平均受教育年限达 10 年，受过高等教育的老年人口规模超过 8050 万人。中国老年人口平均受教育年限在 21 世纪中叶前将继续以较高的速度增长至 9.8 年，基本具备高中教育水平。达到高中及以上教育水平者所占比例将超过 35%。中国老年人口预计到 2040 年平均受教育年限突破 9 年，整体达到初中文化程度，到 2050 年平均受教育年限会比 2015 年时提高近 4 年：中国老年人口基本不识字率进一步降为 4.0%；达到初中文化程度的中国老年人口将占据主导地位，其从 2015 年时占 27.5%大举跃升至 47.7%；受过高等教育的中国老年人口规模预计将会超过 8050 万人，成为次于初中教育水平、近于高中教育水平的第三大受教育者群体。从普遍拥有小学学历，到整体完成初中学业，再进一步到平均步入高中学习阶段，老年人口彻底地摆脱了低教育水平，整体的受教育程度极大提高，这一巨大发展成就的背后，无疑是改革开放以来义务教育推行、高等教育普及等教育事业发展的积极推动。

---

① 本小节所涉及的各期中国老年人口教育数据系本书据 1982 年以来全国人口普查以及全国 1%人口抽样调查（小普查）等数据估计和预测所得。

分阶段看，中国老年人口 2035 年前基本不识字率显著降至 7%，之后受过高等教育比例快速升至 17%。在中国老年人口平均受教育年限持续提升的总体趋势下，老年人口教育构成状况以 2035 年基本实现现代化为时间节点呈鲜明的阶段性发展特征：一方面是在 2035 年之前，具有很低教育水平的老年人口比例明显下降；另一方面则是在 2035 年之后，受过较高程度教育的老年人口比例迅速上升。虽然到 2015 年时，绝大多数中国老年人口未受教育的局面已经得到根本性扭转，但据推算，仍有超过两成、约合 5000 万的老年人口基本不识字。中国老年人口受教育状况改善的步伐并未就此停止，2035 年前，基本不识字率将延续下降势头，年均降幅接近 0.8 个百分点，最终下降到 7% 以下。同期，具有小学文化程度者在受教育的老年人口中所占比例大幅降低约 30 个百分点，从而低于 30%。与之相对，2036 年至 2050 年间，由于未受过教育的中国老年人口还会保有相当规模，基本不识字率也会维持在一定的水平，将继续下降到 4%，且小学文化程度组所占比例年均降幅也会缩小。而在受教育程度链的另一端，持有较高学历的老年人口比例则跨过低水平的缓速发展期，迎来增长势头的上扬，特别是受教育的老年人口中达到高等教育水平的比例，2016 年至 2035 年间将上升 3.7 个百分点，此后十余年里则会上升约 10 个百分点。上述阶段性发展特征实际上是改革开放之后大力普及义务教育、持续发展高等教育的成果。

中国老年人口规模大增长的时代同时也是老年教育水平大提升的时代，中国人口结构老龄化的过程同时也是老年人口知识化的过程，未来中国老龄社会将要面对的已不再是文化素养相对很低、认识水平较为有限的老年人口。中国老年人口受教育水平的历史性变化至少会在以下两方面带来新的社会服务与社会政策影响，提出新的社会服务与社会政策要求：其一，在促进健康老龄化方面，结合世界卫生组织健康老龄化观来看，受教育程度的大幅改善可切实培育老年人口的健康素养、健康行为，并有效提升老年人口的健康敏感性、依从性，这不仅可以优化老年人口的内在能力，促进其生理与心理健康功能更好地整合，而且还能够通过与外在宏观、微观环境的互动式结合在老年人口中拓展功能发挥的空间，减少功能局限的影响，从而有助于老有所养、老有所为目标低成本、高效用地实现；其二，在推动积极老龄化方面，结合世界卫生组织积极老龄化观来看，受教育程度的大幅提高除了在"健康"维度上给老年人口带来正面的影响之外，还将在"参与"维度上逐渐开启老年人口劳动行为、政治活动、文化生活、公共服务等领域的新纪元，同时推动老年人口更主动地接受现代技术手段、接纳新兴产品资源，让智慧康养、终身学习等时代议题的价值进一步凸显，从而在"保障"维度上持续增进老年人口福祉，为老有所乐、老有所为奠定更加扎实的微观基础。

三、老年人口空巢独居规模庞大，呼唤出台促进代际共居的家庭发展政策

老年人口家庭居住特征是以居家为基础建设养老体系的最主要参照系。当前，中国老年人口中有近一半空巢老年人口，总量已突破1亿人[①]。其中，独居老年人口约占老年人口总量的10.0%，而仅与配偶同住的老年人口约占老年人口总数的41.9%。老年人口空巢化乃至独居化是中国快速现代化，特别是中国快速城镇化背景下家庭结构发生深刻变迁的必然结果。随着中国人口流动的频繁化以及分户居住现象的普遍化，一方面，中国的家庭规模日益小型化。2013年，中国家庭户规模已跌至3人以下（2.98人），而且家庭内部代际结构也日益简单化，无论在城市还是在农村，三四代"同堂而居"的家庭都已不再多见，二代户乃至一代户则成为当下主流的家庭类型，其中，近四成（约37.6%）的家庭内只剩一代人，这一代人通常都是老年人口，家庭规模变小以及代数减少直接导致家庭内部可长期提供老年人口照护工作的人力资源严重萎缩，家庭传统的养老照护功能被明显削弱。另一方面，家庭居住的离散化使得家庭关系日益疏离，如今早已不再是"父母在，不远游"的时代，面对着激烈的社会竞争和快速的生活节奏，年轻子女一代为了谋生以及获得更好的发展，不得不长期在外学习、工作，从而与父母一代两地分居，即便与父母居住较近的子女也大多迫于生活的沉重压力而不能时常承欢于父母膝下、照顾左右，这就导致中国事实意义上的空巢老年人口乃至独居老年人口规模庞大。可以预见的是，随着现代化特别是城镇化进程的延续，中国的空巢老年人口乃至独居老年人口规模还将会继续攀升。

尤其还应看到的是，中国男女两性人口平均预期寿命之差目前仍比较大[②]，未来虽然会有一定程度上的缩小，但仍将使老年期性别比（女性数量为100时对应的男性数量）在21世纪前半叶保持明显的下降势头，从而加剧老年人口性别结构失衡。根据本书按联合国经典平均预期寿命增长模型下的高速方案预测，中国老年期性别比预计将从2015年的大约94变为2020年的大约91、2035年的大约87、2050年的大约84，女性老年人口的规模到21世纪中期时超出男性老年人口近4300万人，达到峰值水平，这约占同期女性老年人口总量的16.4%，是2015年的大约6倍。与此同时，中国初婚年龄模式目前仍较突出地表现为"夫大于妻"。根据本书利用2017年全国生育状况抽样调查数据推算，改革开放以来，初婚夫妻平均婚龄差始终维持在男比女大2.5岁左右。在两者叠加影响下，孤寡女性老年

[①] 本小节所涉及的中国老年人口家庭数据转引自：国家卫生计生委家庭司. 2015. 中国家庭发展报告2015. 北京：中国人口出版社：3-15.

[②] 据国家统计局2015年基于全国1%人口抽样调查（小普查）数据推算，男性人口平均预期寿命约为73.6岁，而女性则约为79.4岁，二者相差5.8岁。

人口的规模会伴随中国人口老龄化深度发展而大举增长，她们预计将在独居老年人口中日渐占据主导性地位。考虑到孤寡女性老年人口通常更益凸显出生存发展的脆弱性，亟待多措并举地扩展其养老渠道、丰富其养老资源。

规模日渐庞大的空巢独居老年人口将给整个社会带来沉重的养老负担，为了找到能有效缓解这一负担的对症之药，需要厘清两个问题。一是空巢独居老年人口的大量出现是源于国民孝道的衰落还是现代生活的压力。与西方社会在基督教文化的影响下而淡漠骨肉亲情，崇尚个人主义不同，中国是个"伦理本位"的社会，国民的家庭观念很重。从古至今，在生产生活的方方面面，家庭都处于举足轻重的地位，整个社会呈现为一种以血缘关系为核心的"差序格局"，而且中国民众长久以来受到儒家"孝"文化的熏陶和教导，"百行孝为先""尊老敬老""老有所养""养儿防老"等思想观念早已根植于国民的血液之中，赡养父母也已经内化成国民的行为习惯。目前，空巢和独居老年人口的涌现以及家庭养老功能的削弱并非源于子女主观上赡养父母意愿的消退或所谓的孝道衰落，而实属现代生活多重压力下的无奈之举。二是生育更多的子女是否意味着能够有效避免晚年陷入空巢或独居状态。自2014年起，单独两孩政策正式启动实施，2016年起，全面两孩政策又相继启动实施，截至目前，已实施三孩生育政策及配套支持措施，我国生育政策的逐步放开意味着20世纪70年代以后的出生队列在步入老年后平均将比五六十年代的出生队列（这一出生队列的生育期恰逢独生子女政策实施时期）步入老年后拥有更多的子女，但这在逻辑上并不能推断出拥有更多子女的一代在晚年需要照料时就一定会有更多的子女"侍奉左右"。事实上，我国现如今的空巢老年人口大多数都是在计划生育政策实施之前就完成了自己的生育历程，他们大多拥有两个以上的孩子，但他们现在依然处于空巢状态。这说明，现代社会中生育更多的子女并不能避免人们在晚年陷入空巢或独居之中。换言之，老年空巢和独居现象出现的根本原因并非子女数量太少，而是现代化进程导致的生活与工作模式以及家庭结构的变迁。

老年空巢现象和家庭养老功能衰退问题的症结并非子女变得不孝顺抑或生育的子女数量太少，而在于快节奏、高压力、多变化的现代社会，人们没有足够的时间、精力以及财力兼顾自己的工作生活、下一代的抚养教育以及对老年父母的长期陪伴照料。在慢节奏的传统社会，"久病床前"尚且难有孝子，现代社会则甚至连"常回家看看"都成为一种奢望。但这并不意味着家庭养老模式在现代社会已彻底丧失活力，更不意味着我国已经有足够的实力单凭社会的力量就能承担全部的养老责任。事实上，家庭养老在我国有悠久的历史传统和丰富的实践积累，不仅年轻一代依然有孝顺和照料父母的自发意愿，老一代也有强烈的依赖子女、亲人的情感偏好和享受儿孙绕膝的天伦之乐的精神需求，这说明在现代化进程中重新激发家庭养老模式的活力，推动家庭养老功能的再实现是非常必要的，也是可行的。由于现阶段家庭养老功能实现受阻的关键原因在于子女普遍缺乏足够的时间、精力以及财力，而且通常与父母居住得较远，因此，为了"对症下药"，实现家庭养老功能的重生，政府应该采取有效措施，为子女提供时间、精力以及财力等多方面的支持甚至鼓励，使他们能够有条件也更愿意与父母住得更近，进而方便为父母提供更多的照料和陪伴。

具体来说，政府可以通过给予子女与老年人共同居住的家庭税收优惠和多种形式的经济补贴，或通过出台子女与老年人共同居住的租购房优惠制度等手段激励子女与父母同住，直接减少老年人空巢和独居现象的出现。此外，政府还可以尝试建立父母照料假制度，为有照料父母需求的在职子女提供一定时间的带薪假期；为家庭照料者提供无偿的专业技能培训和心理疏导，以提高家庭照料的效率和质量；为家庭照料者提供适度经济补助，弥补由于部分家庭成员长期脱岗照料老年人口而导致的经济损失；对于需要长期照料重度失能老年人的家庭照料者，应通过政府购买的方式，为其提供喘息服务，使其得到必要的休息和调整等。总之，政府和社会应提高对家庭照料者身心健康状况的重视程度，为其提供全方位、多层次的支持和指导，从而有效推进家庭养老功能的再实现并促进有老年人的家庭健康、和谐发展。除此之外，更积极地探索多种"搭伴"互助养老模式，突破政策束缚，创新制度设计，营造出更有利于"搭伴"互助养老的环境。

四、老年人口健康状况趋向改善，要求健全老年社会参与的政策支持体系

老年人口健康状况无疑是健康老龄化最为核心的关切点，这不仅在微观层面上关乎老年人自身多维度的发展是否会受限，同时也在宏观层面上关系着老龄化社会多领域的发展能否持续。从平均预期寿命这一"健康中国"建设进程中衡量人民健康水平高低的首要指标来看[①]，20世纪50年代以来，中国人口除了越来越普遍地可活到老年期之外，其60岁时平均预期寿命（也称"余寿"）已经从约10年翻一番目前达到超20年，到21世纪中叶预计将向25年逼近，成为中国人口平均预期寿命不断增长的主要贡献力量。进一步结合Sanderson和Scherbov（2008）所提出的"前瞻年龄"概念来看，现今70多岁的老年人口在相当意义上已等同于新中国成立之初新进入老年的人口，而现今新进入老年的人口则近似于新中国成立初尚不到50岁的中年人口。尽管老年人口活得越长寿并不完全就意味着活得越健康，实际上，中国人口健康预期寿命的增幅在过往一个时期相对不及

---

① 本小节所涉及的中国老年人口平均预期寿命数据转引自：United Nations, Department of Economic and Social Affairs, Population Division.World Population Prospects: The 2019 Revision. https://population.un.org/wpp.2019-06-19。

平均预期寿命的增幅[①]，但是老年期的平均预期寿命延长无疑仍是老年人口多维健康水平提升的重要基石、各类健康要素优化的必要前提。

以疾病的诊断这一健康要素为例，虽然中国老年人口慢性病患病率总体升高势头目前还没有得到根本性扭转，但在引入年龄、时期、队列分析模型，剥离掉年龄层面上结构老化持续加剧、时期层面上风险因素（如吸烟、超重、饮酒等）未被遏制等产生的负向影响后，仅从队列层面来看，新中国成立后出生的队列慢性病患病率明显低于新中国成立前出生的队列，随着出生队列进一步的后推，慢性病患病率逐渐下降。据此而言，中国老年人口健康状况改善有其人口学内在动力源，受队列层面正向影响持续对冲年龄层面、时期层面负向影响的推动，其患病水平未来有望发展为总体趋稳乃至趋降。事实上，从世界卫生组织健康老龄化观来看，老年人口患病水平变化仅代表其内在能力层面上的动态特征，如果把对健康状况的理解扩展到功能发挥层面，显然，伴随中国经济社会发展，老年人口功能发挥也将趋于改观。

中国老年人口健康状况所呈现的积极动向，使得老年社会参与能力更充分地提振起来、老年社会参与需求更迫切地激发起来，其中，老年人口劳动参与的能力与需求尤为凸显，应当及时跟进建立健全相应政策支持体系，这对盘活老年人力资本、补齐劳动力的短板，从而释放第二次人口红利、推动经济高质量发展具有格外重要的意义。当今中国，以税收政策为代表，老年人口劳动参与上的政策限制依旧突出、政策激励显著不足。重新设计与中国老龄社会发展相适应的、同老年能力需求变化相匹配的劳动就业制度框架，突破税收等方面的延迟退休年龄以及延迟退休年龄后的劳动参与政策限制，形成导向性更明确的、操作性更可靠的政策激励，从而切实提升老年人口在新时代建成社会主义现代化强国进程中的参与度。

第二节　把握老龄时代科技和经济发展的新动向

一、技术创新惠及老年人口的日常生活，不断开拓"智慧康养"新局面

改革开放以来，中国最突出的特点就是经济社会实现快速发展。受此影响，人民生活得到有效改善，其中的一个直观表现是生活的环境更为宜居，生活的条

---

① 世界卫生组织所发布的统计数据显示，单就女性而言，2000~2016年，中国人口60岁时平均预期寿命增长约1.5岁，但60岁时健康预期寿命则仅增长1.2岁，两者相差0.3岁（相当于平均预期寿命增幅的1/5、健康预期寿命增幅的1/4）。

件更加友好,这当然首先离不开技术创新的驱动。单就老年人口而言,这实际上使得生活自理对其身体状况的要求在持续下降,也就是说,纵使老年人口在生理机能(世界卫生组织健康老龄化观中的"内在能力")上总体并未得到明显提升甚至还略微降低,他们也有可能伴随着技术创新驱动下的生活环境和生活条件(世界卫生组织健康老龄化观中的"功能发挥")优化而从自理十分困难变为自理相对简单。如果使用自理状态预期寿命对此做出量化分析,将会看到的是在技术创新所营造的老年宜居友好生活环境下,老年人口自理状态预期寿命将会不断地提高。

以洗澡这件本来颇令老年人口感到棘手的事情为例,在自动热供水技术不发达、家用淋浴设施较为欠缺的生活环境中,光是集水、排水就会耗费相当一番体能。因此,手腿无力的老年人口在洗澡时往往需要借助他人之力方可完成,难以实现自理。然而,一旦自动热供水技术得以发展、家用淋浴设施逐渐地推广,老年人口洗澡的难度将大大降低,在洗澡上实现自理也就更有可能。根据2012年国家卫生和计划生育委员会三类地区人口流动及其影响因素监测调查数据,像生态环境脆弱、地处边境范围、少数民族聚居这几类发展相对落后的农村地区,发展太阳能技术、配置太阳能设备的家庭也已经将近两成,可以据此推断,目前全国的家用太阳能技术较普遍地应用,太阳能设备初具规模效应,未来必将极大缓解老年人口洗澡自理难题。又如,由于农村地区长期依赖柴草作为主要炊事燃料做饭烧水,柴草的收集和搬运并非老年人口可以轻松完成,自理具有一定难度。然而,随着燃气燃煤技术普及①,主要炊事燃料更趋向于获取自动化、使用简便化,做饭烧水也可达到自理水平。全国妇联和国家统计局第三期中国妇女社会地位调查数据(2010年)显示,大约65.7%的农村老年人口已很少需要再做捡草、砍柴等家务,主要炊事燃料的转型推动了老年人口自理能力的提升。

网络信息技术运用也给发展老龄事业、建设养老体系以满足老年人口日益增长的美好生活需要带来了新的机遇。截至2010年末②,中国网民规模约4.6亿人,其中,60岁及以上老年人口约占1.9%,据此推算,中国老年网民数量约863.8万人,约5.1%的老年人口使用互联网。而在20世纪50年代出生的人口队列中,互联网的普及率约为11.1%;20世纪60年代出生的人口队列使用互联网的比例则有24.1%;在20世纪80年代出生的人口队列中,互联网的普及率高达59.6%,移动互联网应用已极为普遍。目前,中国的网络信息技术依旧处在蓬勃发展的阶段,各个人口队列中的网民规模必将迅猛增加。可以预见的是,到2035年基本实现社

---

① 从第六次全国人口普查数据(2010年)看,全国的燃气家庭普及率达42.8%,全国的燃煤家庭普及率约13.9%。

② 本小节所涉及的中国老年人口网络应用数据转引自:中国互联网络信息中心.第27次中国互联网络发展状况统计报告, http://www.cac.gov.cn/2014-05/26/c_126548718.htm[2021-08-17]。

会主义现代化时,至少将有 1/4 的老年人口会成为网民;到 2050 年建成社会主义现代化强国时,互联网在老年人口中使用将十分普遍,保守估计比例也有六成。这样一来,老年人口与互联网相结合的紧密程度不断加强,老年人口也可有效把握互联网时代的红利,代际互动的模式、社会参与的方式等都将会为之一新,这对老年支持和服务体系的影响不可估量。随着老年人口教育水平的持续提升,他们能够更加充分地接纳、更加积极地运用现代新兴技术。应因时制宜地推出"智慧康养"举措,新一代的老年人口不仅使之具备了人群的基础,而且对其提出了相应的需求。通过物联、互联以及人工智能等方面的信息技术集成,融入"互联网+"理念,老年人口居家生活能力将会得到延展、居家生活质量也会得到改善:网上购物可以让老年人口轻松、快捷地进行商品消费,远程医疗可以让老年人口方便、及时地获取诊治服务,社交平台则可以让老年人口充分、有效地进行联络通信,这对那些腿脚不便的老年人口而言意义则尤为突出。与此同时,"智慧康养"还能推出多元化的服务模式、提供个性化的服务订制,满足不同层次老年人口的需求,特别是在精神生活方面的需求。

依托现代新兴技术,相继老去的一代代人可以把自身与社会之间的"距离"缩小到最低限度,全面提高社会适应水平,从而不再表现出传统老年理论所认为的"脱离"与"断裂"等行为。不过,在过去相当长的时期里,技术创新驱动下的老年生活环境的宜居化、生活条件的友好化主要还是依托家庭环境和社区环境的整体改善,还未形成大规模的、专业性的开发建设行动。当前,积极应对人口老龄化已经成为国家层面的战略规划。养老服务市场开放、老龄相关产业发展都将带来为老设施、助老设备等技术创新领域的繁荣,随着老年宜居环境、友好社会建设,老年人口自理水平必然还会继续提升,自理状态预期寿命继而有所延长。应着眼于居家养老在养老服务体系中的基础性地位,保证居家技术设计能够面向老年人口的需求,体现老年人口的特点,留足老年人口的空间:在卫生间等的技术设计上要为老年人口提供便捷、安全的环境,以便于老年人口洗澡、如厕,增加老年人口行动辅助设施;推动居家养老与当前的物业管理体系相互衔接,依托现代通信技术设备建立健全老年居家紧急呼救系统,并在物业管理中纳入老年紧急呼救的响应服务,从市场角度着眼更好地发挥物业管理体系在居家养老中的作用。

二、经济改革促成老年人口的财富积累,"资产养老"相对更具可行性

房产在中国当前的财富构成里举足轻重,特别是城镇地区,房产甚至可以占

到现今家庭财富的八成①。正在步入老年以及即将步入老年的20世纪五六十年代出生的人口队列几乎都已经是"有房一族",这是他们从中国改革发展的进程中直接获取的红利(主要是指城镇地区),明显区别于其他的人口队列。有赖于此,未来的20余年间,60岁及以上老年人口的生存发展能够立足在相对更为充裕的财富基础之上,养老方式可以赢得创新的动力和转型的契机。

相比于存款、股票等类型的财富,房产在不同年代出生的人口队列中差别最为突出,而20世纪五六十年代出生的人口队列拥有房产的比例相对最高,这很大程度上说明他们整体的财富保有量在各个年代出生的人口队列中最多。全国妇联和国家统计局第三期中国妇女社会地位调查数据(2010年)显示,从城镇居民及其配偶持有的名下财产来看,20世纪50年代出生的人口队列拥有房产的比例可达85.7%,20世纪60年代出生的人口队列相应的则有80.0%。两者都显著高于在其之后出生的人口队列,而20世纪70年代出生的人口队列相应的则为74.4%(与20世纪50年代相差11.3个百分点),20世纪80年代出生的人口队列只有37.9%(尚不及20世纪50年代的一半)。但在存款方面,20世纪50~70年代出生的人口队列持有比例都在八成以上,代际之间最多只相差大约3个百分点,20世纪80年代出生的人口队列持有比例相对偏低一些,但也约有3/4;在股票等方面,各个年代出生的人口队列持有比例都在一到两成,代际之间最多相差不到7个百分点。

在整个生命周期中,越是逼近于老年阶段,理论上财富积累得应当越多。不过,对于20世纪五六十年代出生的人口队列,成为"有房一族"是在很大程度上直接受惠于中国的经济转轨和社会转型,相比之下,在其之后出生的人口队列则不具备这种财富积累的优势。20世纪五六十年代出生的人口队列由于是在住房市场化、商品化改革之前就已参加工作较长时间,他们依靠福利分房制度以极低的成本得到房产。而当居民住房货币化、私有化之后,这些房产出现大幅升值,他们可谓是短时间内坐收丰厚的财富。20世纪70年代中期以后出生的人口队列基本都是在福利分房制度取消、商品住房价格攀升的背景下参加工作的,目前拥有房产的比例很低,未来财富积累的难度也要更大。根据全国妇联和国家统计局第三期中国妇女社会地位调查数据(2010年),在当时仍工作的居民中,20世纪五六十年代出生的人口队列享有福利房、经适房等住房福利的比例约为两成,而20世纪80年代出生的人口队列则只有7.3%。总的来说,未来20余年间的新一代的老年人口从计划经济向市场经济的转变中促成财富积累,相对轻松许多。因此,尽管他们规模庞大,但是房产带来了可观的财富积累,可使他们得到较为充分的养老资金支持。

新一代的老年人口在中国改革发展的进程中积累了财富,也就积累了养老资

---

① 利用中国家庭追踪调查数据推算,就全国而言,房产占到现今家庭财富的超过七成。

源，这能够拓宽养老金之外的经济支持渠道。应当创造条件促成这些财富向养老资源的有效转化，从而为"以房养老"等"资产养老"方式开辟道路。尤其是对于那些目前生活在特大城市市区的人群，其中也不乏低收入的贫困者却拥有房产，如果单就养老金这一类的收入而言，他们的养老问题极为突出，但倘若能将房产置换出养老资金，他们的处境将有极大改观。通过鼓励和引导新一代的老年人口退休之后迁离市区原来居住的地方，前往环境更加优美但房价相对偏低的地带定居，不仅可以为老年健康生活营造更加适宜的氛围，而且也可以利用房价差为老年优质生活谋取更为切实的福利。这在国外早已屡见不鲜。例如，美国老年人口从东北部向"阳光地带"的迁移。当然，推动"资产养老"的实现还离不开养老宜居社区建设以及医疗卫生服务供给、文化娱乐设施配套等相关举措，让"资产养老"不只看起来、听起来"很美"，真正做起来"更美"。

第三节 扎根文化环境完善养老布局

一、"熟人社会"的天然纽带为互助型社会养老发展创造有利的条件

"差序格局"是中国传统社会环境的一大鲜明特征。明显有别于西方现代社会中人与人之间如同"一捆一捆扎清楚的柴"这种"团体格局"，中国传统社会人际关系更像"一块石头丢在水面上所发生的一圈圈推出去的波纹"。这就是说，在中国传统社会里，独立个体并不是通过同他人无序次乃至无差别地交往来建立可选择的关系，而是以家庭关系所代表的血缘关系和血缘关系所"投影"的地缘关系作为中心，通过逐渐向外推移建立起亲疏有别、远近有序的关系。其结果是，中国较之西方更有可能在"差序格局"所波及的一定地域范围内发展出典型的"熟人社会"：长期共同生活于其间的人们因为时常接触、频繁互动，彼此熟悉进而相互信任，对由此约定俗成的行为规矩普遍较有认同感、遵循感，这种亲密性、默契性甚至可上升至伦理责任、舆论压力层面，从而能有效地避免人们随心所欲行事。因此，中国传统社会环境相比之下，更有利于发展相对较依赖于非正式关系的互助型社会养老等。而中国人口分布特点同样也可为发展互助型社会养老等提供便利。不同于许多西方国家地广人稀（特别是其农村地区），黑河—腾冲一线（"胡焕庸线"）以南的中国农村地区人口聚居度比较高，这无疑是"差序格局"得以作用、"熟人社会"得以衍生、互助型社会养老等得以发展的人口学条件。

在相当程度上尚存有乡土性的中国农村地区，"熟人社会"为互助型社会养老等的发展创造出了得天独厚的文化土壤。经过一系列的探索，目前，多地已经形成以守望相助为重要指引理念，以食、住、精神慰藉、生活照料为主要服务内

容，以群众自发、能人带动、干部领导多元组织动员形式为必要治理手段的典型农村互助型社会养老模式，既包括河北孙家寨"饺子宴"、陕西安康"结伴养老"、湖北沙洋"老来乐互助组"等为代表的互助型社区居家养老模式，也包括河北肥乡"互助幸福院"、湖北赤壁"曙光合作社"、上海堰泾"幸福老人村"等为代表的互助型机构集中养老模式。未来，还应更充分地发扬传统文化优势，寓居家养老于"熟人社会"之中，改善邻里的养老服务支持能力，提升社区的养老服务供给水平，深掘潜能、厚植基础，进而最大限度地做足养老服务资源，织密养老服务网络，最终惠及老年人口。

二、农村户籍流动人口养老需求更趋升级化，养老方式更趋多元化

改革开放之后，中国迎来人口大流动的发展时代，人们的眼界早已经不再囿于所居住的社区。随着生活范围扩大，特别是生活范围向发达地区延展，人们接触到新兴事物、现代观念的可能都将明显增加。古云："井底之蛙，所见不大。"见多方能识广，人口流动实际上是天然的社会教育和自我学习过程。尤其是对农村人口而言，流动前往城镇务工、经商，除了有效地提高他们的收入水平，有利于他们去克服预算约束之外，还会在相当程度上强化他们接受新事物、接纳新理念的意愿乃至能力。以网络信息技术的应用为例，根据全国妇联和国家统计局第三期中国妇女社会地位调查数据（2010年），持农业户口者跨区县流动到城镇地区6个月及以上的比例约为14.6%，他们的上网比例高于其他持农业户口者11个百分点。这无疑将引领农村户籍流动人口养老需求转型升级，推动农村户籍流动人口养老方式走向多元，使之明显地区别于长期留守农村的人口，进而有望塑造农村新型养老文化。

从国家卫生和计划生育委员会2016年流动人口卫生计生服务流出地监测调查数据来看，一方面，相较于未有流动经历的老年人口，有过流动经历的农村老年人口倾向于在自己家居家养老的比例要更高，而倾向于在子女家居家养老的比例则相应更低，这意味着，他们自我支持养老能力更为显著，依赖子女养老的需求不突出，实际上反映了流动促成农村返乡老年人口经济条件的改善，也在一定程度反映了流动促使农村返乡老年人口思维方式的变革，"养儿防老"等传统观念的农村"市场"加速收缩；另一方面，较之于未有流动经历的老年人口，有过流动经历的农村老年人口机构养老意愿要更强，而家庭养老意愿则相应更弱，这就说明，他们对一系列社会养老形态的接受度持续提升，特别是对机构养老的拒绝度有所减弱，实际上也是流动带来农村返乡老年人口思维方式现代化的结果，而互助型社会养老等的发展基础则得以进一步夯实。未来，中国人口流动的大潮会继续席卷农村地区，在农村返乡老年人口的示范带动下，农村养老需求升级发展、养老方式多元发展的步伐还将延续。

参 考 文 献

安克艺, 石寅霞, 陈丝, 等. 2018. 北京市老年人终身学习现状及特征分析. 中国教育技术装备, (18): 52-54.

白南生, 李靖, 陈晨. 2007. 子女外出务工、转移收入与农村老人农业劳动供给——基于安徽省劳动力输出集中地三个村的研究. 中国农村经济, (10): 46-52.

白忠良, 杨静, 梅光亮, 等. 2018. 我国健康老龄化事业的 PEST 分析. 中国卫生事业管理, (3): 161-162, 181.

北京市老龄工作委员会办公室, 北京师范大学中国公益研究院. 2017. 北京市老龄事业发展和养老体系建设白皮书(2017). 北京: 社会科学文献出版社.

蔡桂兰, 陈芳元, 周萍. 2016. 老年痴呆照料者专业照料需求的调查分析. 临床护理杂志, 15(2): 18-21.

曹艳春, 王建云. 2013. 老年长期照护研究综述. 社会保障研究, (3): 56-65.

陈丹妮. 2018. 人口老龄化对家庭金融资产配置的影响——基于CHFS家庭调查数据的研究. 中央财经大学学报, (7): 40-50.

陈皆明, 陈奇. 2016. 代际社会经济地位与同住安排——中国老年人居住方式分析. 社会学研究, 31(1): 73-97, 243-244.

陈婧, 马奇炎. 2019. 老年金融消费趋势、问题及公共管理对策建议. 现代管理科学(3): 66-68.

陈社英, 刘建义, 马箭. 2010. 积极老龄化与中国: 观点与问题透视. 南方人口, 25(4): 35-44.

陈卫. 1995. 中国的低生育率. 中国社会科学, (2): 75-96.

陈卫. 2002. 中国妇女婚姻状态及其影响因素分析. 人口学刊, (4): 32-35.

陈卫. 2016. 国际视野下的中国人口老龄化. 北京大学学报(哲学社会科学版), 53(6): 82-92.

陈卫, 杜夏. 2002. 中国高龄老人养老与生活状况的影响因素——对子女数量和性别作用的检验. 中国人口科学, (6): 51-57.

陈卫, 段媛媛. 2019. 中国近10年来的生育水平与趋势. 人口研究, (1): 3-17.

陈杏铁, 张正义. 2003. 老年社会工作. 北京: 中国人民大学出版社.

陈瑜. 2017. 上海市独居与非独居老人健康状况、社会支持与生活质量比较. 中国老年学杂志, 37(24): 6211-6214.

陈长香, 李淑杏, 吴安娜, 等. 2013. 日常交流对老年脑梗死患者记忆障碍的影响. 中国老年学杂志, 33(13): 3163-3164.

程令国, 张晔, 沈可. 2015. 教育如何影响了人们的健康？——来自中国老年人的证据. 经济学(季刊), 14(1): 305-330.

程巧玲. 2009. 论终身学习与人的发展. 社会科学家, (12): 98-101, 107.

慈勤英. 2016. 家庭养老: 农村养老不可能完成的任务. 武汉大学学报(人文科学版), (2): 12-15.

党俊武, 魏彦彦, 刘妮娜. 2018. 老龄蓝皮书: 中国城乡老年人生活状况调查报告(2018). 北京: 社会科学文献出版社.

狄红梅, 陆虹. 2008. 对老年痴呆患者的主要照顾者照顾性行为的现状调查. 护理管理杂志, 8(1): 7-9.

丁志宏, 夏咏荷, 张莉. 2019a. 城市独生子女低龄老年父母的家庭代际支持研究——基于与多子女家庭的比较. 人口研究, 43(2): 87-99.

丁志宏, 游奇, 魏海伟. 2017. 谁更会给老年父母经济支持?. 中国农业大学学报(社会科学版), 34(2): 102-111.

丁志宏, 张亚锋, 夏咏荷. 2019b. 我国老年人生活来源现状及变化: 2010—2015 年. 老龄科学研究, (1): 33-46.

董方. 2014. 老年人收入差异及其影响因素研究——基于中国综合社会调查(CGSS2010)的实证分析. 山东大学硕士学位论文.

董晓欣, 郭春燕, 赵凌波. 2017. 我国失智老人照护服务现状及其优化策略. 卫生经济研究, (1): 47-49.

杜鹏. 1999. 中国老年人居住方式变化的队列分析. 中国人口科学, (3): 53-58.

杜鹏. 2003. 中国老年人主要生活来源的现状与变化. 人口研究, (6): 37-43.

杜鹏. 2017.《"十三五"国家老龄事业发展和养老体系建设规划》专家解读之三: 加强顶层设计、科学应对人口老龄化. 中国社会工作, (11): 16-17.

杜鹏, 董亭月. 2015. 促进健康老龄化: 理念变革与政策创新——对世界卫生组织《关于老龄化与健康的全球报告》的解读. 老龄科学研究, (12): 3-10.

杜鹏, 加里·安德鲁斯. 2003. 成功老龄化研究——以北京老年人为例. 人口研究, (3): 4-11.

杜鹏, 王永梅. 2016. 全面小康社会与老年长期照护: 问题与对策. 中国民政, (17): 19-21.

杜鹏, 王永梅. 2018. 改革开放 40 年我国老龄化的社会治理——成就、问题与现代化路径. 北京行政学院学报, (6): 13-22.

杜鹏, 王永梅. 2019. 乡村振兴战略背景下农村养老服务体系建设的机遇、挑战及应对. 河北学刊, 39(4): 172-178, 184.

杜鹏, 武超. 2006. 1994～2004 年中国老年人主要生活来源的变化. 人口研究, (2): 20-24.

杜鹏, 谢立黎. 2014. 中国老年人主要生活来源的队列分析. 人口与经济, (6): 3-11.

杜鹏, 杨慧. 2009. 中国和亚洲各国人口老龄化比较. 人口与发展, 15(2): 75-80.

杜鹏, 殷波. 2004. 两代人对老年人再婚态度的实证分析. 人口研究, (4): 37-42.

杜鹏, Asghar Zaidi, 陈鹤. 2017. 老年公平在中国. 中国老年报, (002).

杜鹏, 丁志宏, 李全棉, 等. 2004. 农村子女外出务工对留守老人的影响. 人口研究, (6): 44-52.

杜鹏, 孙鹃娟, 张文娟, 等. 2016. 中国老年人的养老需求及家庭和社会养老资源现状——基于 2014 年中国老年社会追踪调查的分析. 人口研究, 40(6): 49-61.

杜鹏, 翟振武, 陈卫. 2005. 中国人口老龄化百年发展趋势. 人口研究, 29(6): 90-93.

费孝通. 1983. 家庭结构变动中的老年赡养问题——再论中国家庭结构的变动. 北京大学学报(哲学社会科学版), (3): 7-16.

高志敏. 2003. 关于终身教育、终身学习与学习化社会理念的思考. 教育研究, 24(1): 79-85.

顾宝昌, 侯佳伟, 吴楠. 2019. 中国总和生育率为何如此低?——推延和补偿的博弈. 人口与经济, (1): 49-62.

顾大男, 曾毅. 2004. 高龄老人个人社会经济特征与生活自理能力动态变化研究. 中国人口科学, (S1): 16-23, 176.

郭爱妹, 顾大男. 2018. 成功老龄化: 理论、研究与未来展望. 南京师大学报(社会科学版), (3): 102-110.

郭爱妹, 石盈. 2006. "积极老龄化": 一种社会建构论观点. 江海学刊, (5): 124-128.

郭平, 陈刚. 2009. 2006 年中国城乡老年人口状况追踪调查数据分析. 北京: 中国社会出版社.
郭未, 张刚, 杨胜慧. 2013. 中国老年人口的自理预期寿命变动——二元结构下的城乡差异分析. 人口与发展, 19(1): 64-72.
郭艳茹, 张琳. 2013. 保姆换养老: 收入、健康对中老年女性再婚的影响. 世界经济文汇, (1): 24-40.
郭振军, 赵玫, 吕晓珍, 等. 2016. 痴呆居家照料培训需求现状及影响因素分析. 中国公共卫生, 32(1): 108-112.
郭震威, 奇险峰. 2013. 人口老龄化另一种测量指标. 人口研究, (3): 51-55.
郭志刚. 1990. 我国单身户问题的研究. 中国人口科学, (1): 49-51.
郭志刚. 2013. 中国人口生育水平低在何处——基于六普数据的分析. 中国人口科学, (2): 2-10.
郭志刚. 2017. 中国低生育进程的主要特征——2015 年 1%人口抽样调查结果的启示. 中国人口科学, (4): 2-14.
国家统计局. 2018. 2018 中国统计年鉴. 北京: 中国统计出版社.
国家卫生计生委家庭司. 2015. 中国家庭发展报告 2015. 北京: 中国人口出版社.
国务院人口普查办公室, 国家统计局人口和就业统计司. 2012. 中国 2010 年人口普查资料. 北京: 中国统计出版社.
何兰萍, 杨林青. 2017. 分户不分居: 代际支持与农村老年人居住方式. 人口与社会, 33(2): 51-58.
何平. 2017. 德国社会保险的探索——以长期照护保险制度为例. 理论月刊, (9): 177-183.
洪国栋, 等. 1996. 论家庭养老//石涛. 家庭与老人. 北京: 中国文联出版社: 16-23.
洪天慧. 2011. 中国和谐家庭建设报告. 北京: 社会科学文献出版社.
侯倩茹. 2013. 农村老年人再婚问题研究. 河北大学硕士学位论文.
胡宏伟, 李延宇, 张澜. 2015. 中国老年长期护理服务需求评估与预测. 中国人口科学, (3): 79-89, 127.
胡蓉, 徐颖丽. 2007. 美国反向抵押贷款及其对我国的借鉴. 金融理论与实践, (4): 77-79.
胡湛, 彭希哲. 2014. 中国当代家庭户变动的趋势分析——基于人口普查数据的考察. 社会学研究, 29(3): 145-166, 244.
纪会藏, 朱霞, 孙道才. 2013. 心理健康讲座对离退休老干部心理健康水平的影响. 中国健康心理学杂志, 21(5): 795-797.
姜向群, 杜鹏. 2009. 中国老年人的就业状况及其政策研究. 中州学刊, (4): 109-113.
姜向群, 魏蒙, 张文娟. 2015. 中国老年人口的健康状况及影响因素研究. 人口学刊, 37(2): 46-56.
姜向群, 杨菊华. 2009. 中国女性老年人口的现状及问题分析. 人口学刊, (2): 48-52.
姜向群, 郑研辉. 2013. 中国老年人的主要生活来源及其经济保障问题分析. 人口学刊, (2): 42-48.
姜向群, 郑研辉. 2014. 中国老年人居住方式的转变及其影响机制分析. 广西民族大学学报(哲学社会科学版), 1: 34-38.
焦开山. 2013. 中国老年人的居住方式与其婚姻状况的关系分析. 人口学刊, (1): 78-86.
焦开山. 2014. 健康不平等影响因素研究. 社会学研究, 29(5): 24-46.
金晓彤, 崔宏静. 2014. 亚洲国家"以房养老"模式的经验与借鉴——以日本和新加坡反向住房抵押贷款为例. 亚太经济, (1): 11-15.

靳小怡, 崔烨, 郭秋菊. 2015. 城镇化背景下农村随迁父母的代际关系——基于代际团结模式的分析. 人口学刊, 37(1): 50-62.

靳永爱, 周峰, 翟振武. 2017. 居住方式对老年人心理健康的影响——社区环境的调节作用. 人口学刊, 39(3): 66-77.

景日泽, 章湖洋, 方海. 2017. 国际经验对我国建立长期照护保险制度的启示. 中国卫生经济, 36(7): 89-93.

康越, 李丹. 2018. 我国高龄老人养老问题及对策研究——以北京市高龄老人养老服务体系为例. 西南民族大学学报(人文社科版), 39(3): 9-14.

赖妙华. 2017. 何时方休?——中国老年人就业参与的队列分析. 北京社会科学, (3): 102-110.

乐昕, 彭希哲. 2016. 老年消费新认识及其公共政策思考. 复旦学报(社会科学版), (2): 126-134.

李安琪, 陈鸣声, 王中华. 2019. 中老年慢性病人群卫生服务未利用状况及公平性研究. 中国全科医学, 22(22): 2728-2734.

李建新, 张浩. 2017. 生育史对中国老年女性寿命的影响. 中国人口科学, (3): 81-90.

李克纯. 2013-10-14. 海外模式崩盘中国式"以房养老"易生难养. 中国房地产报, (B02).

李萌, 陆蒙华, 张力. 2019. 老年贫困特征及政策含义——基于CHARLS数据的分析. 人口与经济, (3): 102-114.

李明锋, 张立龙, 熊文靓. 2019. 中国丧偶老年人居住方式及影响因素分析——基于2015年第四次中国城乡老年人生活状况抽样调查数据. 调研世界, (2): 24-28.

李珊, 杨忠振. 2012. 城市老年宜居社区的内涵和评价体系研究. 西北人口, 33(2): 17-21, 26.

李涛. 2015. 论人口老龄化背景下的养老法律制度完善. 江汉论坛, (12): 131-135.

李昕蔚. 2010. 以房养老——一种有效的养老保障补充方式. 改革与开放, 11(22): 187-188.

李月英. 2010. 农村空巢老人研究的文献综述. 科教导刊, (32): 160-161.

李长远, 张会萍. 2018. 民族地区老年人对社区居家医养结合养老服务模式选择意愿及影响因素分析——基于安德森行为模型的实证研究. 云南民族大学学报(哲学社会科学版), (5): 135-143.

李智杰. 2010. 老年期痴呆. 北京: 中国医药科技出版社.

梁爽. 2013-10-22. 日本: "以房养老"仍在推进试行中. 法制日报, (010).

梁荫基. 2010. 虚弱指数在老年人健康评估中的应用及研究进展. 中华护理杂志, 45(12): 1144-1146.

林晓珊. 2018. 改革开放四十年来的中国家庭变迁: 轨迹、逻辑与趋势. 妇女研究论丛, (5): 52-69.

刘昌宇, 孙继琼, 边慧敏. 2019. 共享发展理念: 特征、维度及促进机制. 科学社会主义, (4): 50-55.

刘华富, 李敏. 2016. 老年人证券投资现状及发展态势研究——基于中国证券登记结算数据分析. 改革与战略, (6): 70-73, 117.

刘欢. 2017. 社会经济地位差异下的老年人口居住安排——基于家庭代际支持视角的研究. 北京社会科学, (9): 102-111.

刘欢, 向运华. 2017. 农村老年人劳动供给行为及其决定因素. 广西财经学院学报, (1): 37-47.

刘洁, 吴慧, 仇晓春. 2018. 全球精准医疗研究的热点分析. 上海交通大学学报(医学版), 38(12): 1504-1508.

刘利鸽, 刘红升, 靳小怡. 2019. 外出务工如何影响农村流动人口的初婚年龄?. 人口与经济, (3):

32-47.

刘美玉. 2013. 人口高龄化对我国经济影响研究. 内蒙古财经大学硕士学位论文.

刘守英. 2015. 农村宅基地制度的特殊性与出路. 国家行政学院学报, (3): 18-24, 43.

刘文, 焦佩. 2015. 国际视野中的积极老龄化研究. 中山大学学报(社会科学版), 55(1): 167-180.

刘汶蓉. 2013. 当代家庭代际支持观念与群体差异——兼论反馈模式的文化基础变迁. 当代青年研究, (3): 5-12.

刘晓梅, 李蹊. 2017. 德国长期照护保险供给体系对我国的启示. 学习与探索, (12): 43-47.

刘洋洋. 2016. 农村子女给予父母经济支持的影响因素分析. 老龄科学研究, 4(11): 53-61.

刘也, 张安全, 雷震. 2016. 住房资产的财富效应: 基于CHFS的经验证据. 财经科学, (11): 71-78.

刘玉荣, 李建英. 2013. 我院医务人员年度考核工作存在问题和改进. 中国医院, (11): 68-69.

刘长茂. 1991. 人口老化标准研究. 人口学刊, (3): 8-11.

卢敏, 黄剑焜, 彭希哲. 2018. 老年人口生活自理能力变迁与老年定义重新思考. 南方人口, (1): 58-69.

卢敏, 王雪辉, 彭聪. 2019. 社会政策性别中立背景下我国老年人口自理预期寿命变动分析——基于2005和2015年全国1%人口抽样调查的实证研究. 人口与发展, 25(1): 100-110.

芦媛媛. 2017. 论日本"以房养老"及其启示. 广州大学学报(社会科学版), 16(10): 91-96.

鲁兴虎, 兰青. 2019. 融合与排斥: 都市"老漂族"代际关系矛盾心境分析. 人口与社会, 35(2): 15-23.

陆杰华, 阮韵晨, 张莉. 2017. 健康老龄化的中国方案探讨: 内涵、主要障碍及其方略. 国家行政学院学报, (5): 40-47.

陆杨莹. 2018. 长期护理保险建设中的政府责任研究——以上海市C区为例. 华东政法大学硕士学位论文.

罗淳. 2001. 从老龄化到高龄化: 基于人口学视角的一项探索性研究. 北京: 中国社会科学出版社.

吕亚军, 刘欣. 2009. 家庭政策概念的辨析. 河西学院学报, 6: 5-10.

穆光宗. 2002. 家庭养老制度的传统与变革: 基于东亚和东南亚地区的一项比较研究. 北京: 华龄出版社.

穆光宗. 2015. 成功老龄化: 中国老龄治理的战略构想. 国家行政学院学报, (3): 55-61.

穆光宗. 2018. 不分年龄, 人人健康: 增龄视角下的健康老龄化. 人口与发展, 24(1): 11-13.

倪超, 邵俊霖, 张欣亮, 等. 2014. 中国人口高龄化: 危害、趋势及对策. 中国人力资源开发, (20): 73-78.

聂建亮. 2018. 养儿还能防老吗?——子女人口经济特征、代际关系与农村老人养老资源获得. 华中科技大学学报(社会科学版), 32(6): 33-41.

宁泽逵. 2012. 中国农村老人劳动供给研究. 西北农林科技大学博士学位论文.

潘允康, 林南. 1992. 中国的纵向家庭关系及对社会的影响. 社会学研究, (6): 73-80.

庞丽华, Rozelle S, Brauw A D. 2003. 中国农村老人的劳动供给研究. 经济学(季刊), (2): 721-730.

庞玉芳, 黄莉雯, 凌云, 等. 2017. 居家养老电子健康档案管理体系构建. 中国卫生质量管理, (5): 103-105.

彭大松. 2015. 个人资源、家庭因素与再婚行为——基于CFPS2010数据的分析. 社会学研究, 30(4): 118-142, 244.

彭亮, 王裔艳. 2010. 上海高龄独居老人研究. 南方人口, (5): 24-31.
彭青云. 2018. 中国城乡老年人在业状况及其趋势分析. 老龄科学研究, (5): 14-29.
彭希哲, 卢敏. 2017. 老年人口死亡概率时代变迁与老年定义的重新思考. 人口与经济, (2): 1-10.
钱鑫, 姜向群. 2006. 中国城市老年人就业意愿影响因素分析. 人口学刊, (5): 24-29.
乔晓春, 张恺悌, 孙陆军, 等. 2005. 对中国老年贫困人口的估计. 人口研究, (2): 8-15.
曲嘉瑶, 孙陆军. 2011. 中国老年人的居住安排与变化: 2000～2006. 人口学刊, (2): 40-45.
人口研究编辑部. 1999. 构建中国特色的"不分年龄、人人共享"的社会. 人口研究, 23(1): 24-35.
沙银华. 2009-11-17. 日本的"以房养老"有三大风险. 中国保险报, (007).
单奕. 2014. 发达国家"以房养老"的经验及特点. 唯实, (4): 87-90.
施巍巍, 刘一姣. 2011. 德国长期照护保险制度研究及其启示. 商业研究, (3): 98-105.
石人炳. 2012. 我国农村老年照料问题及对策建议——兼论老年照料的基本类型. 人口学刊, (1): 44-51.
石智雷, 吴志明. 2018. 早年不幸对健康不平等的长远影响: 生命历程与双重累积劣势. 社会学研究, 33(3): 166-192, 245-246.
舒玢玢, 同钰莹. 2017. 成年子女外出务工对农村老年人健康的影响——再论"父母在, 不远游". 人口研究, 41(2): 42-56.
宋惠平, 陈峥. 2015. 构建长期照护体系是解决养老问题的根本途径. 老龄科学研究, 3(8): 62-66.
宋健, 范文婷. 2016. 中国城市家庭的代际情感交流——基于独生子女生命历程视角的实证分析. 南方人口, 31(2): 26-35, 80.
宋健, 黄菲. 2011. 中国第一代独生子女与其父母的代际互动——与非独生子女的比较研究. 人口研究, 35(3): 3-16.
宋璐, 李亮, 李树茁. 2015. 子女迁移对农村老年人心理福利的影响——基于安徽省的纵贯调查. 中国人口科学, (2): 115-125, 128.
宋全成, 崔瑞宁. 2013. 人口高速老龄化的理论应对——从健康老龄化到积极老龄化. 山东社会科学, (4): 36-41.
宋卫芳. 2016. 积极老龄化面临的问题及其实施途径. 人民论坛, (11): 132-134.
宋月萍, 李龙. 2015. 住房财产会影响老年人遭受虐待吗——来自中国城镇地区的证据. 财经科学, (1): 129-140.
孙国根. 2014. 复旦复华药业倡导"传播脑科学, 促进脑健康"建立失智老人服务体系和辅助体系. 上海经济, (10): 50.
孙鹃娟. 2013. 中国老年人的居住方式现状与变动特点——基于"六普"和"五普"数据的分析. 人口研究, (6): 35-42.
孙鹃娟. 2015. 中国老年人的婚姻状况与变化趋势——基于第六次人口普查数据的分析. 人口学刊, 37(4): 77-85.
孙鹃娟. 2017. 中国城乡老年人的经济收入及代际经济支持. 人口研究, (1): 34-45.
孙鹃娟, 李婷. 2018. 中国老年人的婚姻家庭现状与变动情况——根据2015年全国1%人口抽样调查的分析. 人口与经济, (4): 99-107, 123.
孙宁, 任光圆, 吴佳莹, 等. 2018. 宁波市长期照护服务现状及挑战. 中国初级卫生保健, (12): 9-11.

唐金成, 曾斌. 2015. "以房养老"的国际比较及其借鉴. 西南金融, 11: 3-6, 16.
陶立群. 2004. 中国老年人住房与环境状况分析. 人口与经济, (2): 39-44.
童辉杰, 黄成毅. 2015. 当代中国家庭结构的变迁及其社会影响. 西北人口, (6): 81-84, 88.
王德文, 张恺悌. 2005. 中国老年人口的生活状况与贫困发生率估计. 中国人口科学, (1): 58-66.
王德文, 蔡昉, 张学辉. 2004. 人口转变的储蓄效应和增长效应——论中国增长可持续性的人口因素. 人口研究, 28(5): 2-11
王广州. 2009. 中国独生子女总量结构及未来发展趋势估计. 人口研究, 33(1): 10-16.
王婧, Xiao L D, 王瑶, 等. 2014. 老年痴呆患者家庭照护者负担及其应对策略. 中国老年学杂志, (8): 2295-2298.
王磊. 2017. 中国独居老年人及其养老问题分析——基于2000、2010年全国人口普查汇总数据的初步考察. 老龄科学研究, 5(7): 32-41.
王磊, 郝静. 2020. 日本老年人力资源开发的实践与启示——以老年人才中心为例. 老龄科学研究, 8(3): 68-80.
王莉莉. 2012. 对完善中国家庭照料支持政策的思考与建议. 兰州学刊, 6: 138-145.
王瑞华. 1994. 日常生活活动能力(ADL)的测定. 中级医刊, 29 (4): 7.
王小龙, 兰永生. 2011. 劳动力转移、留守老人健康与农村养老公共服务供给. 南开经济研究, (4): 21-31, 107.
王晓琳. 2018. 老年人关爱服务体系重点问题研究. 理论界, (1): 62-68.
王叶梅, 陈国鹏, 宋怡. 2007. 成功老龄化的SOC模型研究综述. 心理科学, (2): 377-379.
王瑜, 汪三贵. 2014. 人口老龄化与农村老年贫困问题——兼论人口流动的影响. 中国农业大学学报(社会科学版), (1): 108-120.
王跃生. 2008a. 我国当代农村单人户研究. 中国农业大学学报(社会科学版), (2): 64-76.
王跃生. 2008b. 中国家庭代际关系的理论分析. 人口研究, (4): 13-21.
王跃生. 2014. 中国城乡老年人居住的家庭类型研究——基于第六次人口普查数据的分析. 中国人口科学, (1): 20-32, 126.
王振杰. 2018. 大数据与健康中国战略实施. 人口与发展, (5): 11-13, 52.
韦海蓓. 2019. 我国"以房养老"发展问题及对策. 管理观察, (3): 77-78.
魏蒙, 王红漫. 2017. 中国老年人失能轨迹的性别、城乡及队列差异. 人口与发展, 23(5): 74-81, 98.
闻雯, 沈赟, 朱扬扬. 2018. 不同经济收入层次的老年人就业空间研究——南京主城区为例//中国城市规划学会, 杭州市人民政府. 共享与品质——2018中国城市规划年会论文集(20 住房建设规划).
邬沧萍. 1999. 社会老年学. 北京: 中国人民大学出版社.
邬沧萍, 杜鹏. 2006. 中国人口老龄化: 变化与挑战. 北京: 中国人口出版社.
邬沧萍, 姜向群. 2015. 老年学概论. 3版. 北京: 中国人民大学出版社.
邬沧萍, 彭青云. 2018. 重新诠释"积极老龄化"的科学内涵. 中国社会工作, (17): 28-29.
吴安青. 2018. 英国住房转换计划对中国以房养老的启示. 北京航空航天大学学报(社会科学版), 31(4): 53-59.
吴连霞, 吴开亚. 2018. 中国人口老龄化时空演化特征的比较分析——基于固定年龄与动态年龄指标的测算. 人口研究, 42(3): 51-64.
吴晓波. 2011. 能力构建是实现包容性增长的核心. 人民论坛, (12): 59-60.

吴玉韶. 2014. 中国城市老年人收入的性别差异研究. 老龄科学研究, (12): 12-25.
吴遵民. 1999. 现代国际终身教育论. 上海: 上海教育出版集团.
伍海霞. 2018. 城市第一代独生子女父母的养老研究. 人口研究, (5): 30-44.
伍小兰, 刘吉. 2018. 中国老年人生活自理能力发展轨迹研究. 人口学刊, 40(4), 59-71.
夏翠翠, 李建新. 2018. 健康老龄化还是病痛老龄化-健康中国战略视角下老年人口的慢性病问题. 探索与争鸣, (10): 115-121, 144.
谢斐. 2019. "以房养老"困境及对策研究. 中国房地产, (1): 70-74.
谢勇才, 杨哲, 涂铭. 2015. 依赖抑或独立: 我国城乡老年人主要生活来源的变化研究. 华中农业大学学报(社会科学版), (5): 82-88.
解垩. 2009. 与收入相关的健康及医疗服务利用不平等研究. 经济研究, (2): 92-105.
邢占军, 周慧. 2019. 性别视角下老年人时间利用: 一个混合研究的结果. 山东社会科学, (2): 65-72.
熊必俊. 2005. 关于我国老年人口收入的研究. 市场与人口分析, (S1): 71-80.
熊波, 石人炳. 2016. 中国家庭代际关系对代际支持的影响机制——基于老年父母视角的考察. 人口学刊, 38(5): 102-111.
熊跃根. 1998. 中国城市家庭的代际关系与老人照顾. 中国人口科学, (6): 16-22.
徐俊, 风笑天. 2012. 独生子女家庭养老责任与风险研究. 人口与发展, 5: 2-10.
徐青华. 2007. 军队离退休干部心理健康状况调查. 解放军预防医学杂志, 25(1): 46-47.
徐小平. 2010. 城市首批独生子女父母养老方式选择. 重庆社会科学, 1: 54-58.
许琪. 2013. 子女需求对城市家庭居住方式的影响. 社会, 33(3): 111-130.
杨恩艳, 裴劲松, 马光荣. 2012. 中国农村老年人居住安排影响因素的实证分析. 农业经济问题, 33(1): 37-44, 111.
杨凡, 赵梦晗. 2013. 2000年以来中国人口生育水平的估计. 人口研究, 37(2): 54-65.
杨记. 2007. 影响再婚的个人和社会因素分析. 西北人口, (1): 102-106.
杨菊华, 陈志光. 2010. 老年绝对经济贫困的影响因素: 一个定量和定性分析. 人口研究, (5): 51-67.
杨菊华, 李路路. 2009. 代际互动与家庭凝聚力——东亚国家和地区比较研究. 社会学研究, 24(3): 26-53, 243.
杨立雄, 文莲萍. 2017. 福利制度对老年贫困的缓解作用研究——基于CHARLS数据的实证分析. 残疾人发展理论研究, (1): 40-52.
杨若霖. 2018. "以房养老"的国际经验借鉴——来自日本和新加坡的启示. 现代商业, 10(28): 163-164.
杨胜慧, 郭未, 陈卫. 2012. 中国老年人口的自理预期寿命变动——社会性别视角下的差异分析. 南方人口, 27(6): 31-40.
杨哲. 2016. "医养融合"养老服务: 概念内涵、掣肘因素及推动路径. 现代经济探讨, (10): 25-29.
杨振, 张冬梅, 陈任, 等. 2013. 我国五省(市)老年痴呆照料现状调查分析. 安徽医学, 34(6): 847-850.
杨祖功, 王燕阁, 晓宾. 2004. 世界列国国情习俗丛书: 法国. 重庆: 重庆出版社.
姚远. 2000. 血亲价值论: 对中国家庭养老机制的理论探讨. 中国人口科学, 6: 29-35.
叶敬忠, 贺聪志. 2009. 农村劳动力外出务工对留守老人经济供养的影响研究. 人口研究, (4): 44-53.

易成栋, 丁志宏, 黄友琴. 2016. 中国城市老年人居住环境的动态变化及空间差异——基于中国城乡老年人口追踪调查数据的分析. 城市发展研究, (12): 134-140.

尹吉东. 2019. 老年人口健康状况与生活来源的区域比较——基于2015年全国1%人口抽样调查数据的分析. 发展研究, (4): 92-100.

尹银, 刘慧娟, Sautter J M, 等. 2019. 中国城市老年人住房产权影响因素的动态变化研究: 理论框架和实证分析. 社会学评论, (3): 72-83.

尹银, 周俊山, 张天骄. 2010. 住房对城市老年人家庭代际支持的影响分析. 人口与经济, (2): 76-81.

於嘉, 谢宇. 2013. 社会变迁与初婚影响因素的变化. 社会学研究, 28(4): 1-25, 242.

余央央, 封进. 2017. 我国老年健康的动态变化及对健康老龄化的含义. 世界经济文汇, (3): 1-16.

袁璟. 2011. "以房养老"模式推行障碍及对策. 人民论坛, (20): 182-183.

袁小波. 2010. 构筑家庭照料者社会支持体系. 社会福利, (6): 27-28.

曾毅, 王德明. 1995. 上海、陕西、河北三省市女性再婚研究. 中国人口科学, (5): 1-10.

曾毅, 王正联. 2010. 我国21世纪东、中、西部人口家庭老化预测和对策分析. 人口与经济, (2): 1-10, 37.

翟振武, 邹华康. 2018. 把握人口新动态加强人口发展战略研究. 人口研究, 42(2): 7-10.

翟振武, 陈佳鞠, 李龙. 2015. 现阶段中国的总和生育率究竟是多少?——来自户籍登记数据的新证据. 人口研究, 39(6): 22-34.

翟振武, 陈佳鞠, 李龙. 2016. 中国人口老龄化的大趋势、新特点及相应养老政策. 山东大学学报(哲学社会科学版), (3): 27-35.

张航空. 2012. 儿子、女儿与代际支持. 人口与发展, 18(5): 17-25.

张红. 2017. 老年父母视角下的代际情感和矛盾意向: 子女性别与代际支持差异. 上海社会科学院硕士学位论文.

张琨, 姬春生, 郑光勇. 2014. 美国老年人金融消费权益保护经验及对我国的启示. 武汉金融, (3): 33-35.

张丽萍. 2012. 老年人口居住安排与居住意愿研究. 人口学刊, (6): 25-33.

张莉. 2016. 对我国高龄老人居住方式影响因素的分析. 华中科技大学学报(社会科学版), 30(1): 92-102.

张冉, 高玉霞, 王桂茹. 2011. 国内社区老年人心理健康需求及干预现状研究进展. 中国老年学杂志, 31(14): 2797-2799.

张睿. 2007. 老年痴呆患者照顾者照顾感受的研究. 中国协和医科大学硕士学位论文.

张伟, 胡仲明, 李红娟. 2014. 城市老年人主观幸福感的影响因素分析. 人口与发展, 20(6): 71-75.

张文娟. 2010. 中国老年人的劳动参与状况及影响因素研究. 人口与经济, (1): 85-89, 92.

张文娟, 纪竞垚. 2018. 中国老年人的养老规划研究. 人口研究, (2): 70-83.

张文娟, 李树茁. 2004. 劳动力外流背景下的农村老年人居住安排影响因素研究. 中国人口科学, (1): 42-49.

张文娟, 魏蒙. 2015. 中国老年人的失能水平到底有多高?——多个数据来源的比较. 人口研究, (3): 34-47.

张文忠. 2007. "宜居北京"评价的实证. 北京规划建设, (1): 25-30.

张小娟, 朱坤. 2014. 日本长期照护政策及对我国的启示. 中国卫生政策研究, 7(4): 55-61.
张新梅. 1999. 家庭养老研究的理论北京和假设推导. 人口学刊, 1: 58-61.
张旭升, 林卡. 2015. "成功老龄化"理念及其政策含义. 社会科学战线, (2): 185-190.
张翼. 1999. 受教育水平对退休老年人再就业的影响. 中国人口科学, (4): 27-31, 33-34.
张翼. 2012. 中国家庭的小型化、核心化与老年空巢化. 中国特色社会主义研究, 6: 87-94.
张宇琪. 2009. "以房养老"的 EHAM 模式研究——以"汤山留园老年公寓"为例. 中国人民大学硕士学位论文.
张云. 2010. 上海市失智老人社会支持体系研究. 复旦大学硕士学位论文.
张正军, 刘玮. 2012. 社会转型期的农村养老: 家庭方式需要支持. 西北大学学报(哲学社会科学版), (3): 60-67.
赵大千. 2016. 我国城市老年人就业问题研究. 理论与改革, (6): 167-170.
赵怀娟, 朱艳松. 2012. 老龄化研究新视角及其政策因应. 中国老年学杂志, 32(9): 1969-1971.
赵元萍, 黄春芳, 刘守国, 等. 2019. 长期照护保险失能评估工具的研究进展. 中国护理管理, (1): 113-119.
郑阎. 2018. 以日本和新加坡的"以房养老"为例探索我国"以房养老"模式构建路径. 中外企业家, (35): 225-226.
郑远航. 2018. 论超龄就业法律冲突及解决之道. 首都经济贸易大学硕士学位论文.
中国人民大学中国调查与数据中心. 2014. 2014 年中国老年社会追踪调查(CLASS)报告. 北京.
周春山, 李一璇. 2015. 发达国家(地区)长期照护服务体系模式及对中国的启示. 社会保障研究, (2): 83-90.
周建芳, 黄兴. 2017. 农村丧偶老人再婚意愿及其影响因素. 人口与社会, 33(1): 44-51.
周幼曼. 2013-10-07. 日本"以房养老"的窘境. 学习时报, (002).
周云. 2003. 对老年人照料提供者的社会支持. 南方人口, (1): 6-10.
朱敏捷, 肖世富, 李霞, 等. 2010. 全科医生认知功能评估量表在中国老年人中的试用. 中国临床心理学杂志, 18(5): 559-561.
朱涛, 谢婷婷, 卢建. 2014. 老年人与房产: 中国文化情境的老年家庭资产配置研究. 现代财经(天津财经大学学报), (8): 14-25.
朱晓, 范文婷. 2017. 中国老年人收入贫困状况及其影响因素研究——基于 2014 年中国老年社会追踪调查. 北京社会科学, (1): 90-99.
朱旭红. 2011. 浙江省老年人收入状况的性别差异. 浙江学刊, (2): 203-210.
朱亚鹏, 庄留华. 2017. 以房养老——英国的政策实践及其对中国的启示. 中国公共政策评论, 13(2): 215-231.
邹红, 彭争呈, 栾炳江. 2018. 隔代照料与女性劳动供给——兼析照料视角下全面二孩与延迟退休悖论. 经济学动态, (7): 37-52.
Addo F R, Sassler S. 2010. Financial arrangements and relationship quality in low-income couples. Family Relations, 59(4):408-423.
Adler N E, Boyce T, Chesney M A, et al. 1994. Socioeconomic status and health: the challenge of the gradient. American Psychologist, 49(1): 15-24.
Alzheimer's Disease International (ADI). 2009. World Alzheimer Report 2009 : Attitudes to dementia.
Alzheimer's Disease International (ADI). 2011. World Alzheimer Report 2011: The Benefits of Early

Diagnosis and Intervention.

Alzheimer's Disease International (ADI). 2013. World Alzheimer Report 2013: Journey of Caring. An Analysis of Long-Term Care for Dementia.

Alzheimer's Disease International (ADI). 2014. World Alzheimer Report 2014: Dementia and Risk Reduction. An analysis of Protective and Modifiable Factors.

Alzheimer's Disease International (ADI). 2015. World Alzheimer Report 2015: The Global Impact of Dementia. An Analysis of Prevalence, Incidence, Cost and Trends.

Arendt J N. 2005. Does education cause better health? A panel data analysis using school reforms for identification. Economics of Education Review, 24(2): 149-160.

Bae C Y, Kang Y G, Kim S, et al. 2008. Development of models for predicting biological age (BA) with physical, biochemical, and hormonal parameters. Archives of Gerontology and Geriatrics, 47(2): 253-265.

Bauldry S. 2014. Conditional health-related benefits of higher education: an assessment of compensatory versus accumulative mechanisms. Social Science and Medicine, 111: 94-100.

Becker G S, Mulligan C B. 1997. The endogenous determination of time preference. Quarterly Journal of Economics, 112(3): 729-758.

Becker G S. 1973. A theory of marriage: part I. Journal of Political Economy, 81(4): 813-846.

Becker G S. 1974. A theory of marriage: part II. Journal of Political Economy, 82(2): S11-S26.

Behrman J R, Xiong Y, Zhang J. 2015. Cross-sectional schooling-health associations misrepresented causal schooling effects on adult health and health related behaviors: evidence from the Chinese Adults Twins Survey. Social Science and Medicine, 127: 190-197.

Bengtson V L, Roberts R E L. 1991. Intergenerational solidarity in aging families: an example of formal theory construction. Journal of Marriage and Family, 53(4): 856-870.

Bengtson V R, Giarrusso J B, Mabry M S. 2002. Solidarity, conflict and ambivalence: complementary or competing perspectives on intergenerational relationships?. Marriage and Family, 64(3): 568-576.

Benjamin D, Brandit L, Fan J Z. 2003. Ceaseless Toil? Health and Labor Supply of the Elderly in Rural China. William Davidson Institute Working Papers.

Biomarkers Definitions Working Group. 2001. Biomarkers and surrogate endpoints: preferred definitions and conceptual framework. Clinical Pharmacology & Therapeutics, 69: 89-95.

Boudiny K. 2013. "Active ageing": from empty rhetoric to effective policy tool. Agein & Society, 33(6): 1077-1098.

Bowling A, Iliffe S. 2011. Psychological approach to successful ageing predicts future quality of life in older adults. Health and Quality of Life Outcomes, 9(1): 13-22.

Brookmeyer R, Johnson E, Ziegler-Graham K, et al. 2007. Forecasting the global burden of Alzheimer's disease. Alzheimer's Dementia, 3(3): 186-191.

Campbell F, Conti G, Heckman J J, et al. 2014. Early childhood investments substantially boost adult health. Science, 343(6178): 1478-1485.

Card D. 1999. The causal effect of education on earnings. Handbookof Labor Economics, 3: 1801-1863.

Case A, Fertig A, Paxson C. 2005. The lasting impact of childhood health and circumstance. Journal of Health Economics, 24(2): 365-389.

Cohen A K, Syme S L. 2013. Education: a missed opportunity for public health intervention. The American Journal of Public Health, 103(6): 997-1001.

Comfort A. 1969. Test-battery to measure ageing-rate in man. Lancet, 294(7635): 1411-1415.

Conley D, Bennett N G. 2000. Is biology destiny? Birth weight and life chances. The American Sociological Review, 65(3): 458-467.

Conti G, Heckman J, Urzua S. 2010. The education-health gradient. The American Economic Review, 100(2): 234-238.

Conway-Giustra F, Crowley A, Gorin S H. 2002. Crisis in caregiving: a call to action. Health & Social Work, (4): 307-311.

Crosnoe R. 2007. Gender, obesity, and education. Sociology of Education, 80(3): 241-260.

Cutler D M, Lleras-Muney A. 2008. Education and health: evaluating theories and evidence// House J, Schoeni R, Kaplan G, et al. Making Americans Healthier: Social and Economic Policy as Health Policy. New York: Russell Sage Foundation.

Disney R, Johnson P. 2001. Pension Systems and Retirement Incomes Across OECD Countries. Edward Elgar, October.

Dolan P, Fujiwara D, Metcalfe R. 2012. Review and Update of Research into the Wider Benefits of Adult Learning. BIS Research Paper 90, Department for Business, Innovation & Skills, London.

Eide E R, Showalter M H. 2011. Estimating the relation between health and education: what do we know and what do we need to know?.Economics of education review, 30(5): 778-791.

Feinstein L, Hammond C. 2004. The contribution of adult learning to health and social capital. Oxford Review of Education, 30(2): 119-221.

Field J. 2011. Adult learning, health and well-being – changing lives. Adult Learner, (0790-8084): 13-25.

Fiscella K, Franks P, Gold M R. et al. 2000. Inequality in quality. Journal of American Medicine Association, 283(19): 2579-2584.

Fuchs V R. 1984. Though Much is Taken—Reflections on Aging, Health, and Medical Care. NBER Working Paper Series 1269. Cambridge MA.

Gergen M M, Gergen K J. 2001. Positive aging: new images for a new age. Ageing International, 27(1): 3-23.

Gottfredson L S. 2004. Intelligence: is it the epidemiologists' elusive "fundamental cause" of social class inequalities in health?. Journal of Personality and Social Psychology, 86 (1): 174-199.

Groot W, van den Brink H M. 2000. Overeducation in the labormarket: a meta-analysis. Economics of Education Review, 19(2): 149-158.

Gu D , Dupre M E, Sautter J , et al. 2009. Frailty and mortality among chinese at advanced ages. The Journals of Gerontology Series B: Psychological Sciences and Social Sciences, 64(2), 279-289.

Haas S A. 2006. Health selection and the process of social stratification: the effect of childhood health on socioeconomic attainment. Journal of Health and Social Behavior, 47(4): 339-354.

Haas S A. 2007. The long-term effects of poor childhood health: an assessment and application of retrospective reports. Demography, 44(1): 113-135.

Haas S A, Fosse N E. 2008. Health and the educational attainment of adolescents: evidence from the

NLSY97. Journal of Health and Social Behavior, 49(2): 178-192.

Hack M, Klein N K, Taylor H G. 1995. Long-term developmental outcomes of low birth weight infants. The Future of Children, 5(1): 176-196.

Haley W E, West C A C, Wadley V G, et al. 1995. Psychological, social and health impact of caregiving: a comparison of black and white dementia family caregivers and noncaregivers. Psychology and Aging, 10: 540-552.

Hamplova D, Le Bourdais C. 2009. One pot or two pot strategies? Income pooling in married and unmarried households in comparative perspective. Journal of Comparative Family Studies, 40(3), 355-385.

Hartog J. 2000. Over-education and earnings: where are we, where should we go?. Economics of Education Review, 19(2): 131-147.

House J S. 2015. Beyond Obamacare: Life, Death, and Social Policy. New York: Russell Sage Foundation.

Hsu P H. 2003. Housing as Media of Intergenerational Control: A Case Study of Taiwan. 2003 年台湾地区住宅学会第十二届年会论文集.

Huang Y.2005. From work-unit compounds to gated communities: Housing inequality and residential segregation in transitional Beijing.

Ida H. 2019. Beyond Obamacare: Life, Death, and Social Policy. Social Forces, 92(1): 1-3.

Jackson M L. 2009. Understanding links between adolescent health and educational attainment. Demography, 46(4): 671-694.

Jenkins A, Mostafa T. 2015. The effects of learning on wellbeing for older adults in England. Ageing & Society, 35(10): 2053-2070.

Jenkins A. 2011. Participation in learning and wellbeing among older adults. International Journal of Lifelong Education, 30(3): 403-420.

Jenkins S T, Siedler T. 2007. Using household panel data to understand the intergenerational transmission of poverty. Chronic Poverty Research Centre Working Paper No. 74.

Juster R P, McEwen B S, Lupien S J. 2010. Allostatic load biomarkers of chronic stress and impact on health and cognition. Neuroscience & Biobehavioral Reviews, 35(1): 2-16.

Katz S, Branch L G, Branson M H, et al. 1983. Active life expectancy. New England Journal of Medicine, 309(20): 1218-1224.

Keogh-Brown M R, Jensen H T, Arrighi H M, et al. The Impact of Alzheimer's Disease on the Chinese Economy[J]. EBioMedicine, 2015, 4(C): 184-190.

Kimbro R T, Bzostek S, Goldman N, et al. 2008. Race, ethnicity, and the education gradient in health. Health Affairs, 27 (2): 361-372.

Klemera P, Doubal S. 2006. A new approach to the concept and computation of biological age. Mechanisms of Ageing and Development, 127(3): 240-248.

Krøll J, Saxtrup O. 2000. On the use of regression analysis for the estimation of human biological age. Biogerontology, 1(4): 363-368.

Kulminski A, Yashin A, Ukraintseva S, et al. 2006. Accumulation of health disorders as a systemic measure of aging: findings from the NLTCS data. Mechanisms of Ageing & Development, 127(11), 840-848.

Lantz P M, Lynch J W, House J S, et al. 2001. Socioeconomic disparities in health change in a longitudinal study of US adults: the role of health-risk behaviors. Social Science and Medicine, 53(1): 29-40.

Leung D S Y, Liu B C P. 2011. Lifelong education, quality of life and self-efficacy of Chinese older adults. Educational Gerontology, 37(11): 976-981.

Levine M E. 2013. Modeling the rate of senescence: can estimated biological age predict mortality more accurately than chronological age?. The Journals of Gerontology: Series A, 68(6): 667-674.

Lim S, Raymo J M. 2016. Marriage and women's health in Japan. Journal of Marriage and Family, 78(3), 780-796.

Link B G, Phelan J. 1995. Social conditions as fundamental causes of disease. Journal of Health and Social Behavior, 35: 80-94.

Lleras-Muney A, Lichtenberg F R. 2002. The effect of education on medical technology adoption: are the more educated more likely to use new drugs. NBER Working Paper, No. 9185.

Lowenstein A. 2007. Solidarity-conflict and ambivalence: testing two conceptual frameworks and their impact on quality of life for older family members. The Journals of Gerontology:Series B, 62(2): S100-S107.

Luescher K, Pillemer K. 1998. Intergenerational ambivalence: a new approach to the study of parent-child relations in later life. Journal of Marriage & Family, 60(2): 413-425.

Luescher K. 2002. Intergenerational ambivalence: further steps in theory and research. Journal of Marriage and Family, 64(3): 585-593.

Luo S. 1988. Reconstruction of life tables and age distributions for the population of china, by year, from 1953 to 1982. Ph. D Dissertation, University of Pennsylvania.

Lynch J L, von Hippel P T. 2016. An education gradient in health, a health gradient in education, or a confounded gradient in both?. Social Science & Medicine, 154: 18-27.

Lynch J L. 2011. Infant health, race/ethnicity, and early educational outcomes using the ECLS-B. Sociological Inquiry, 81(4): 499-526.

Ma L J C, Wu F. 2006. Restructuring the Chinese City: Changing Society, Economy and Space. London: Routledge.

MacDonald M M, Rindfuss R R. 1981. Earnings, relative income, and family formation. Demography, 18(2): 123-136.

Manninen J, Sgier I, Fleige M. 2014. Benefits of Lifelong Learning in Europe: Main Results of the BeLL Project: Research Report.

Mckinley T, Griffin K. 1993. The distribution of land in rural China. The Journal of Peasant Studies, 21(1): 71-84.

Michinov E, Fouquereau E, Fernandez A. 2008. Retirees' social identity and satisfaction with retirement. Int J Aging Hum Dev, 66(3) : 175-194.

Mikiko E. 2001. Public involvement in social policy reform: seen from the perspective of Japan's elderly-care insurance scheme. Journal of Social Policy, 30(1): 17-36.

Mirowsky J, Ross C E. 2003. Education, Social Status, and Health. New York: Aldine de Gruyter.

Mitnitski A B , Song X, Skoog I , et al. 2005. Relative fitness and frailty of elderly men and women in developed countries and their relationship with mortality. Journal of the American Geriatrics

Society, 53(12), 2184-2189.

Mitnitski A B, Mogilner A J, Rockwood K. 2001. Accumulation of deficits as a proxy measure of aging. The Scientific World Journal, 1: 323-336.

Mitnitski A, Collerton J, Martin-Ruiz C, et al. 2015. Age-related frailty and its association with biological markers of ageing. BMC medicine, 13(1): 161.

Mustillo S, Worthman C, Erkanli A, et al. 2003. Obesity and psychiatric disorder: developmental trajectories. Pediatrics, 111(4): 851-859.

Nakamura E, Miyao K. 2007. A Method for identifying biomarkers of aging and constructing an index of biological age in humans. The Journals of Gerontology:Series A, 62(10): 1096-1105.

Narushima M. 2008. More than nickels and dimes: the health benefits of a community-based lifelong learning programme for older adults. International Journal of Lifelong Education, 27(6): 673-692.

Narushima M, Liu J, Diestelkamp N. 2018. Lifelong learning in active ageing discourse: its conserving effect on wellbeing, health and vulnerability. Ageing and Society, 38: 651-675.

Nayga R M. 2000. Schooling, health knowledge and obesity. Applied Economics, 32(7): 815-822.

Ohwa M, Chen L M. 2012. Balancing Long-term Care in Japan. Journal of Gerontological Social Work, 55(7): 659-672.

Oksuzyan A, Juel K, Vaupel J W, et al. 2008. Men: good health and high mortality. Sex differences in health and aging. Aging Clinical and Experimental Research, 20(2): 91.

Oppenheimer V K. 1988. A theory of marriage timing. American Journal of Sociology, 94(3), 563-591.

Palermo T M, Dowd J B. 2012. Childhood obesity and human capital accumulation. Social Science and Medicine, 75(11): 1989-1998.

Palloni A. 2006. Reproducing inequalities: luck, wallets, and the enduring effects of childhood health. Demography, 43(4): 587-615.

Reher D, Requena M. 2018. Living alone in later life: a global perspective. Population and Development Review, 44(3): 427-454.

Roberts B W, Kuncel N R, Shiner R, et al. 2007. The power of personality: the comparative validity of personality traits, socioeconomic status, and cognitive ability for predicting important life outcomes. Perspectives on Psychological Science, 2(4): 313-345.

Rockwood K, Fox R A, Stolee P, et al. 1994. Frailty in elderly people: an evolving concept. Canadian Medical Association journal, 150(4): 489-495.

Ross C E, Mirowsky J. 1999. Refining the association between education and health: the effects of quantity, credential, and selectivity. Demography, 36(4): 445-460.

Ross C E, Wu C-L. 1995. The links between education and health. American Sociological Review, 60(5):719-745.

Rowe J W, Kahn R L. 1987a. Human aging: early influence and contemporary charateristics. The Gerontologist, (50): 821-833.

Rowe J W, Kahn R L. 1987b. Human aging: usual and successful. Science, 237 (4811): 143-149.

Rowland D T. 2012. Aging in Asia. Netherlands: Springer.

Long S O, Campbell R, Nishimura C. 2009. Does it matter who cares? A comparison of daughters versus daughters-in-law in Japanese elder care. Social Science Japan Journal, 12(1): 1-21.

Sanderson W, Scherbov S. 2008. Rethinking age and aging. The Population Bulletin, 63(4): 3-16.

Sanderson W, Scherbov S, 2010. Remeasuring aging. Science (Washington), 329(5997): 1287-1288.

Schafer M H, Wilkinson L R, Ferraro K F. 2013. Childhood (mis)fortune, educational attainment, and adult health: contingent benefits of a college degree?. Social Forces, 91(3): 1007-1034.

Scherbov S, Sanderson W. 2014-06-15. Prospective Measures of Population Aging. http: //www. iiasa. ac. at/web/home/research/researchPrograms/WorldPopulation/Reaging/Indicators. html.

Schramek R. 2016. Learning for the elderly: education as relational process. International Journal of Innovation and Research in Educational Sciences, 3(3): 2349-5219.

Schröder-Butterfill E, Marianti R. 2006. A framework for understanding old-age vulnerabilities. Ageing & Society, 26(1): 9-35.

Schuller T, Preston J, Hammond C, et al. 2004. The Benefit of Learning. London: Routledge Falmer.

Schut F T, Berg B V D. 2010. Sustainability of comprehensive universal long-term care insurance in the Netherlands. Social Policy and Administration. 44(4): 411-435.

Siegel J. 1993. A Generation of Change: A Profile of America's Older Population. New York: Russell Sage Foundation.

Silles M A. 2009. The causal effect of education on health: evidence from the United Kingdom. Economics of Education Review, 28(1): 122-128.

Sirin S R. 2005. Socioeconomic status and academic achievement: a meta-analytic review of research. Review of Educational Research, 75 (3): 417-453.

Smith K R, Zick C D, Duncan G J. 1991. Remarriage patterns among recent widows and widowers. Demography, 28(3), 361-374.

Song Y, Wang J. 2010. Overview of Chinese research on senile dementia in mainland China. Ageing Research Reviews, 9 (Suppl. 1): S6-S12.

Sterling P, Eyer J. 1988. Allostasis: A New Paradigm to Explain Arousal Pathology. Handbook of Life Stress Cognition and Health,629-649.

Stern Y, Tang M X, Albert M S, et al. 1997. Predicting time to nursing home care and death in individuals with Alzheimer's disease. JAMA, 277: 806-812.

Suitor J, Pillemer K. 1988. Explaining intergenerational conflict when adult children and elderly parents live together. Journal of Marriage and Family, 50(4): 1037-1047.

Sweeney M M. 2010. Remarriage and stepfamilies: Strategic sites for family scholarship in the 21st century. Journal of Marriage and Family, 72(3). 667-684.

Thoits P A. 1995. Stress, coping, and social support processes: where are we? What next?. Journal of Health and Social Behavior, 35: 53-79.

United Nations. 2013. Department of Economic and Social Affairs, Population Division (2013). World Marriage Data 2012.

United Nations. 2019. World Population Prospects: The 2019 Revision.

Vaillant G E, Mukamal K. 2001. Successful aging. The American Journal of Psychiatry, 158(6): 839-847.

Vaupel J W, Manton K G, Stallard E. 1979. The impact of heterogeneity in individual frailty on the dynamics of mortality. Demography, 16(3): 439-454.

Wang G, Cheng Q, Zhang S, et al. 2008. Economic impact of dementia in developing countries: an evaluation of Alzheimer-type dementia in Shanghai, China. Journal of Alzheimer's Disease, 15(1): 109-115.

Wang H L, Gao T F, Wimo A, et al. 2010. Caregiver time and cost of home care for Alzheimer's disease: a clinic-based observational study in Beijing, China. Ageing International, 35(2): 153-165.

Wong J S, Waite L J. 2015. Marriage, social networks, and health at older ages. Journal of Population Ageing, 8(1-2): 7-25.

Woodford H J, George J. 2007. Cognitive assessment in the elderly: a review of clinical methods. QJM: An International Journal of Medicine, 100(8): 469-484.

Woodhouse K W, Wynne H, Baillie S, et al. 1988. Who are the frail elderly?. An International Journal of Medicine, 68(255): 505-506.

World Health Organization.2002-01-25.Active aging: a policy framework. https://apps.who.int/iris/handle/10665/67215.

World Health Organization.2014-05-15.Large gains in life expectancy. https://www.who.int/zh/news/item/15-05-2014-world-health-statistics-2014.

Wu Y T, Ali G C, Guerchet M, et al. 2018. Prevalence of dementia in mainland China, Hong Kong and Taiwan: an updated systematic review and meta-analysis. International Journal of Epidemiology, 47(3): 709-719.

Zarit S H. 2009. A good old age: theories of mental health and aging//Bengtson V L, Gans D, Putney N M, et al. 2016. Handbook of Theories of Aging. New York: Springer.

Zhao Z W, Chen W. 2008. Changes in household formation and composition in China since the mid-twentieth century. Journal of Population Research, 25(3): 267-286.

Zimmer Z, Kwong J. 2003. Family size and support of older adults in urban and rural China: current effects and future implications. Demography, 40(1): 23-44.

Zimmer Z, Kwong J. 2004. Socioeconomic status and health among older adults in rural and urban China. Journal of Aging and Health, 16(1): 44-70.

后　　记

　　2015年国家自然科学基金设立了重大项目"应对老龄社会的基础科学问题研究","特征、规律与前景——老龄社会的人口学基础研究"(项目批准号71490731)是其中的分课题。课题的研究目标是揭示中国人口老龄化的发展规律和特征,预测未来老龄化的发展趋势,为应对老龄社会的基础科学问题研究提供认识基础和数据支撑。本书是这项课题研究成果之一。全书由中国人民大学人口与发展研究中心课题组成员集体讨论,统一制定提纲,分工撰写,最后协调统稿而成,是团队合作的结晶。其中各章分工如下：第一章(翟振武、赵梦晗),第二章(巫锡炜),第三章(宋健),第四章(宋月萍),第五章(李婷、唐丹),第六章(翟振武、李龙),第七章(陈卫),第八章(陈卫、张现苓),第九章(杨菊华),第十章(谢立黎),第十一章(孙鹃娟),第十二章(靳永爱),第十三章(杜鹏),第十四章(翟振武、李龙)。

　　在成书过程中,李龙、邹华康和张逸杨对全书图表、引文文献、格式规范、文字校对等做了大量工作,科学出版社魏如萍编辑更是付出了艰辛的努力和贡献,在此一并表示衷心的谢意。